DAXUE YUWEN
大 学 语 文

主　　编　王　伟　海常慧
副 主 编　邱洪瑞　马　楠
参编人员　吕晓洁　赵秀红
　　　　　王　津　张梦帆

河南大学出版社
HENAN UNIVERSITY PRESS

·郑州·

图书在版编目(CIP)数据

大学语文 / 王伟，海常慧主编. -- 郑州：河南大学出版社，2024.7.(2025.2重印) -- ISBN 978-7-5649-5985-2

Ⅰ.H193.9

中国国家版本馆CIP数据核字第20248Z048H号

责任编辑　陈　巧
责任校对　孙增科
封面设计　郭　灿

出　版	河南大学出版社		
	地址：郑州市郑东新区商务外环中华大厦2401号	邮编：450046	
	电话：0371－86059701(营销部)	网址：hupress.henu.edu.cn	
排　版	郑州市今日文教印制有限公司		
印　刷	河南美图印刷有限公司		
版　次	2024年7月第1版	印　次	2025年2月第2次印刷
开　本	787 mm×1092 mm　1/16	印　张	27
字　数	514千字	定　价	49.80元

(本书如有印装质量问题,请与河南大学出版社营销部联系调换。)

前言

作为普通高校面向非汉语言文学专业学生开设的一门公共基础课,《大学语文》多年以来在汉语能力提升、民族文化传承方面显示出独特的魅力,成为高校实施人文素质教育的重要阵地。正如阵地的坚守离不开精良的武器,《大学语文》课程的讲授也离不开好的教材。有感于张志公先生《漫谈语文教学》一文提出的语文教学"思想内容与语言文字统一"的思想,我们认为《大学语文》教材在思想内容方面应当慎加选择,使之在培养学生的阅读、欣赏、理解和表达能力的同时,充分展现中华优秀传统文化,真正肩负起"文以载道"的崇高使命。

张志公先生说:"不要一会儿丢下思想内容去讲语言文字,一会儿又丢下文章去讲思想内容。要统一起来,把语言文字讲清楚,从而理解思想内容,懂得了思想内容,又去领会语言文字的运用。"这句话的哲学基础是语言学习与民族文化传承具有内在的统一性。德国语言学家洪堡特有一个著名的论断:"语言仿佛是民族精神的外在表现;民族的语言即民族的精神,民族的精神即民族的语言。""每一语言里都包含着一种独特的世界观。"可见,语言本身既是文化的一部分,又是传统文化、民族文化的载体,文化鲜明的民族性必然呈现在语言层面上。民族文化是国家的灵魂,集中体现了国家和民族的精神品格。它对人类的创造力和凝聚力,对社会的发展和历史的进步起着极其重要的推动作用。中国的民族文化绚烂多姿,先秦时期诸子百家并出,两汉"存三统",魏晋以降,儒、释、道三家共荣共生,那么,中国文化的特质又在哪里呢?冯友兰先生认为,华夏文化具有以儒学为主导因素的哲学特性,儒学提供了丰富的人生智慧,凝结成中华民族特有的心理素质,塑造了中国传统农民和知识分子的特殊性格。在两千多年的封建时代里,儒学也一直作为华夏文明的代表,稳居正统学派的地位,昭示出中国文化的核心与根本在于儒学。因此,《大学语文》课程在教学内容的选择、文选篇章的设置方面,应当在目前常见的以文学史分期的基础上突出儒学的民族文化核心地位,有重点地传承民族文化。

另一方面，中国文化一向具有包容、吸收外来文化的能力和特点。早在春秋战国时期，儒家、墨家、道家、法家、阴阳家、名家等诸子百家就在论辩中取长补短、相互融会，汉代以后虽然独尊儒术，但并不禁止百家之学，并把它们作为养料不断加以吸收融合，东汉以后又逐步吸收了印度佛教文化。至宋明时期，儒学不断摄取佛教及本土道教的思想，将二教的许多思想内在化，从而形成了儒学的新形态——理学。明代中叶至近现代以来，中国文化更是大规模地吸纳了西方的文化、科技，在语言上不仅有大量来自西方的借词，还产生了不少欧化的句法，实实在在地施行了拿来主义。有鉴于此，丰富多彩的当代文化在《大学语文》教材中理应得到呈现。在民族文化的传承过程中，传统文化是根，当代文化是茎，是叶，是果实。诚如陈寅恪先生所说，文化的发展须一方面接纳外来之学说，一方面不忘本民族之地位，而该文化之正体以"日新，又日新，日日新"的精神，立足现实，沉潜以对。

综上所述，汉语言属于汉文化，汉语言承载着汉文化，本教材同时涵盖《大学语文》课程的工具性与人文性，自觉肩负起"文以载道"的旗帜，引导青年学子深入认识汉语母语作为工具或符号系统的特质，从而更好地理解它、欣赏它、运用它，进而传承、弘扬中华优秀传统文化。

目 录

[专题一]　家国情怀

黍离　————　《诗经》　3

国殇　————　屈原　6

白马篇　————　曹植　11

悲愤诗　————　蔡文姬　16

长歌行　————　陆游　23

雪落在中国的土地上　————　艾青　28

百合花　————　茹志鹃　35

荷花淀　————　孙犁　45

[专题二]　厚德载物

《论语》八章　————　57

齐桓晋文之事　————　《孟子》　62

赵威后问齐使　————　《战国策》　69

尚德缓刑书　————　路温舒　73

金到足色方是精　————　王阳明　77

原君　————　黄宗羲　82

小捞渣大仁义　————　王安忆　87

怀大爱心，做小事情　————　何光沪　98

[专题三] 天人合一

过香积寺 ———————— 王维 107

书湖阴先生壁(其一) ———————— 王安石 109

再别康桥 ———————— 徐志摩 112

咏水仙 ———————— 威廉·华兹华斯 115

我与地坛(节选) ———————— 史铁生 118

瓦尔登湖(节选) ———————— 梭罗 132

老人与海(节选) ———————— 海明威 146

[专题四] 旷达人生

《孔子家语》二则 ———————— 159

《庄子》五则 ———————— 164

归田赋 ———————— 张衡 172

《世说新语》四则 ———————— 刘义庆 176

形影神三首(其三) ———————— 陶渊明 181

临江仙(二首) ———————— 苏轼 184

八十述怀 ———————— 季羡林 187

活着(节选) ———————— 余华 193

[专题五] 爱情婚姻

上邪 ———————— 213

白头吟 ———————— 216

长干行(其一) ———————— 李白 218

鹊桥仙 ———————— 秦观 221

牡丹亭·惊梦 ———————— 汤显祖 224

金缕曲·亡妇忌日有感 ———————— 纳兰性德 230

宝黛初会 ———————— 曹雪芹 233

伤逝——涓生的日记 ———————— 鲁迅 245

[专题六] 友爱亲情

蓼莪 ——————《诗经》 265

郑伯克段于鄢 ——————《左传》 268

范式 —————— 干宝 273

梦李白二首 —————— 杜甫 276

满江红·送李正之提刑入蜀 —————— 辛弃疾 281

祭妹文 —————— 袁枚 284

送别 —————— 李叔同 289

儿女 —————— 朱自清 292

我的遥远的清平湾(节选) —————— 史铁生 299

我们仨(节选) —————— 杨绛 307

[专题七] 学而不厌

大学 —————— 315

中庸(节选) —————— 322

学记 ——————《礼记》 325

诫子书 —————— 郑玄 331

进学解 —————— 韩愈 334

白鹿洞二首(其一) —————— 王贞白 340

柏学士茅屋 —————— 杜甫 342

四时读书乐 —————— 翁森 345

谈读书 —————— 朱光潜 348

论书籍(节选) —————— 蒙田 355

[专题八] 鉴古知今

召公谏厉王弭谤 ——————《国语》 371

谏逐客书 —————— 李斯 376

察今 ——————《吕氏春秋》 381

论贵粟疏 —— 晁错 386

谏太宗十思疏 —— 魏徵 392

阿房宫赋 —— 杜牧 397

五代史伶官传序 —— 欧阳修 403

浪淘沙令·伊吕两衰翁 —— 王安石 407

尊史 —— 龚自珍 410

都江堰 —— 余秋雨 415

后　记 —— 422

专题一 家国情怀

在中华民族五千多年的历史文化长河中,流传着灿若星河般的诗词佳篇。这些诗篇不仅反映了中国古代劳动人民的真实生活,而且饱含着圣哲先贤、志士仁人对历史的独特认知、对生命的吟咏礼赞、对人生的感悟反思和对社会的反省批判等,其中,对于家国的诗意忧思最为动人。

古代的"家""国"概念既有区别又有联系。"家"是以血缘关系为纽带共同生活的眷属和他们所居住的地方,"国"原指天子分封给诸侯的领地,后逐渐衍生出政治意义。在历史的演进过程中,家与国的一致性逐渐增强,从《诗经》中的"普天之下,莫非王土"到《孟子》中的"天下之本在国,国之本在家",从《礼记》中的"修身、齐家、治国、平天下"到东林书院的对联"风声雨声读书声,声声入耳;国事家事天下事,事事关心",从葛洪《抱朴子》中的"烈士之爱国也如家"到林则徐《赴戍登程口占示家人二首》中的"苟利国家生死以,岂因祸福避趋之",无不强调家与国休戚与共的关系,这种关系的核心是家国情感与责任的贯通。

家国题材的诗词文赋述说着百朝更替、千古兴亡,时而低吟浅唱,时而壮怀激烈,时而温馨美好,时而忧思难忘,非细读深悟不能尽察。每当读到这类题材的诗词时,仿佛与古代的英雄豪杰畅谈交心,心中油然而生一种民族自豪感。从先秦许穆夫人饱含爱国情怀的"大夫君子,无我有尤。百尔所思,不如我所之",到屈原被流放仍心系国家,大声疾呼"路漫漫其修远兮,吾将上下而求索",到诗圣杜甫的"三吏三别",叹惋疾苦乱世中漂泊无依的百姓,再到爱国诗人陆游,渴望国家统一而无望,不禁发出"胡未灭,鬓先秋,泪空流"的哀鸣,以及元代张养浩"兴,百姓苦;亡,百姓苦"的悲悯情怀,无不显示出中国古代知识分子对国家、对天下、对百姓的责任感。到了现代,进步作家们同样以个体努力为家国奔走呼号。郁达夫小说《沉沦》中的主人公"他"悲愤跳海前喊出:"祖国呀祖国,我的死是你害我的!你快富起来!强起来吧!你还有许多儿女在那里受苦呢!"艾青的诗句"为什么我的眼里常含泪水?因为我对这土地爱得深沉"激起时人强烈的情感共鸣。家国情怀逐渐成为中国进步知识分子的一种集体无意识。

家国情怀是支撑中华民族生生不息、薪火相传的重要精神力量,已成为流淌在中国人血脉中的民族基因和精神底色。学习、弘扬家国情怀,既有利于传承中华优秀传统文化,也有利于激励中华儿女自觉担负起新时代所赋予的历史使命,把爱国情、强国志、报国行自觉融入中华民族伟大复兴的新征程之中。

黍 离

《诗经》

[题解]

《诗经》是我国第一部诗歌总集,收自西周初年至春秋中叶五百多年的诗歌305篇。先秦称为《诗》,或取其整数称《诗三百》。西汉时被尊为儒家经典,始称《诗经》,并沿用至今。《诗经》分风、雅、颂三类。其中"风"是土风、风谣,含周南、召南、邶风、鄘风、卫风、王风、郑风、齐风、魏风、唐风、秦风、陈风、桧风、曹风和豳风等十五个地方的民歌,共160篇;"雅"用的是周朝王畿的乐调,根据音节律吕分为大雅、小雅,共105篇;"颂"是庙堂祭祀舞曲,含周颂、鲁颂、商颂,共40篇。《诗经》对后代诗歌发展有着深远的影响,是我国古典文学现实主义传统的源头。

《黍离》选自《诗经·王风》,采于民间,是周代社会生活中汉族民间歌谣。关于它的缘起,《毛诗序》称:"《黍离》,闵宗周也。周大夫行役至于宗周,过故宗庙宫室,尽为禾黍。闵周室之颠覆,彷徨不忍去,而作是诗也。"这种解说在后代得到普遍接受,黍离之悲成为重要典故,用以指亡国之痛。

彼黍[1]离离[2],彼稷[3]之苗[4]。行迈[5]靡靡[6],中心摇摇[7]。知我者,谓我心忧;不知我者,谓我何求。悠悠苍天,此何人[8]哉?

彼黍离离,彼稷之穗。行迈靡靡,中心如醉。知我者,谓我心忧;不知我者,谓我何求。悠悠苍天,此何人哉?

彼黍离离,彼稷之实。行迈靡靡,中心如噎[9]。知我者,谓我心忧;不知我者,谓我何求。悠悠苍天,此何人哉?

[注释]

[1] 黍(shǔ):一年生草本植物,叶子线形,籽实淡黄色,去皮后叫黄米,比小米稍大,煮熟后有黏性,可以酿酒做糕,是重要的粮食作物。

[2] 离离:繁茂的样子。

[3] 稷(jì):古代一种粮食作物,古以稷为百谷之长;有的说是黍一类的作物;或说为谷子,果实为小米。

[4] 苗:谷子吐苗。

[5] 迈:行走。

[6] 靡靡(mǐ):行动迟缓的样子。

[7] 摇摇:心神不安的样子。

[8] 何人:指何人造成的结果。

[9] 噎(yē):食物堵塞食管,形容心中难受。

[赏析]

《黍离》共三章,每章十句,每章前两句都是借景起兴。三章共换六字,"彼黍离离"未变,稷则由"苗"而至"穗"而至"实",览此物象以起兴,心中情感则次第而增,由"摇摇"而至"如醉"而至"如噎",一叹一问虽是同一内容,然其注入的情感递增,语亦愈加凝重,正如方玉润在《诗经原始》中所讲:"三章只换六字,而一往情深,低回无限。"

第一章写诗人行役至宗周,过访故宗庙宫室时,所见一片葱绿,当年的繁盛不见了,昔日的奢华也不见了,就连刚刚经历的战火也难觅印痕了,看哪,那绿油油的一片是黍在生长,还有那稷苗凄凄。"一切景语皆情语也"(王国维《人间词话》),黍稷之苗本无情意,但在诗人眼中,却是勾起无限愁思的引子,于是他缓步行走在荒凉的小路上,不禁心荡神摇,充满怅惘。怅惘尚能承受,令人不堪的是这种忧思不能被理解,"知我者,谓我心忧;不知我者,谓我何求"。这是众人皆醉我独醒的尴尬,这是心智高于常人者的悲哀。这种大悲哀诉诸人间是难得有回应的,只能质问于天:"悠悠苍天,此何人哉?"苍天自然也无回应,此时诗人的愤懑和忧思便更深一层。

第二章和第三章,基本场景未变,但"稷苗"已成"稷穗"和"稷实"。稷黍成长的过程颇有象征意味,与此相随的是诗人从"中心摇摇"到"如醉""如噎"的深化。而每章后半部分的感叹和呼号虽然在形式上完全一样,但在一次次反复中加深了沉郁之气,这是歌唱,更是痛定思痛之后的长歌当哭。此后历次朝代更迭过程中都有人吟唱着《黍离》而泪水涟涟:从曹植唱《情诗》到向秀赋《思旧》,从刘禹锡的《乌衣巷》到姜夔的《扬州慢》,无不体现这种兴象风神。

《黍离》为后人称道之处在于能够将深沉的忧国思国之情含蓄地、艺术地呈现出来。这种含蓄至少体现在四个方面:一是诗歌虽未言宗庙故地,但悲怆怀忧之言中却有宗国故思之意;二是由物及情,寓情于景,情景相谐;三是诗人"闵宗周"之意,一语未提,却"彼""此"呼应,托"我"之口疾呼而出;四是一往情深却不露正意,诗人"摇摇""如醉""如噎",传递出"闵"意情怀。《黍离》中"黍""稷"寄寓诗人浓情,"行迈靡靡"又描摹出诗人心中"摇摇""如醉""如噎"之状,"彼""此"二字,暗指未明,"知我者"与"不知我者"对比而谈,最后感慨"何求"之忧、"何人"之哀,整个诗篇浑然一体。诗人满心悲痛,却藏而不露,精约而味深,意在婉曲。

[选评]

[1] 三国·曹植《情诗》:"游子叹《黍离》,处者歌《式微》。"

[2] 北魏·杨衒之《〈洛阳伽蓝记〉序》:"麦秀之感,非独殷墟;黍离之悲,信哉周室。"

[3] 宋·柴望《多景楼》:"昔日最多风景处,今人偏动黍离愁。"

[4] 明·张煌言《舟次琅琦,谒钱希声相国殡宫》(其一):"赤手曾扶板荡运,黄肠犹带黍离愁。"

[作业]

[1] "知我者,谓我心忧;不知我者,谓我何求。悠悠苍天,此何人哉?"这样的句子有极强的感染力,请结合全诗分析其抒情特点。

[2] 明代王鏊在《震泽长语》中说,他读《黍离》时"有言外无穷之感,后世唯唐人诗尚或有此意"。请谈谈你阅读这首诗时的言外之感。

国　殇

屈　原

[题解]

屈原(约前340—前278),名平,字原;又名正则,字灵均。战国时楚国丹阳(今湖北秭归)人,楚王同姓贵族。早年深得怀王信任,官左徒和三闾大夫。由于贵族保守集团的反对,终遭失败,被怀王疏远,放逐汉北。公元前278年,当楚国首都郢被秦兵攻破时,他在彷徨苦闷、悲愤忧郁的心情中投汨罗江自沉。屈原是一位政治家,也是中国伟大的爱国主义诗人,他创立了"楚辞"这一具有楚国地方特色的诗体,并开创了"香草美人"的传统。作品有《离骚》《天问》《九歌》《九章》《招魂》等,从不同的方面艺术地表达了他热爱祖国的深切情怀。

《国殇》是《九歌》中的一篇。国殇,即为国事而捐躯者,本篇意为祭祀为国野战、英勇牺牲者的忠魂。有学者认为,它是为悼念楚怀王时某次战役所牺牲的将士而作;也有学者认为,它是对楚国历史上英勇杀敌将士的赞颂之词,是后代乐府诗《从军行》之祖。

操[1]吴戈[2]兮被[3]犀甲[4],车错[5]毂[6]兮短兵[7]接。
旌蔽日兮敌若云[8],矢交坠[9]兮士争先。
凌[10]余阵兮躐[11]余行[12],左骖[13]殪[14]兮右刃伤。
霾[15]两轮兮絷四马[16],援玉枹兮击鸣鼓[17]。
天时[18]坠[19]兮威灵[20]怒,严杀[21]尽兮弃原野。
出[22]不入兮往不反[23],平原忽[24]兮路超远[25]。
带长剑兮挟秦弓[26],首身离[27]兮心不惩[28]。
诚[29]既勇兮又以[30]武[31],终[32]刚强兮不可凌。
身既死兮神以灵[33],子魂魄兮为鬼雄[34]!

[注释]

[1] 操:手持、挥动。

[2] 吴戈:吴国制造的戈,当时吴国的冶铁技术较先进,吴戈因锋利而闻名。

[3] 被(pī):通"披",穿着。

[4] 犀甲:犀牛皮制作的铠甲,特别坚硬。

[5] 错:交错。

[6] 毂:车轮的中心部分,有圆孔,可以插轴,这里泛指战车的轮轴。

[7] 短兵:指刀剑一类的短兵器。

[8] 敌若云:敌兵像云一样涌上来,极言敌军之多。

[9] 矢交坠:两军相射的箭纷纷坠落在阵地上。

[10] 凌:侵犯。

[11] 躐(liè):践踏。

[12] 行:行列。

[13] 左骖(cān):左边驾车的马。

[14] 殪(yì):死。

[15] 霾(mái):通"埋",古代作战,在激战将败时,埋轮缚马,表示坚守不退。

[16] 絷(zhí)四马:驾车的四匹战马被绊住,动弹不得,絷,拴、捆。一说将四马绊住,表示必死的决心。《孙子·九地》有"方马埋轮,未足恃也"之语,可参考。

[17] 援玉枹(fú)兮击鸣鼓:手持镶嵌着玉的鼓槌,击打着声音响亮的战鼓。先秦作战,主将击鼓督战,以旗鼓指挥进退。枹,鼓槌。

[18] 天时:这里指上天。

[19] 坠(duì):一作"怼"。怨恨,一说日暮。

[20] 威灵:威严的神灵。

[21] 严杀:悲壮地搏杀。严,悲壮。王逸《章句》:"言壮士尽其死命,则骸骨弃于原野,而不土葬也。"

[22] 出:出征。

[23] 反:通"返"。

[24] 忽:渺茫,不分明。

[25] 超远:遥远无尽头。

[26] 秦弓:指良弓。战国时,秦地木材质地坚实,制造的弓射程远。

[27] 首身离:身首异处。

[28] 心不惩:壮心不改,勇气不减。惩:悔恨。

[29] 诚:诚然,确实。

[30] 以:且,连词。

[31] 武:威武。

[32] 终:始终。

[33] 神以灵:指死而有知,英灵不泯。神:指精神。

[34] 鬼雄:战死了,魂魄不死,即使做了鬼,也要成为鬼中的豪杰。

[赏析]

《九歌》是一首祭歌,其主要意旨是哀悼死难的爱国将士,追悼和礼赞为国捐躯的楚国将士的亡灵。祭歌分为两节。

第一节是叙。描写在一场短兵相接的战斗中,楚国将士奋死抗敌的壮烈场面,继而颂悼他们为国捐躯的高尚志节。由第一节"旌蔽日兮敌若云"一句可知,这是一场敌众我寡的殊死战斗。当敌人来势汹汹,冲乱楚军的战阵,欲长驱直入时,楚军将士仍然个个奋勇争先。但见战阵中有一辆主战车冲出,这辆四匹马拉的大车,虽左外侧的马已中箭倒毙,右外侧的马也被砍伤,但他的主人即楚军统帅仍毫无惧色,他将战车的两个轮子埋进土里,笼住马缰,反而举槌擂响了进军的战鼓。一时战气肃杀,引得苍天也跟着威怒起来。待杀气散尽,战场上只留下一具具尸体静卧荒野。第一节的叙述画面感极强,短短十句,已将一场殊死恶战状写得栩栩如生,极富感染力。

第二节是赞。屈原以饱含情感的笔触,讴歌死难将士。有感于他们自披上战甲的那一日起,便不再想全身而返,此刻他们紧握兵器,怀着必死的决心,安详地、心无怨悔地躺在那里。他对这些将士满怀敬爱,正如他常用"美人香草"指代美好的人事一样,在诗篇中,他也同样用一切美好的事物,来修饰笔下的人物,以表达对这批爱国将士的无比崇敬之意。这批神勇的将士,操的是吴地出产的以锋利闻名的戈、秦地出产的以强劲闻名的弓,披的是犀牛皮制的盔甲,拿的是有玉嵌饰的鼓槌,他们生是人杰,死为鬼雄,气贯长虹,英名永存。

依现存史料尚不能确定这次战争发生的具体时间和地点以及敌对方为谁,但在诗歌抒写中,作者那热爱家国的炽烈情感表现得淋漓尽致。楚国灭亡后,楚地流传过这样一句话:"楚虽三户,亡秦必楚。"屈原此作在颂悼阵亡将士的同时,也隐约表达了对洗雪国耻的渴望,对正义事业必胜的信念,从这个意义上说,他的思想是与楚国广大人民息息相通的。作为一位伟大诗人,屈原所写的绝不仅仅是个人的些许悲欢,他的一系列作品道出了楚国人民热爱家国的心声。

在艺术表现方面,《国殇》与作者其他作品有些区别,乃至与《九歌》中其他乐歌也不尽一致。它不是一篇想象奇特、辞采瑰丽的华章,然其"通篇直赋其事"(戴震《屈原赋注》),挟深挚炽烈的情感,以促迫的节奏、开张扬厉的抒写,传达出了与所反映的人事相一致的凛然亢直之美、遒劲阳刚之美,在楚辞体作品中独树一帜。全篇着力描写了复杂、壮阔的战斗场面,将战场上的静物如"吴戈""犀甲""长剑""秦弓"以及战车、战马、战鼓、战旗等,都进行了动态的描写。诗人运用富有特色的"操""被""蔽""躐""殪""霾""援""击""带""挟"等单音动词,分别描摹士兵的装束、动作、士气和战斗的进程,传神地表现了将士们的英雄本色,渲染了战争的残酷。栩栩如生的描写,为最后四句点睛式的议论文字做了极为形象的铺垫与展示。

为了突出事物的形象性,在全篇整齐的尾带"兮"字的句式中,有些句内采用对照映衬的手法,从两方面把意思表达得完整而深刻:"左骖殪兮右刃伤",表现了在敌众我寡的形势下,我方付出了惨重代价;"出不入兮往不返",说明了战士们慷慨出征,义无反顾;"首身离兮心不惩",写出了烈士们身虽死而志不屈;"诚既勇兮又以武",从精神和武艺两方面评价烈士的勇敢和善战;"身既死兮神以灵",赞颂壮士虽死,英灵不灭。为了求得形象的精确性,诗人用最贴切的语言刻画事物的情状,给读者以深刻的印象,充分显示出诗人的艺术表现力是多么惊人。

《国殇》是爱国主义的壮烈诗篇,内容悲壮,现实感强,风格雄浑、刚健,具有崇高而壮丽的阳刚之美;布局谨严,阔大,以短小的篇幅写出了大场面、大气象,成为传颂千古的名作。

[选评]

[1] 清·林云铭《楚辞灯》:"怀王时,秦败屈匄,复败唐昧,又杀景缺,大约战士多死于秦,其中亦未必悉由力斗。……《庄子》曰:'战而死者……皆以无勇为耻也。'故三闾先叙其方战而勇,既死而武,死后而毅。极力描写,不但以慰死魂,亦以作士气,张国威也。"

[2] 清·孙梅《四六丛话》:"《九歌·国殇》,非关云长辈,不足以当之。所谓'生为人杰,死为鬼雄'也。"

[作业]

[1] 对比分析这篇作品与李清照的《乌江》一诗。

[2] 屈原这首《国殇》对以后的边塞诗、军旅诗有无影响？请举例说明。

[专题一] 家国情怀

白 马 篇

曹 植

[题解]

曹植(192—211),字子建,沛国谯(今安徽省亳州市)人,三国魏国杰出诗人。曹操第三子,谥思,封陈思王。他自幼颖慧,过目成诵,下笔成章,曾被曹操宠爱,一度欲立为太子,终因私开司马门和醉酒不能受命领兵两件事让曹操改变看法。建安十六年(211)封平原侯,建安十九年(214)改为临淄侯。魏文帝黄初二年(221)改封鄄城王。曹丕称帝后,他受曹丕的猜忌和迫害,屡遭贬爵。曹丕死后,曹丕的儿子曹叡即位,曹植曾几次上书,希望能够得到任用,但都未能如愿,最后忧郁而死,年41岁。在曹氏父子三人中,曹植的诗歌数量最多、范围最广,风格的变化也更多。他的诗歌在学习乐府民歌的基础上加以提高,语言精练,词采华茂,对五言诗的发展起到了很大的推动作用。从他开始,诗人们开始自觉地注重诗歌的对偶、铺排和雕饰,这些都对诗歌的发展起了重要作用。

《白马篇》是曹植前期的代表性作品,是乐府歌辞,又作《游侠篇》。诗中塑造了一个武艺精熟的爱国壮士的形象,歌颂了他为国捐躯、视死如归的高尚精神,寄托了诗人为国建功立业的雄心壮志。

白马饰金羁[1],连翩[2]西北驰。
借问谁家子?幽并[3]游侠儿[4]。
少小去乡邑[5],扬声[6]沙漠垂[7]。
宿昔[8]秉[9]良弓,楛矢[10]何[11]参差[12]。
控弦[13]破左的[14],右发摧月支[15]。
仰手接[16]飞猱[17],俯身散[18]马蹄[19]。
狡捷[20]过猴猿,勇剽[21]若豹螭[22]。
边城多警急,虏骑[23]数迁移[24]。
羽檄[25]从北来,厉马[26]登高堤。

长驱[27]蹈[28]匈奴,左顾[29]陵[30]鲜卑[31]。

弃身[32]锋刃端,性命安可怀[33]?

父母且不顾,何言子与妻?

名编壮士籍[34],不得中顾私[35]。

捐躯[36]赴[37]国难,视死忽如归。

[注释]

[1] 金羁(jī):金饰的马笼头。

[2] 连翩(piān):连续轻快奔跑貌。这里用来形容白马奔驰的俊逸形象。

[3] 幽并:幽州和并州。幽州在今天河北省北部,并州在今天山西省北部。

[4] 游侠儿:重义轻生的人。

[5] 去乡邑:离开家乡。

[6] 扬声:扬名。

[7] 垂:同"陲",边远地区。

[8] 宿昔:一向,向来。

[9] 秉:执、持。

[10] 楛(hù)矢:用楛木做箭杆的箭。

[11] 何:多么。

[12] 参差(cēn cī):长短不齐的样子。

[13] 控弦:拉开弓弦。

[14] 破左的:射中左边的靶子。的,靶子。

[15] 月支:箭靶的名称。

[16] 接:接射。

[17] 飞猱(náo):飞奔的猿猴。猱,猿的一种,行动轻捷,攀缘树木,上下如飞。

[18] 散:射碎。

[19] 马蹄:箭靶的名称。

[20] 狡捷:灵活敏捷。

[21] 勇剽(piāo):勇敢剽悍。

[22] 螭(chī):传说中形状如龙的黄色猛兽。

[23] 虏骑(jì):指匈奴、鲜卑的骑兵。

[24] 数(shuò)迁移：指经常进兵入侵。数，经常。
[25] 羽檄(xí)：紧急的军事文书。檄是军事方面用于征召的文书，插上羽毛，表示如鸟飞一样迅速紧急，所以叫羽檄，插鸟羽以示紧急，必须迅速传递。
[26] 厉马：扬鞭策马。
[27] 长驱：向前奔驰不止。
[28] 蹈：践踏。
[29] 顾：看。
[30] 陵：压制。
[31] 鲜卑：古代我国东北方的少数民族，东汉末年开始强大。
[32] 弃身：舍身。
[33] 怀：顾惜、爱惜。
[34] 籍：名册。
[35] 中顾私：心里想着个人的私事。中，内心。
[36] 捐躯：献身。
[37] 赴：奔赴。

[赏析]

《白马篇》可分为四个部分。

开篇四句是第一部分，写主人公英武豪迈的气概。"白马饰金羁，连翩西北驰。"诗歌一开头就使人感到气势不凡。"白马""金羁"，色彩鲜明，从表面看，似乎只见马，不见人，其实这里写马，正是为了写人，用的是烘云托月的手法。这不仅写出了壮士骑术娴熟，而且也表现了边情的紧急，如同一个电影特写镜头，表现出壮士豪迈的气概。清代沈德潜说，曹植诗"极工起调"，这两句就是一例。"借问谁家子？幽并游侠儿。"诗人故设问答，补叙来历。关于游侠，司马迁《史记》有《游侠列传》。他说："（游侠）救人于厄，振人不赡。仁者有乎？不既（失）信，不倍（背）言，义者有取焉。"（《太史公自序》）可见那些救人于患难，助人于穷困，不失信、不背言的人，才能具备"游侠"的条件。这里，诗人笔锋一转，把通常意义上的游侠塑造成了为国家效力的爱国壮士。

"少小去乡邑"以下十句是第二部分。这一部分补叙了游侠儿从前的经历和他超群的武艺。诗人使用了一连串的对偶句使诗歌语言显得铿锵有力，富于气势。"控弦"四句，选用"破""摧""接""散"四个动词，从左、右、上、下不同方位表现游侠儿的高超武艺。"狡捷"二句，以形象的比喻描写游侠儿的敏捷灵巧，勇猛轻疾，生动形象。

这些描写说明了游侠儿"扬声沙漠垂"的重要原因,也为后面所写的游侠儿为国效力的英勇行为做好了铺垫。

"边城多警急"以下六句是第三部分。这部分主要是写游侠儿驰骋沙场、英勇杀敌的情景。诗人把人物放在严酷的战争环境中展开描写,边城告急,白马英雄立即冲锋陷阵,强大的敌人在英勇无畏的游侠儿面前也毫无抵抗之力。这里只用"长驱蹈匈奴,左顾陵鲜卑"两句,就十分精练地把游侠儿的英雄业绩表现出来了。这种详略得当的写法,不仅节省了笔墨,而且突出了重点。

"弃身锋刃端"以下八句为第四部分,这部分揭示了游侠儿的内心世界。游侠儿之所以能够克敌制胜,不仅是由于他武艺高超,更重要的是他具有强烈的护卫家国的壮烈情怀。这种情感和他的高超武艺结合起来,使这个英雄形象有血有肉、栩栩如生,给人以深刻的印象。

《白马篇》是曹植自创的乐府新题,他继承了乐府诗的一些艺术表现手法,比如铺陈手法的运用,第二部分写游侠儿的武艺,就从上、下、左、右等不同角度来展现他高超的射箭本领。钟嵘《诗品》评价曹植的诗歌"骨气奇高,词采华茂,情兼雅怨,体被文质",这首诗很好地体现了这一特点,风格雄放,气势非凡,同时语言又很精美,堪称才势皆具、情韵兼胜。

[选评]

[1] 唐·李善《六臣注文选》:"言人当立功、立事,尽力为国,不可念私。"

[2] 明·胡应麟《诗薮·内编·卷二》:"子建《名都》《白马》《美女》诸篇,辞极赡丽,然句颇尚工,语多致饰,视东、西京乐府天然古质,殊自不同。"

[3] 清·陈祚明《采菽堂古诗选》:"'参差',字活。'左的'、'右发',变宕不板。'仰手'、'俯身',状貌生动如睹,而'俯身'句尤佳。'散马蹄','散'字活甚,有声有势,历乱而去,而马上人身容飘忽,轻捷可知。缀词序景,须于此等字法尽心体究,方不重滞。弃身以下,慷慨激昂。"

[4] 清·何焯《义门读书记》:"此即所谓'闲居非吾志,甘心赴国忧'者也。"

[5] 清·朱乾《乐府正义·卷十二》:"此寓意于幽并游侠,实自况也。子建《自试表》云:昔从武皇帝,南极赤岸,东临沧海,西望玉门,北出玄塞,伏见所以用兵之势,可谓神妙。而志在擒权馘亮,虽身分蜀境,首悬吴阙,犹生之年。篇中所云'捐躯赴难,视死如归',亦子建素志,非泛述矣。"

[作业]

[1] 清人方东树在《昭昧詹言》中说此诗"实出屈子《九歌·国殇》"。试对比分析这两部作品。

[2] 体会此诗的铺陈手法,学习运用铺陈手法对校园环境或自己的心情作一描写。

悲愤诗

蔡文姬

[题解]

蔡文姬（生卒年不详），名琰，字文姬（一说字昭姬），陈留郡圉县（今河南杞县南）人，东汉末年文学家，博学而有才辨，精通音律。她的父亲蔡邕是当时著名的大文学家、书法家，与曹操交好。蔡文姬早年嫁于河东卫仲道，然婚后不久丈夫去世，两人没有子嗣，她便返回娘家。

由于董卓、李傕等人的动乱，匈奴趁机劫掠，蔡文姬被匈奴左贤王掳走，在匈奴生活了十二年，期间生下了两个儿子。建安十一年（206），曹操统一北方后，因感念蔡邕旧情，用重金将蔡文姬从匈奴赎回，并安排她嫁给董祀。《后汉书·列女传·董祀妻传》载："兴平中，天下丧乱，文姬为胡骑所获，没于南匈奴左贤王，在胡中十二年，生二子。曹操素与邕善，痛其无嗣，乃遣使者以金璧赎之，而重嫁于祀。……后感伤乱离，追怀悲愤，作诗二章。"该诗即为"二章"之一。蔡文姬的生活经历使她成为文化交流的桥梁。她创作的《悲愤诗》和《胡笳十八拍》等作品，表达了自己对命运的感慨和对故土的思念，至今仍被广泛传颂。

汉季失权柄[1]，董卓乱天常[2]。
志欲图篡弒[3]，先害诸贤良[4]。
逼迫迁旧邦[5]，拥主以自强。
海内兴义师[6]，欲共讨不祥。
卓众来东下[7]，金甲耀日光。
平土人脆弱[8]，来兵皆胡羌[9]。
猎野围城邑，所向悉破亡。
斩截无孑遗[10]，尸骸相撑拒[11]。
马边悬男头，马后载妇女。
长驱西入关[12]，迥路险且阻。

还顾邈冥冥[13],肝脾为烂腐。
所略有万计,不得令屯聚[14]。
或有骨肉俱,欲言不敢语。
失意几微间[15],辄言毙降虏[16]。
要当以亭刃[17],我曹不活汝[18]。
岂复惜性命,不堪其詈骂。
或便加棰杖,毒痛参并下。
旦则号泣行,夜则悲吟坐。
欲死不能得,欲生无一可。
彼苍者何辜[19],乃遭此厄祸。
边荒与华异,人俗少义理。
处所多霜雪,胡风春夏起。
翩翩吹我衣,肃肃入我耳。
感时念父母,哀叹无穷已。
有客从外来,闻之常欢喜。
迎问其消息,辄复非乡里。
邂逅徼时愿,骨肉来迎己[20]。
己得自解免[21],当复弃儿子[22]。
天属缀人心[23],念别无会期。
存亡永乖隔[24],不忍与之辞。
儿前抱我颈,问母欲何之[25]。
人言母当去,岂复有还时。
阿母常仁恻,今何更不慈。
我尚未成人,奈何不顾思[26]。
见此崩五内,恍惚生狂痴。
号泣手抚摩,当发复回疑。
兼有同时辈[27],相送告离别。
慕我独得归,哀叫声摧裂[28]。
马为立踟蹰,车为不转辙。

观者皆歔欷[29],行路亦呜咽。
去去割情恋[30],遄征日遐迈[31]。
悠悠三千里,何时复交会。
念我出腹子[32],胸臆为摧败。
既至家人尽,又复无中外[33]。
城廓为山林,庭宇生荆艾。
白骨不知谁,从横莫覆盖。
出门无人声,豺狼号且吠。
茕茕对孤景[34],怛咤糜肝肺[35]。
登高远眺望,魂神忽飞逝。
奄若寿命尽,旁人相宽大[37]。
为复强视息[38],虽生何聊赖。
托命于新人[39],竭心自勖励[40]。
流离成鄙贱,常恐复捐废。
人生几何时,怀忧终年岁。

[注释]

[1] 权柄:指汉王朝的统治权力。

[2] 董卓:字仲颖,今甘肃岷县人,东汉末年献帝时权臣。乱天常:悖天理,指董卓废杀汉少帝、毒死何太后,违背天理。天常,天之常道、天理。

[3] 篡(cuàn)弑(shì):杀君夺位。

[4] 诸贤良:指被董卓杀害的丁原、周珌、任琼、袁隗等贤臣。

[5] 旧邦:指长安。初平元年(190),董卓焚烧洛阳,强迫君臣百姓西迁长安。

[6] 兴义师:指起兵讨董卓。初平元年,关东州郡皆起兵讨董,以袁绍为盟主。

[7] 卓众:指董卓部下李傕、郭汜等所带的军队。

[8] 平土:平原,指关东陈留、颍川一带。

[9] 胡羌:指董卓军中的羌胡,董卓所部多羌、氐族人。

[10] 斩截无孑(jié)遗:屠杀得一个不留。截,斩断。孑,单独。

[11] 尸骸相撑拒:尸体众多堆积杂乱。相撑拒,互相支撑。

[12] 西入关:指入函谷关。

[13] 还顾：回头看故乡，遥远迷茫，悲伤至极。邈冥冥，邈远迷茫的样子。

[14] "所略"二句：被掳掠的人成千上万，却不准他们聚集在一起。"略"同"掠"。

[15] 失意：不合心意。几微：稍微。

[16] 辄言：动不动就说。毙降虏：犹言"死囚"。毙，詈骂之词。

[17] 要当：应当。亭刃：犹言加刃，杀害的意思。

[18] 我曹：犹我辈，兵士自称。

[19] 彼苍者：指天。这句是呼天而问，问这些受难者犯了什么罪。辜，罪孽。

[20] "邂逅"二句：指曹操遣使者接蔡文姬回乡。曹丕《蔡伯喈女赋序》："家公与蔡伯喈有管、鲍之好，乃命使者周近持玄璧于匈奴，赎其女还。"所说即此事。邂逅，意外地相遇。徼（jiǎo）同"侥"，侥幸。时愿，指诗人归乡的心愿。骨肉，犹言亲人，指曹操派来的使臣。诗人苦念故乡，见使者来迎，如见亲人，所以称之为骨肉。或谓曹操遣使赎蔡琰或许假托其亲属的名义，所以诗中说"骨肉来迎"。

[21] 解免：指脱离被俘者的屈辱生活。

[22] 当复：又得要。弃儿子：舍下在匈奴时生的两个儿子。

[23] 天属缀（zhuì）人心：母子心连心。天属，天然的亲属，如父母、子女、兄弟、姐妹。缀，联系。

[24] 存亡永乖隔：犹言生死永别，无缘再见。乖隔，隔离。

[25] 欲何之：想到哪儿去。之，往，到。

[26] 顾思：思念。思，语助词。

[27] 同时辈：指同时被虏的人。

[28] 哀叫声摧裂：哀叫声使人听了心肝也会碎裂。

[29] 歔（xū）欷（xī）：悲泣抽噎声。

[30] 去去：快走快走，催人速去之词。情恋：母子眷恋不舍。

[31] 遄（chuán）征：疾行。日遄迈：一天一天地走远了。

[32] 出腹子：亲生子。

[33] 又复无中外：又无中表近亲。中外，犹中表，"中"指舅父的子女，为内兄弟，"外"指姑母的子女，为外兄弟。

[34] 茕（qióng）茕：孤独的样子。景（yǐng）：同"影"。

[35] 怛（dá）咤（zhà）：惊痛而发声。糜（mí）：烂，碎。

[36] 奄（yǎn）：气息微弱的样子。

[37] 相宽大：互相劝说宽慰。

[38] 视息：生存。息，呼吸。这句是说又勉强活下去。

[39] 新人：指诗人重嫁的丈夫董祀。
[40] 勖(xù)：勉励。

[赏析]

《悲愤诗》是中国诗歌史上文人创作的第一首自传体五言长篇叙事诗。全诗108句，共540字。该诗以一位女子的视角生动描绘了汉末离乱动荡的社会和百姓痛苦不堪的生活，是当时社会的真实写照，具有史诗的规模和意义。在诗人饱含血泪的字里行间，寄托着对故土的热爱、对和平的向往和对人民的悲悯情怀。

全诗可分为三大部分。第一部分为前四十句，诗歌从汉末董卓之乱起笔，所叙事实均有史料可证。诗中概括了中平六年(189)年至初平三年(192)年这三四年的动乱历史，揭露了以董卓为首的叛军对百姓所进行的野蛮屠杀和掳掠，也暗暗点出自己的遭遇。同时，该部分细述诗人在俘虏营中的生活。贼兵不敢让成千上万的俘虏在一起屯聚。俘虏中即使有骨肉至亲，也不敢说一句话，稍不留意，就会招致辱骂和毒打。俘虏们日夜号泣、悲吟，欲死不能，欲生不可。诗人满怀悲愤，呼天而问，显示出强烈的悲悯情怀。

第二部分为"边荒与华异"以下四十句。这一部分主要叙述在边地思念骨肉至亲的痛苦及迎归别子时去留两难的悲愤。"边荒与华异，人俗少义理"两句，高度概括了诗人被掠失身的屈辱生活。"处处多霜雪"以下六句，又言边地之苦。诗人通过对居住环境的描写，以景衬情烘托诗人无穷尽的悲叹，增强了酸楚的气氛。"有客从外来"以下六句，描写引颈望归和急盼得到家人消息的心情。"邂逅徼时愿，骨肉来迎己"写平时企望的事情意外实现，情感波澜起伏变化万千。"己得自解免"以下六句，念及别子又由喜转悲。"别子"一段描写，感情真挚，深切感人。儿子劝母亲留下的几句话，像尖刀一样刺痛了母亲的心。儿子的几句质问，使诗人五内俱焚，神情恍惚，号泣抚子，欲行不前。在去留两难中，突出表现了诗人复杂矛盾的心情。"兼有同时辈"以下八句，插叙同辈送别的哀痛，诗人描写了马不肯行，车不转辙，连路人都感动得歔欷流泪的场面，这种衬托手法，更加突出了主人公的悲痛欲绝。这一部分中母子分离的场景，催人泪下，令人动容，是全诗的精华之处。

第三部分为"去去割情恋"以下二十八句。这一部分主要描写归途及归家后的遭遇。割断情恋，别子而去，上路疾行，渐行渐远。但恋子之情又怎么能够割舍。别后彼此天各一方，何时又才得会面。"既至家人尽"以下十二句先写到家后方知亲人已经死亡殆尽，孤苦无依。接叙战后的荒凉，城郭变为山林，庭院长满荆棘和蔓草，白骨纵横,荒坟累累。特别是"出门无人声,豺狼号且吠"两句把战后的荒凉,写得阴森可怖。"登高远眺望"两句,又以念子暗收,与"念我出腹子"遥相呼应。"奄若寿命尽"以下四句,叙述诗人在百般煎熬之下,已失去了生活乐趣。"托命于新人"四句,叙述重嫁董祀之后,虽用尽心力,勉励自己好好活下去,却又担心颠沛流离之后,自己已成卑贱的女子,怎知不被新人所抛弃。全诗到此结束,显示出强烈的悲情色彩。

《悲愤诗》中强烈的悲情令人动容,能够达到如此效果,与其艺术技巧密切相关。

一是叙事抒情紧密结合。该诗带有强烈的自传色彩,叙事以时间先后为序,以自身遭遇为纲,言情以悲愤为主,但又有悲喜的变化,波澜动荡起伏。在表现悲愤的情感上,多层次多方面抒发这种情感。面对被掠、杖骂、受辱、念父母、别子、重嫁,诗人表现出强烈的悲愤,这种悲愤的表达恰恰是通过抒情来实现的。比如,使她最伤心的也是描写最多的别子。诗人为突出这一点,用回环往复的手法,前后有三四次念子的描写,从中可以感受到诗人强烈、集中、突出的悲愤。这种悲愤映衬出一颗伟大母亲的心,诗人在这方面挖掘得最深也最为感人。

二是移情于景。蔡文姬将内在悲情投射到外在景物之上,令本无生命的事物表现为有生命、富于情感的生命体。"处所多霜雪,胡风春夏起,翩翩吹我衣,肃肃入我耳"描写边地辽阔荒凉的景象,风吹入耳,仿佛时时听到父母的召唤,所以很自然就引出"感时念父母,哀叹无穷已"二句。在特殊的环境之中,诗歌选取的物象成了富有代表性的情感载体,它们能恰当地渲染气氛,更为有力地表达诗人身居异地的故园之思。

三是这首诗的语言淳朴、明白晓畅。全诗情真意切,所以质由中出,不假雕饰,自然成文。诗中人物语言极富个性化。如贼兵骂俘虏的恶言恶语,逼真传神,形象突出。而别子时其子的几句话更惟妙惟肖,酷似儿童语气,孩子的天真、幼稚和对母亲的依恋之情,跃然纸上。

[选评]

[1] 清·贺贻孙《诗筏》:"文姬《悲愤》篇,苦处在胡儿抱颈数语,与同时相送相慕者一番牵别,令人欲泣。……后人极力摹拟,非无佳境,然一概直叙,全乏波澜。"

[2] 清·陈祚明《采菽堂古诗选》:"《悲愤诗》首章笔调古宕,情态生动,甚类庐江小吏诗。彼所多在藻采细璅,此所多在沉痛惨怛,皆绝构也。"

[3] 清·张玉毂《古诗赏析》:"汉五古如苏、李、《十九首》,多用兴比,言简意含,固是正宗。而长篇叙事言情,局陈恢张,波澜层叠。若文姬此作,实能以真气自开户

牘,为后来杜老《咏怀》《北征》诸巨制之所祖,学诗者正不可以偏废也。"

[4] 清·厉志《白华山人诗说》:"文姬妇人,魏武英雄,两人作诗,如出一手。至《薤露》与《悲愤》并观,尤不可辨,真乃怪事。"

[作业]

[1]《悲愤诗》对后世影响深远,杜甫叙事长诗《北征》即受此诗影响。对比蔡文姬《悲愤诗》与杜甫《北征》,从诗歌主题、艺术手法两个方面分析两首诗歌的异同。

长歌行

陆 游

[题解]

陆游(1125—1210),字务观,号放翁,越州山阴(今浙江省绍兴市)人。南宋时期文学家、史学家、爱国诗人。陆游生逢北宋灭亡之际,少年时即深受家庭爱国思想的熏陶。宋高宗时,陆游参加礼部考试,因受秦桧排斥而仕途不畅。宋孝宗即位后,赐进士出身,历任福州宁德县主簿、敕令所删定官、隆兴府通判等职,因坚持抗金,遭到主和派排斥。乾道七年(1171),陆游应四川宣抚使王炎之邀,投身军旅,任职于南郑幕府。次年,幕府解散,陆游奉诏入蜀,与范成大相知。宋光宗继位后,陆游升为礼部郎中兼实录院检讨官,不久即因"嘲咏风月"被罢官归居故里。嘉泰二年(1202),宋宁宗诏陆游入京,主持编修孝宗、光宗《两朝实录》和《三朝史》,官至宝章阁待制。书成后,陆游长期蛰居山阴。嘉定二年(1209),与世长辞,享年八十五岁,著有《剑南诗稿》传世。

《长歌行》是乐府旧题,属平调曲,其特点是句法自由灵活,可以纵横驰骤,开阖变化,任情抒写。宋淳熙元年(1174)九月,陆游离蜀州通判任,回成都,客居僧寺多福院,作此诗,当时诗人50岁。此诗围绕"手枭逆贼清旧京"这一中心句展开,表达了作者强烈的爱国主义。

人生不作安期生[1],醉入东海骑长鲸。
犹当出作李西平[2],手枭[3]逆贼[4]清[5]旧京[6]。
金印[7]煌煌[8]未入手,白发种种[9]来无情。
成都古寺卧秋[10]晚,落日偏傍[11]僧窗明。
岂其[12]马上破贼手[13],哦[14]诗长作寒螀[15]鸣。
兴来[16]买尽市桥[17]酒,大车磊落[18]堆长瓶[19]。
哀丝豪竹[20]助剧饮[21],如巨野[22]受黄河倾。
平时一滴不入口,意气顿使千人惊。

国仇未报壮士老,匣中宝剑夜有声[23]。
何当[24]凯还宴将士,三更雪压飞狐[25]城。

[注释]

[1] 安期生:古时仙人。《史记·封禅记》:"臣尝游海上,见安期生。安期生食巨枣大如瓜。安期生者,通蓬莱中,合者见人,不合者隐。"

[2] 李西平:即李晟,唐德宗时名将。兴元元年(784),他率军从叛臣朱泚手中收复长安,迎德宗回京,因功封为西平郡王。

[3] 枭(xiāo):枭首,杀头后将头高挂在木杆上。

[4] 逆贼:本指朱泚,这里暗喻金人。

[5] 清:肃清。

[6] 旧京:古都,本指长安,这里暗喻北宋汴京。

[7] 金印:古代文武大臣所佩黄金印玺。

[8] 煌煌:光辉的样子。

[9] 种种:头发短的样子。此句意指,功名未就,年齿已衰。

[10] 秋:一作"旧"。

[11] 偏傍:偏偏靠近。傍,一作"照"。

[12] 岂其:表示反诘语气。岂,难道。

[13] 手:这里指人,以部分代全体。

[14] 哦:吟咏。

[15] 寒螀(jiāng):一种体形较小呈青红色的蝉。整句话的意思是说,难道像我这样能上马破敌的人,就只好老是吟咏一些像寒蝉之鸣那样凄楚的诗吗?

[16] 兴来:酒兴起来。

[17] 市桥:成都濯锦江上的一座桥。

[18] 磊落:错落不齐的样子。

[19] 长瓶:指酒瓶。

[20] 哀丝豪竹:动听的管弦乐。哀,即悲。豪,即壮。喻指诗人跌宕起伏的心情。

[21] 剧饮:痛饮。

[22] 巨野:巨野泽,古时(今山东巨野境内)的大湖泊。据《史记·河渠书》记载,汉武帝元光年间(前134—前129),黄河从瓠子决口,水向东流,注入巨野泽。这里用

来形容剧饮,如黄河决口注入巨野泽一样。

[23] 有声:传说宝剑可以通灵,在匣中能够自己发出声音表示斗志或警戒。

[24] 何当:如何能。

[25] 飞狐:古代关隘名,在今天河北涞源,当时被金人占领。此句的意思是,什么时候部队能够收复失地,哪怕是三更天下着大雪,也要大摆庆功宴。

[赏析]

这首长诗抒写爱国志士的壮怀与愤激,意气豪纵,笔致雄健,吐气若虹,沉着痛快。

该诗起笔犹如江出西陵,奔流直下,气概非凡。开头两句以安期生与李晟为例,将入海骑鲸与破敌收京列为人生两大快事,前者求仙,后者建功立业,前者不过是后者的陪衬。安期生传说为古代仙人,卖药东海边。秦始皇曾派人入海访求安期生,未至蓬莱山,遇风波而返。陆游推重李晟,当然并不在于博功名与封侯王,而是在于"手枭逆贼清旧京",这正是陆游一生追求的人生目标。"金印"两句,从理想转入现实,自叹功业未就,年华已老。"种种"是形容发衰且短。陆游这时年过半百,深怀"恐年岁之不吾与"之忧。"金印煌煌"又与"白发种种"对比强烈。在全篇行文中,这两句特地写成对偶,除了奇偶杂出,其用意还在于用简练的手法概括其壮志未酬的半世生涯,而目前的现实却与生平的理想似乎愈来愈远了。

"成都古寺"四句,写当前景况,申明自己志在上马杀敌,并不甘心以诗人自限。"破贼手"而作"寒螀鸣",这是作为爱国志士感到痛苦和无聊的。陆游《剑南诗稿》卷三十三《读杜诗》云:"后世但作诗人看,使我抚几空嗟咨。"杜甫的人生目标是"致君尧舜上,再使风俗淳",陆游的人生目标是"手枭逆贼清旧京",他们首先是忧国忧民的志士仁人,其次才是忠于自己理想的诗人,这是陆游与杜甫两人的相同之处。如果把陆游也"但作诗人看",恐怕也是违反陆游的意愿了。

"兴来"六句,则是写志士赋闲落寞之中的酒渴剧饮。"兴来买尽市桥酒"与"平时一滴不入口"两相对照,表明这次剧饮的非同寻常。"市桥",在成都西南四里。李膺《益州记》谓"汉旧州市在桥南,故名。"桥头深渊中旧有石犀,后人于此建石牛寺。"如巨野受黄河倾"一句,完全是以散文句法入诗,破坏了七言句法的常规,用意是加强这次剧饮的豪放奇特的印象。巨野是古代的大泽,位于今山东巨野县东北。据《史记·河渠书》,汉武帝元光三年(前132),黄河在濮阳的瓠子决口,"东南注巨野,通于淮、泗,泛郡十六。发卒十万塞之,无成"。说这次饮酒犹如巨野受到黄河洪流的倾泻,滔滔的黄河之水化成无穷无尽的美酒直注于胸,既有酒兴之狂,又有胸怀之大,可谓极其夸张。陆游当然没有这么大的酒量,诗中的这些描写,实际上是表明他怀志不伸的积愤既深且久,故借酒以浇胸中块垒,一舒郁闷;同时也显出他壮心不老,豪气如昔,犹能乘兴而作此惊人之举。这绝不是酒徒之饮,而正是豪士之饮。诗中写的剧饮,就跳动着一颗壮士之心,因而意气飞扬,兴不可遏。这几句写得笔酣墨饱,兴会淋漓,使全篇增添了波澜,也增添了飞扬动荡之感。

"国仇"两句点明本意,"宝剑有声"正反衬出壮士心中的不平之鸣。最后希望有一天能实现收复失地的愿望,雄踞秦汉故关的飞狐口(在今河北涞源县),在大雪之夜欢宴胜利归来的远征将士,那时的狂欢痛饮将同现在的寂寞冷落完全不同了,或许比"手枭逆贼清旧京"更为人生之大快!

这首诗歌充满浪漫情调,将陆游的满腹牢骚和一腔热血,在放声长歌中倾泻而出,热情奔放的语句中跳跃着作者飞扬激动的报国之心,悲而能壮,豪而能放,是陆游的七言歌行中有代表性的一首。然而,陆游渴望收复失地的愿望却一而再、再而三地落空,直至在其绝笔《示儿》中,发出了"王师北定中原日,家祭无忘告乃翁"的悲鸣。

[选评]

[1] 清·马星翼《东泉诗话》:"放翁《长歌行》最善,虽未知与李、杜何如,要已突过元、白。集中似此亦不多见。"

[2] 近代·高步瀛《唐宋诗举要》:"方植之(东树)以此诗为放翁压卷。吴(汝纶)曰:'放翁豪横处自臻绝诣。'"

[3] 当代·霍松林《宋诗鉴赏辞典》:"陆游的诗,起势雄迈骏伟者很不少,结句有兴会、有意味,而无鼓衰力竭之态者尤其多。但首尾皆工、通体完美的作品在全集中所占的比例也不太大。这首《长歌行》,则是首尾皆工、通体完美的代表作之一,方东树说它是陆游诗的'压卷',确有见地。"

[4] 当代·吴熊和《唐宋诗词探胜》:"这首诗充满浪漫情调,将陆游的满腹牢骚和一腔热血在放声长歌中倾泻而出,热情奔放的语句中跳跃着作者飞扬激动的心,悲而能壮,豪而能放,是陆游七古中有代表性的一首。"

[作业]

[1] 分析此诗中诗人的情感起伏变化,并体会这首诗的豪放风格。

〔2〕假如此诗中没有写饮酒的几句,抒情主人公的形象就会逊色很多。分析诗中描写饮酒的几句的作用。在中国古典诗词中,酒是一个不可或缺的意象,列举几个其他诗例,认识诗中的酒文化,说说酒对形成诗歌风格的作用。

雪落在中国的土地上

艾 青

[题解]

艾青(1910—1996),原名蒋海澄,中国新诗史上最杰出的诗人之一,曾被誉为中国当代诗坛的"泰斗"。20世纪20年代后期到法国学习绘画时开始新诗写作,当时并未引起人们的注意。回国后因参加"左联"组织的进步美术活动而被捕入狱,并在狱中写下《大堰河——我的保姆》,一举成名。出狱后辗转于南北抗战前沿,40年代初冒险来到解放区。在此期间写下大量反映民族苦难和民族解放斗争的优秀作品,成为抗战时期最具影响力的诗人。结集出版的诗集有《大堰河》《北方》《旷野》《献给乡村的诗》以及叙事长诗《他死在第二次》《火把》《向太阳》等。新中国成立之初,艾青写过不少歌颂新中国的诗,但代表其成就的是咏物抒怀的哲理小诗如《礁石》《虎斑贝》以及国际题材的诗如《维也纳》《一个黑人姑娘在歌唱》等。50年代中期即被打成右派,先后被发配到北大荒和新疆石河子垦区劳动改造,一去21年。70年代末获平反昭雪,并迎来他诗歌创作史上的第二个高峰,出版《归来的歌》《雪莲》等诗集,名作《在浪尖上》《光的赞歌》《古罗马的大斗技场》等名噪一时,广为传播。今存《艾青全集》(一至五卷)。

1937年的冬天,日寇的铁蹄践踏着中国的山河,正像风雪在肆虐着中国的大地。艾青离开浙江老家前往当时被称作抗战中心的大都市武汉,却没有看到全民积极组织抗战的景象,反而到处是无家可归的难民。诗人把赶着马车的农夫、蓬头垢面的少妇、年老的母亲放置于北方冰封的大地上,表现出中华民族的苦痛与灾难。"雪落在中国的土地上,寒冷在封锁着中国呀……"反复地出现,如交响乐的主旋律,形成一种回环的美感,体现了诗人的赤子之心与爱国情怀。

雪落在中国的土地上,
寒冷在封锁着中国呀……

风，
像一个太悲哀了的老妇，
紧紧地跟随着
伸出寒冷的指爪
拉扯着行人的衣襟，
用着像土地一样古老的话
一刻也不停地絮聒[1]着……

那从林间出现的，
赶着马车的
你中国的农夫
戴着皮帽
冒着大雪
你要到哪儿去呢？

告诉你
我也是农人的后裔——
由于你们的
刻满了痛苦的皱纹的脸
我能如此深深地
知道了
生活在草原上的人们的
岁月的艰辛。

而我
也并不比你们快乐啊
——躺在时间的河流上
苦难的浪涛
曾经几次把我吞没而又卷起——

流浪与监禁
已失去了我的青春的
最可贵的日子,
我的生命
也像你们的生命
一样的憔悴呀

雪落在中国的土地上,
寒冷在封锁着中国呀……

沿着雪夜的河流,
一盏小油灯在徐缓地移行,
那破烂的乌篷船里
映着灯光,垂着头
坐着的是谁呀?

——啊,你
蓬发垢面的少妇,
是不是
你的家
——那幸福与温暖的巢穴——
已被暴戾的敌人
烧毁了么?
是不是
也像这样的夜间,
失去了男人的保护,
在死亡的恐怖里
你已经受尽敌人刺刀的戏弄?

咳,就在如此寒冷的今夜,
无数的
我们的年老的母亲,
都蜷伏在不是自己的家里,
就像异邦人
不知明天的车轮
要滚上怎样的路程……
——而且
中国的路
是如此的崎岖
是如此的泥泞呀。

雪落在中国的土地上,
寒冷在封锁着中国呀……

透过雪夜的草原
那些被烽火所啮啃[2]着的地域,
无数的,土地的垦殖者
失去了他们所饲养的家畜
失去了他们肥沃的田地
拥挤在
生活的绝望的污巷里:
饥馑的大地
朝向阴暗的天
伸出乞援的
颤抖着的两臂。

中国的苦痛与灾难
像这雪夜一样广阔而又漫长呀!

雪落在中国的土地上，
寒冷在封锁着中国呀……

中国
我的在没有灯光的晚上
所写的无力的诗句
能给你些许的温暖么？

（选自《艾青诗选》，人民文学出版社2021年版。）

[注释]

［1］絮聒：唠叨不停。
［2］啮（niè）啃：啃咬，比喻破坏或折磨。

[赏析]

《雪落在中国的土地上》是艾青抗战时期最成功的作品之一。此诗写于1937年12月28日阴冷的晚上，诗人预感到一场大雪将要降临，便在一种极度悲凉的心境下写了这首诗，以此来抒写残暴的侵略战争给中国人民带来的深重灾难以及诗人忧国忧民的沉重心情。诗中有关雪的想象——大雪覆盖的草原，雪夜的河流，风雪吹刮着的树林等，在第二天就得到了实现，老天爷果然下起了纷纷扬扬的大雪，艾青对一个朋友说："今天这场雪是为我下的。"

这首诗与艾青同时期写土地的其他诗作不同，它并不局限于一时一域，而是将诗的视野引向整个中国大地，诗的时空境界为之大开，显得更为开阔与深远。劈头一句"雪落在中国的土地上，/寒冷在封锁着中国呀"，就将诗情推向高潮，使整个中国大地笼罩在阴冷、恐怖甚至是绝望的艺术氛围之中；接着，诗人又在同一情感基调的推动下摄取三组特写镜头：那戴着皮帽、脸上刻满了痛苦皱纹的北方的农夫，冒着凛冽的风雪，赶着马车，不知要到哪儿去；那"受尽敌人刺刀戏弄"的"蓬发垢面"的南方少妇，垂着头，坐在"破烂的乌篷船里"，任凭它在"雪夜的河流"里徐缓地移行；在那雪夜的草原上，那些失去了家畜与田地的垦殖者，在"饥馑的大地"上，朝向阴暗的天，"伸出乞援的/颤抖着的两臂"。这一组组意象，一个个画面，不断向前推移，最后在"中国，/

我的在没有灯光的晚上/所写下的无力的诗句/能给你些许的温暖么?"这样充满深情的诗句中结束全诗,真正达到了"言有尽而意无穷"的艺术圣境。

《雪落在中国的土地上》的韵律给人以启迪。它虽然是散文的形式,但却绝对不同于一般的散文化。它有一种贯穿性的情感,这种情感主导了作品的语言和节奏,也形成了一种内在的韵律,而这内在的韵律正是我们许多自由诗所匮乏的。就像牛汉先生对艾青诗歌韵律的评价:"读艾青的诗,我们仍能自然地读出它内在的有撼动感的深沉的节奏。艾青的自由诗,其实是有着高度的控制的诗,它的自由,并非散漫,它必须有真情,有艺术的个性,有诗人创造的只属于这首诗的情韵。"诗歌的音乐性既表现为外在的押韵回环,更体现为内在意核、节律的贯通。

作品的这种音乐美不只是技术上的原因,它更是思想和情感自然而然的流露。也就是说,艾青诗歌散文化的形式特征和内在的节奏韵律美,在根本上来自诗人对自我与时代关系的巧妙处理。从时代角度考虑,为了再现时代的纷繁和复杂,以现代汉语的形式是不可能采用那么机械的形式的,只有散文体的形式才能更充分地展示时代的状貌。在作品中,诗人采用了异于古典意蕴却又非常典型的诗歌意象,它们完全来自生活。如赶车的农夫,孤苦的少妇和老人……都具有鲜活的生活气息,又蕴含丰富的象征意义,描画了"像这雪夜一样广阔而又漫长"的"中国的苦痛与灾难"。我们不但可以从中看到时代的具体景象,即诗人感受到的真实现实,也可以透过其背后去洞察更深远的大的背景。但是,艾青的诗歌又不是一味地让时代来主宰作品,诗歌中始终有内在的主体感情为主导,统率着整个诗歌,因此,诗歌能够拥有内在的节奏和韵律。整首诗歌的情感是完全的整体,对诗歌的朗诵,必须有贯穿性的情感,才能准确传达出诗人的情感和思绪。所以,在诗歌音乐性上,《雪落在中国的土地上》可以说是为中国新诗提供了一个典范。

[选评]

[1] 当代·艾青《为了胜利》:"我以悲哀浸融在那些冰凉的碎片一起,写下了《雪落在中国的土地上》……而我更使自己知道战争的路给谁走是最艰苦的,而且也只有他们才会真的走到战争的尽头,才会真的从自己手里建造起和平。"

[2] 当代·艾青《与青年诗人谈诗》:"我在写作的时候并没有从理性上认识哪些材料我要写,只是写着写着,写出来了。譬如写《雪落在中国的土地上》那首诗时,我是预感到天要下雪了,想象开去,出现了雪的草原,戴着皮帽,冒着大雪的马车夫;雪夜的河流,破烂的乌篷船里的蓬发垢面的少妇……这首诗发表后,重庆一次诗歌座谈

会上有人放暗箭说,中国没有戴皮帽、冒着大雪赶马车的。我说奇怪,中国没有这样子的? 不过,实际上我写《雪落在中国的土地上》时确没见过那个场景,而是面对欲雪的天气想象出来的。"

[3] 当代·贺仲明《自我与时代的心史——重读〈雪落在中国的土地上〉兼及艾青的诗歌意义》:"《雪落在中国的土地上》就充分体现了抒情的真诚和质朴。它没有丝毫的炫耀和玄虚,而是将自己与农民等同,心灵相连,感情朴素而真切……《雪落在中国的土地上》典型体现出艾青诗歌的特色,具有不可忽略的历史地位。"

[作业]

[1] 结合诗歌内容,深刻理解诗中中国的苦难和诗人"深沉的爱"的内涵。
[2] 朗诵诗歌并品味诗歌沉郁、凝重而又饱含深情的语言风格。

[专题一] 家国情怀

百 合 花

茹志鹃

[题解]

茹志鹃,女,1925年参加新四军,1955年转业到作家协会上海分会,任《文艺月报》编辑。1958年3月,在《延河》上发表了著名作品《百合花》,标志着她艺术风格开始形成。这篇"没有爱情的爱情牧歌"曾被茅盾誉为当时最使他满意和感动的一篇作品,赞赏这篇小说具有清新俊逸的艺术风格,是"静夜的箫声"。

短篇小说《百合花》是茹志鹃的成名之作。作家写这篇小说时,正值反右斗争处于紧锣密鼓之际,她的亲人也未能幸免于此。面对冷酷的现实,她不由怀念起战时的生活和那时的同志关系。于是,这象征着纯洁与感情的"百合花"便在作家"匝匝忧虑""不无悲凉的思念"之中灿然开放,给当时文坛带来一股沁人的清香。

1946年的中秋。

这天打海岸的部队决定晚上总攻。我们文工团创作室的几个同志,就由主攻团的团长分派到各个战斗连去帮助工作。大概因为我是个女同志吧,团长对我抓了半天后脑勺,最后才叫一个通讯员送我到前沿包扎所去。

包扎所就包扎所吧!反正不叫我进保险箱就行。我背上背包,跟通讯员走了。

早上下过一阵小雨,现在虽放了晴,路上还是滑得很,两边地里的秋庄稼,却给雨水冲洗得青翠水绿,珠烁晶莹。空气里也带有一股清鲜湿润的香味。要不是敌人的冷炮在间歇地盲目地轰响着,我真以为我们是去赶集的呢!

通讯员撒开大步,一直走在我前面。一开始他就把我摞下几丈远。我的脚烂了,路又滑,怎么努力也赶不上他。我想喊他等等我,却又怕他笑我胆小害怕;不叫他,我又真怕一个人摸不到那个包扎所。我开始对这个通讯员生起气来。

哎！说也怪，他背后好像长了眼睛似的，倒自动在路边站下了，但脸还是朝着前面，没看我一眼。等我紧走慢赶地快要走近他时，他又蹬蹬蹬地自个儿向前走了，一下又把我甩下几丈远。我实在没力气赶了，索性一个人在后面慢慢晃。不过这一次还好，他没让我撂得太远，但也不让我走近，总和我保持着丈把远的距离。我走快，他在前面大踏步向前；我走慢，他在前面就摇摇摆摆。奇怪的是，我从没见他回头看我一次，我不禁对这通讯员发生了兴趣。

刚才在团部我没注意看他，现在从背后看去，只看到他是高挑挑的个子，块头不大，但从他那副厚实实的肩膀看来，是个挺棒的小伙儿，他穿了一身洗淡了的黄军装，绑腿直打到膝盖上。肩上的步枪筒里，稀疏地插了几根树枝，这要说是伪装，倒不如算作装饰点缀。

没有赶上他，但双脚胀痛得像火烧似的。我向他提出了休息一会儿后，自己便在做田界的石头上坐了下来。他也在远远的一块石头上坐下，把枪横搁在腿上，背向着我，好像没我这个人似的。凭经验，我晓得这一定又因为我是个女同志。女同志下连队，就有这些困难。我着恼地带着一种反抗情绪走过去，面对着他坐下来。这时，我看见他那张十分年轻稚气的圆脸，顶多有十八岁。他见我挨他坐下，立即张皇起来，好像他身边埋下了一颗定时炸弹，局促不安，掉过脸去不好，不掉过去又不行，想站起来又不好意思。我拼命忍住笑，随便地问他是哪里人。他没回答，脸涨得像个关公，讷讷半晌，才说清自己是天目山人。原来他还是我的同乡呢！

"在家时你干什么？"

"帮人拖毛竹。"

我朝他宽宽的两肩望了一下，立即在我眼前出现了一片绿雾似的竹海，海中间，一条窄窄的石级山道，盘旋而上。一个肩膀宽宽的小伙儿，肩上垫了一块老蓝布，扛了几枝青竹，竹梢长长地拖在他后面，刮打得石级哗哗作响……这是我多么熟悉的故乡生活啊！我立刻对这位同乡越加亲热起来。

我又问："你多大了？"

"十九。"

"参加革命几年了?"

"一年。"

"你怎么参加革命的?"我问到这里自己觉得这不像是谈话,倒有些像审讯。不过我还是禁不住地要问。

"大军北撤时[1]我自己跟来的。"

"家里还有什么人呢?"

"娘,爹,弟弟妹妹,还有一个姑姑也住在我家里。"

"你还没娶媳妇吧?"

"……"他飞红了脸,更加忸怩起来,两只手不停地数摸着腰皮带上的扣眼。半晌他才低下了头,憨憨地笑了一下,摇了摇头。我还想问他有没有对象,但看到他这样子,只得把嘴里的话又咽了下去。

两人闷坐了一会儿,他开始抬头看看天,又掉过来扫了我一眼,意思是在催我动身。

当我站起来要走的时候,我看见他摘了帽子,偷偷地在用毛巾拭汗。这是我的不是,人家走路都没出一滴汗,为了我跟他说话,却害他出了这一头大汗,这都怪我了。

我们到包扎所,已是下午两点钟了。这里离前沿有三里路,包扎所设在一个小学里,大小六个房子组成"品"字形,中间一块空地长了许多野草,显然,小学已有多时不开课了。我们到时,屋里已有几个卫生员在弄着纱布棉花,满地上都是用砖头垫起来的门板,算作病床。

我们刚到不久,来了一个乡干部,他眼睛熬得通红,用一片硬纸插在额前的破毡帽下,低低地遮在眼睛前面挡光。他一肩背枪,一肩挂了一杆秤;左手拷了一篮鸡蛋,右手提了一口大锅,呼哧呼哧地走来。他一边放东西,一边对我们又道歉又诉苦,一边还喘息地喝着水,同时还从怀里掏出一包饭团来嚼着。我只见他迅速地做着这一切,他说的什么我就没大听清,好像是说什么被子的事,要我们自己去借。我问清了卫生员,原来因为部队上的被子还没发下来,但伤员流了血,非常怕冷,所以就得向老百姓去借,哪怕有一二十条棉絮也好。我这时正愁工作插不上手,便自告奋勇讨了这件差事,怕来不及,就顺便也请了我那位同乡,请他帮我动员几家再走。他踌躇了一下,便和我一起去了。

我们先到附近一个村子,进村后他向东,我往西,分头去动员。不一会儿,我已写了三张借条出去,借到两条棉絮,一条被子,手里抱得满满的,心里十分高兴,正准备送回去再来借时,看见通讯员从对面走来,两手还是空空的。

"怎么,没借到?"我觉得这里老百姓觉悟高,又很开通,怎么会没有借到呢?我有点惊奇地问。

"女同志,你去借吧!……老百姓死封建……"

"哪一家?你带我去。"我估计一定是他说话不对,说崩了。借不到被子事小,得罪了老百姓影响可不好。我叫他带我去看看。但他执拗地低着头,像钉在地上似的,不肯挪步。我走近他,低声地把群众影响的话对他说了。他听了,果然就松松爽爽地带我走了。

我们走进老乡的院子里,只见堂屋里静静的,里面一间房门上,垂着一块蓝布红额的门帘,门框两边还贴着鲜红的对联。我们只得站在外面向里"大姐、大嫂"地喊,喊了几声,不见有人应,但响动是有了。一会儿,门帘一挑,露出一个年轻媳妇来。这媳妇长得很好看,高高的鼻梁,弯弯的眉,额前一溜蓬松松的刘海。穿的虽是粗布,倒都是新的。我看她头上已硬挠挠地挽了髻,便大嫂长大嫂短地向她道歉,说刚才这个同志来,说话不好别见怪等等。她听着,脸扭向里面,尽咬着嘴唇笑。我说完了,她也不作声,还是低头咬着嘴唇,好像忍了一肚子的笑料没笑完。这一来,我倒有些尴尬了,下面的话怎么说呢!我看通讯员站在一边,眼睛一眨不眨地看着我,好像在看连长做示范动作似的。我只好硬了头皮,讪讪地向她开口借被子了,接着还对她说了一遍共产党的部队打仗是为了老百姓的道理。这一次,她不笑了,一边听着,一边不断向房里瞅着。我说完了,她看看我,看看通讯员,好像在掂量我刚才那些话的斤两。半晌,她转身进去抱被子了。

通讯员乘这机会,颇不服气地对我说道:"我刚才也是说的这几句话,她就是不借,你看怪吧!……"

我赶忙白了他一眼,不叫他再说。可是来不及了,那个媳妇抱了被子,已经在房门口了。被子一拿出来,我方才明白她刚才为什么不肯借了。这原来是一条里外全新的花被子,被面是假洋缎的,枣红底,上面撒满白色百合花。她好像是在故意气通讯员,把被子朝我面前一送,说:"抱去吧。"

我手里已捧满了被子,就一努嘴,叫通讯员来拿。没想到他竟扬起脸,装作没看见。我只好开口叫他,他这才绷了脸,垂着眼皮,上去接过被子,慌慌张张地转身就走。不想他一步还没有走出去,就听见"嘶"的一声,衣服挂住了门钩,在肩膀处,挂下一片布来,口子撕得不小。那媳妇一面笑着,一面赶忙找针拿线,要给他缝上。通讯员却高低不肯,挟了被子就走。

刚走出门不远,就有人告诉我们,刚才那位年轻媳妇,是刚过门三天的新娘子,这条被子就是她唯一的嫁妆。我听了,心里便有些过意不去,通讯员也皱起了眉,默默地看着手里的被子。我想他听了这样的话一定会有同感吧!果然,他一边走,一边跟我嘟哝起来了。

"我们不了解情况,把人家结婚被子也借来了,多不合适呀!……"

我忍不住想给他开个玩笑,便故作严肃地说:"是呀!也许她为了这条被子,在做姑娘时,不知起早熬夜,多干了多少零活,才积起了做被子的钱,或许她曾为了这条花被,睡不着觉呢。可是还有人骂她死封建……"

他听到这里,突然站住脚,呆了一会儿,说:"那!……那我们送回去吧!"

"已经借来了,再送回去,倒叫她多心。"我看他那副认真、为难的样子,又好笑,又觉得可爱。不知怎么的,我已从心底爱上了这个傻乎乎的小同乡。

他听我这么说,也似乎有理,考虑了一下,便下了决心似的说:"好,算了。用了给她好好洗洗。"他决定以后,就把我抱着的被子,统统抓过去,左一条、右一条地披挂在自己肩上,大踏步地走了。

回到包扎所以后,我就让他回团部去。他精神顿时活泼起来了,向我敬了礼就跑了。走不几步,他又想起了什么,在自己挎包里掏了一阵,摸出两个馒头,朝我扬了扬,顺手放在路边石头上,说:"给你开饭啦!"说完就脚不点地地走了。我走过去拿起那两个干硬的馒头,看见他背的枪筒里不知在什么时候又多了一枝野菊花,跟那些树枝一起,在他耳边抖抖地颤动着。

他已走远了,但还见他肩上撕挂下来的布片,在风里一飘一飘。我真后悔没给他缝上再走。现在,至少他要裸露一晚上的肩膀了。

包扎所的工作人员很少。乡干部动员了几个妇女,帮我们打水、烧锅,做些零碎活。那位新媳妇也来了,她还是那样,笑眯眯地抿着嘴,偶然从眼角上看我一眼,但她时不时地东张西望,好像在找什么。后来她到底问我说:"那位同志弟到哪里去了?"我告诉她同志弟不是这里的,他现在到前沿去了。她不好意思地笑了一下说:"刚才借被子,他可受我的气了!"说完又抿了嘴笑着,动手把借来的几十条被子、棉絮,整整齐齐地分铺在门板上、桌子上(两张课桌拼起来,就是一张床)。我看见她把自己那条白百合花的新被,铺在外面屋檐下的一块门板上。

天黑了,天边涌起一轮满月。我们的总攻还没发起。敌人照例是忌怕夜晚的,在地上烧起一堆堆的野火,又盲目地轰炸,照明弹也一个接一个地升起,好像在月亮下面点了无数盏汽油灯,把地面的一切都赤裸裸地暴露出来了。在这样一个"白夜"里来攻击,有多困难,要付出多大的代价啊!我连那一轮皎洁的月亮,也憎恶起来了。

乡干部又来了,慰劳了我们几个家做的干菜月饼。原来今天是中秋节了。

啊!中秋节,在我的故乡,现在一定又是家家门前放一张竹茶几,上面供一副香烛,几碟瓜果月饼。孩子们急切地盼那炷香快些焚尽,好早些分摊给月亮娘娘享用过的东西,他们在茶几旁边跳着唱着:"月亮堂堂,敲锣买糖……"或是唱着:"月亮嬷嬷,照你照我……"我想到这里,又想起我那个小同乡,那个拖毛竹的小伙儿,也许,几年以前,他还唱过这些歌吧!……我咬了一口美味的家做月饼,想起那个小同乡大概现在正趴在工事里,也许在团指挥所,或者是在那些弯弯曲曲的交通沟里走着哩!……

一会儿,我们的炮响了,天空划过几颗红色的信号弹,攻击开始了。不久,断断续续地有几个伤员下来,包扎所的空气立即紧张起来。

我拿着小本子,去登记他们的姓名、单位,轻伤的问问,重伤的就得拉开他们的符号,或是翻看他们的衣襟。我拉开一个重彩号的符号时,"通讯员"三个字使我突然打了个寒战,心跳起来。我定了下神才看到符号上写着×营的字样。啊!不是,我的同乡他是团部的通讯员。但我又莫名其妙地想问问谁,战地上会不会漏掉伤员。通讯员在战斗时,除了送信,还干什么——我不知道自己为什么要问这些没意思的问题。

战斗开始后的几十分钟里,一切顺利,伤员一次次带下来的消息,都是我们突破第一道鹿寨,第二道铁丝网,占领敌人前沿工事打进街了。但到这里,消息忽然停顿了,下来的伤员只是简单地回答"在打",或是"在巷战"。但从他们满身泥泞,极度疲乏的神色上,甚至从那些似乎刚从泥里掘出来的担架上,大家明白,前面在进行着一场什么样的战斗。

包扎所的担架不够了,好几个重彩号不能及时送后方医院,耽搁下来。我不能解除他们任何痛苦,只得带着那些妇女,给他们拭脸洗手,能吃得了的喂他们吃一点,带着背包的,就给他们换一件干净衣裳,有些还得解开他们的衣服,给他们拭洗身上的污泥血迹。

做这种工作,我当然没什么,可那些妇女又羞又怕,就是放不开手来,大家都要抢着去烧锅,特别是那新媳妇。我跟她说了半天,她才红了脸,同意了。不过只答应做我的下手。

前面的枪声,已响得稀落了。感觉上似乎天快亮了,其实还只是半夜。外边月亮很明,也比平日悬得高。前面又下来一个重伤员。屋里铺位都满了,我就把这位重伤员安排在屋檐下的那块门板上。担架员把伤员抬上门板,但还围在床边不肯走。一个上了年纪的担架员,大概把我当作医生了,一把抓住我的膀子说:"大夫,你可无论如何要想办法治好这位同志呀!你治好他,我……我们全体担架队员给你挂匾!……"他说话的时候,我发现其他的几个担架员也都睁大了眼盯着我,似乎我点一点头,这伤员就立即会好了似的。我心想给他们解释一下,只见新媳妇端着水站在床前,短促地"啊"了一声。我急拨开他们上前一看,我看见了一张十分年轻稚气的圆脸,原来棕红的脸色,现已变得灰黄。他安详地合着眼,军装的肩头上露着那个大洞,一片布还挂在那里。

"这都是为了我们……"那个担架员负罪地说道,"我们十多副担架挤在一个小巷子里,准备往前运动,这位同志走在我们后面,可谁知道反动派不知从哪个屋顶上撂下颗手榴弹来,手榴弹就在我们人缝里冒着烟乱转,这时这位同志叫我们快趴下,他自己就一下扑在那个东西上了……"

新媳妇又短促地"啊"了一声。我强忍着眼泪,给那些担架员说了些话,打发他们走了。我回转身看见新媳妇已轻轻移过一盏油灯,解开他的衣服,她刚才那种忸怩羞涩已经完全消失,只是庄严而虔诚地给他拭着身子,这位高大而又年轻的小通讯员无声地躺在那里……我猛然醒悟地跳起身,磕磕绊绊地跑去找医生,等我和医生拿了针药赶来,新媳妇正侧着身子坐在他旁边。

她低着头,正一针一针地在缝他衣肩上那个破洞。医生听了听通讯员的心脏,默默地站起身说:"不用打针了。"我过去一摸,果然手都冰冷了。新媳妇却像什么也没看见,什么也没听到,依然拿着针,细细地、密密地缝着那个破洞。我实在看不下去了,低声地说:"不要缝了。"她却对我异样地瞟了一眼,低下头,还是一针一针地缝。我想拉开她,我想推开这沉重的氛围,我想看见他坐起来,看见他羞涩的笑。但我无意中碰到了身边一个什么东西,伸手一摸,是他给我开的饭,两个干硬的馒头……

卫生员让人抬了一口棺材来,动手揭掉他身上的被子,要把他放进棺材去。新媳妇这时脸发白,劈手夺过被子,狠狠地瞪了他们一眼。自己动手把半条被子平展展地铺在棺材底,半条盖在他身上。卫生员为难地说:"被子……是借老百姓的。"

"是我的——"她气汹汹地嚷了半句,就扭过脸去。在月光下,我看见她眼里晶莹发亮,我也看见那条枣红底色上撒满白色百合花的被子,这象征纯洁与感情的花,盖上了这位平常的、拖毛竹的青年人的脸。

1958年3月

(选自《百合花》,人民文学出版社2000年版。略有改动。)

[注释]

[1] 1945年日军投降后,共产党为了全国人民实现和平的愿望,和国民党进行

和平谈判,并忍痛撤出江南。但时隔不久,国民党竟背信撕毁"双十协定",又向我中原、苏中等解放区大举进攻。

[赏析]

《百合花》的成功主要在于作家在表现革命战争、军民关系这类庄严主题时突破了当时流行的条条框框,显现出清新俊逸的风格,令人耳目一新。

首先,作者选择的人物都是普通平凡的战士和老百姓,他们有血有肉、个性鲜明,与通常那种高大全式的英雄形象显然不同。小说中的小通讯员年仅19岁,参军才一年。他涉世不深、天真质朴,对生活充满情趣;他憨厚腼腆,与女同志一接触便浑身不自在,但在危急关头却能挺身而出舍己救人。另一个人物是俊俏的新媳妇,过门才三天,浑身上下洋溢着喜气。这是一个极普通的农村妇女,她善良淳朴,对"同志弟"有着朴素天然的骨肉情深,将自己唯一的嫁妆敬献出来。作者写出这样一个鲜亮的形象是想以"一个正处在爱情幸福之漩涡中的美神"来"反衬这个年轻、尚未涉足爱情的小战士",从而谱写出一曲"没有爱情的爱情牧歌"。

其次,小说的表现手法也有许多独到之处。从选材上讲,作者将战火纷飞的战斗场面推为背景,将小通讯员壮烈牺牲的情景通过民工的叙述从侧面表现出来。作品仅仅截取几个极为普通的生活横断面,从几件平凡的小事中深入开掘,展开对军民关系饶有诗意的描写。作者的构思巧妙,以那条枣红底上洒满百合花的假洋缎被面作为贯穿全文的线索,以纯洁的百合花象征人物的美好心灵,使小说中的人物联系起来,从而构成一个完整的艺术整体,从一个特定的角度揭示解放战争胜利的基础和力量源泉,以小见大,意味深长。善于运用典型的细节描写也是这篇小说的特点。如小战士枪筒中插的树枝和野花,他衣肩上的破洞,给"我"开饭的两个馒头,以及那条百合花被等细节都在作品中重复出现,前呼后应。这些描写不仅渲染烘托出情境气氛,而且极生动地反映了人物的神态和心理,使作品极富感染力,具有浓郁的抒情性。

最后,作者还擅长通过细腻而有层次的心理活动来刻画人物。例如,作品中的"我"在刚刚接触小通讯员时,因赶路不及而"生起气来",然后又对他保持距离的奇怪做法"发生兴趣",以后是对小同乡"越加亲热",接下去是"从心底上爱上这位傻乎乎的小同乡",最后,"我"怀着崇敬的心情,"看见那条枣红底色上撒满白色百合花的被子","盖上了这位平常的、拖毛竹的青年人的脸"。就这样,小说通过"我"的一系列心理变化,由远而近、由表及里、由淡而浓地刻画和凸显了小通讯员动人的形象。

总之,这篇小说以朴素、自然、清新的笔调抒写和赞美了人与人之间的最美好、最纯真的感情,创造出一种优美圣洁的意境,令人读后久久难忘。

[选评]

[1] 现代·茅盾《谈最近的短篇小说》:"《百合花》可以说是结构上最细致严密,同时也是最富于节奏感的。它的人物描写也有特点:人物的形象是由淡而浓,好比一个人迎面而来,愈近愈看得清,最后,不但让我们看清了他的外形,也看到了他的内心……《百合花》有它独特的风格,它的风格就是:清新、俊逸。这篇作品说明,表现上述那样庄严的主题,除了常见的慷慨激昂的笔调,还可以有其他的风格……作者善于用前呼后应的手法布置作品的细节描写,其效果是通篇一气贯穿,首尾灵活……我以为这是我最近读过的几千余短篇中间最使我满意,也最使我感动的一篇。它是结构严谨、没有闲笔的短篇小说,但同时又富于抒情诗的风味。"

[作业]

[1] 请对本篇小说主要人物的性格特征和小说清新俊逸的风格特色作简要分析。

[2] 结合具体内容分析本篇小说对表现革命战争、军民关系这类庄严主题的突破及小说以小见大的表现手法。

荷 花 淀

孙 犁

[题解]

孙犁,原名孙树勋,笔名林冬苹、孙芸夫,河北安平人,"荷花淀派"的开创者与代表人。1949年后历任天津日报社副刊科副科长、报社编委,中国作协天津分会主席,中国作协第四届顾问,第五、六届名誉副主席,中国文联荣誉委员。著有长篇小说《风云初记》,小说散文集《白洋淀纪事》,诗集《白洋淀之曲》,散文集《津门小集》《晚华集》《秀露集》《曲终集》,评论集《文学短论》《芸斋小说》《芸斋书简》《耕堂读书记》《孙犁文集》《孙犁全集》,中篇小说《铁木前传》,短篇小说《荷花淀》等。

《荷花淀》是孙犁的代表作之一。全文充满诗意,被称为"诗体小说"。在激烈残酷的抗日战争里,一个关系着民族存亡的大背景下,小说选取小小的白洋淀的一隅,表现农村妇女既温柔多情,又坚贞勇敢的性格和精神。

月亮升起来,院子里凉爽得很,干净得很。白天破好的苇眉子[1]潮润润的,正好编席。女人坐在小院当中,手指上缠绞着柔滑修长的苇眉子。苇眉子又薄又细,在她怀里跳跃着。

要问白洋淀有多少苇地,不知道;每年出多少苇子,也不知道。只晓得每年芦花飘飞苇叶黄的时候,全淀的芦苇收割,垛起垛来,在白洋淀周围的广场上,就成了一条苇子的长城。女人们在场里院里编着席。编成了多少席?六月里,淀水涨满,有无数的船只运输银白雪亮的席子出口。不久,各地的城市村庄就全有了花纹又密又精致的席子用了。大家争着买:"好席子,白洋淀席!"

这女人编着席。不久,在她的身子下面就编成了一大片。她像坐在一片洁白的雪地上,也像坐在一片洁白的云彩上。她有时望望淀里,淀里也是一片银白世界。水面笼起一层薄薄透明的雾,风吹过来,带着新鲜的荷叶荷花香。

但是大门还没关,丈夫还没有回来。

很晚丈夫才回来了。这年轻人不过二十五六岁,头戴一顶大草帽,上身穿一件洁白的小褂,黑单裤卷过了膝盖,光着脚。他叫水生,小苇庄的游击组长,党的负责人。今天领着游击组到区上开会去来。女人抬头笑着问:

"今天怎么回来得这么晚?"站起来要去端饭。水生坐在台阶上说:

"吃过饭了,你不要去拿。"

女人就又坐在席子上。她望着丈夫的脸,她看出他的脸有些红胀,说话也有些气喘。她问:

"他们几个哩?"

水生说:

"还在区上。爹哩?"

女人说:

"睡了。"

"小华哩?"

"和他爷爷去收了半天虾篓,早就睡了。他们几个为什么还不回来?"

水生笑了一下。女人看出他笑得不像平常。

"怎么了,你?"

水生小声说:

"明天我就到大部队上去了。"

女人的手指震动了一下,想是叫苇眉子划破了手。她把一个手指放在嘴里吮了一下。水生说:

"今天县委召集我们开会。假若敌人再在同口安上据点,那和端村就成了一条线,淀里的斗争形势就变了。会上决定成立一个地区队。我第一个举手报了名的。"

女人低着头说:

"你总是很积极的。"

水生说:

"我是村里的游击组长,是干部,自然要站在头里,他们几个也报了名。他们不敢回来,怕家里的人拖尾巴,公推我代表,回来和家里人说一说。他们全觉得你还开明一些。"

女人没有说话。过了一会儿,她才说:

"你走,我不拦你。家里怎么办?"

水生指着父亲的小房,叫她小声一些。说:

"家里,自然有别人照顾。可是咱的庄子小,这一次参军的就有七个。庄上青年人少了,也不能全靠别人,家里的事,你就多做些,爹老了,小华还不顶事。"

女人鼻子里有些酸,但她并没有哭。只说:

"你明白家里的难处就好了。"

水生想安慰她。因为要考虑准备的事情还太多,他只说了两句:

"千斤的担子你先担吧。打走了鬼子,我回来谢你。"

说罢,他就到别人家里去了,他说回来再和父亲谈。

鸡叫的时候,水生才回来。女人还是呆呆地坐在院子里等他,她说:

"你有什么话,嘱咐嘱咐我吧!"

"没有什么话了,我走了,你要不断进步,识字,生产。"

"嗯。"

"什么事也不要落在别人后面!"

"嗯。还有什么?"

"不要叫敌人汉奸捉活的。捉住了要和他拼命。"

这才是那最重要的一句。女人流着眼泪答应了他。

第二天,女人给他打点好一个小小的包裹,里面包了一身新单衣,一条新毛巾,一双新鞋子。那几家也是这些东西,交水生带去。一家人送他出了门。父亲一手拉着小华,对他说:

"水生,你干的是光荣事情,我不拦你,你放心走吧。大人孩子我给你照顾,什么也不要惦记。"

全庄的男女老少也送他出来,水生对大家笑一笑,上船走了。

女人们到底有些藕断丝连[2]。过了两天,四个青年妇女集在水生家里,大家商量:

"听说他们还在这里没走。我不拖尾巴,可是忘下了一件衣裳。"

"我有句要紧的话,得和他说说。"

"听他说,鬼子要在同口安据点……"水生的女人说。

"哪里就碰得那么巧,我们快去快回来。"

"我本来不想去,可是俺婆婆非叫我再去看看他——有什么看头啊!"

于是这几个女人偷偷坐在一只小船上,划到对面马庄去了。

到了马庄,她们不敢到街上去找,来到村头一个亲戚家里。亲戚说:"你们来得不巧,昨天晚上他们还在这里,半夜里走了,谁也不知开到哪里去。你们不用惦记他们,听说水生一来就当了副排长,大家都是欢天喜地的……"

几个女人羞红着脸告辞出来,摇开靠在岸边上的小船。现在已经快到晌午了,万里无云,可是因为在水上,还有些凉风。这风从南面吹过来,从稻秧上苇尖上吹过来。水面没有一只船,水像无边的跳荡的水银。

几个女人有点儿失望,也有些伤心,各人在心里骂着自己的狠心贼。可是青年人永远朝着愉快的事情想,女人们尤其容易忘记那些不痛快。不久,她们就又说笑起来了。

"你看,说走就走了。"

"可慌(高兴的意思)哩!比什么也慌,比过新年,娶新——也没见他这么慌过!"

"拴马桩也不顶事了。"

"不行了,脱了缰了!"

"一到军队里,他一准得忘了家里的人。"

"那是真的。我们家里住过一些年轻的队伍,一天到晚仰着脖子,出来唱,进去唱,我们一辈子也没那么乐过。等他们闲下来没有事了,我就傻想:该低下头了吧。你猜人家干什么?用白粉子在我家影壁上画上许多圆圈圈,一个一个蹲在院子里,托着枪瞄那个,又唱起来了!"

她们轻轻划着船,船两边的水,哗,哗,哗。顺手从水里捞上一棵菱角来,菱角还很嫩很小,乳白色,顺手又丢到水里去。那棵菱角就又安安稳稳浮在水面上生长去了。

"现在你知道他们到了哪里?"

"管他哩!也许跑到天边上去了。"

她们都抬起头往远处看了看。

"唉呀!那边过来一只船。"

"唉呀,日本!你看那衣裳!"

"快摇!"

小船拼命往前摇。她们心里也许有些后悔,不该这么冒冒失失走来,也许有些怨恨那些走远了的人。但是立刻就想:什么也别想了,快摇,大船紧紧追过来了!

大船追得很紧。

幸亏是这些青年妇女,白洋淀长大的,她们摇得小船飞快。小船活像离开了水皮的一条打跳的梭鱼。她们从小跟这小船打交道,驶起来就像织布穿梭、缝衣透针一般快。

假如敌人追上了,就跳到水里去死吧!

后面大船来得飞快。那明明白白是鬼子!这几个青年妇女咬紧牙,制止住心跳,摇橹的手并没有慌,水在两旁大声地哗哗,哗哗,哗哗哗!

"往荷花淀里摇!那里水浅,大船过不去。"

她们奔着那不知道有几亩大小的荷花淀去,那一望无边际的密密层层的大荷叶迎着阳光舒展开,就像铜墙铁壁一样。粉色荷花箭高高地挺出来,是监视白洋淀的哨兵吧。

她们向荷花淀里摇,最后,努力地一摇,小船窜进了荷花淀。几只野鸭扑棱棱飞起,尖声惊叫,掠着水面飞走了。就在她们的耳边响起一排枪声!

整个荷花淀全震荡起来。她们想,陷在敌人的埋伏里了,一准要死了,一齐翻身跳到水里去。渐渐听清楚枪声只是向着外面,她们才又扒着船帮露出头来。她们看见不远的地方,那宽厚肥大的荷叶下面,有一个人的脸,下半截身子长在水里。荷花变成人了?那不是我们的水生吗?又往左右看去,不久各人就找到了各人丈夫的脸。啊,原来是他们!

但是那些隐蔽在大荷叶下面的战士们,正在聚精会神瞄着敌人射击,半眼也没有看她们。枪声清脆,三五排枪过后,他们投出了手榴弹,冲出了荷花淀。

手榴弹把敌人那只大船击沉,一切都沉下去了,水面上只剩下一团烟硝火药气味。战士们就在那里大声欢笑着,打捞战利品。他们又开始了沉到水底捞出大鱼来的拿手戏。他们争着捞出敌人的枪支、子弹带,然后是一袋子一袋子叫水浸透了的面粉和大米。水生拍打着水去追赶一个在水波上滚动的东西——是一盒用精致纸盒装着的饼干。

妇女们带着浑身水,又坐到她们的小船上去了。

水生追回那个纸盒子,一只手高高举起,一只手用力拍打着水,好使自己不沉下去。对着荷花淀吆喝:

"出来吧,你们!"

好像带着很大的气。

她们只好摇着船出来。忽然从她们的船底下冒出一个人来,只有水生的女人认得那是区小队的队长。这个人抹一把脸上的水,问她们:

"你们干什么来呀?"

水生的女人说:

"又给他们送了一些衣裳来!"

小队长回头对水生说:

"都是你村的?"

"不是她们是谁,一群落后分子!"说完,把纸盒顺手丢在女人们船上,一泅[3],又沉到水底下去了,到很远的地方才钻出来。

小队长开了个玩笑,他说:

"你们也没有白来。不是你们,我们的伏击不会这么彻底。可是,任务已经完成,该回去晒晒衣裳了。情况还紧得很!"

战士们已经把打捞出来的战利品全装在他们的小船上,准备转移。一人摘了一片大荷叶顶在头上,抵挡正午的太阳。几个青年妇女把掉在水里又捞出来的小包裹丢给了他们。战士们的三只小船就奔着东南方向,箭一样飞去了,不久就消失在中午水面上的烟波里。

几个青年妇女划着她们的小船赶紧回家,一个个像落水鸡似的。一

路走着,因过于刺激和兴奋,她们又说笑起来。坐在船头脸朝后的一个噘着嘴说:

"你看他们那个横样子,见了我们爱搭理不搭理的!"

"啊,好像我们给他们丢了什么人似的。"

她们自己也笑了,今天的事情不算光彩,可是——

"我们没枪,有枪就不往荷花淀里跑,在大淀里就和鬼子干起来!"

"我今天也算看见打仗了。打仗有什么出奇?只要你不着慌,谁还不会趴在那里放枪呀!"

"打沉了,我也会凫水[4]捞东西,我管保比他们水式[5]好,再深点我也不怕!"

"水生嫂,回去我们也成立队伍,不然以后还能出门吗?"

"刚当上兵……谁比谁落后多少呢!"

这一年秋季,她们学会了射击。冬天,打冰夹鱼的时候,她们一个个登在流星一样的冰船上,来回警戒。敌人"围剿"那百亩大苇塘的时候,她们配合子弟兵作战,出入在那芦苇的海里。

(选自《白洋淀纪事》,北京师范大学出版集团2018年版。略有改动。)

[注释]

[1] 苇眉子:一种带刺的植物。

[2] 藕断丝连:藕已折断,但还有许多丝连接着未断开。比喻没有彻底断绝关系。多指男女之间情思难断。

[3] 泅(qiú):游泳。

[4] 凫(fú)水:通常指人或者动物在水上漂浮游动,嬉戏打闹。

[5] 水式:指游水的技能。

[赏析]

小说可分为四部分。

第一部分(第一至第三十一段),写夫妻话别,是小说的开端。作者在第一部分用精练的笔墨,写出了人物丰富的内心世界。特别是对于妇女,刻画得尤其深刻、细致。

当时斗争形势很紧张,丈夫这么晚才回来,脸色神情也异常,女人立刻觉察到了,担心出了什么事。她看到只有自己的丈夫水生回来,其他六个人都没有回来,所以第一句话就问:"他们几个呢?"水生没有直接把参军的事说出来,而是简单地回答:"还在区上。"留下缓冲的余地,然后就问他的父亲和儿子小华。当他知道父亲已经睡下了,才放了心,准备先给妻子做工作,然后再去做父亲的工作。之后通过细节写出女人细腻的感情活动。水生一露面,她就觉察到有异常的情况发生。她问丈夫,丈夫的回答又不得要领,有点吞吞吐吐,这就更加引起女人的疑心,她就继续追问,非弄个水落石出不可。当水生回答:"明天我就到大部队上去了。"作品描写"女人的手指震动了一下,想是叫苇眉子划破了手。她把一个手指放在嘴里吮了一下",这里含蓄地描写了人物的心理活动,既写出女人非常关心丈夫,全神贯注听丈夫讲话,才不留心手里的苇眉子;又写出丈夫参军的消息,在女人内心所引起的震动。但女人是识大体的,她克制住自己对丈夫的依恋,不让这种感情过分流露出来,所以毫不声张,作品写她"把一个手指放在嘴里吮了一下"。这样细腻的感情活动,通过一个简单的细节形象地表现出来了。这是刚听到丈夫参军的消息时的直接反应。

第二部分(第三十二至第六十一段),写探夫遇敌,是小说的发展。这个场面写得非常简洁、生动,是一幅十分逼真的画面。描写妇女们摇得小船飞快,"活像离开了水皮的一条打跳的梭鱼";她们驶船"就像织布穿梭、缝衣透针一般快"。两个地方用了三个比喻,都是写飞快。打跳的梭鱼是形容船的飞快;织布穿梭,缝衣透针,是形容人物动作的飞快、熟练。这些比喻都很切合当时的情景,也切合妇女的身份。这时只听到"水在两旁大声地哗哗,哗哗,哗哗哗!",再用这样的象声词来写声音,有声有色,十分生动,从而也反映出这些青年妇女的沉着、勇敢、能干。

第三部分(第六十二至第八十四段),写助夫杀敌,是小说的高潮。作者不是用一般小说的写法来写战斗,而是用散文诗的笔调来描写。常见的小说写法,总是要比较客观、具体地描写敌我双方打仗的情况,而作者却通过这些妇女的切身感受和体验来着笔。作者的笔随着小说里女主人们的船摇进荷花淀,开始记录当时人物的视觉和听觉:她们看见的是荷花淀"几只野鸭扑棱棱飞起,尖声惊叫,掠着水面飞走了";听见的是"就在她们的耳边响起一排枪",交火以后,对敌人几乎一句话也没有写。作品正式展开描写的,是妇女们所想到的、所听到的、所看到的,完全是人物的感受,有力地表现了这些妇女转惊为喜的紧张、愉快的感情。通过人物的感受和体验来描写,这是诗歌的写法,有利于渲染和加强感情的色彩。

第四部分(第八十五段),写学夫卫国,是小说的尾声。妇女们像丈夫一般,保家卫国,真实地反映了根据地的妇女,怎样由于战争的教育,逐步地打破家庭小圈子,摆脱封建社会遗留下来的女人低男人一头的思想,一步步地站到了社会斗争、民族斗争的行列里。

《荷花淀》具有鲜明的艺术特色。

一是小说通过对话、动作和典型的生活细节细致入微地表现人物的内心世界,生动逼真地刻画人物性格。水生嫂是小说的主人公,当她听说丈夫要赴前线打击日寇时,作者通过对她正在编苇席时手指划破、鼻子发酸,为丈夫打点包裹等细节描写,真实地展示了她把对丈夫的依恋与离别的感伤,转化为对丈夫赴前线抗战的理解和支持的心理过程,从而塑造了一个识大体、顾大局的农村妇女形象。

二是景物描写清新自如,情景交融,意境优美,富有诗情画意。故事发生在硝烟弥漫的抗日战争年代,作者没有描写残垣断壁、生灵涂炭的场景,也没有描写金戈铁马的厮杀,而是着意于荷花淀的旖旎风光,以妇女们的从容谈笑显示出风云的变幻。抒情的笔调,乐观的画面,使小说充满诗情画意。小说中的景物描写,既饱含着作者强烈的爱国情感,又为人物的活动提供了典型环境。

三是小说语言朴素无华,清丽畅达,富有浓郁的乡土气息。作品融小说、散文、诗歌为一体,具有散文诗式的独特小说风格。宛如带露沾水的荷花,既有绚丽多姿的风采,又洋溢着沁人心脾的醉人清香。例如,作品开始描写水生嫂月夜编席的场景,作者用了"雪地""云彩"比喻水生女人编成的大片苇席,又抓住薄雾、清风、荷香这样富有水乡气息特征的事物,寥寥几行就点染出荷花淀的风貌。这样优美的景色与主人公萦回心头的思念交织在一起,形成一种特有的气氛。接着写夫妻话别,语言则质朴无华而感情真挚深沉。这一切自然和谐地相互映衬,恰如其分地描绘出当时的环境和人物思想生活的特点。

四是作品构思新颖,情节开展疏密相间,详略得当,富有节奏感。对一般性的情节,作粗线条的勾勒或侧面的暗示;对夫妻话别、遭遇战等典型场面则工笔细描,重点渲染。作者把紧张的战斗和日常生活细节糅合起来,按照生活的顺序,自然地展开故事。在动作、对话和细节中细致入微地刻画人物心理,笔墨俭省,形象传神。作品以富有感情的笔触,揭示了人物和生活的美,揭示了劳动和战斗的诗意。全篇情景交融,意境优美,语言朴素无华,真实自然,形成了一种特有的清新隽永,融小说、散文、诗歌的特点为一体的散文诗式的小说的独特风格。

[选评]

[1] 当代·姚雪垠:"白洋淀明丽的天然景色,伴随着残酷战争年代里根据地人

民内心迸发出来的对祖国、对革命、对同志和亲人炽热无私的爱,像一股暖流,直冲你的心扉,使人经久难忘。一个作家的作品,有如此强大的艺术魅力,是不多见的。"

［2］当代·杨剑龙《一首充满诗情画意的抗日叙事诗——孙犁〈荷花淀〉重读》:"小说《荷花淀》是孙犁的代表作之一,以一群妇女划船探望参军的丈夫邂逅日军的故事,展现出冀中人民英勇抗击日寇的斗争,表现出主人公美好的心灵与淳朴的性格。小说以严密紧凑的叙事结构、青年女性的群像勾勒、诗情画意场面的描写、有声有色对话的运用,使小说成为一首充满诗情画意的抗日叙事诗。"

[作业]

［1］《荷花淀》在塑造人物形象时运用了多种手法,请结合小说内容加以分析。

［2］有人评价孙犁的文章"平中见奇、淡而有味",你同意这种观点吗?请结合本篇小说谈谈你的看法。

专题二

厚德载物

《周易·坤卦》的《象传》中说:"地势坤,君子以厚德载物。"意思是大地气势宽厚,能够承载万物、接纳万物,君子也要有大地般深厚的德行,容载万物。在中国历史上,从修身齐家到治国平天下,无不强调对"厚德"的不懈追求。因为有厚德,商汤以方圆七十里的封地成为天下诸侯国效仿的榜样而一统天下;因为有厚德,周文王以百里见方的土地使诸侯国一一归服。孔子开创儒学,提倡仁义忠恕,在历代都备受尊崇:唐玄宗封孔子为"文宣王",宋真宗封孔子为"至圣文宣王",元武宗封孔子为"大成至圣文宣王"。人一生对世界、对人民能够做出多大的贡献,不在于他的财富、权位,而在于他的智慧、德行。

德行为何如此重要呢?北宋诗人唐庚(字子西)在他的文集《唐子西文录》中记载:"蜀道馆舍壁间题一联云'天不生仲尼,万古如长夜'。不知何人诗也。"其后朱熹引用了这两句诗,但是把"万古如长夜"改成了"万古长如夜"。此后这两句诗深入人心,有很多人引用。这就是说,自从有了孔子,人们才在道德世界有了清醒的自觉与反省:人之所以为人的意义正在于道德。郭沫若先生认为孔子提倡的"仁道"也就是"人的发现":"每一个人要把自己当成人,也要把别人当成人,事实是先要把别人当成人,然后自己才能成为人。不管你是在上者也好,在下者也好,都是一样。"可见道德学习的重要,它是人之所以为人的关键。徐复观先生认为"开辟内在的人格世界,以开启人类无限融合及向上之机"是孔子对世界的最重要的贡献。人只有发现自身的人格世界,才能够塑造自己,把动物层面不断地向上提升,提升到人的层面,使生命力无限地扩张与延展。这一人格世界将决定人的一切行为,成为一切行为价值的源泉。

"厚德"方可"载物"。国家的繁荣昌盛,家庭的兴旺发达,个人的事业有成,都必须以厚德为根基,以仁义为依归。厚德载物是中华民族精神的核心,也是中华传统美德的代表。1914年,梁启超在清华大学演讲时,曾引用"厚德载物"等话语来激励青年学子。他指出,君子应该摒弃私欲,自强不息,不畏艰难险阻;同时,君子应该如大地般厚实和顺,以优良的品质担负起改造旧社会的重任。当下,世界之变、时代之变、历史之变正以前所未有的方式展开,各种全球性挑战层出不穷,中国不但没有退缩自保,反而像孤勇的"逆行者"一样,积极面对,向世界呈现出厚德载物的担当之势。习近平总书记在党的二十大报告中说"坚持交流互鉴,推动建设一个开放包容的世界""同各国发展友好合作,推动构建新型国际关系""促进世界和平与发展,推动构建人类命运共同体""我们真诚呼吁,世界各国弘扬和平、发展、公平、正义、民主、自由的全人类共同价值,促进各国人民相知相亲,共同应对各种全球性挑战"。这是新时代的厚德载物。

《论语》八章

[题解]

孔子(前551—前479),名丘,字仲尼,鲁国陬邑(今山东曲阜东南)人,春秋末期思想家、政治家、教育家,儒家学派的创始者。孔子少"贫且贱",及长,做过"委吏"(司会计)和"乘田"(管畜牧)等事。相传曾问礼于老聃,学乐于苌弘,学琴于师襄。年五十,由鲁国中都宰升任大司寇。后又周游宋、卫、陈、蔡、齐、楚等国,前后达十三年。自称:"如有用我者,吾其为东周乎?"终不见用。六十八岁时返鲁。晚年致力于教育,整理《诗》《书》等古代文献,并把鲁史官所记《春秋》加以删修,成为中国第一部编年体历史著作。相传先后有弟子三千人,其中著名的有七十余人。

孔子思想以"仁"为核心,认为"仁"即"爱人";提出"己所不欲,勿施于人""己欲立而立人,己欲达而达人"等基本原则,即所谓"忠恕"之道;又以孝悌为仁之本,以为"仁"的执行要以"礼"为规范,他说:"克己复礼为仁。""仁"的思想的强调,表现了对人本身的重视。政治上提出"正名"的主张,认为"君君、臣臣、父父、子子",都应实副其"名";提倡德治和教化,反对苛政和任意刑杀,提出了"不患寡而患不均,不患贫而患不安"的论点。

自汉以后,孔子开创的儒学成为两千余年传统文化的主流,孔子在传统社会被尊为"圣人"。《论语》由孔子弟子及再传弟子编纂而成,记有孔子的言行以及孔子与门人、时人的问答,是研究孔子学说的主要资料。《论语》在唐代被列入儒家经书,宋代又由朱熹作集注,并把它与《大学》、《中庸》(《礼记》中的两篇)、《孟子》合为"四书",成为官定的儒学读本。《论语》语言简练而内容丰富,涉及社会生活的诸多方面,本文所选的八则《论语》语录,较为突出地体现了孔子崇仁恶佞的思想,至今仍不乏启迪与警示意义。

一

子曰:"参乎[1]!吾道一以贯之。"曾子曰:"唯!"子出,门人问曰:"何谓也?"曾子曰:"夫子之道,忠恕而已矣。"(《里仁》第15章)

二

或曰:"雍[2]也,仁而不佞。"子曰:"焉用佞! 御人以口给,屡憎于人。不知其仁,焉用佞!"(《公冶长》第 5 章)

三

子曰:"不有祝鮀[3]之佞,而有宋朝[4]之美,难乎免于今之世矣!"(《雍也》第 16 章)

四

子路[5]使子羔[6]为费宰。子曰:"贼夫人之子。"子路曰:"有民人焉,有社稷焉,何必读书,然后为学?"子曰:"是故恶夫佞者。"(《先进》第 25 章)

五

微生亩[7]谓孔子曰:"丘! 何为是栖栖者与?无乃为佞乎?"孔子曰:"非敢为佞也,疾固也。"(《宪问》第 32 章)

六

颜渊[8]问为邦。子曰:"行夏之时,乘殷之辂,服周之冕,乐则韶舞。放郑声,远佞人。郑声淫,佞人殆。"(《卫灵公》第 11 章)

七

季氏将伐颛臾[9]。冉有季路见[10]于孔子,曰:"季氏将有事于颛臾。"孔子曰:"求,无乃尔是过与? 夫颛臾,昔者先王以为东蒙主,且在邦域之中矣。是社稷之臣也,何以伐为?"冉有曰:"夫子欲之;吾二臣者,皆不欲也。"孔子曰:"求,周任[11]有言曰:'陈力就列,不能者止。'危而不持,颠而不扶,则将焉用彼相矣? 且尔言过矣。虎兕出于柙,龟玉毁于椟中,是谁之过与?"冉有曰:"今夫颛臾,固而近于费[12],今不取,后世必为子孙忧。"孔子曰:"求! 君子疾夫舍曰欲之而必为之辞。丘也闻有国有家者,不患寡而患不均,不患贫而患不安[13]。盖均无贫,和无寡,安无倾。夫如是,故远人不服,则修文德以来之。既来之,则安之。今由与求也,相夫子,远人不服而不能来也,邦分崩离析而不能守也,而谋动干戈于邦内,吾恐季孙之忧不在颛臾,而在萧墙之内也[14]。"(《季氏》第1章)

八

孔子曰:"益者三友,损者三友。友直,友谅,友多闻,益矣。友便辟,友善柔,友便佞,损矣。"(《季氏》第4章)

[注释]

[1] 参:孔子弟子曾参,字子舆。

[2] 雍:孔子弟子冉雍,字仲弓。

[3] 祝鮀(tuó):卫国大夫,字子鱼,有口才。祝,宗庙官名。

[4] 宋朝:宋国公子,出奔在卫,以有美色著称,后常用作美男子的代称。

[5] 子路:孔子弟子仲由,字子路,一字季路。

[6] 子羔:孔子弟子高柴,字子羔。

[7] 微生亩:微生氏,名亩。或称尾生亩、微生高。

[8] 颜渊:孔子弟子颜回,字子渊。他天资明睿,贫而好学,于弟子中最贤,孔子称其"不迁怒,不贰过",后世称他为"复圣"。

[9] 季氏:季孙氏,鲁国最有权势的贵族,这里指季康子,名肥。颛臾(zhuān yú):小国,是鲁国的属国,故城在今山东费县西北。

[10] 冉有:孔子弟子,名求,字子有。他和子路当时都是季康子的家臣。见:谒见。

[11] 周任:古代的良史。

[12] 固:指城郭坚固。近:靠近。费(bì):季氏的私邑,即今山东费(fèi)县。

[13] 这两句话应该是:"不患贫而患不均,不患寡而患不安。"这样上下文才讲得通。《春秋繁露·制度篇》和《魏书·张普惠传》引《论语》均作"不患贫而患不均"。寡,指人口少。

[14] 萧墙:国君宫门内当门的小墙,又叫作屏。全句是说季氏见疑于哀公,将有内变(依方观旭说,见《论语正义》)。

[赏析]

《里仁》第 15 章记载,孔子提出自己的学说贯穿了一个基本观念,弟子曾参认为这个基本观念就是"恕"。什么是"恕"呢?孔子自己下过定义:"己所不欲,勿施于人。""忠"则是"恕"的积极一面,用孔子自己的话,便应该是:"己欲立而立人,己欲达而达人。""忠""恕"合起来,就是一个人厚德、有仁道的体现。

由《公冶长》第 5 章可见春秋时一般人尚佞(好口才),而孔子所重则在德不在佞。有人说:"雍呀!他是仁人,可惜短于口才。"孔子即针锋相对地说:"哪里定要口才呀!专用口快来对付人,只易讨人厌。我不知雍是否能称为仁,但哪里定要口才呀!"

《雍也》第 16 章记录了孔子的话:"一个人如果没有祝鮀的能言善辩,却有宋朝那样的美色,定难免害于如今之世了。"孔子慨叹时风好佞:蛾眉见妒,美而不佞,仍不免于衰世。

《先进》第 25 章写子路使子羔去当费宰,孔子认为:"害了那个年轻人了。"对此,子路辩解说:"那里有人民,有社稷,治民事神皆可学,何必读书才是学呀?"孔子说:"正如你这样,所以我厌恶那些利口善辩的人呀!"孔子这样厌恶子路的说法,是因为子路本意并非让子羔真以从政为学,只是针对孔子的话强行辩解,花言巧语而已。

《宪问》第 32 章记载,微生亩对孔子说:"孔丘啊!你为何如此栖栖惶惶的,真要像一佞人,专以能言善辩取信吗?"孔子回答说:"我不敢做一个佞人,只厌恶做一个固执的人而已。"其实是在自我辩解,表明自己并不是流俗所崇尚的能言善辩者,只不过不固执而已。

《卫灵公》第 11 章记载颜渊问为国之道,孔子回复:"推行夏代的历法,乘殷代的车,戴周代的冕,乐舞则取法于舜时之韶。并且应该放弃郑声,远绝佞人。因郑声太淫,而佞人太危殆了。"认为花言巧语者是非常危险的。

《季氏》第 1 章反映了孔子对君臣关系的看法,对"君"不能一味顺从,要以"仁"的观念阻止他干坏事,体现的是孔子一贯的"仁者爱人"思想。孔子还提出了"不患寡而患不均,不患贫而患不安"的思想,朱熹说:"均,谓各得其分;安,谓上下相安。"这与当代中国所提出的共同富裕的最终目标是相契合的。

《季氏》第 4 章记录孔子的话说:"有益的朋友有三类,有损的朋友亦有三类。和正直的人为友,和守信的人为友,和多闻有广博知识的人为友,便有益了。和惯于装饰外貌的人为友,和工于媚悦面善态柔之人为友,和能巧言口辩之人为友,便有损了。"明确指出与擅长花言巧语的人交友只会招致对自己的损害。

[选评]

[1] 汉·司马迁《史记·孔子世家》:"诗有之:'高山仰止,景行行止。'虽不能至,然心乡往之。余读孔氏书,想见其为人。适鲁,观仲尼庙堂车服礼器,诸生以时习礼其家,余祇回留之不能去云。天下君王至于贤人众矣,当时则荣,没则已焉。孔子布衣,传十余世,学者宗之。自天子王侯,中国言六艺者折中于夫子,可谓至圣矣!"

[2] 魏·何晏注、宋·邢昺疏《论语注疏》:"《汉书·艺文志》云:'《论语》者,孔子应答弟子、时人及弟子相与言而接闻于夫子之语也。当时弟子各有所记,夫子既卒,门人相与辑而论纂,故谓之《论语》。'然则夫子既终,微言已绝,弟子恐离居已后,各生异见,而圣言永灭,故相与论撰,因采时贤及古明王之语合成一法,谓之《论语》也。郑玄云:'仲弓、子游、子夏等撰定。论者,纶也,轮也,理也,次也,撰也。'以此书可以经纶世务,故曰纶也;圆转无穷,故曰轮也;蕴含万理,故曰理也;篇章有序,故曰次也;群贤集定,故曰撰也。郑玄《周礼》注云'答述曰语',以此书所载皆仲尼应答弟子及时人之辞,故曰语。而在论下者,必经论撰,然后载之,以示非妄谬也。以其口相传授,故经焚书而独存也。"

[作业]

[1] 试析文中"佞"字的含义。
[2] 你如何看待孔子崇仁恶佞的思想?

齐桓晋文之事

《孟子》

[题解]

孟子(约前372—前289),战国时思想家、政治家、教育家,名轲,字子舆,邹(今山东邹城东南)人。孟子受业于曾子弟子子思的门人,历游齐、宋、滕、梁等国,曾任齐宣王客卿。他提出了"民贵君轻",对人民作一定的让步,反对掠夺性的战争等主张。他以"平治天下"为己任,游说诸侯,反对"霸道",提倡以"仁""义"为中心的所谓"仁政""王道"。他发展了孔子的"宗周"思想,希望在诸侯中选出一个能够王天下的君主。当时各国诸侯认为他的主张迂阔不切实际,都不采纳,于是他退而与弟子万章等著书,就是流传到现在的《孟子》。

孟子提出"民贵君轻"说,认为让民众安居乐业是治国理政的根本,阐述了儒家的重民思想;认为残暴之君是"独夫",人民可以推翻他;以"道性善"为其哲学思想中心,肯定人性生来是善的,都具有仁、义、礼、智等天赋道德意识,认为这是人与动物的本质区别;提出有"不虑而知"的"良知"和"不学而能"的"良能",但也重视环境和教育对人的影响,反对"逸居而无教";主张尽心知性知天,并把"知天"看成是尽量扩充本心和发扬善性的过程;提出养心寡欲的思想,要求"反求诸己",排除感官物累,"善养吾浩然之气",使这气"塞于天地之间",以达"万物皆备于我"的境界;并进而强调"学问之道无他,求其放心而已",把治学和认识归结为找回散失本心的心性修养问题,强调认识论和伦理学相统一的"天人合一"说。

孟子长于辩论,善用譬喻。《孟子》一书气势磅礴,感情奔放,在先秦诸子散文中极为突出,对后世散文有很大的影响。《孟子》共七篇(各篇分上下),在宋以前,只列于诸子之林,宋始列于经部。南宋朱熹又把它编入《四书》,并为之作集注。

齐宣王[1]问曰:"齐桓晋文[2]之事,可得闻乎?"孟子对曰:"仲尼之徒,无道桓文之事者[3],是以后世无传[4]焉,臣未之闻也。无以,则王乎[5]?"

曰:"德何如,则可以王矣?"曰:"保民而王,莫之能御也。"曰:"若寡人者,可以保民乎哉?"曰:"可。"曰:"何由知吾可也?"曰:"臣闻之胡龁[6]曰:王坐于堂上,有牵牛而过堂下者。王见之,曰:'牛何之?'对曰:'将以衅钟。'王曰:'舍之!吾不忍其觳觫[7],若无罪而就死地[8]。'对曰:'然则废衅钟与?'曰:'何可废也,以羊易之。'不识有诸?曰:'有之。'曰:'是心足以王[9]矣。百姓皆以王为爱也,臣固知王之不忍也。'"

王曰:"然。诚有百姓者[10]。齐国虽褊[11]小,吾何爱一牛?即不忍其觳觫,若无罪而就死地,故以羊易之也。"曰:"王无异于百姓之以王为爱也。以小易大,彼恶[12]知之王若隐[13]其无罪而就死地,则牛羊何择焉?"王笑曰:"是诚何心哉?我非爱其财而易之以羊也,宜乎百姓之谓我爱也。"曰:"无伤也。是乃仁术也,见牛未见羊也。君子之于禽兽也,见其生,不忍见其死;闻其声,不忍食其肉。是以君子远庖厨[14]也。"

王说,曰:"诗云:'他人有心,予忖度之[15]。'夫子之谓也。夫我乃行之,反而求之,不得吾心。夫子言之,于我心有戚戚[16]焉。此心之所以合于王者,何也?"曰:"有复于王者曰:'吾力足以举百钧,而不足以举一羽;明足以察秋毫之末,而不见舆薪。'则王许[17]之乎?"曰:"否!""今恩足以及禽兽,而功不至于百姓者,独何与?然则一羽之不举,为不用力焉;舆薪之不见,为不用明焉;百姓之不见保,为不用恩焉。故王之不王,不为也,非不能也。"曰:"不为者与不能者之形,何以异?"曰:"挟太山以超北海[18],语人曰:'我不能。'是诚不能也。为长者折枝[19],语人曰:'我不能。'是不为也,非不能也。故王之不王,非挟太山以超北海之类也;王之不王,是折枝之类也。老吾老,以及人之老;幼吾幼,以及人之幼:天下可运于掌[20]。诗云:'刑于寡妻,至于兄弟,以御于家邦[21]。'言举斯心加诸彼而已[22]。故推恩足以保四海[23],不推恩无以保妻子[24]。古之人所以大过[25]人者,无他[26]焉,善推其所为而已矣。今恩足以及禽兽,而功不至于百姓者,独何与?权[27],然后知轻重;度[28],然后知长短。物皆然,心为甚[29],王请[30]度之。——抑王兴甲兵[31],危士臣[32],构怨[33]于诸侯,然后快于心与?"

王曰:"否。吾何快于是?将以求吾所大欲也。"曰:"王之所大欲,可得闻与?"王笑而不言。曰:"为肥甘不足于口与?轻煖不足于体与?抑为采色不足视于目与?声音不足听于耳与?便嬖[34]不足使令于前与?王之诸臣,皆足以供之,而王岂为是哉?"曰:"否,吾不为是也。"曰:"然则王之所大欲可知已:欲辟土地,朝秦楚[35],莅中国[36],而抚四夷也。以若所为,求若所欲,犹缘木而求鱼也。"

王曰:"若是其甚与?"曰:"殆有甚焉。缘木求鱼,虽不得鱼,无后灾;以若所为,求若所欲,尽心力而为之,后必有灾。"曰:"可得闻与?"曰:"邹人与楚人战,则王以为孰胜?"曰:"楚人胜。"曰:"然则小固不可以敌大,寡固不可以敌众,弱固不可以敌强。海内之地,方千里者九[37],齐集有其一;以一服八,何以异于邹敌楚哉?盖亦反其本矣?今王发政施仁,使天下仕者皆欲立于王之朝,耕者皆欲耕于王之野,商贾皆欲藏于王之市,行旅皆欲出于王之涂,天下之欲疾其君者,皆欲赴诉于王。其若是,孰能御[38]之?"

王曰:"吾惛[39],不能进于是矣。愿夫子辅吾志,明以教我。我虽不敏,请尝试之。"曰:"无恒产而有恒心者,惟士为能。若民,则无恒产因无恒心。苟无恒心,放辟邪侈[40],无不为已。及陷于罪,然后从而刑之,是罔民[41]也。焉有仁人在位,罔民而可为也!是故明君制民之产,必使仰足以事父母,俯足以畜妻子,乐岁终身饱,凶年免于死亡,然后驱而之善,故民之从之也轻。今也,制民之产,仰不足以事父母,俯不足以畜妻子,乐岁终身苦,凶年不免于死亡。此惟救死而恐不赡,奚暇治礼义哉?王欲行之,则盍反其本矣?五亩之宅,树之以桑,五十者可以衣帛矣。鸡豚狗彘之畜,无失其时,七十者可以食肉矣。百亩之田,勿夺其时,八口之家可以无饥矣。谨庠序之教,申之以孝悌之义,颁白者不负戴于道路矣。老者衣帛食肉,黎民不饥不寒,然而不王者,未之有也。"

[注释]

[1] 齐宣王:姓田名辟疆,是田氏齐国的第四代国君。

[2] 齐桓:齐桓公。晋文:晋文公。

[3] 道:说。儒家学派称道尧舜禹汤文武等"先王之道",不主张"霸道",所以孟子这样说。

[4] 传:传述。

[5] 无以:即无已,不停止(依朱熹说)。意思是说,您如果一定要谈一谈,则王(wàng),意思是说,那么就谈谈王天下的道理吧。

[6] 胡龁(hé):齐宣王左右的近臣。

[7] 觳觫(hú sù):恐惧的样子。

[8] 若:好像。就:走向。

[9] 是:代词,这种。足以王(wàng):足够用来王天下。

[10] 的确有像百姓所说的情况。

[11] 褊(biǎn):狭窄。

[12] 彼:代词,他们,指百姓。恶(wū):何,哪里。

[13] 隐:心里难过,可怜。

[14] 远:用如动词,使……远。庖厨:厨房。

[15] 引自《诗经·小雅·巧言》。忖(cǔn):揣测。度(duó):心里衡量。这里"忖度"连用就是推测的意思。

[16] 戚戚:心动的样子。

[17] 许:应允,等于说同意。

[18] 挟(xié):夹在胳膊下。太山:即泰山。超:跳过。北海:渤海,在齐之北。

[19] 长者:老者。枝:通"肢"。折枝:指按摩。

[20] 运:转动。这句是比喻王天下的容易。

[21] 引自《诗经·大雅·思齐》。刑:通"型",用作动词,示范。寡妻:寡德之妻,谦称,也就是嫡妻。御:治。家邦:家和国。

[22] 这句话是说把这种(爱自己亲人的)心加之于别人身上罢了。

[23] 推:推广。四海:等于说天下。

[24] 妻子:妻子和子女。

[25] 大过:大大胜过。

[26] 他:别的。

[27] 权:秤锤,用作动词,指称东西。

[28] 度(duó):测量。

[29] 大意是:凡物都是这样,心特别是这样。甚:形容词,厉害。

[30] "王请"等于"请王"。

[31] 抑:连词,还是。兴甲兵:使甲兵动起来,即发动战争。兴,起,使动用法。

[32] 危:使动用法,使士臣陷于危险。士:士卒。臣:臣子。

[33] 构:动词,结。怨:仇恨。

[34] 便嬖(pián bì)：亲幸的人。

[35] 使秦楚入朝称臣。朝：使动用法，使……朝见。

[36] 莅(lì)：监临，等于说据有。中国：对四夷而言，指黄河流域周王朝所统治的地方，即中原地带。

[37] 方千里者九：是说海内共有九倍方千里的地。

[38] 其：语气词。若：像。御：阻挡。

[39] 惛：昏，思想混乱。

[40] 放：放纵。辟(pì)：指行为不正。后来写作"僻"。邪：和"辟"同义。侈：和"放"同义。

[41] 罔：网，用作动词，张罗网。罔民，对人民张罗网，也就是促使民陷于罪的意思。

[赏析]

本文选自《孟子·梁惠王上》，主要节录孟子说服齐宣王施行保民的仁政的言论：王天下的关键，在于保民；保民的根源，在于有不忍之心；不忍之心的作用，在于推行仁政；推行仁政的具体措施，在于制民之产。

当齐宣王发出"德何如则可以王矣"的疑问后，孟子直截了当地提出全篇的中心论点——"保民而王"。但齐宣王认为王天下很难，霸天下则比较容易，所以接着又问孟子："若寡人者，可以保民乎哉？"这正说明了他畏难的心理。下面孟子就从宣王"以羊易牛"这件事，说明他具有不忍之心，而不忍之心，就是保民而王的根源。宣王虽有"以羊易牛"的事，但对于这个不忍之心，认识还是模糊的，因此有启发他的必要，否则后面要说的"推恩""制产"等都要落空了。所以宣王的"以羊易牛"，究竟是不忍，还是吝啬，这是必须搞清楚的。孟子以"百姓皆以王为爱""牛羊何择""见牛未见羊"的话，替宣王发现解决认识上的矛盾。他不是用注入式，而是用启发式来解决问题。

等到齐宣王发出"此心之所以合于王者，何也？"的问题后，孟子似乎就可以大讲"老吾老，以及人之老；幼吾幼，以及人之幼……"推恩、行仁政的一番话了。但这里又有一个曲折，孟子提出了"百钧""舆薪""挟太山以超北海""为长者折枝"等比喻，这是为什么呢？这是因为宣王心理上还以为行王道是一种非常困难的事；这种怕难情绪不解决，空谈"推恩""制产"还是没有什么效果的。于是孟子接连用四个比喻，来消除宣王的怕难心理。依照儒家"亲亲而仁民，仁民而爱物"的原则顺序，仁民较易，而爱物是较难的。宣王既然做到了比较难的爱物，那么，推恩、行仁政的事就比较容易了，做不到,不是"不能",而是"不为"。

难易问题解决后,孟子就发出了"老吾老"至"王请度之"的一段议论,说明能不能王天下,关键在于能不能推恩。但是宣王听了孟子这段议论后,还是不能接受,还没有说出"请尝试之"的话。孟子察言观色,知道宣王心里还有障碍,那就是通过战争来称霸天下的"大欲"。这个"大欲"不去掉,王天下的大道理是听不进去的。经孟子"抑王兴甲兵,危士臣,构怨于诸侯,然后快于心与?"一问,宣王不得不承认自己怀着"大欲",但还不肯说出它的具体内容。于是孟子就故意提出"肥甘""轻煖""采色""声音""便嬖"五项,旁敲侧击地衬托出宣王"欲辟土地,朝秦、楚,莅中国,而抚四夷"的称霸天下的"大欲";接着又用"缘木求鱼"的比喻,小不敌大、寡不敌众的道理,使宣王死心塌地地暗中承认这种"大欲"是完全没有实现可能的。能破才能立,于是"发政施仁""制民之产",便能使宣王接受了。

可见,"保民而王"的中心论点贯串着全篇的各个组成部分,在行文结构上具有层层深入与跌宕生姿的特点。

[选评]

[1] 汉·司马迁《史记·孟子荀卿列传》:"太史公曰:余读孟子书,至梁惠王问'何以利吾国',未尝不废书而叹也。曰:嗟乎,利诚乱之始也!夫子罕言利者,常防其原也。故曰'放于利而行,多怨'。自天子至于庶人,好利之弊何以异哉!孟轲,驺人也。受业子思之门人。道既通,游事齐宣王,宣王不能用。适梁,梁惠王不果所言,则见以为迂远而阔于事情。当是之时,秦用商君,富国强兵;楚、魏用吴起,战胜弱敌;齐威王、宣王用孙子、田忌之徒,而诸侯东面朝齐。天下方务于合从连衡,以攻伐为贤,而孟轲乃述唐、虞、三代之德,是以所如者不合。退而与万章之徒序诗书,述仲尼之意,作孟子七篇。"

[2] 汉·赵岐注、宋·孙奭疏《孟子注疏·题辞解》:"周衰之末,战国纵横,用兵争强以相侵夺,当世取士,务先权谋以为上贤。先王大道陵迟躟废,异端并起,若杨朱、墨翟放荡之言以干时惑众者非一。孟子闵悼尧、舜、汤、文、周、孔之业将遂湮微,正涂壅底,仁义荒怠,佞伪驰骋,红紫乱朱。于是则慕仲尼,周流忧世,遂以儒道游于诸侯,思济斯民。然由不肯枉尺直寻,时君咸谓之迂阔于事,终莫能听纳其说。"

[作业]

[1] 孟子是如何一步步说服齐宣王的?

[2] 汉·赵岐《孟子题辞》说:"孟子长于譬喻,辞不迫切,而意已独至。"比喻是一种修辞格,是文学语言的表达形式之一,大多数比喻,既具有生动的直观性,又能够揭露事物的本质。试析本文出现的几个比喻的表达作用。

赵威后问齐使

《战国策》

[题解]

本文选自《战国策·齐策》。《战国策》是一部分国记事的史书,作者已无可考查,大约出自史官之手。最后由西汉刘向编校整理,分为东周、西周、秦、齐、楚、赵、魏、韩、燕、宋、卫、中山十二国,共三十三篇。书名由刘向拟定为《战国策》。这部书记载了战国时期二百三四十年间各国在政治、军事、外交方面的一些动态以及策士们游说诸侯或互相辩论时所提出的政治主张和斗争策略,突出表现了纵横家的思想和人生观。全书具有较高的文学价值,文笔恣肆激越,语言犀利流畅,是论辩文的典型。每论述一个问题,都能反复纵横,曲尽其意。对人物性格的刻画,深刻而具体;又善于运用寓言故事来说明抽象的道理,所以它对后世的文学语言有很大的影响。

本文通过赵威后与齐使的对话,委婉批评了齐国政治的失当,赞扬了赵威后"以民为本"的思想。

齐王使使者问赵威后[1],书未发[2],威后问使者曰:"岁亦无恙耶[3]?民亦无恙耶?王亦无恙耶?"使者不说[4],曰:"臣奉使使威后[5],今不问王而先问岁与民,岂先贱而后尊贵者乎[6]?"威后曰:"不然[7]。苟[8]无岁,何以[9]有民?苟无民,何以有君?故有问,舍本而问末者耶?"

乃进而问之曰:"齐有处士曰钟离子[10],无恙耶?是[11]其为人也,有粮者亦食[12],无粮者亦食;有衣者亦衣[13],无衣者亦衣。是助王养其民也,何以至今不业[14]也?叶阳子[15]无恙乎?是其为人,哀鳏寡[16],恤孤独[17],振[18]困穷,补不足。是助王息[19]其民者也,何以至今不业也?北宫之女婴儿子[20]无恙耶?彻其环瑱[21],至老不嫁,以养父母。是皆率民而出于孝情者也,胡为至今不朝也[22]?此二士弗业,一女不朝,何以王齐国[23]、子万民乎?於陵子仲[24]尚存乎?是其为人也,上不臣于王,下不治其家,中不索交诸侯。此率民而出于无用者,何为至今不杀乎?"

[注释]

[1] 齐王:齐襄王的儿子田建。问:聘问,是当时诸侯之间的一种礼节。赵威后:赵惠文王之妻。惠文王卒,太子孝成王立,因年尚幼,暂由威后执政。

[2] 书:指齐王给赵威后的书信。发,启封。

[3] 岁:收成。恙(yàng):忧患,灾害。耶:表疑问的语气词。

[4] 说:"悦"的古字。

[5] 第一个"使"是名词,当使命讲;第二个"使"是动词,当出使讲。使威后:出使到威后这里来。

[6] 难道把贱的搁在前头,把尊贵的搁在后头吗?

[7] 不然:不是这样。

[8] 苟:假如,假设连词。

[9] 何以:靠什么。

[10] 处士:有才能而隐居不出来做官的人。钟离:是复姓。

[11] 是:指示代词,指钟离子。

[12] 食(sì),给食物吃。下句的"食"同。

[13] 第一个"衣"(yī)是名词,当衣服讲;第二个"衣"(yì)用作动词,给衣服穿。

[14] 何以:因为什么。不业:不使他成就功业(意思是不用他)。

[15] 叶(shè)阳子:齐国的处士。叶阳,复姓。

[16] 哀:怜悯。鳏(guān):年老无妻。寡:寡妇。

[17] 恤(xù):顾念。孤:年少无父。独:年老无子。

[18] 振:救济。

[19] 息:养活。

[20] 北宫:复姓。婴儿子:姓北宫的女子的名字。

[21] 彻:拿掉。瑱(zhèn):做耳饰的玉。

[22] 胡为:为什么。不朝:不上朝。古代妇女有封号的才能上朝,所以这里的"不朝"实际上是指不加封号。

[23] 王(wàng)齐国:为齐国之王。

[24] 於(wū)陵:齐邑名,在今山东省长山县西南。子仲:齐国的隐士。

[赏析]

本文重在记言,通过记录赵威后的"七问",鲜明传神地勾画出一位洞悉民情、明察是非,具有民本思想的女政治家的形象。作者让赵威后在对齐使的一连串反诘中阐明自己的政治见解,援事说理,采用了许多排比句,不仅使赵威后的反诘显得言之凿凿、气势充沛,且绘声绘色,描摹出赵威后的声情语气,使这些关系国计民生的严肃政论,带上了饶有趣味的文学色彩。

赵威后认为,无岁则无民,无民则无君,轻视人民,就是舍本逐末。当齐王派使者来聘问之时,(齐王给威后的)信还没打开,威后就问使者说:"齐国的年成好吗?老百姓好吗?齐王也好吗?"(齐国)使者(听了)不高兴,说:"我尊奉使命出使到威后这里,现在您不问齐王如何,而先问收成和老百姓,哪里有先问卑贱者后问尊贵者的呢?"对齐使者这种君贵民贱的错误思想,赵威后作了严厉的批驳:"不能这样说。如果没有收成,凭什么有百姓?如果没有百姓,又凭什么会有国君?哪有不问根本而去问末梢的呢?"

随后,赵威后又进行了一连串的发问,批评齐国国事用人的不当,体现出了重用"善民""息民""孝敬父母"等贤人的治国思想,突出了其民本观念。赵威后对齐国钟离子、叶阳子、婴儿子等贤人非常熟悉和仰慕,她说:"齐国处士钟离子,他还好吗?他这个人为人啊,有粮食的给粮食吃,没有粮食的也给粮食吃;有衣穿的给衣穿,没有衣穿的也给衣穿。他这是帮助君王养育百姓呀,为什么到现在都没给他事做呢?叶阳子好吗?他的为人啊,怜悯鳏夫寡妇,抚养孤独的人,救济穷困,补助衣食不足的人。他这是帮助君王安定百姓呀,为什么到现在还不任用他呢?北宫家名叫婴儿子的女子好吗?她摘掉钗环耳饰,到老不嫁,奉养父母。她这是带动大家推行孝道的呀,为什么到现在还不给她封号让她上朝呢?两个贤士不被任用,一个孝女不给封赠,凭什么治理好齐国,抚爱百姓呢?"另一方面,赵威后对齐国的不肖者深恶痛绝,她说:"於陵的子仲还在吗?这人上不向君王称臣,下不能治理家业,中不求与诸侯交往。这是带领百姓不干事,是毫无用处的人,为什么到现在还不杀掉他呢?"其措辞爱憎分明,鲜明地体现了自己的政治见解。

[选评]

[1] 清·刘熙载《艺概·文概》:"战国说士之言,其用意类能先立地步,故得如善攻者使人不能守,善守者使人不能攻也。"

〔2〕当代·杨子才《巾帼何曾让须眉——读〈赵威后问齐使〉有感》:"'有粮者亦食,无粮者亦食;有衣者亦衣,无衣者亦衣';'哀鳏寡,恤孤独,振困穷,补不足';选贤任能,扬善疾恶。这番谈话,不仅使她'民本主义'的光辉思想具体化了,而且还证明她这位卓越思想家同时又是十分务实的政治家。"

[作业]

〔1〕选文采用了什么论证方法?其语言有何特点?

〔2〕赵威后关于"岁、民、君"关系的理解,体现了怎样的政治观点?

尚德缓刑书

路温舒

[题解]

路温舒(生卒年不详),西汉司法官。字长君,巨鹿(今属河北)人。通《春秋》经义,曾任县狱史,举孝廉,官至廷尉奏曹掾(为中央审判长官办文牍的属官)、太守等职。他幼时家境贫寒,千方百计地向别人借书自学。久而久之不仅获得了不少知识,还掌握了一些法律条令,以此当上了狱中的小吏,后被提拔任用。

本文是汉代名臣路温舒劝诫宣帝减省法制、放宽刑罚、崇尚德政的一篇奏章。公元前67年,汉宣帝即位,路温舒以强烈的社会责任感和历史使命感写了一篇奏章,即著名的《尚德缓刑书》,建议朝廷改变重刑罚、重用治狱官吏的政策,主张"尚德缓刑""省法制、宽刑罚",即崇尚德治德政、减少放宽刑罚。文章从春秋时的齐桓公、晋文公成就霸业说起,又从反面指出秦朝的过失,揭露了汉朝狱吏的危害,最后归结到"扫亡秦之失,尊文武之德",目的是要说服宣帝改变自武帝以来的严刑峻法、冤狱四起的情况,很有说服力。

臣闻齐有无知[1]之祸,而桓公以兴;晋有骊姬之难,而文公用伯[2]。近世赵王[3]不终,诸吕作乱,而孝文为太宗。繇是观之,祸乱之作,将以开圣人也。故桓、文扶微兴坏,尊文武之业,泽加百姓,功润诸侯,虽不及三王,天下归仁焉。文帝永思至德,以承天心,崇仁义,省刑罚,通关梁[4],一[5]远近,敬贤如大宾,爱民如赤子,内恕情之所安,而施之于海内,是以囹圄空虚,天下太平。夫继变化之后,必有异旧之恩,此贤圣所以昭天命也。往者,昭帝即世而无嗣,大臣忧戚,焦心合谋,皆以昌邑尊亲,援[6]而立之。然天不授命,淫乱其心,遂以自亡。深察祸变之故,乃皇天之所以开至圣也。故大将军受命武帝,股肱[7]汉国,披肝胆,决大计,黜亡义,立有德,辅天而行,然后宗庙以安,天下咸宁。

臣闻《春秋》正即位,大一统而慎始也。陛下初登至尊,与天合符,宜改前世之失,正[8]始受之统,涤烦文,除民疾,存亡继绝,以应天意。

臣闻秦有十失,其一尚存,治狱之吏是也。秦之时,羞文学,好武勇,贱仁义之士,贵治狱之吏;正言者谓之诽谤,遏过[9]者谓之妖言。故盛服先生不用于世,忠良切言皆郁于胸,誉谀之声日满于耳;虚美熏心,实祸蔽塞。此乃秦之所以亡天下也。方今天下赖陛下恩厚,亡金革之危,饥寒之患,父子夫妻戮力安家,然太平未洽者,狱乱之也。夫狱者,天下之大命也,死者不可复生,绝者不可复属。《书》曰:"与其杀不辜,宁失不经。"[10]今治狱吏则不然,上下相驱,以刻为明;深者获公名,平者多后患。故治狱之吏皆欲人死,非憎人也,自安之道在人之死。是以死人之血流离于市,被刑之徒比肩而立,大辟[11]之计岁以万数,此仁圣之所以伤也。太平之未洽,凡以此也。夫人情安则乐生,痛则思死。棰楚[12]之下,何求而不得?故因人不胜痛,则饰辞以视之;吏治者利其然,则指道以明之;上奏畏却,则锻练而周内[13]之。盖奏当之成,虽咎繇[14]听之,犹以为死有余辜。何则?成练[15]者众,文致[16]之罪明也。是以狱吏专为深刻,残贼而亡极,媮[17]为一切,不顾国患,此世之大贼也。故俗语曰:"画地为狱,议不入;刻木为吏,期不对。"此皆疾吏之风,悲痛之辞也。故天下之患,莫深于狱;败法乱正,离亲塞道,莫甚乎治狱之吏。此所谓一尚存者也。

臣闻乌鸢[18]之卵不毁,而后凤凰集;诽谤之罪不诛,而后良言进。故古人有言:"山薮藏疾,川泽纳污,瑾瑜匿恶,国君含诟。"[19]唯陛下除诽谤以招切言,开天下之口,广箴[20]谏之路,扫亡秦之失,尊文、武之德,省法制,宽刑罚,以废治狱,则太平之风可兴于世,永履和乐,与天亡极,天下幸甚。

[注释]

[1] 无知:春秋时齐公子,自立为齐君,后被人杀死,公子小白自莒国回齐即位,即五霸之一的齐桓公。

[2] 骊姬:春秋时晋献公宠姬。晋献公伐骊戎(古国名,在今陕西省临潼县一带),得骊姬,立为夫人,十分宠幸,生奚齐、卓子。骊姬谮(zèn,诬陷,中伤)杀太子申生,以奚齐为太子。公子重耳、夷吾出奔。献公死,奚齐、卓相继为国君,后被杀,骊姬

亦被杀。文公:即公子重耳,他回到晋国后被立为晋文公,成为春秋时一代霸主。伯:同"霸",古代诸侯联盟的首领。

[3] 赵王:汉高祖刘邦的宠姬戚夫人的儿子,名如意,封为赵王。刘邦死,惠帝立,太后吕雉毒死赵王如意,残害戚夫人,吕太后和她的侄儿吕台、吕产、吕禄等专权,想把刘姓天下改变为吕氏王朝。吕雉死,大臣周勃、陈平等消灭诸吕,迎立代王刘恒即位,是为孝文帝。

[4] 关梁:关:关卡,关口。梁:桥梁。

[5] 一:统一,动词。

[6] 援:援用旧例。

[7] 股肱(gōng):股,大腿;肱,手臂。比喻像左膀右臂一样匡扶国家,即辅佐的意思。

[8] 正:把……看得很正统、正规。《春秋》记载古代帝王诸侯即位,很讲究名分,名分正的,就写即位,名分不正的,就不写即位。

[9] 遏过:防止过失。

[10] 与其杀不辜,宁失不经:语出《尚书·大禹谟》。不经:不合常规。

[11] 大辟:死刑。

[12] 棰楚:古代刑具。棰:木棍。楚:荆条。

[13] 锻练:比喻酷吏枉法,多方编造罪名。周:周密。内:即"纳",归纳。

[14] 咎繇(gāo yáo):即皋陶,舜之贤臣。咎,通"皋"。

[15] 成练:构成各种罪名。

[16] 文致:文饰而使人获罪。

[17] 媮(tōu):苟且,马马虎虎。

[18] 乌:乌鸦。鸢(yuān):老鹰。

[19] 出于《左传·宣公十五年》。诟:耻辱。薮(sǒu):生长着很多草的湖。瑾瑜:美玉。

[20] 箴(zhēn):劝诫,劝告。

[赏析]

这篇奏章从春秋时的齐桓公、晋文公成就霸业说起,又从反面指出秦朝灭亡的原因是法密政苛,重用狱吏。奏章指出:"秦有十失,其一尚存,治狱之吏是也。"即过分重视、重用"治狱之吏"。这些人"败法乱正,离亲塞道",竞相追逐,滥施刑罚。以"治狱"越苛刻越好,量刑、判刑越重越好。结果造成"被刑之徒,比肩而立;大辟之计,岁以万数"。尖锐地揭露"治狱之吏"运用逼、供、信的残忍手段,罗织罪名。所谓"棰楚之下,何求而不可得"。靠刑讯来逼供,"囚人不胜痛,则饰辞以视之",被迫造假。"吏治者利其然,则指道以明之",其实就是诱供。"上奏畏却,则锻练而周内之"。同时,奏章还指出出现这种状况的原因是制度问题而非狱吏本人的品质问题,"治狱之吏""以刻为明"是当时朝廷倡导的结果,这就更深刻而有普遍意义。朝廷利用权势,大搞思想钳制、舆论一律,使执法"深者获公名,平者多后患,故治狱之吏皆欲人死,非憎人也,自安之道在人之死"。可见,汉朝承袭秦朝这一弊政,必须改革,改变自武帝以来的严刑峻法、冤狱四起的情况,从而"扫亡秦之失,尊文武之德"。

这篇奏章说理透彻,引经据典精练而准确。路温舒在奏章中还提出矫治之法,一是提出"除诽谤以招切言",即让人讲话,继承了古代开明政治家提倡广开言路的优良传统。二是主张"与其杀不辜,宁失不经",即可杀可不杀者不杀,可治罪可不治罪者不治罪。这在今天看来,依然是很进步的思想,仍有积极意义。

[选评]

[1] 汉·班固《汉书》:"赞曰:春秋鲁臧孙达以礼谏君,君子以为有后。贾山自下劘上,邹阳、枚乘游于危国,然卒免刑戮者,以其言正也。路温舒辞顺而意笃,遂为世家,宜哉!"

[2] 清·吴楚材、吴调侯《古文观止》:"论者谓宣帝好刑名之学,温舒此疏切中其病,非也。是时宣帝初立,未有施行。盖自武帝后,法益烦苛。宣帝即位,温舒冀一扫除之,故发此论。其言深切悲痛,宣帝亦为之感悟。"

[作业]

[1] 路温舒在论述当时"治狱之乱"的过程中使用了哪些论证方法?有什么效果?试析其说理艺术。

[2] 史书记载"汉家自有制度,本以霸王道杂之"(《汉书·元帝本纪》),请结合本文谈谈你对这句话的理解。

金到足色方是精

王阳明

[题解]

王阳明(1472—1529),名守仁,字伯安,号阳明山人、阳明子,世称阳明先生,谥文成,浙江余姚人,明代儒学大师,心学代表人物。早年因反对宦官刘瑾,被贬为贵州龙场(修文县治)驿丞,后以镇压农民起义和平定"宸濠之乱",封新建伯,官至南京兵部尚书。卒谥文成。王阳明初习程朱理学与佛学,后转陆九渊心学,并发展了陆九渊的学说,用以对抗程朱学派,成为理学内部心一元论的最大代表。强调"夫万事万物之理不外于吾心""心明便是天理";否认心外有理、有事、有物。提出"致良知"的学说,把伦理道德说成是人生而具有的"良知"。认为为学"惟求得其心","譬之植焉,心其根也。学也者,其培壅之者也,灌溉之者也,扶植而删锄之者也,无非有事于根焉而已"。要求以此反求内心的修养方法,以达到"万物一体"的境界。他的"知行合一"和"知行并进"说,旨在反对宋儒如程颐等"知先行后"以及各种割裂知行关系的说法。

王阳明的著作由门人辑成《王文成公全书》三十八卷。其中《传习录》是王阳明的语录、论学书信集,为阳明学派的启蒙典籍,在明代中期以后流传甚广,影响很大。本文选自《传习录》(薛侃录)中的两部分内容,题目为编者所加。薛侃(?—1545),字尚谦,号中离,广东揭阳人,王阳明弟子,力倡阳明心学,于正德十三年(1518)刊刻《初刻传习录》。节选的内容不仅阐述了王阳明的心学思想,说明了"人皆可以为尧、舜"的道理,也体现了他辩证的授课方法以及生动活泼、善用譬喻而常带机锋的语言艺术。

一

希渊[1]问:"圣人可学而至。然伯夷、伊尹于孔子才力终不同,其同谓之圣者安在?"

先生曰:"圣人之所以为圣,只是其心纯乎天理,而无人欲之杂。犹精金之所以为精,但以其成色足而无铜铅之杂也。人到纯乎天理方是圣,金到足色方是精。然圣人之才力,亦是大小不同,犹金之分两有轻重。尧、舜犹万镒[2],文王、孔子有九千镒,禹、汤、武王犹七八千镒,伯夷、伊尹犹四五千镒。才力不同而纯乎天理则同,皆可谓之圣人;犹分两虽不同,而足色则同,皆可谓之精金。以五千镒者而入于万镒之中,其足色同也;以夷、尹而厕之尧、孔之间,其纯乎天理同也。盖所以为精金者,在足色而不在分两;所以为圣者,在纯乎天理而不在才力也。

"故虽凡人,而肯为学,使此心纯乎天理,则亦可为圣人。犹一两之金,比之万镒,分两虽悬绝,而其到足色处,可以无愧,故曰:'人皆可以为尧、舜'者以此。学者学圣人,不过是去人欲而存天理耳,犹炼金而求其足色。金之成色所争不多,则锻炼之工省,而功易成。成色愈下,则锻炼愈难。人之气质清浊粹驳,有中人以上、中人以下。其于道有生知安行、学知利行。其下者必须人一己百、人十己千,及其成功则一。

"后世不知作圣之本是纯乎天理,却专去知识才能上求圣人。以为圣人无所不知,无所不能,我须是将圣人许多知识才能逐一理会始得。故不务去天理上着工夫,徒弊精竭力,从册子上钻研,名物上考索,形迹上比拟,知识愈广而人欲愈滋,才力愈多而天理愈蔽。正如见人有万镒精金,不务锻炼成色,求无愧于彼之精纯,而乃妄希分两,务同彼之万镒,锡、铅、铜、铁杂然而投,分两愈增而成色愈下,既其梢末,无复有金矣。"

时曰仁[3]在旁,曰:"先生此喻,足以破世儒支离之惑,大有功于后学。"

先生又曰:"吾辈用功,只求日减,不求日增。减得一分人欲,便是复得一分天理。何等轻快脱洒!何等简易!"

二

德章[4]曰:"闻先生以精金喻圣,以分两喻圣人之分量,以锻炼喻学者之功夫,最为深切。惟谓尧、舜为万镒,孔子为九千镒,疑未安。"

先生曰:"此又是躯壳上起念,故替圣人争分两。若不从躯壳上起念,即尧、舜万镒不为多,孔子九千镒不为少。尧、舜万镒,只是孔子的;孔子九千镒,只是尧、舜的,原无彼我。所以谓之圣,只论精一,不论多寡。只要此心纯乎天理处同,便同谓之圣。若是力量气魄,如何尽同得?

"后儒只在分两上较量,所以流入功利。若除去了比较分两的心,各人尽着自己力量精神,只在此心纯天理上用功,即人人自有,个个圆成,便能大以成大,小以成小,不假外慕,无不具足。此便是实实落落,明善诚身的事。后儒不明圣学,不知就自己心地良知良能上体认扩充,却去求知其所不知,求能其所不能,一味只是希高慕大,不知自己是桀、纣心地,动辄要做尧、舜事业,如何做得?终年碌碌,至于老死,竟不知成就了个甚么,可哀也已!"

[注释]

[1] 希渊:王阳明弟子,蔡姓。

[2] 镒(yì):古代重量单位,合二十两(一说二十四两)。

[3] 曰仁:王阳明弟子徐爱(1487—1518),明代哲学家、官员,字曰仁,号横山,浙江省余姚马堰人,王守仁最早的入室弟子之一,明朝正德三年(1508),进士及第,曾任祁州知州,南京兵部员外郎,南京工部郎中等职务。

[4] 德章:王阳明弟子,刘姓。

[赏析]

本文是《传习录》(薛侃录)记录的王阳明与弟子们两次问答的情况。第一次问答是弟子蔡希渊发起的,他问:"圣人的境界可以通过学习而到达,然而伯夷伊尹比之孔子,他们的才力终究有所欠缺,却同样被称作圣人,这是为什么呢?"对此,王阳明回复说:

"圣人之所以是圣人,只是因为他们的心纯粹是天理,而没有私欲掺杂。就像精金之所以是精金,只是因为它的成色充足而没有铜铅掺杂。人到了纯粹天理的境界才会成为圣人,金到了足够充实的成色才是精金。然而圣人的才力,也有大小不同,就像金的分量有轻有重。尧、舜如同万镒重的金,文王、孔子如同九千镒重的金,夏禹、商汤、武王如同七八千镒的金,伯夷、伊尹如同四五千镒的金,才力不同,然而纯粹天理的心相同,都可以称为圣人,就像分两虽然不同,然而成色充足相同,都可以称为精金。将五千镒金放入万镒金中,它们的足色程度相同。将伯夷、伊尹和尧帝、孔子放在一起,他们内心的纯粹天理是相同的。因此精金之所以是精金,在于它们的成色充足,而不在分两多少。圣人之所以是圣人,在于他们内心的纯粹天理,而不在才力大小。

"因此即使是一介凡人,只要愿意学习,使得内心纯粹天理,那么也可以成为圣人。如同一两重的金子,与万镒之金相比,分两虽然悬殊,然而就成色充足来看,则可以无愧。因此说'常人都可以成为尧舜'的话,就是这样。求学的人学习圣人,不过是驱除私欲而存养天理而已,如同炼金追求足够的成色。金子的成色区别不大,那么锤锻炼金的工夫可以节省,而功效容易达成,成色越差,锤锻炼金越难。人的气质,清澈浑浊杂而不一,有平常人之上、平常人之下的区别。对于道行来说,有生知安行、学知利行的区别。天资在平常人之下的人,必须是别人一分努力,自己百分努力,别人十分努力,自己千分努力,最后取得的成功是同样的。

"后世的人不知道成就圣人的根本在于纯粹天理,却专在知识才能上努力来寻求成为圣人的途径,以为圣人就是无所不知,无所不能,我必须将圣人的许多知识才能逐一学会才行,因此不着手在天理上下功夫,而只是白白浪费精力,从书册上钻研,名物上考据,行为上模仿。得到的知识越广博,而私欲越发滋生增长,才力越高,天理越被蒙蔽,正如同看见别人拥有万镒精金,不去着手锻炼成色,以求无愧于其金子的精纯,反而只妄想在分两上比肩,务必要与对方的万镒之重相同,将锡铅铜铁混杂在一起投入冶炼,分两越增长,成色越低下,等炼到最后,就不再有金子了。"

一般人总是片面地认为,圣人就是具有卓越才干的万能之人。而王阳明在这里说得很清楚,圣人的标志不在外在的才能和学问,而在于内心纯正,时时的心念都持守在天理上,心无杂念,目不斜视,行为端正。常人原本也可以达到圣人的这样的人格层次,只可惜常人的心向外求,脱离了天理的轨迹。这也正是圣人与常人的区别所在。

第二次问答由弟子刘德章提出了自己的疑问:"听闻先生用精金来比喻圣人,用分两来比喻圣人的功力,用锤炼来比喻学者的功夫,是最深刻的。只是先生您说尧舜是万镒金,孔子是九千镒金,我对此仍然感到疑惑不解。"王阳明回复说:

"这又是从表面生发念头,因此才替圣人争辩分两轻重。如果不从表面生发念头,那么尧舜比作万镒金不算多,孔子比作九千镒金也不算少。尧舜万镒金,就是孔子的,孔子九千镒金,也就是尧舜的,原本不分彼此,所以称为圣人的,只看精一,不看多少。只要内心纯粹天理的地方是一样的,就可以同样被称为圣人。如果从力量气魄上分辨,又怎么可能完全相同呢?

"后世儒者只在分两轻重上比较,因此流于功利。如果摒除了比较分两轻重的心,每个人都在自己的力量精神上尽力而为,只在内心纯粹天理上用功,那么就人人自我满足,个个圆满成就,就能大的成就大的,能成小的成就小的,不必向外追慕,无不完满充足。这就是实实在在,明善诚身的事。后世儒者不明白圣人学问,不知道在自己心中的良知良能上来体会认知扩充,却去追求认知自己不知道的,追求胜任自己不能做的,一味好高骛远。不知道自己是桀纣一样的内心,动不动要成就尧舜一样的事业,怎么能行呢?终年碌碌奔忙,一直到衰老死去,也不知到底成就了什么。这太可悲了!"

在王阳明看来,修养需要尽己所能,每个人都应该明白自己该做什么,如果只是盲目地不切实际地追求圣人之道,甚至明知自己的力量达不到还偏要去做,那就非常可悲。

[选评]

[1] 明·黄宗羲《姚江学案序》:"从前习熟先儒之成说,未尝反身理会,推见至隐。所谓'此亦一述朱耳,彼亦一述朱耳'。高忠宪云:'薛文清、吕泾野语录中,皆无甚透悟。'亦为是也。自姚江指点出良知,人人现在,一返观而自得,便人人有个作圣之路。故无姚江,则古来之学脉绝矣。"

[2] 日本·森鸥外《续心头语》:"欲研究儒学,必先从心理上入手。朱子之格物,即心理上之智论也;王阳明之格物,犹如意论,尤堪玩味矣。"

[作业]

[1] 圣人之所以为圣的原因是什么?为什么说"人皆可以为尧、舜"?

[2] 日本学者三轮执斋在《标注传习录》中说:"使凡读此录者,皆先观先生之德业与日月同悬者,而知其教诲论说为孔孟之正宗,以无疑于格物致知之功、知行合一之实云尔。"请你谈谈本篇课文对你的学习、生活有哪些启发。

原 君

黄宗羲

[题解]

黄宗羲(1610—1695),字太冲,号南雷,尊称为南雷先生,晚年自称梨洲老人,学者称梨洲先生。浙江余姚人。明末清初经学家、史学家、思想家、地理学家、天文历算学家、教育家。与弟黄宗炎、黄宗会号称浙东三黄;与顾炎武、方以智、王夫之、朱舜水并称为"清初五大师"。黄宗羲多才博学,于经史百家及天文、算术、乐律以及释、道无不研究,尤其在史学上成就很大。清政府撰修《明史》,"史局大议必咨之"(《清史稿》480卷)。而在哲学和政治思想方面,他更是一位从"民本"的立场来抨击君主专制制度者,堪称中国思想启蒙第一人。他的政治理想主要集中在《明夷待访录》一书中。

《明夷待访录·原君》探寻了君主产生之初的意义,讨论了君主专制堕落的原因,批判了君主专制堕落的罪恶。黄宗羲痛斥君主背弃了鞠躬尽瘁、殚精竭虑为天下人谋福利的职责,而滥用权力恣意享乐的行径;同时也讽刺批驳了维护君主专制的思想,表达了对维护堕落君权,意图麻痹百姓的"小儒"的鄙夷。这些"小儒"背弃儒家真谛,片面曲解武王伐纣,夸大伯夷叔齐之事,为百姓灌输忠君意识,禁锢天下人思想。他肯定了武王伐纣的正义性,同时表达了反对专制君主的坚决态度。

有生之初[1],人各自私也,人各自利也;天下有公利而莫或兴之,有公害而莫或[2]除之。有人者出,不以一己之利为利,而使天下受其利;不以一己之害为害,而使天下释其害,此其人之勤劳,必千万于天下之人。夫以千万倍之勤劳,而己又不享其利,必非天下之人情所欲居也。故古之人君,量而不欲入者,许由、务光[3]是也;入而又去之者,尧、舜是也;初不欲入而不得去者,禹是也。岂古之人有所异哉?好逸恶劳,亦犹夫人之情也。

后之为人君者不然。以为天下利害之权皆出于我,我以天下之利尽归于己,以天下之害尽归于人,亦无不可;使天下之人,不敢自私,不敢自利,以我之大私为天下之大公。始而惭焉,久而安焉。视天下为莫大之产业,传之子孙,受享无穷。汉高帝所谓"某业所就,孰与仲多"[4]者,其逐利之情,不觉溢之于辞矣。此无他,古者以天下为主,君为客,凡君之所毕世[5]而经营者,为天下也。今也以君为主,天下为客,凡天下之无地而得安宁者,为君也。是以其未得之也,屠毒天下之肝脑[6],离散天下之子女,以博我一人之产业,曾不惨[7]然,曰:"我固为子孙创业也。"其既得之也,敲剥天下之骨髓,离散天下之子女,以奉我一人之淫乐,视为当然,曰:"此我产业之花息[8]也。"然则为天下之大害者,君而已矣!向使[9]无君,人各得自私也,人各得自利也。呜呼!岂设君之道固如是乎?

古者天下之人爱戴其君,比之如父,拟之如天,诚不为过也。今也天下之人怨恶其君,视之如寇仇[10],名之为独夫[11],固其所也[12]。而小儒规规焉[13],以君臣之义无所逃于天地之间[14],至桀、纣之暴,犹谓汤、武不当诛之,而妄传伯夷、叔齐无稽之事[15],使兆人万姓崩溃之血肉[16],曾不异夫腐鼠!岂天地之大,于兆人万姓之中,独私其一人一姓乎!是故,武王,圣人也;孟子之言[17],圣人之言也。后世之君,欲以如父如天之空名,禁人之窥伺[18]者,皆不便于其言,至废孟子而不立[19],非导源于小儒乎?

虽然,使后之为君者果能保此产业,传之无穷,亦无怪乎其私之也。既以产业视之,人之欲得产业,谁不如我?摄缄縢,固扃鐍[20],一人之智力,不能胜天下欲得之者之众,远者数世,近者及身,其血肉之崩溃在其子孙矣。昔人愿世世无生帝王家[21],而毅宗之语公主,亦曰:"若何为生我家!"[22]痛哉斯言!回思创业时其欲得天下之心,有不废然摧沮[23]者乎?是故,明乎为君之职分,则唐、虞之世,人人能让,许由、务光非绝尘也;不明乎为君之职分,则市井之间,人人可欲,许由、务光所以旷后世而不闻也。然君之职分难明,以俄顷[24]淫乐,不易无穷之悲,虽愚者亦明之矣。

[注释]

[1] 有生之初:从有人类社会开始。
[2] 莫或:没有人。或,代词,指人。
[3] 许由、务光:传说中的高士。许由,亦作"许繇",相传尧欲让位给他,他拒不

接受,隐居箕山,自耕而食。(见《高士传》)务光,传说商汤要让位给他,他力辞,后负石自沉于蓼水。(见《列仙传》)

[4]"某业所就,孰与仲多",出自《史记·高祖本纪》,是刘邦得天下后,以质问的口吻向其父矜夸所得家业比其兄大得多。孰与仲多,即与仲孰多。仲,指其善于经营的二兄。

[5]毕世:终生。

[6]屠毒:即荼毒,残害。肝脑:指人的身体或生命。

[7]曾:竟,从来。惨:羞惭。唐·李愿《观翟玉妓》:"艳粉宜斜烛,羞蛾惨向人。"

[8]花息:利息。

[9]向使:假设之词,犹"假若"。

[10]视之如寇仇:语出《孟子·离娄下》:"君之视臣如土芥,则臣视君如寇仇。"寇仇,仇敌。

[11]独夫:残害万民、众叛亲离之国君。《尚书·泰誓》:"独夫受(商纣),洪惟作威,乃汝世仇。"

[12]固其所也:本是其所应得的。所,宜,适当。《易·系辞下》:"交易而退,各得其所。"

[13]规规焉:浅薄拘束貌。《庄子·秋水》:"子乃规规然而求之以察,索之以辨,是直用管窥天,用锥指地也。"

[14]"以君臣之义"句:谓天地间君主主宰臣民、臣民效忠君主之伦理关系,是绝对的。

[15]伯夷、叔齐:传说为商朝孤竹君之子,周武王伐纣,曾扣马谏阻;武王灭商后,耻食周粟,饿死于首阳山。(参见《史记·伯夷列传》)作者认为其事不可信,故说"妄传""无稽之事"。

[16]兆人万姓:千万百姓。兆,一百万。崩溃之血肉:指被残害之臣民。

[17]孟子之言:见《孟子·梁惠王下》:"贼人者谓之贼,残义者谓之残。残贼之人,谓之一夫。闻诛一夫纣矣,未闻弑君也。"

[18]窥伺:犹"觊觎",指对君位抱有非分之想。

[19]"至废"句:指明太祖朱元璋曾认为《孟子》中"民为贵,社稷次之,君为轻"一类话语过激,下诏撤除孟子在孔庙中的配享地位。(《南雍志》卷一《事纪》)

[20]"摄缄縢(téng)"二句,语出《庄子·胠箧》:"将为胠箧探囊发匮之盗,而为之守备,则必摄缄縢,固扃鐍,此世俗之所谓知也。"摄,紧收。缄,结。縢,绳子。扃鐍(jiǒng jué),门窗、箱子之锁钥。

[21]"昔人"句:指南朝宋顺帝被逼退位,"泣而弹指:唯愿后身生生世世不复天王作因缘"(《南史·王敬则传》)。

[22]"而毅宗"二句:明崇祯帝于李自成将陷北京时,用剑砍长平公主,说:"若何为生我家!"(《明史·公主列传》)毅宗,崇祯帝朱由检死后士民所谥之号。

[23]废然:灰心貌。摧沮:沮丧。

[24]俄顷:犹瞬间,指极短暂的时间。

[赏析]

本文开篇阐述人类设立君主的本来目的是"使天下受其利""使天下释其害",也就是说,产生君主,是要君主负担起抑私利、兴公利的责任。对于君主,他的义务是首要的,权力是从属于义务之后为履行其义务服务的。对君主"家天下"的行为从根本上否定了其合法性。

接着,明确地指出天下之所以不太平,人民之所以苦难不已,皆是君主"家天下"的结果,非常鲜明地把君主专制制度视为一切罪恶之根本。黄宗羲深刻揭露了专制君主的残暴和贪婪,他指责君主在争夺天下时,"屠毒天下之肝脑,离散天下之子女,以博我一人之产业,曾不惨然!"黄宗羲还指出,天下之治乱与一姓之兴替是无关的,"盖天下之治乱,不在一姓之兴亡,而在万民之忧乐",即一国的治与乱要看人民是否幸福,而并不在于由谁来做君主,而在于是否以万民的切身利益为目的。否定了专制君主将万民幸福系于一姓的谎言。

最后,批判传统的"仕于君"的思想,认为臣不应该仕于君,应该仕于天下。认为君与臣的关系是平等的关系,而不是主仆关系,也不可以"父子"相比拟。这就对传统政治的"君臣父子"和"君为臣纲"等专制伦理予以了彻底的否定。历代专制君主何以能够凭借"一人之智力"而荼毒天下?问题的根源究竟在哪里?黄宗羲以为"小儒"难辞其咎,所谓"小儒"们的危害,在某种程度上又是远甚于专制君主的!在《原君》一文,黄宗羲两次直斥"小儒":"今也天下之人怨恶其君,视之如寇仇,名之为独夫,固其所也。而小儒规规焉,以君臣之义无所逃于天地之间。""后世之君,欲以如父如天之空名,禁人之窥伺者,皆不便于其言,至废孟子而不立,非导源于小儒乎!"那么,究竟何谓"小儒"?为什么说小儒的危害远甚于君主呢?在黄宗羲看来,"小儒"之最大特征即思想方法"规规焉"的呆板固执,黄宗羲所谓"妄传伯夷、叔齐无稽之事"即其表现。根据传说,伯夷、叔齐是商末孤竹国君的儿子,孤竹国君想立叔齐继位,但突然死去。伯夷、叔齐相互推让,都不肯做国君,只好一起逃走。后来武王伐纣,伯夷、叔齐谏阻未成，便隐居在首阳山，不食周粟而死。显然，这则被"小儒"妄传的故事只强调了臣子对君父的服从，却忽略了君父对臣子所应负的责任。

特别应该注意的是，当黄宗羲的"民主"理念在中国首次登场时，欧洲的民主思想尚未传播到中国，卢梭等人的社会契约说也尚未问世，因此，可以说黄宗羲的民主思想完全是自发的、土生的。现在有人说"民主"是西方世界的东西，但是我们从黄宗羲的思想中却完全可以找到符合现代民主政治的概念的雏形，比如"人民主权"、"权力制衡"、议会、代议制、社会监督等内涵。

[选评]

[1] 清·谭嗣同《仁学》："君统盛而唐虞后无可观之政矣，孔教亡而三代下无可读之书矣！乃若区玉检于尘编，拾火齐于瓦砾，以冀万一有当于孔教者，则黄梨洲《明夷待访录》其庶几乎！其次为王船山之《遗书》，皆于君民之际有隐恫焉。"

[2] 清·陈天华《狮子吼》："明末清初，中国有一个大圣人，是孟子以后第一个人。他的学问，他的品行，比卢骚还要高几倍，无论新学旧学，言及他老先生，都没有不崇拜他的。""就是黄梨洲先生。先生名宗羲，浙江余姚县人。他著的书有一种名叫《明夷待访录》，内有《原君》《原臣》二篇，虽不及《民约论》之完备，民约之理，却已包括在内，比《民约论》出书还要早几十年哩。"

[作业]

[1] 本文是从哪些方面阐明"反对君主制"这一主题思想的？
[2] 结合课文内容，试析"小儒"的危害。

小捞渣大仁义

王安忆

[题解]

本文选自王安忆中篇小说《小鲍庄》。王安忆(1954—),女,1970年赴淮北农村插队,后考入地区文工团拉大提琴。1978年调回上海,任《儿童时代》编辑,现为中国作协副主席、上海市作家协会主席,复旦大学教授。

《小鲍庄》以生活原态的结构方式,讲述了淮北一个小村庄——小鲍庄几户人家的命运,描摹了小鲍庄的风土人情,剖析了传统乡村的心理文化结构。这是一个被鲍山把它与外界隔得远远的古老村庄——小鲍庄,人们在这里世世代代毫无生气地劳作、毫无生气地繁衍,孤寂、贫穷、困顿、封闭,没有任何变异的希望。然而这里的人们从不抱怨,他们安分、守拙、顺从、木讷,对群体意志尤其有着绝对的遵从性。小鲍庄人崇尚仁义,那个生和死都有几分神秘色彩的孩子捞渣是仁义的化身,他短短的生命旅程高扬了人的仁义本性,净化了人们的灵魂。

一

捞渣[1]满地乱爬了。小脸儿黄巴巴的,一根头毛也没有,小鬼似的。就是笑起来的模样好,眼睛弯弯的,小嘴弯弯的,亲热人,恬静人。大人们说他看上去"仁义"。

捞渣歪歪扭扭地能走了,话也能说不老少了。正吃晚饭,鲍五爷拄着拐来了。鲍彦山招呼他:

"五爷,来吃。"

捞渣学嘴:"来七(吃)。"

鲍五爷装没听见,不理会他,在门槛上坐下来,看蚂蚁搬家。

"吃过了吗?"鲍彦山紧问着。

"吃过了。"鲍五爷回答。

"咋吃的?"

"煎饼,稀饭,咸菜。"

"你老要懒得烧锅了,就过来。咱家人多锅大,多一人少一人见不着。"鲍彦山家里的说。

"我能烧。"鲍五爷回答。闷着头看地。天黑了,看不见蚂蚁了,一只蚱蜢蹦跳过去。

什么东西碰了他的嘴,定睛一看,捞渣什么时候到了跟前,小手里攥着一块煎饼,捏成了团,直送到他嘴边。他看看捞渣,捞渣朝他笑着,一脸厚道相。他心里又是咯噔一下,扭过了脸去。

月亮升起了,眼前豁亮了许多。

鲍五爷掉回头,捞渣正坐在他脚边抓土玩,稀稀的黄头毛底下露出了头皮。鲍五爷伸出手在那头皮上胡撸了一下,心想:"我咋像是在哪见过这鬼哩。"

二

捞渣会给鲍五爷送煎饼了。这倔老头才怪,谁送他饭食,他都不要,似乎一吃人家饭,他便真成绝户了。可是捞渣给送去,他便为难了。看看那张小脸,不收就觉着不过意。

捞渣会的拉呱了,见鲍五爷一个人孤得慌,晓得同他问长问短地解闷。

"吃过了吗?"他问鲍五爷。

"吃过了,你哪?"鲍五爷搭理他。

"吃过了。"

"吃的啥饭食?"鲍五爷问他。

"吃的面条子。"

"不孬。"

"你吃的啥?"他问鲍五爷。

"煎饼,稀饭,臭豆子。"鲍五爷一字一句地回答,毫不含糊。

"蛐蛐儿。"他拿给鲍五爷看。

"是蛐蛐儿。"五爷点头。

"是男的,是女的。"

五爷笑了:"这鬼。蛐蛐儿咋说男女,要说公的,母的。"

"是公的,是母的?"

五爷自己默了一会儿神,感叹道:"要论起来,说男女也没错,也是个性灵。"

"把它放了吧!"捞渣忽然抬头说。

"放就放吧。"五爷说。

一老一小看着那蛐蛐儿一蹦,蹦没影了。

捞渣和鲍仁远家二小子说"斗老将"。鲍五爷帮着捞渣捋杨树叶子,捋了满满一大鞋壳,一小鞋壳。鲍五爷捂一只鞋,捞渣捂一只鞋,一捂捂两天。捂出来的杨树叶梗子,黑得油亮,比麻还韧。鲍仁远家二小子的杨树叶梗子捂得嫩,拉不过捞渣。斗一个,断一个,斗一个,断一个。急眼了,越急越断。捞渣就把自己的换给了二小子。然后,二小子便翻本了,斗一个,赢一个,斗一个,赢一个。捞渣输惨了,可他不急不躁,依然是喜眉喜眼的。鲍五爷在边上瞅了这半晌,等二小子走了,他问捞渣:

"捞渣哎,你咋把你的老将全换给二小子了?"

"我看他要哭了。"捞渣说。

"你输了不难受吗?"

"难受。"

"那你还换给他?"

"我看他要哭了。"捞渣又说。

鲍五爷不问了,看看捞渣,在他稀稀拉拉的黄头毛上胡撸了一下,叹了一口气。停了一会儿,自语似的说:

"你也该让他,论起来,你是他叔哩。"

三

捞渣不念书了,成天下湖割猪菜,和着一班小孩子。小孩子都围他,欢喜和他在一起。谁走得慢,捞渣一定等他。谁割少了,不敢回家,捞渣一定把自己的匀给他。谁们打架了,捞渣一定不让打起来。跟着捞渣,大人都放心。这孩子仁义呢,大家都说。

捞渣能割猪菜了,鲍五爷却连绳头都搓不动了,成天价只能坐在墙根底下晒太阳,一直晒到中午,懒懒起来走回家烧锅。捞渣就不让他走了:

"来俺家吃吧!"

鲍五爷也不推了。吃长了,他大就逗捞渣:"你老叫五爷来家吃,俺家粮食不够吃了,咋办?"

捞渣认认真真地回答:"我少吃一张煎饼,少喝一碗稀饭。可管?"

他大这才笑出来,摸摸老儿子的脑袋。

这天,嫁到山那边的大闺女带着孩子回来了。捞渣就到鲍五爷那里去借一宿,和鲍五爷脚对脚地挤一床。鲍五爷偎着捞渣小猫似的身子,说:

"捞渣,五爷的被窝叫你捂热了。"

"五爷,我每天给你捂被窝。"捞渣说。

鲍五爷偎着捞渣暖暖和和的小身子,心窝里滚烫滚烫的。话也多了:

"捞渣,你来和五爷睡,你大答应吧?"

"我大最依我了。"捞渣说。

"你娘答应吧?"

"我娘也依我。"

"他们要说我这老头子啰嗦哩。"

"不会哩。"

"我老不死,自己都活烦了。"

"好日子都在后头哩,"捞渣开导五爷,"二小子每天上学,他说老师说的,好日子都在后头哩!'四人帮'打倒了,立马有好日子哩!"

"捞渣,你想不想上学?"

"想。"捞渣说,然后又说,"不想。"

鲍五爷看出他是想的:"你们学费要几块钱呢?"

"不少,三块多哩。"

"五爷给你付了吧。"

"不能,五爷,你的钱是大伙儿的……"

这一句话提醒了鲍五爷:"是的,我吃的是百家饭,我是个老绝户噢!"

"五爷,你咋是绝户呢!咱都叫你爷爷哩。"捞渣说。

"鬼哦,你的嘴好乖哟!"鲍五爷说,过了一会儿又说,"捞渣,你有点像我那社会子哩。"

捞渣没应声,睡着了。

"眉眼像,脾性也像。"鲍五爷说。

捞渣睡得安静,连丝鼻息声都没有。窗洞叫堵上了,屋里黑得伸出手不见五指。

"和社会子一样,都仁义。从不和人吵嘴磨牙……"鲍五爷对着黑暗拉着呱。

墙根有一只虫吱吱地叫着。

四

雨下个不停,坐在门槛上,就能洗脚了。西边洼处有几处房子,已经塌了。

县长下来看了一回。

乡长下来看了两回。

村长满村跑,拉了一批人上山搭帐篷,帐篷是县里发下来的。

这天,天亮了一些,云薄了一些,雨下得消沉了一些,心都想着,这一回大概捱过去了。不料,正吃晌饭,却听鲍山西边轰隆隆地响,像打雷,又不像打雷。打雷是一阵一阵的轰隆,而这是不间断的,轰轰地连成一片,连成一团。"跑吧!"人们放下碗就跑,往山东面跑。今年春上,乡里集工修了一条石子路,跑得动了。不会像往年那样,一脚插进稀泥,拔不起来了。啪啪啪的,跑得赢水了。

鲍秉德[2]家里的,早不糊涂,晚不糊涂,就在水来了这一会儿,糊涂了,蓬着头乱跑。鲍秉德越撵她,她越跑,朝着水来的方向跑,撒开腿,跑得风快,怎么也撵不上。最后撵上了,又制不住她了。来了几个男人,抓住她,才把她捆住,架到鲍秉德背上。她在他背上挣着,咬他的肩膀,咬出了血。他咬紧牙关,不松手,一步一步往东山上跑。

鲍彦山一家子跑上了石子路,回头一点人头,少了个捞渣。

"捞渣!"鲍彦山家里的直起嗓门喊。

文化子想起来了:"捞渣给鲍五爷送煎饼去,人或在他家了。"

"他大,你回去找找吧!"鲍彦山家里的说。

水已经浸到大腿根了。

鲍彦山往回走了两步,见人就问:"见捞渣了吗?"

有人说:"没见。"

有人说:"见了,和鲍五爷走在一起呢!"

鲍彦山心里略略放下了一些,还是不停地问后来的人:"见捞渣了吗?"

有人说:"没见。"

有人说:"见了,搀着鲍五爷走哩!"

水越涨越高,齐腰了。鲍彦山望着大水,心想:"这会儿,要不跑出来,也没人了。"

后面的人跑上来:"咋还不跑!"

"找捞渣哩!"

"他早过去了,拖着鲍五爷跑哩!"

鲍彦山终于下了决心,掉回头,顺着石子路往山上跑了。

鲍秉德家里的折腾得更厉害了,拼命往下挣,往水里挣。鲍秉德有点支不住了。

"你不活了吗?"他大叫道。

她居然把绳子挣断了,两只手抱住她男人的头,往后扳。

"狗娘养的!"鲍秉德绝望地嚎。他脚下在打滑了,他的重心在失去。他拼命要站稳。他知道,只要松一点劲儿,两个人就都完了。水已经到胸口了。

她终于放开了男人的头,鲍秉德稍稍可以喘口气。可还没来得及喘气,她忽然猛地朝后一翻,鲍秉德一个趔趄,不由松了手。疯女人连头都没露一下,没了。

一片水,哪有个人啊!

水撑着人，踩着石子路往山上跑。有了这一条石子路，跑得赢水了。跑到山上，回头往下一看，哪还有个庄子啊，成汪洋大海了。看得见谁家一只木盆在水上漂，像一只鞋壳似的。

村长点着人头，除了疯子，都齐了，独独少了鲍五爷和捞渣。

"捞渣——"他喊。

"捞渣——"鲍彦山家里的跺着脚喊。

鲍彦山到处问："你不是说见他和鲍五爷了吗？"

"没见，我没说见啊！"回说。

鲍彦山急眼了，到处问："你不是说见了吗？说他牵着鲍五爷！"

都说没见，而鲍彦山也再想不起究竟是谁说见了的。也难怪，兵荒马乱的，瞅不真，听不真也是有的。

鲍彦山家里的跳着脚要下山去找，几个娘们拽住她不放："去不得，水火无情哪！"

"捞渣，我的儿啊！"鲍彦山家里的只得哭了，哭得娘们儿都陪着掉泪。

"别嚎了！"村长嚷她们，皱紧了眉头。自打分了地，他队长改作了村长，就难得有场合让他出头了，"还嫌水少？会水的男人，都跟我来。"

他带着十来个会水的男人，砍了几棵杂树，扎了几条筏子，提着下山去了。

筏子在水上漂着，漂进了小鲍庄。哪里还有个庄子啊！什么也没了，只有一片水了。一眼望过去，望不到边。水上飘着木板，鞋壳子。

"捞渣——"他们直起嗓子喊，声音漂开了，无遮无挡的，往四下里一下子散了，自己都听不见了。

"鲍五爷——"他们喊着，没有声，好比一根针落到了水里，连个水花也激不起来。

筏子在水上乱漂着，没了方向。这是哪儿和哪儿哩？心下一点数都没有。

筏子在水上打转，一只鸟贴着水面飞去了，鲍山矮了许多。

"那是啥！"有人叫。

"那可不是个人？"

前边白茫茫的地方,有一丛乱草,草上趴着个人影。

几条筏子一齐划过去。划到跟前,才看清,那是庄东最高的大柳树的树梢梢,上面趴着的是鲍五爷。鲍五爷手指着树下,喃喃地说:"捞渣,捞渣!"

树下是水,水边是鲍山,鲍山阴沉着。

男人们脱去衣服,一个接一个跳下了水。一个猛子扎下去,再上来,空着手,吸一口气,再下去……足足有一个时辰。最后,拾来一个猛子下去了好久,上来,来不及说话,大口喘着气,又下去,又是好久,上来了,手里抱着个东西,游到近处才看见,是捞渣。筏子上的人七手八脚把拾来拽了上来,把捞渣放平,捞渣早已没气了,眼睛闭着,嘴角却翘着,像是还在笑。再回头一看,鲍五爷趴在筏子上早咽气了。

筏子比上来时多了一老一小,都是不会说话的。筏子慢慢地划出庄子,十来个水淋淋的男人抬着筏子刚一露头,人们就呼啦地围上了。

一老一小静静地躺在筏子上,脸上的表情都十分安详,睡着了似的。那老的眉眼舒展开了,打社会子死,庄上人没再见过他这么舒眉展眼的模样。那小的亦是非常恬静,比活着时脸上还多了点红晕。

鲍彦山家里的瞪着眼,一字不出。大家围着她,劝她哭,哭出来就好了。

村长向人讲述怎么先见到鲍五爷,而后又下水去找捞渣。

拾来结结巴巴地向大家讲述:"我一摸,软软的。再一摸,摸到一只小手。我心里一麻,去拽,拽不动,两只手搂着树身,搂得紧……"

人们感叹着:"捞渣要自己先上树,死不了的。"

"捞渣要自己先跑,跑得赢的。"

"那可不是?小孩儿腿快,我家二小子跑在我们头里哩!"

"捞渣是为了鲍五爷死的哩!"

"这孩子……"

打过孟良崮的鲍彦荣忽然颤颤地伸出大拇指:"孩子是好样儿的!"

"我的儿啊——"鲍彦山家里的这才哭出了声,在场的无不落泪。

捞渣恬静地合着眼,睡在山头上,山下是一片汪洋。鲍秉德蹲在地上,对着白茫茫的一片水,唔唔地哭着。

天渐渐暗了,大人小孩都默着,守着一堆饼干、煎饼、面包,是县里撑着船送来的,连小孩都没动手去抓一块。

天暗了,水却亮了。

五

捞渣的墓,高高地坐落在小鲍庄的中央,台阶儿干干净净的。不用村长安排,自然有人去扫。他大、他娘、他哥、他嫂自然不必说了,还有鲍仁文[3]、鲍秉德、拾来也隔三隔五地去扫。只是要求村长买一把公用的扫帚,用自家扫地的扫帚扫坟头,总不大吉利。

太阳照在那碑上,白生生的,耀眼得很。

碑后面是一片新起的瓦房,青砖到顶,瓦房后面是鲍山,青幽幽的,蒙在雾里似的,像是很远,又像是很近。

(选自《20世纪中国名家中篇小说精品》,广州出版社1996年版。略有改动。)

[注释]

[1] 捞渣:原名鲍仁平,小说主要人物之一,"仁义"的象征。他尊重长辈、孝顺老人;对待同龄人和善谦让,成天和一班小孩子下湖割猪菜,"谁走得慢,捞渣定等他。谁割少了,不敢回家,捞渣一定把自己的匀给他。谁们打架了,捞渣一定不让打起来"。他的仁义是天性使然,对小动物也充满怜爱之情。他抓到一只蛐蛐,并没有玩弄,只是拿给鲍五爷看,问鲍五爷"是男的,是女的?",就把它给放了。

[2] 鲍秉德:小说主要人物之一,是儒家传统文化塑造出来的典型,小鲍庄中大多数人的代表。鲍秉德对他的疯妻非常"仁义",妻子刚疯的时候,有人劝他离婚,他一口回绝,疯妻几次三番自杀,鲍秉德都舍命相救。但他所做的一切并非天性使然,而是认为不得不做,就连妻子疯了他也不敢发泄痛苦,连滴下一滴泪来,都要急忙用咳嗽来掩饰。

[3] 鲍仁文:小说主要人物之一,被村民称为"文疯子"。他热爱写作,渴望成为大作家,面对大家的讥讽和嘲笑,他不动声色,有着清晰的个体意识,他知道自己"不能像众人那样过下去",他也懂得用手中的笔记录小鲍庄的人和事,是现代"仁义"的典型人物。

[赏析]

根据作者王安忆的说法,《小鲍庄》里描写的都是真实的故事。故事的原型是作者在一次采访中获得的。那年正遇特大洪水,村里死了一个大人,一个小女孩——那小女孩便是后来的小英雄。本来洪水来时,小女孩是可以逃出来的,但她还是要先设法把老奶奶推出屋子,老奶奶不肯出逃,不肯离开和放弃她的棺材,水大了,人都浮了起来,女孩给没在水里的树枝划破了肚子,因为伤口感染、发烧而死去。这小英雄对村里的影响很大,各地都有人去参观、扫墓,使那村的人见识了很多,也改变了很多人的命运。

小说以六七条叙事线索同时展开故事,有分有合,交替出现,以一定的节奏回旋重复;小孩子捞渣(即鲍仁平)与孤老头鲍五爷的相濡以沫是小说的最重要的一个故事线索。《小鲍庄》很自然很朴实地将这种种或奇特或平凡或可笑或可叹的人与事,合在一个共时态乡土结构框架里,合在一个平衡稳定的文化秩序网中。《小鲍庄》的阅读效果很像中国新潮电影中被精心拉长久久不动的黄土画面。小说特意放在"文革"背景下展开乡村里琐碎的人伦人情纠葛,在童养媳感激没挨打、男子汉绝望地恋寡妇、生了死孩子的女人在发疯的同时,合着鲍老汉吱吱嘎嘎的"薛仁贵跨海又去征东"的花鼓陈调,"在一千里外的北京,正进行着一场江山属于谁的斗争。一千里外的上海,整好了装,等着发枪了"。甚至连"文革"这样的动乱都对中国农村的文化心理秩序影响甚微,后来可以"致富"的社会变化好像也没有改变既穷又仁义的小鲍庄人的基本心态。整篇小说不下二十次谈到"仁义"两字,村里有一代人是"仁"字辈的,捞渣自小面善,"大人们说他看上去仁义",鲍秉德不愿抛弃疯妻,也说"我不能这么不仁不义"。后来儿童捞渣为救老汉而死,自为仁义典范,得到了社会舆论的表彰。

小说的尾声写乡民对捞渣墓地的尊崇,写出了"仁义"在乡民文化心理秩序中的重要性,彰显了"仁义"在我们民族文化当中的稳固传承与深刻影响。

[选评]

[1] 当代·姚丽晶《〈小鲍庄〉中的大众面孔》:"如果说小鲍庄是原始仁义精神这种'传统性'的缩影,那么'捞渣'就是其仁义的化身,他总是和和气气地微笑着对待周围的人和事,对父母、对邻居、对童养媳小翠、对鲍五爷都投以真诚善良的微笑,尽管他是个孩子,却可以做游戏让着别人,把上学的机会让给哥哥,最后在全村人都自顾自地逃命时,他为救老人结束了自己短暂而又大仁大义的一生。'捞渣'死了大家很

惋惜,把他当作英雄,并迅速塑造了'捞渣'伟岸的形象,并且全村的大人都去为这个孩子送葬,让大家看起来小鲍庄好像的确是个重情重义的庄子。"

［2］当代·吴亮《〈小鲍庄〉的形式与涵义》:"《小鲍庄》对我难以抵挡的影响恐怕正来自这么一种超然风格——那不偏不倚的、冷峻而不动情的客观主义描述,在记叙农村平淡无奇的生活面貌和偶尔因劫难而引起的心理微澜方面,在刻画农民的忍耐力、亲善感、寡欲、个性压抑、麻木和健忘方面,以及在忠实地记载那些通过日常生活的缓慢流速而体现出来的文化潜意识方面,都取得了还其本来面目的效果。我认为这一效果首先源于它的客观主义立场,当然同时还源于它时松时紧的并置型结构,源于它知人识世的达观态度,源于它藏而不露的深厚的人道精神。"

［作业］

［1］结合课文内容,分析小捞渣这一人物形象的特点。

［2］有学者指出,王安忆在谈到《小鲍庄》的创作时所说"许多人从捞渣之死获得了好处,这本身就是非仁义的"表达了对传统"仁义"观念的反思。请你谈谈自己的看法。

怀大爱心,做小事情

何光沪

[题解]

何光沪,1950年生,1989年获中国社会科学院哲学博士学位,1997—1998年在哈佛大学做访问学者,现为中国人民大学宗教学系教授。主要从事宗教学、宗教哲学、基督教神学等领域的研究。著有《百川归海——走向全球宗教哲学》《天人之际》等。

本文是何光沪为特蕾莎修女写的《活着就是爱》一书的中译本所作的序。特蕾莎修女(1910—1997),又译德兰修女、特里莎修女、泰瑞莎修女。原名阿格尼丝·勃亚金,生于斯科普里(今属马其顿共和国),阿尔巴尼亚族人,1928年加入天主教劳莱德修女会,1931年被派往印度加尔各答,1948年加入印度籍,1950年建立"仁爱传教修女会",1979年获得诺贝尔和平奖。特蕾莎修女是一个完全彻底的圣女。她不仅把一生完全献给了穷人、病人、孤儿、孤独者、无家可归者和垂死的临终者,而且坚持做了一辈子一文不名的穷人;然而她所创建的仁爱组织却有四亿多资产。她不仅为穷人提供衣食住处,为病人提供医疗服务,而且给他们带去诚挚的爱心,使他们真正感受到人格的尊严和被爱的温暖。特蕾莎修女感动了全世界,受到全人类的敬仰,成千上万追随她的正式成员和义务工作者遍布一百多个国家。

她创建的组织有四亿多的资产,世界上最有钱的公司都乐意捐款给她;她的手下有七千多名正式成员,还有数不清的追随者和义务工作者分布在一百多个国家;她认识众多的总统、国王、传媒巨头和企业巨子,并受到他们的仰慕和爱戴……

可是,她住的地方,唯一的电器是一部电话;她穿的衣服,一共只有三套,而且自己洗换;她只穿凉鞋没有袜子……

她把一切都献给了穷人、病人、孤儿、孤独者、无家可归者和垂死临终者;她从十二岁起,直到八十七岁去世,从来不为自己,而只为受苦受难的人活着……

在这个世界上,古往今来有不少富豪,对穷苦人慷慨解囊,有不少慈善家,开办了不少孤儿院养老院……然而,她不是富豪,因为她没有留给自己一分钱,甚至也不去挣钱,不去募款;她也不是一般的慈善家,因为她的目的,不是仅仅为穷人和鳏寡孤独者提供衣食住处,不是仅仅为病人和遭灾遭难者提供医疗服务,而是要在这一切之中,这一切之外,给这些人带去爱心,让他们感到自己有尊严、感到自己被人爱!为此,她愿意向这些人下跪;她立志要服侍穷人,所以先变成了穷人;她放弃了安适的修女和教师生活,穿上穷人的衣服,一头扎进贫民窟、难民营和各种各样的传染病人之中,五十年如一日;她的追随者们为了让服侍的对象觉得有尊严,也仿效她的榜样,过着穷人的生活,以便成为穷人的朋友。这种远远超过一般慈善事业的宗旨,体现在她的这句话中:"除了贫穷和饥饿,世界上最大的问题是孤独和冷漠……孤独也是一种饥饿,是期待温暖爱心的饥饿。"所以,她的一生,用她自己的话来说,是"怀大爱心,做小事情"。

她,就是被称为"贫民窟的圣人"的特蕾莎。她也被世人亲切地称为"特蕾莎嬷嬷"。一九七九年,诺贝尔委员会从包括促成埃以和谈的美国总统卡特在内的五十六位候选人中,选出了她,把诺贝尔和平奖这项殊荣授予了这位除了爱一无所有的修女。授奖公报说:"她的事业有一个重要的特点:尊重人的个性。尊重人的天赋价值。那些最孤独的人、处境最悲惨的人,得到了她真诚的关怀和照料。这种情操发自她对人的尊重,完全没有居高施舍的姿态。"公报还说:"她个人成功地弥合了富国与穷国之间的鸿沟,她以尊重人类尊严的观念在两者之间建设了一座桥梁。"

她的答词是:"这项荣誉,我个人不配领受,今天,我来接受这项奖金,是代表世界上的穷人、病人和孤独的人。"所以,把这笔巨额奖金全部用来为穷人和受苦受难的人们办事,这对她来说是最最自然不过的事情。一向克己的她还向诺贝尔委员会请求取消照例要举行的授奖宴会。诺贝尔委员会当然答应了这一请求,并且把省下来的七千一百美元赠予了她领导的仁爱修会。与此同时,瑞典全国掀起了向仁爱会捐款的热潮。自此以后,她的事业得到了全世界越来越多的支持。

从"印度伟大女儿奖"到美国总统自由勋章，从卡内基奖到史怀泽奖，全世界至少有八十个国家的元首、首脑、政府和各大领域的机构以及各个方面的国际组织，都向她颁发过崇高的荣誉和奖项。她的态度从以下两例可见一斑。

一九六四年，罗马教皇赠给她一辆白色林肯牌轿车，她将车作为抽彩义卖奖品，用所得款项建了一座麻风病医院；一九九二年，美国哥伦布骑士团将"喜乐与希望"奖牌授予她，获奖后她立即打听在哪里可以出售奖牌，以便将出售所得和奖金一起交给修女会，用于救助穷人的事业。

特蕾莎一九一○年生于南斯拉夫境内的一个阿尔巴尼亚族农家，本名阿格尼丝。她的家乡位于现在脱离南联盟独立的马其顿首都斯科普里，那一带至今还为贫穷、混乱和民族矛盾所困扰。她小小年纪就开始思索人生，十二岁时感悟到自己的天职是帮助穷人，这决定了她被称为"活圣人"的一生。十七岁时，她发了初愿，到爱尔兰的劳莱德修女院学习，随后到印度大吉岭受训，二十七岁时发终身愿成为修女。结业后在加尔各答修会办的圣马利亚女校教授地理和历史。加尔各答的贫民窟又多又脏，在世界大城市中是出了名的，以至被印度总理尼赫鲁称为"噩梦之城"，特蕾莎所住的修道院就位于其中最贫穷最肮脏的地区。在这位在女子学校和修道院高墙内过着优雅的欧式生活的欧洲女子看来，周围那个凄惨破败、可怕肮脏的环境，那些瘦骨嶙峋、皮肤黝黑、衣不蔽体、臭气熏人的乞丐、孤儿、老弱、病人和穷汉，不但是不应逃避的，而且是不能漠视的；不但是不能漠视的，而且是必须帮助的；不但是必须帮助的，而且是值得去爱的！

于是，出于对受苦受难者的爱，出于帮助他们的愿望，她退出了劳莱德修会，成立了一个专门无偿地服侍受苦人的修会，即"仁爱传教会"。她身无分文，只有两名志同道合的修女做帮手，先是到一个美国医护修女会学习医疗护理，然后向加尔各答市政府申请到一间旧神庙中的两个房间，收治被遗弃的危重病人，给予细心的护理，让孤苦的濒死者在修女们的爱抚中得到临终的关怀，最后还按死者自己的宗教信仰和风俗习惯办理后事。这是仁爱传教会创办的第一个机构，被称为"纯洁之心"。随后，她又设立了一所露天学校，收容失学儿童和流浪孤儿，一面给予教育，一面为他们寻找愿意收养的人家。不久之后，她又开始关注麻风病人的境况，这种已可治愈的疾病被人们视为瘟疫，致使病人被周围的人遗弃，心灵的痛远胜于身体的病痛。特蕾莎为此开办了许多麻风病人收容诊疗中心，多年后竟使孟加拉国大城市吉大港的麻风病[1]治愈率达到了百分之百。当艾滋病开始被人们视为新瘟疫，一般人对病人避之唯恐不及的时候，特蕾莎又奔走于欧美各国，设立了多家艾滋病患者收容所，在医生治疗的同时，她和她的修女们则给予护理。

在所有这些事情中，特蕾莎不仅仅表现了罕见的组织才能，更重要的是表现了本真的爱心。她细心地从腐烂的伤口中捡出蛆虫，亲切地抚摸麻风病人的残肢……所有这些深深地感动了全世界的人们。靠着这种爱心，也仅仅靠着这种爱心，她赢得了成千上万的追随者，在世界上一百多个国家建立了近千个类似的机构，把食物、衣服、住房、药品、医护、教育……送到了千百万穷人、孤儿、灾民、病人和被遗存者的身边，使他们感到有人在爱着他们。在这些事情中，特蕾莎和她的追随者的爱心已达到自我牺牲的程度，否则我们就不会看到，越是人们的自私自爱之心阻挡人们前往的地方，他们越是要去：大城市里的贫民窟，荒凉贫瘠的高寒山区，饥荒和瘟疫流行的穷国，随时有生命危险的震区和战区……为了这些，有时她甚至得冒险犯难去克服一些政治上的障碍，例如，为了帮助海湾战后的伊拉克人民，她曾同一位神父两位修女前往巴格达；为了到切尔诺贝利核污染地区帮助受害者，她曾到当时禁止宗教团体办慈善事业的苏联去提出建立工作站的愿望，并终于在两年后得到批准……

特蕾莎也曾经上法庭打官司。一九八四年，她同一个名叫"赞助特蕾莎修女基金会"的组织对簿公堂，目的是要向全世界宣告：她反对任何人以她的名义募捐筹款；她希望人们不要关注她而只关注她要去帮助的那些人。确实，她散布在世界各地的慈善事业及其资产，都来自她个人的奉献和人们自愿的捐献。她要求手下的人只为受苦的人们服务，绝不要操心金钱问题，因为，要让人感到被爱，需要的只是充满爱心的行动，其余的事听凭上主的安排。她经常对手下的人说："你们不必注重成果数字。凡是有益于穷人和被弃者们的爱的行动,不管怎样微小,在耶稣看来都是重要的。"一九六九年,被这种精神感动的人们成立了"特蕾莎嬷嬷合作者国际协会"(International Association of Co—workers of Mother Teresa),现有会员数十万人。这个组织不要求会员缴会费,也不筹集资金,只是通过"祈祷、克己和为穷苦人服务"来支持仁爱传教会的工作,被称为"世界上最无组织的组织"。

特蕾莎从少年立志到弥留之际,几十年如一日奔波操劳,身患重病时依然毫不停歇,只是为了世界上最底层、最悲惨的穷苦人们。所以,在另一位以慈爱之心感动千百万人的妇女,英国王妃戴安娜的葬礼正吸引世人目光的时候,特蕾莎去世的噩耗传来,引起了全世界更大的震动:在印度,成千上万的普通人冒着倾盆大雨走上街头,悼念他们敬爱的"特蕾莎嬷嬷",政府宣布为她举行国葬,全国哀悼两天,总统为此宣布取消官方活动,总理亲往加尔各答敬献花圈。发表吊唁演说;从新加坡到英国,从新西兰到美国,各国元首和政府首脑纷纷发表讲话,为这位"仁慈天使"的逝世感到悲痛;联合国教科文组织专门发表声明向她致敬,罗马教廷专门举行弥撒为她追思;菲律宾红衣主教梅辛称她为"代表和平、代表牺牲、代表欢乐"的象征,甚至印度最大的清真寺的伊斯兰教长布哈里也说,她是一位"永生的伟大的圣人"!

为这本书写序,实际上我是不配的,因为我觉得自己的名字不配与特蕾莎的名字放在一起。

我之所以还是写了,不仅是因为无法推却编辑朋友的嘱托,而且更因为这嘱托包含着非常重要的理由,不仅是因为这本书关于特蕾莎的事迹说得太少(因为她从不多说自己),而且更因为我愿意多了解一下她的事迹,并且向读者朋友介绍。

我自信有时能写漂亮的文章,特蕾莎从不自信(她说:"我微不足道,主才是一切。"),却终生做着天底下最美丽的事情。我相信,这篇文章一点儿也不漂亮,恰恰是因为她做的事情太美丽。

漂亮的文章不能给街头的弃儿带来什么东西,但是特蕾莎的仁爱修女会给千千万万的穷苦人带来的,不仅有饮食和被盖,而且有内心的温暖,有做人的尊严,有来自天上的爱;她在这本书中提醒我们:世界上有那么多的人死于苦难之中,只是因为我们没有伸出援手,将我们可以给出的食物、衣服和爱心带给他们! 她更提醒我们:饥饿者需要的不单是食物,受冻者需要的不单是衣服,无家者需要的不单是住房,他们同你我一样,所需要的,还有人与人之间亲切的关系,还有人对人的情谊和关心,还有很少有人愿意给予陌生人的爱心!

读到这些,我们能不羞愧吗?

我们每天从报纸上、杂志上、广播里、电视里看到和听到那么多的人在受难,我们每天在城市里、乡村里、邻里中、家庭中感受到那么多的人在受苦,但是,我们往往无动于衷!

看到特蕾莎的事迹,我们能不羞愧吗?

在一个玩世不恭盛行、贪婪压制人性的时代,特蕾莎,这个来自偏僻乡村的瘦小的妇女,能够挺身出来,走进苦海,释放出如此惊人的能量,感召了如此众多的民众,靠的只是她那份几乎是无限的但却是坚韧的爱……

这份爱,来自何处?何以会有如此巨大的力量,答案,就在这本书里,就在她那些简洁的话中……

(选自《活着就是爱》,四川人民出版社2000年版。略有改动。)

[注释]

[1]麻风病:由麻风杆菌引起的接触性慢性传染病,主要侵犯皮肤和周围神经。传染方式主要通过直接接触,偶尔通过内衣、被褥或日用品间接传染。麻风杆菌必须从破损的皮肤和黏膜侵入人体,如人体免疫力较差时,经过一定的潜伏期会发病。初起皮肤麻木,触觉迟钝,不能辨别冷热,经过多年以后,才发生皮疹和神经症状。

[赏析]

作为传记性文章,本文构思巧妙,没有平铺直叙,而是选出最精彩的环节,铺排特蕾莎的主要动人事迹去打动读者;然后再从头叙述她的生平,从少年立志到弥留之际,她都以本真的爱心、自我牺牲的精神一直为穷苦人们奔波操劳,从最微小的事情做起,给穷苦人带来帮助关爱,因而得到了世人的尊敬和爱戴;最后诠释德蕾莎修女的生命故事给人的启迪,她克己无私、大爱无边的精神,值得每一个人在感动之余不断反思自己、反思生命。

作者善于选材,选择德蕾莎修女一生中最精彩的环节去打动读者,如面对诺贝尔和平奖的殊荣、德蕾莎修女朴素动人的答词、取消授奖宴会的请求都让人无比感动。在表达方式上,本文叙事、抒情、议论有机融合,将特蕾莎修女一生的故事叙述与对特蕾莎修女大爱无边精神的高度赞美及引发世人的反思等内容有机结合,相得益彰。在夹叙夹议中既展现了特雷莎修女从 12 岁起直到 87 岁去世从来不为自己、只为受苦受难的人活着的人生历程,又自然地体现了特蕾莎修女对穷苦人饱含真诚尊重的大爱。本文语言富有哲理性,如所引用的特蕾莎的话语和作者对特蕾莎修女精神的高度赞美、诠释时都运用了不少富有哲思性的话语,足以引人深思,发人深省。

[选评]

[1] 当代·思元《特蕾莎修女》:"南斯拉夫爆发科索沃内战,特蕾莎去问负责战争的指挥官,说战区里的妇女儿童都逃不出来,指挥官跟她这样讲:'修女啊,我想停火,对方不停啊,没有办法。'特蕾莎说:'那么,只好我去了!'特蕾莎走进战区,双方立刻停火,当她把战区里的妇女儿童带出后,两边又打起来了 这个消息后来传到了联合国。联合国秘书长安南听到这则消息赞叹道:这件事连我也做不到。"

[2] 挪威·诺贝尔和平奖评委会《诺贝尔和平奖授奖公报》:"特蕾莎修女以博爱的精神,默默地关注着贫穷的人,使他们感受到尊重、关怀和爱。特蕾莎修女,没有高深的哲理,只用诚恳、服务而有行动的爱来医治人类最严重的病源:自私、贪婪、享受、冷漠、残暴、剥削等恶行,也为通往社会正义和世界和平开辟了一条新的道路。"

[作业]

[1] 试析本文夹叙夹议的写作特点。
[2] 特蕾莎最打动你的事迹是什么?你认为她的事业最主要的特点是什么?

专题三

天人合一

天人合一是中国传统思想文化的核心精神之一，代表了对天文与人文、自然与人类之间的和谐关系的认知与向往。人是自然界的一个组成部分，自然是人类永恒的家园，抛弃人类中心主义那种自以为是的观念，人与自然才能真正和谐共存。

　　天人合一的思想在中国古代便得到重视，儒学、道家、佛家对此均有阐述，在他们的多部典籍中均能找到有关于天人合一的思想观念。《春秋繁露》中言："事各顺于名，名各顺于天。天人之际，合而为一。"《道德经》言："人法地，地法天，天法道，道法自然。"道是宇宙间的最高法则，人要遵守自然之道与人文之道。《庄子》中载："天地与我并生，而万物与我为一。"认为天地万物与人类平等共存，互为你我。《淮南子·精神训》曰："天地运而相通，万物总而为一。"《黄帝阴符经》云："天地，万物之盗。万物，人之盗。人，万物之盗。"

　　美丽神奇、变幻莫测、万古常新的大自然，时时吸引着人类的目光，让人探索不尽。文学也以自己独有的方式表达对自然天道的感应。古今中外无数文学大师挥洒情怀、激扬文字，在自己的作品中表达对大自然的热爱或疑惑，对大自然的神奇性或令人敬畏性的体察，对天人关系的深深思考。

　　"天人合一"思想在文学的主题表达中具有深远的影响，贯穿于诗歌、散文、小说等各种体裁中，文学作品借此表达人与自然、人与宇宙的关系的思考，强调人伦道德与自然法则的统一，表达人们对生命意义的思考，也有些诗人借山水寄托对人生本质的沉思，人与自然关系的深刻反思，以及人类精神对自然的融入与向往，等等。王维的诗歌《过香积寺》，在对山水自然的描写中，诗人把内心境界交融在自然景物的描写里，以一种通透、静谧的方式描绘了香积寺周围的景象，表现出人与自然的和谐之美；《再别康桥》巧妙地将诗人个人情感与康桥的自然景物融为一体，使得康桥的风景不仅仅是一种物质的存在，而是诗人心灵深处的寄托；《我与地坛》中作者借助与地坛之间的关系，深刻探讨了人与自然、生命、死亡的关系；《老人与海》通过桑提亚哥老人和大海的搏斗，表现了人类的勇气、坚持以及对生命意义的探寻，桑提亚哥在大海中所展现的坚持、敬畏和超越自我的精神，体现出对自然的敬仰与对生命意义的深刻理解；《瓦尔登湖》贯穿了梭罗对自然的深刻敬畏和热爱，他选择独居湖边，意图通过亲近自然寻求内心的宁静与自我觉知，与中国的"天人合一"思想深深契合。

　　"天人合一"思想在中国文学中不仅仅是一种自然观，更是一种美学观和哲学观。它深刻影响了诗人、散文家和画家们的创作，使他们的作品在描绘自然之美的同时，传达出一种超越自我、融入天地的精神境界，这种思想对当代文学艺术和人类对自然的态度依然具有深远影响。

过香积寺

王 维

[题解]

王维(693 或 694 或 701—761),字摩诘,河东蒲州(今山西省永济市)人,唐朝诗人、画家。王维精通诗、画、音乐,喜好参禅信道。晚年居住在蓝田辋川,过着半官半隐的生活。他的很多诗篇描写了对自然环境的微妙感知,并透出淡然幽远的意趣。

香积寺,建于唐高宗永隆二年(681),位于陕西省西安市,净土宗祖庭。本诗是王维经过香积寺时所作。

不知香积寺[1],数里入云峰[2]。
古木无人径,深山何处钟[3]。
泉声咽危石[4],日色冷青松[5]。
薄暮空潭曲[6],安禅制毒龙[7]。

[注释]

[1] 香积寺:在长安县(今陕西省西安市长安区)南神禾原上。
[2] 入云峰:登上入云的高峰。
[3] 钟:寺庙的钟鸣声。
[4] 咽:鸣咽。危:高的,陡的。"危石"意为高耸的崖石。
[5] 冷青松:为青松所冷。
[6] 薄暮:黄昏。曲:水边。
[7] 安禅:安静地打坐,为佛家术语,指身心安然进入清寂宁静的境界,在这里指佛家思想。毒龙:佛家比喻俗人的邪念妄想。见《涅槃经》:"但我住处有一毒龙,想性暴急,恐相危害。"

[赏析]

诗人通过自然景物的冷清、幽静来暗示心灵的净化与升华。香积寺周围的自然环境并非单纯的景物,而是一种心灵境界的外在表达,表现出诗人对清净与和谐的追求。整首诗的每一句都呈现出诗人与自然之间的融洽,使得自然的美与内心的宁静相互映衬,人与自然和谐交融。诗的最后一句"安禅制毒龙"点出了诗人内心的宁静与超脱。毒龙象征着内心的烦恼,而"安禅"即心灵的安宁,这表明王维通过对自然的感悟,获得了一种内心的平静和心灵的解脱。

意境幽远。诗人用"数里入云峰""枯木无人径""深山何处钟"写出了香积寺所在位置山高、林深、远离尘世,人迹罕至。苍老的钟声传来,如此清幽寥远,不知来自何处,或竟不知身在何处,有亘古天荒之感。

用字精妙。"不知"二字突出意外发现的惊奇,反衬此寺之深远,人烟稀少;用"咽""冷"二字突出了环境之寂静,树木之高、树林之密,环境之寂。

象征意蕴。喧嚣之中,必然心浮气躁,面对滚滚红尘,种种诱惑,何以制服心魔?让心远离喧嚣,自然会静下来,安宁下来,去除心灵上的尘垢,如林中溪水般澄澈。

[选评]

[1] 明·凌宏宪《唐诗广选》:"顾与新曰:幽深本色语,不杂一句,洁净玄微,无声无色。"

[2] 清·吴煊、黄培芳《唐贤三昧集笺注》:"顾云:'不知'字玄妙,模写幽深处。又云:三四甚是浅易,甚是深处,字法。五六即景,衬贴荒深意。"

[3] 清·宋宗元《网师园唐诗笺》:"炼字幽峭。"

[4] 清·高步瀛《唐宋诗举要》:"吴曰:幽微夐邈,最是王、孟得意神境。"

[作业]

[1] 试分析这首诗歌的意象内涵。

[2] 诗歌表达了哪些思想?

书[1]湖阴先生[2]壁(其一)

王安石

[题解]

王安石(1021—1086),字介甫,号半山,人称半山居士,北宋临川县城盐埠岭(今临川区邓家巷)人。庆历二年(1042)进士。嘉祐三年(1058)上万言书,提出变法主张。宋神宗熙宁二年(1069)任参知政事,推行新法,次年拜同中书门下平章事。熙宁七年(1074)罢相,次年复任宰相;熙宁九年(1076)再次罢相,退居江宁(今江苏南京)半山园,封舒国公,不久改封荆国公,世称"王荆公"。卒谥文。其文雄健峭拔,为"唐宋八大家"之一;诗歌遒劲清新。今存《王临川集》《临川集拾遗》。

《书湖阴先生壁》是王安石题在杨德逢屋壁上的一组诗。王安石于神宗熙宁九年(1076)二次罢相后,直到哲宗元祐元年(1086)因病逝世,在金陵郊外的半山园居住长达十年。在这段时间里,王安石与隐居紫金山的杨德逢交往甚密。在王安石诗集中,作者所写有关杨德逢的诗,至今尚保存在十首以上,本首诗是其中之一。

茅檐长扫净无苔[3],花木成畦[4]手自栽。
一水护田[5]将绿绕,两山排闼送青来[6]。

[注释]

[1] 书:书写,题诗。

[2] 湖阴先生:本名杨德逢,隐居之士,是王安石晚年居住金陵(今江苏南京)紫金山时的邻居。

[3] 茅檐:茅屋檐下,这里指庭院。长:一说"常"。净:一说"静"。无苔:没有青苔。

[4] 成畦(qí):成垄成行。畦:经过修整的一块块田地。

[5] 水:指玄武湖。护田:这里指护卫环绕着园田。语出《汉书·西域传序》:"自敦煌西至盐泽,往往起亭,而轮台、渠犁,皆有田卒数百人,置使者校尉领护。"

[6] 山:指钟山、覆舟山。排闼(tà):开门。语出《汉书·樊哙传》:"高帝尝病,恶见人,卧禁中,诏户者无得入群臣。哙乃排闼直入。"闼:小门。送青来:送来绿色。

[赏析]

本诗描绘了一幅田园美景,表现了人与自然和谐共处的意境。诗中的景物描写不仅展现了农耕生活的怡然自得,更通过细致的写景传达出一种"天人合一"的哲学思想。

"茅檐长扫净无苔,花木成畦手自栽"写出湖阴先生居所的整洁雅致,表现了主人对环境的用心经营。他以心手相连的劳动培育花木,与自然中的植物建立起一种亲密的联系。这体现了人在自然中并非疏离的个体,而是自觉参与其中,顺应自然的节律和生机。

"一水护田将绿绕,两山排闼送青来"描绘了水田环绕、山色映入的美景,这不仅是对景物的描写,更是对"自然"这一整体的礼赞。水环绕田地,犹如护卫一般,不仅显示出田园风光的静谧美好,更表达出自然环境对人的包容、呵护之情。山色从门前"送青来",仿佛是山水主动向人敞开,显现出一种人被自然所"迎纳"的景象。

从"茅檐长扫净无苔"可以看出,主人长年累月生活在这片土地上,日复一日地进行清扫、耕种的活动,而苔藓不生,代表了他生活的安稳、环境的纯净不变。这里自然的清新与主人居所的纯净互为映衬,展示了人通过保持内心的平和与勤恳,可以融入自然的永恒循环之中,达到一种心境上的宁静与满足。

诗人通过田园景物的描写,展现了人的身心与自然景观的融为一体。诗中每一个细节都没有激烈的冲突,而是平和、流畅的存在——无论是"长扫""手自栽",还是水田与山色的"护"与"送",都表现了人对自然的顺应和依赖。在"天人合一"的哲学角度下,这种顺应不仅仅是表面的景色协调,更是深层的精神上的超脱,是自我意识在自然中的消融,进而获得一种与天地同存的境界。

[选评]

[1] 近代·高步瀛《唐宋诗举要》:("一水"二句)此亦句法偶同耳,未必有意效之(指许浑"河势抱关来"句)。

[2] 宋代·黄庭坚:"荆公晚年作小诗,雅丽精绝,脱去流俗。"(见胡仔《苕溪渔隐》前集卷三十五)

［3］宋代·曾季狸《艇斋诗话》："荆公绝句妙天下。"

[作业]

［1］从人与自然角度，谈谈你对这首诗的不同理解。

［2］说说本首诗中的景物有哪些特点。

再别康桥

徐志摩

[题解]

徐志摩(1897—1931),浙江海宁人,中国现代著名诗人、散文家。诗集有《志摩的诗》《猛虎集》《翡冷翠的夜》《云游》《徐志摩全集》等。

《再别康桥》是中国现代著名诗人徐志摩的代表性诗歌,写于1928年11月6日,刊于1928年12月10日《新月》月刊第1卷第10号,后收入徐志摩诗集《猛虎集》,是诗人在剑桥故地重游后回国途中所写。《再别康桥》发表后,被多次谱上乐曲,诗句也广为流传。1928年,他第三次游历剑桥,创作了《再别康桥》,这亦是徐志摩短暂人生中最后一次到访剑桥。

"康桥",即"剑桥",位于英国英格兰,世界著名大学剑桥大学所在地,有康河从那里流过,风景美丽,人文气息浓厚。徐志摩早年曾在此学习、生活过,在那里度过了一生中最自由、最快乐的日子,留下了美好回忆,也影响了他的人生追求与审美趋向,因此,徐志摩对剑桥有特殊的感情。

轻轻的我走了,
　正如我轻轻的来;
我轻轻的招手,
　作别西天的云彩。

那河畔的金柳,
　是夕阳中的新娘;
波光里的艳影,
　在我的心头荡漾。

软泥上的青荇[1],

油油的在水底招摇[2]；
在康河的柔波里，
我甘心做一条水草！

那榆荫下的一潭，
不是清泉，是天上虹；
揉碎在浮藻间，
沉淀着彩虹似的梦。

寻梦？撑一支长篙[3]，
向青草更青处漫溯[4]；
满载一船星辉，
在星辉斑斓里放歌。

但我不能放歌，
悄悄是别离的笙箫；
夏虫也为我沉默，
沉默是今晚的康桥！

悄悄的我走了，
正如我悄悄的来；
我挥一挥衣袖，
不带走一片云彩。

[注释]

[1] 青荇(xìng)：多年生草本植物，叶子略呈圆形，浮在水面，根生在水底，花黄色。
[2] 招摇：这里有"逍遥"之意。
[3] 篙(gāo)：用竹竿或杉木等制成的撑船工具。
[4] 溯(sù)：逆着水流的方向走。

[赏析]

《再别康桥》以温柔的语调,将诗人对康桥的留恋之情和康桥的自然景色融为一体。在诗中,诗人把自己"悄悄地"融入了康河的景色中,仿佛自己也是自然的一部分。比如"悄悄是别离的笙箫,夏虫也为我沉默"这句描绘了诗人离别时的宁静气氛,暗示出一种天人共鸣的状态,仿佛大自然也能感受到诗人的不舍,展现出人与自然的情感交融。

诗形匀称,符合新月派诗美主张中的建筑美。这首诗由七个小节组成,每个小节四句。全诗以康桥情感为主线,轻盈流动的气韵流淌在每一节中,和谐匀称,有一种匀称之美,正如闻一多《诗的格律》中提倡的"节的匀称和句的均齐"。

语音和谐。整首诗节奏感鲜明,尤其是开头结尾,用叠声"轻轻的"反复吟唱,形成了一种轻柔的、回环往复的韵律之美,像一首小夜曲,不断回旋在我们的耳边,余音袅袅。

色彩美。彩云、金柳、波光、青草、彩虹等组成一幅色彩斑斓的图画,富丽而不妖艳,富有色彩之美。斑斓的星辉、沉默的夏虫、悄悄的笙箫,又一幅别样的图景。

[选评]

[1]当代·蓝棣之(林志浩主编《中国现代文学作品选讲·下》):"'不带走一片云彩',一方面是说诗人的洒脱,他不是见美好的东西就要据为己有的人,另一方面,是说一片云彩也不要带走,让康桥这个梦绕魂牵的感情世界以最完整的面貌保存下来,让昔日的梦,昔日的感情完好无缺。"

[2]当代·曹万生《复调交响:爱与自由的离情——再读〈再别康桥〉》:"徐志摩《再别康桥》美得蚀骨,意境谐融,音韵圆润,情感断肠,情与境谐到极致,离情浓得化不开。"

[3]当代·霍秀全《理想主义的深情告白——漫说徐志摩的〈再别康桥〉》:"《再别康桥》就是徐志摩一生追求'爱,自由,美'的理想的具体反映。"

[作业]

[1]试分析这首诗歌的意象与情感之间的关系。

[2]诗歌表达了哪些思想?

咏 水 仙

威廉·华兹华斯

[题解]

威廉·华兹华斯(William Wordsworth,1770—1850),英国浪漫主义诗人,与柯勒律治、骚赛同属于"湖畔诗派"。代表作有与塞缪尔·泰勒·柯勒律治合著的《抒情歌谣集》、长诗《序曲》(Prelude)、《漫游》(Excursion)。

《咏水仙》是英国浪漫主义诗人威廉·华兹华斯的代表性诗歌,创作于1804年,1807年发表。华兹华斯于1802年4月15日与尤斯米尔的朋友克拉克森分别后,回格拉斯米尔的途中经过奥斯湖畔,看到美丽的水仙花,激发了他的创作灵感,便产生了此诗。

我好似一朵孤独的流云,
高高地飘游在山谷之上,
突然我看到一大片鲜花,
是金色的水仙遍地开放。
它们开在湖畔,开在树下
它们随风嬉舞,随风飘荡。

它们密集如银河的星星,
像群星在闪烁一片晶莹;
它们沿着海湾向前伸展,
通往远方仿佛无穷无尽;
一眼看去就有千朵万朵,
万花摇首舞得多么高兴。

粼粼湖波也在近旁欢跳,

却不如这水仙舞得轻俏;
诗人遇见这快乐的旅伴,
又怎能不感到欢欣雀跃;
我久久凝视——却未领悟
这景象所带给我的精神至宝。

后来多少次我郁郁独卧,
感到百无聊赖心灵空漠;
这景象便在脑海中闪现,
多少次安慰过我的寂寞;
我的心又随水仙跳起舞来,
我的心又重新充满了欢乐。

(顾子欣 译)

[赏析]

  诗歌第一、二节描写了水仙花绵延成片、迎风起舞的美丽景象。第三节由景生情,喜悦之情溢于言表,并进一步产生感悟。水仙花的美丽带给诗人无限的快乐。第四节书写水仙花给予诗人的精神财富,诗人孤独的心被水仙花照亮,诗人与花之间产生了灵魂共舞。总体上这首诗充满了对自然的热爱与感激,人与自然的息息相通,自然对人的治愈作用。

  华兹华斯对自然怀有深厚的敬意,这种情感在对水仙花的描写中表现得淋漓尽致。诗中,水仙花被比作"繁星""绵延无尽",展示出一种庄严而神圣的美,诗人深深沉醉于这种美之中。通过将自然景物神圣化,诗人表达了对大自然的敬畏之情,仿佛自然是充满灵性的存在。人类不应凌驾于自然之上,而是应当尊重、珍视自然之美。诗中,水仙花象征了自然力量的无穷,诗人通过它获得精神的洗礼和升华,这种感悟引导人们珍惜与自然共存的时刻。

  《咏水仙》以生动的自然描写和栩栩如生的画面呈现,刻画出大片金黄色水仙花随风摇曳的美丽景象。诗人运用了细腻的描写技巧,如"golden daffodils""fluttering and dancing in the breeze"等词句,将水仙花的颜色、姿态和活力生动地表现出来。这种拟人化的手法不仅增加了水仙的生机,还赋予其情感,使自然景象充满温暖的活力。

诗的语言简洁明了,押韵和节奏感非常鲜明,给人一种流畅的音乐美。全诗四个小节,每节六行,遵循 ABABCC 的押韵格式。简洁的用词、流畅的节奏让诗歌更具感染力。诗中重复的意象(如"dancing"和"gazed")增强了节奏的流动性,使诗歌读来优美动听,仿佛与水仙的"舞蹈"节奏和谐一致。

[选评]

[1] 当代·余运伟、薛晶洁(林志浩主编《跨越时空的共鸣——华兹华斯和陶渊明田园诗歌相似点探索与研究》):"水仙花是自然的象征,给诗人快乐和安慰。对华兹华斯而言,大自然使他重振精神,带给他幸福和美好的记忆,使他孤寂时得到安慰。"

[2] 当代·张若涵《生态后现代视角下再读〈咏水仙〉》:"华兹华斯用诗歌表达出了人类与自然相融合这种观点。他把自然作为精神的安慰,为了取得主体与客体、人与自然、意识与无意识之间的重新协调的努力。"

[3] 当代·王晓华《华兹华斯:生态意识的觉醒者》:"诗人描写了洋溢着大自然气息的水仙花,并由此联想到记忆中迎风摇曳的金水仙的景象,进一步转入内心世界的描写,从而达到心物相通,而那种真实的自然景物即转化为作者精神世界的动力。"

[作业]

[1] 试分析这首诗歌中的生态主义思想。
[2] 选读诗人华兹华斯的其他诗歌,分析特色。

我与地坛(节选)

史铁生

[题解]

史铁生(1951—2010),生于北京市,中国当代作家。1969年去延安一带插队,1972年因双腿瘫痪回到北京。1983年短篇小说《我的遥远的清平湾》获全国优秀短篇小说奖和青年文学奖,1997年长篇小说《务虚笔记》获上海市长篇小说奖。另有《我的遥远的清平湾》《往事》《命若琴弦》等短篇小说集,《我与地坛》《病隙碎笔》等散文随笔。

《我与地坛》是史铁生的散文作品,发表于1991年1月的《上海文学》杂志。作为知青,史铁生于1969年到延安插队,后因双腿瘫痪返回北京。在身体痛苦与找不到工作的压力之下,他经常在其家附近的地坛公园里长久地痛苦徘徊,地坛公园于作者而言有着特殊的体验与情感,作者在这里对生命、对命运进行了认真的思考,用笔记录下了他这一段的人生轨迹与感悟。

一

我在好几篇小说中都提到过一座废弃的古园,实际就是地坛[1]。许多年前旅游业还没有开展,园子荒芜冷落得如同一片野地,很少被人记起。

地坛离我家很近。或者说我家离地坛很近。总之,只好认为这是缘分。地坛在我出生前四百多年就坐落在那儿了,而自从我的祖母年轻时带着我父亲来到北京,就一直住在离它不远的地方——五十多年间搬过几次家,可搬来搬去总是在它周围,而且是越搬离它越近了。我常觉得这中间有着宿命的味道:仿佛这古园就是为了等我,而历尽沧桑在那儿等待了四百多年。

它等待我出生,然后又等待我活到最狂妄的年龄上忽地残废了双腿。

四百多年里,它一面剥蚀了古殿檐头浮夸的琉璃,淡褪了门壁上炫耀的朱红,坍圮[2]了一段段高墙又散落了玉砌雕栏,祭坛四周的老柏树愈见苍幽,到处的野草荒藤也都茂盛得自在坦荡。这时候想必我是该来了。十五年前的一个下午,我摇着轮椅进入园中,它为一个失魂落魄的人把一切都准备好了。那时,太阳循着亘古[3]不变的路途正越来越大,也越红。在满园弥漫的沉静光芒中,一个人更容易看到时间,并看见自己的身影。

自从那个下午我无意中进了这园子,就再没长久地离开过它。我一下子就理解了它的意图。正如我在一篇小说中所说的:"在人口密聚的城市里,有这样一个宁静的去处,像是上帝的苦心安排。"

两条腿残废后的最初几年,我找不到工作,找不到去路,忽然间几乎什么都找不到了,我就摇了轮椅总是到它那儿去,仅为着那儿是可以逃避一个世界的另一个世界。我在那篇小说中写道:"没处可去我便一天到晚耗在这园子里。跟上班下班一样,别人去上班我就摇了轮椅到这儿来。园子无人看管,上下班时间有些抄近路的人们从园中穿过,园子里活跃一阵,过后便沉寂下来。""园墙在金晃晃的空气中斜切下一溜荫凉,我把轮椅开进去,把椅背放倒,坐着或是躺着,看书或者想事,撅一杈树枝左右拍打,驱赶那些和我一样不明白为什么要来这世上的小昆虫。""蜂儿如一朵小雾稳稳地停在半空;蚂蚁摇头晃脑捋着触须,猛然间想透了什么,转身疾行而去;瓢虫爬得不耐烦了,累了祈祷一回便支开翅膀,忽悠一下升空了;树干上留着一只蝉蜕,寂寞如一间空屋;露水在草叶上滚动、聚集,压弯了草叶轰然坠地摔开万道金光。""满园子都是草木竞相生长弄出的响动,窸窸窣窣窸窸窣窣片刻不息。"这都是真实的记录,园子荒芜但并不衰败。

除去几座殿堂我无法进去,除去那座祭坛我不能上去而只能从各个角度张望它,地坛的每一棵树下我都去过,差不多它的每一米草地上都有过我的车轮印。无论是什么季节,什么天气,什么时间,我都在这园子里呆过。有时候呆一会儿就回家,有时候就呆到满地上都亮起月光。记不清都是在它的哪些角落里了。我一连几小时专心致志地想关于死的事,也以同样的耐心和方式想过我为什么要出生。这样想了好几年,最后事情终于弄明白了：一个人，出生了，这就不再是一个可以辩论的问题，而只是上帝交给他的一个事实；上帝在交给我们这件事实的时候，已经顺便保证了它的结果，所以死是一件不必急于求成的事，死是一个必然会降临的节日。这样想过之后我安心多了，眼前的一切不再那么可怕。比如你起早熬夜准备考试的时候，忽然想起有一个长长的假期在前面等待你，你会不会觉得轻松一点？并且庆幸并且感激这样的安排？

剩下的就是怎样活的问题了，这却不是在某一个瞬间就能完全想透的、不是一次性能够解决的事，怕是活多久就要想它多久了，就像是伴你终生的魔鬼或恋人。所以，十五年了，我还是总得到那古园里去，去它的老树下或荒草边或颓墙旁，去默坐，去呆想，去推开耳边的嘈杂理一理纷乱的思绪，去窥看自己的心魂。十五年中，这古园的形体被不能理解它的人肆意雕琢，幸好有些东西是任谁也不能改变它的。譬如祭坛石门中的落日，寂静的光辉平铺的一刻，地上的每一个坎坷都被映照得灿烂；譬如在园中最为落寞的时间，一群雨燕便出来高歌，把天地都叫喊得苍凉；譬如冬天雪地上孩子的脚印，总让人猜想他们是谁，曾在哪儿做过些什么，然后又都到哪儿去了；譬如那些苍黑的古柏，你忧郁的时候它们镇静地站在那儿，你欣喜的时候它们依然镇静地站在那儿，它们没日没夜地站在那儿从你没有出生一直站到这个世界上又没了你的时候；譬如暴雨骤临园中，激起一阵阵灼烈[4]而清纯的草木和泥土的气味，让人想起无数个夏天的事件；譬如秋风忽至，再有一场早霜，落叶或飘摇歌舞或坦然安卧，满园中播散着熨帖[5]而微苦的味道。味道是最说不清楚的。味道不能写只能闻，要你身临其境去闻才能明了。味道甚至是难于记忆的，只有你又闻到它你才能记起它的全部情感和意蕴。所以我常常要到那园子里去。

二

我才想到，当年我总是独自跑到地坛去，曾经给母亲出了一个怎样的难题。

她不是那种光会疼爱儿子而不懂得理解儿子的母亲。她知道我心里的苦闷，知道不该阻止我出去走走，知道我要是老呆在家里结果会更糟，但她又担心我一个人在那荒僻的园子里整天都想些什么。我那时脾气坏到极点,经常是发了疯一样地离开家,从那园子里回来又中了魔似的什么话都不说。母亲知道有些事不宜问,便犹犹豫豫地想问而终于不敢问,因为她自己心里也没有答案。她料想我不会愿意她跟我一同去,所以她从未这样要求过,她知道得给我一点独处的时间,得有这样一段过程。她只是不知道这过程得要多久,和这过程的尽头究竟是什么。每次我要动身时,她便无言地帮我准备,帮助我上了轮椅车,看着我摇车拐出小院;这以后她会怎样,当年我不曾想过。

有一回我摇车出了小院;想起一件什么事又返身回来,看见母亲仍站在原地,还是送我走时的姿势,望着我拐出小院去的那处墙角,对我的回来竟一时没有反应。待她再次送我出门的时候,她说:"出去活动活动,去地坛看看书,我说这挺好。"许多年以后我才渐渐听出,母亲这话实际上是自我安慰,是暗自的祷告,是给我的提示,是恳求与嘱咐。只是在她猝然[6]去世之后,我才有余暇设想。当我不在家里的那些漫长的时间,她是怎样心神不定坐卧难宁,兼着痛苦与惊恐与一个母亲最低限度的祈求。我可以断定,以她的聪慧和坚忍,在那些空落的白天后的黑夜,在那不眠的黑夜后的白天,她思来想去最后准是对自己说:"反正我不能不让他出去,未来的日子是他自己的,如果他真的要在那园子里出了什么事,这苦难也只好我来承担。"在那段日子里——那是好几年长的一段日子,我想我一定使母亲作过了最坏的准备了,但她从来没有对我说过:"你为我想想。"事实上我也真的没为她想过。那时她的儿子,还太年轻,还来不及为母亲想,他被命运击昏了头,一心以为自己是世上最不幸的一个,不知道儿子的不幸在母亲那儿总是要加倍的。她有一个长到二十岁上忽然截瘫了的儿子,这是她唯一的儿子;她情愿截瘫的是自己而不是儿子,可这事无法代替;她想,只要儿子能活下去,哪怕自己去死呢也行,可她又确信一个人不能仅仅是活着,儿子得有一条路走向自己的幸福;而这条路呢,没有谁能保证她的儿子终于能找到。——这样一个母亲,注定是活得最苦的母亲。

有一次与一个作家朋友聊天,我问他学写作的最初动机是什么?他想了一会说:"为我母亲。为了让她骄傲。"我心里一惊,良久无言。回想自己最初写小说的动机,虽不似这位朋友的那般单纯,但如他一样的愿望我也有,且一经细想,发现这愿望也在全部动机中占了很大比重。这位朋友说:"我的动机太低俗了吧?"我光是摇头,心想低俗并不见得低俗,只怕是这愿望过于天真了。他又说:"我那时真就是想出名,出了名让别人羡慕我母亲。"我想,他比我坦率。我想,他又比我幸福,因为他的母亲还活着。而且我想,他的母亲也比我的母亲运气好,他的母亲没有一个双腿残废的儿子,否则事情就不这么简单。

　　在我的头一篇小说发表的时候,在我的小说第一次获奖的那些日子里,我真是多么希望我的母亲还活着。我便又不能在家里呆了,又整天整天独自跑到地坛去,心里是没头没尾的沉郁和哀怨,走遍整个园子却怎么也想不通:母亲为什么就不能再多活两年?为什么在她儿子就快要碰撞开一条路的时候,她却忽然熬不住了?莫非她来此世上只是为了替儿子担忧,却不该分享我的一点点快乐?她匆匆离我去时才只有四十九呀!有那么一会,我甚至对世界对上帝充满了仇恨和厌恶。后来我在一篇题为"合欢树"的文章中写道:"我坐在小公园安静的树林里,闭上眼睛,想,上帝为什么早早地召母亲回去呢?很久很久,迷迷糊糊的我听见了回答:'她心里太苦了,上帝看她受不住了,就召她回去。'我似乎得了一点安慰,睁开眼睛,看见风正从树林里穿过。"小公园,指的也是地坛。

　　只是到了这时候,纷纭的往事才在我眼前幻现得清晰,母亲的苦难与伟大才在我心中渗透得深彻。上帝的考虑,也许是对的。

　　摇着轮椅在园中慢慢走,又是雾罩的清晨,又是骄阳高悬的白昼,我只想着一件事:母亲已经不在了。在老柏树旁停下,在草地上在颓墙边停下,又是处处虫鸣的午后,又是鸟儿归巢的傍晚,我心里只默念着一句话:可是母亲已经不在了。把椅背放倒,躺下,似睡非睡挨到日没,坐起来,心神恍惚[7],呆呆地直坐到古祭坛上落满黑暗然后再渐渐浮起月光,心里才有点明白,母亲不能再来这园中找我了。

　　曾有过好多回,我在这园子里呆得太久了,母亲就来找我。她来找我又不想让我发觉,只要见我还好好地在这园子里,她就悄悄转身回去,我看见过几次她的背影。我也看见过几回她四处张望的情景,她视力不好,端着眼镜像在寻找海上的一条船,她没看见我时我已经看见她了,待我看见她也看见我了我就不去看她,过一会我再抬头看她就又看见她缓缓离去的背影。我单是无法知道有多少回她没有找到我。有一回我坐在矮树丛中,树丛很密,我看见她没有找到我;她一个人在园子里走,走过我的身旁,走过我经常呆的一些地方,步履茫然又急迫。我不知道她已经找了多久还要找多久,我不知道为什么我决意不喊她——这绝不是小时候的捉迷藏,这也许是出于长大了的男孩子的倔强或羞涩?但这倔只留给我痛悔,丝毫也没有骄傲。我真想告诫所有长大了的男孩子,千万不要跟母亲来这套倔强,羞涩就更不必,我已经懂了可我已经来不及了。

儿子想使母亲骄傲,这心情毕竟是太真实了,以致使"想出名"这一声名狼藉的念头也多少改变了一点形象。这是个复杂的问题,且不去管它了罢。随着小说获奖的激动逐日暗淡,我开始相信,至少有一点我是想错了:我用纸笔在报刊上碰撞开的一条路,并不就是母亲盼望我找到的那条路。年年月月我都到这园子里来,年年月月我都要想,母亲盼望我找到的那条路到底是什么。母亲生前没给我留下过什么隽永的哲言,或要我恪守的教诲,只是在她去世之后,她艰难的命运,坚忍的意志和毫不张扬的爱,随光阴流转,在我的印象中愈加鲜明深刻。

有一年,十月的风又翻动起安详的落叶,我在园中读书,听见两个散步的老人说:"没想到这园子有这么大。"我放下书,想,这么大一座园子,要在其中找到她的儿子,母亲走过了多少焦灼的路。多年来我头一次意识到,这园中不单是处处都有过我的车辙,有过我的车辙的地方也都有过母亲的脚印。

三

如果以一天中的时间来对应四季,当然春天是早晨,夏天是中午,秋天是黄昏,冬天是夜晚。如果以乐器来对应四季,我想春天应该是小号,夏天是定音鼓,秋天是大提琴,冬天是圆号和长笛。要是以这园子里的声响来对应四季呢?那么,春天是祭坛上空飘浮着的鸽子的哨音,夏天是冗长的蝉歌和杨树叶子哗啦啦地对蝉歌的取笑,秋天是古殿檐头的风铃响,冬天是啄木鸟随意而空旷的啄木声。以园中的景物对应四季,春天是一径时而苍白时而黑润的小路,时而明朗时而阴晦的天上摇荡着串串杨花;夏天是一条条耀眼而灼人的石凳,或阴凉而爬满了青苔的石阶,阶下有果皮,阶上有半张被坐皱的报纸;秋天是一座青铜的大钟,在园子的西北角上曾丢弃着一座很大的铜钟,铜钟与这园子一般年纪,浑身挂满绿锈,文字已不清晰;冬天,是林中空地上几只羽毛蓬松的老麻雀。以心绪对应四季呢?春天是卧病的季节,否则人们不易发觉春天的残忍与渴望;夏天,情人们应该在这个季节里失恋,不然就似乎对不起爱情;秋天是从外面买一棵盆花回家的时候,把花搁在阔别了的家中,并且打开窗户把阳光也放进屋里,慢慢回忆慢慢整理一些发过霉的东西;冬天伴着火炉和书,一遍遍坚定不死的决心,写一些并不发出的信。还可以用艺术形式对应四季,这样春天就是一幅画,夏天是一部长篇小说,秋天是一首短歌或诗,冬天是一群雕塑。以梦呢?以梦对应四季呢?春天是树尖上的呼喊,夏天是呼喊中的细雨,秋天是细雨中的土地,冬天是干净的土地上的一只孤零的烟斗。

因为这园子,我常感恩于自己的命运。

我甚至就能清楚地看见,一旦有一天我不得不长久地离开它,我会怎样想念它,我会怎样想念它并且梦见它,我会怎样因为不敢想念它而梦也梦不到它。

四

让我想想,十五年中坚持到这园子来的人都是谁呢?好像只剩了我和一对老人。

十五年前,这对老人还只能算是中年夫妇,我则货真价实还是个青年。他们总是在薄暮时分来园中散步,我不大弄得清他们是从哪边的园门进来,一般来说他们是逆时针绕着园子走。男人个子很高,肩宽腿长,走起路来目不斜视,胯以上直至脖颈挺直不动;他的妻子攀了他一条胳膊走,也不能使他的上身稍有松懈。女人个子却矮,也不算漂亮,我无端地相信她必出身于家道中衰的名门富族;她攀在丈夫胳膊上像个娇弱的孩子,她向四周观望似总含着恐惧,她轻声与丈夫谈话,见有人走近就立刻怯怯地收住话头。我有时因为他们而想起冉阿让与柯赛特,但这想法并不巩固,他们一望即知是老夫老妻。两个人的穿着都算得上考究,但由于时代的演进,他们的服饰又可以称为古朴了。他们和我一样,到这园子里来几乎是风雨无阻,不过他们比我守时。我什么时间都可能来,他们则一定是在暮色初临的时候。刮风时他们穿了米色风衣,下雨时他们打了黑色的雨伞,夏天他们的衬衫是白色的裤子是黑色的或米色的,冬天他们的呢子大衣又都是黑色的,想必他们只喜欢这三种颜色。他们逆时针绕这园子一周,然后离去。他们走过我身旁时只有男人的脚步响,女人像是贴在高大的丈夫身上跟着漂移。我相信他们一定对我有印象,但是我们没有说过话,我们互相都没有想要接近的表示。十五年中,他们或许注意到一个小伙子进入了中年,我则看着一对令人羡慕的中年情侣不觉中成了两个老人。

  曾有过一个热爱唱歌的小伙子,他也是每天都到这园中来,来唱歌,唱了好多年,后来不见了。他的年纪与我相仿,他多半是早晨来,唱半小时或整整唱一个上午,估计在另外的时间里他还得上班。我们经常在祭坛东侧的小路上相遇,我知道他是到东南角的高墙下去唱歌,他一定猜想我去东北角的树林里做什么。我找到我的地方,抽几口烟,便听见他谨慎地整理歌喉了。他反反复复唱那么几首歌。"文化革命"没过去的时候,他唱"蓝蓝的天上白云飘,白云下面马儿跑……"我老也记不住这歌的名字。"文革"后,他唱《货郎与小姐》中那首最为流传的咏叹调。"卖布——卖布嘞,卖布——卖布嘞!"我记得这开头的一句他唱得很有声势,在早晨清澈的空气中,货郎跑遍园中的每一个角落去恭维小姐。"我交了好运气,我交了好运气,我为幸福唱歌曲……"然后他就一遍一遍地唱,不让货郎的激情稍减。依我听来,他的技术不算精到,在关键的地方常出差错,但他的嗓子是相当不坏的,而且唱一个上午也听不出一点疲惫。太阳也不疲惫,把大树的影子缩小成一团,把疏忽大意的蚯蚓晒干在小路上,将近中午,我们又在祭坛东侧相遇,他看一看我,我看一看他,他往北去,我往南去。日子久了,我感到我们都有结识的愿望,但似乎都不知如何开口,于是互相注视一下终又都移开目光擦身而过;这样的次数一多,便更不知如何开口了。终于有一天——一个丝毫没有特点的日子,我们互相点了一下头。他说:"你好。"我说:"你好。"他说:"回去啦?"我说:"是,你呢?"他说:"我也该回去了。"我们都放慢脚步(其实我是放慢车速),想再多说几句,但仍然是不知从何说起,这样我们就都走过了对方,又都扭转身子面向对方。他说:"那就再见吧。"我说:"好,再见。"便互相笑笑各走各的路了。但是我们没有再见,那以后,园中再没了他的歌声,我才想到,那天他或许是有意与我道别的,也许他考上了哪家专业文工团或歌舞团了吧?真希望他如他歌里所唱的那样,交了好运气。

  还有一些人,我还能想起一些常到这园子里来的人。有一个老头,算得一个真正的饮者;他在腰间挂一个扁瓷瓶,瓶里当然装满了酒,常来这园中消磨午后的时光。他在园中四处游逛,如果你不注意你会以为园中有好几个这样的老头,等你看过了他卓尔不群的饮酒情状,你就会相信这是个独一无二的老头。他的衣着过分随便,走路的姿态也不慎重,走上五六十米路便选定一处地方,一只脚踏在石凳上或土埂上或树墩上,解下腰间的酒瓶,解酒瓶的当儿眯起眼睛把一百八十度视角内的景物细细看一遭,然后以迅雷不及掩耳之势倒一大口酒入肚,把酒瓶摇一摇再挂向腰间,平心静气地想一会什么,便走下一个五六十米去。还有一个捕鸟的汉子,那岁月园中人少,鸟却多,他在西北角的树丛中拉一张网,鸟撞在上面,羽毛戗在网眼里便不能自拔。他单等一种过去很多而现在非常罕见的鸟,其他的鸟撞在网上他就把它们摘下来放掉,他说已经有好多年没等到那种罕见的鸟,他说他再等一年看看到底还有没有那种鸟,结果他又等了好多年。早晨和傍晚,在这园子里可以看见一个中年女工程师;早晨她从北向南穿过这园子去上班,傍晚她从南向北穿过这园子回家。事实上我并不了解她的职业或者学历,但我以为她必是学理工的知识分子,别样的人很难有她那般的素朴并优雅。当她在园子穿行的时刻,四周的树林也仿佛更加幽静,清淡的日光中竟似有悠远的琴声,比如说是那曲《献给艾丽丝》才好。我没有见过她的丈夫,没有见过那个幸运的男人是什么样子,我想象过却想象不出,后来忽然懂了想象不出才好,那个男人最好不要出现。她走出北门回家去。我竟有点担心,担心她会落入厨房,不过,也许她在厨房里劳作的情景更有另外的美吧,当然不能再是《献给艾丽丝》,是个什么曲子呢?还有一个人,是我的朋友,他是个最有天赋的长跑家,但他被埋没了。他因为在"文革"中出言不慎而坐了几年牢,出来后好不容易找了个拉板车的工作,样样待遇都不能与别人平等,苦闷极了便练习长跑。那时他总来这园子里跑,我用手表为他计时。他每跑一圈向我招下手,我就记下一个时间。每次他要环绕这园子跑二十圈,大约两万米。他盼望以他的长跑成绩来获得政治上真正的解放,他以为记者的镜头和文字可以帮他做到这一点。第一年他在春节环城赛上跑了第十五名,他看见前十名的照片都挂在了长安街的新闻橱窗里,于是有了信心。第二年他跑了第四名,可是新闻橱窗里只挂了前三名的照片,他没灰心。第三年他跑了第七名,橱窗里挂前六名的照片,他有点怨自己。第四年他跑了第三名,橱窗里却只挂了第一名的照片。第五年他跑了第一名——他几乎绝望了,橱窗里只有一幅环城赛群众场面的照片。那些年我们俩常一起在这园子里呆到天黑,开怀痛骂,骂完沉默着回家,分手时再互相叮嘱:先别去死,再试着活一活看。他已经不跑了,年岁太大了,跑不了那么快了。最后一次参加环城赛,他以三十八岁之龄又得了第一名并破了纪录,有一位专业队的教练对他说:"我要是十年前发现你就好了。"他苦笑一下什么也没说,只在傍晚又来这园中找到我,把这事平静地向我叙说一遍。不见他已有好几年了,他和妻子和儿子住在很远的地方。

　　这些人都不到园子里来了,园子里差不多完全换了一批新人。十五年前的旧人,就剩我和那对老夫老妻了。有那么一段时间,这老夫老妻中的一个也忽然不来,薄暮时分唯男人独自来散步,步态也明显迟缓了许多,我悬心了很久,怕是那女人出了什么事。幸好过了一个冬天那女人又来了,两个人仍是逆时针绕着园子走,一长一短两个身影恰似钟表的两支指针;女人的头发白了许多,但依旧攀着丈夫的胳膊走得像个孩子。"攀"这个字用得不恰当了,或许可以用"搀"吧,不知有没有兼具这两个意思的字。

五

我也没有忘记一个孩子——一个漂亮而不幸的小姑娘。十五年前的那个下午,我第一次到这园子里来就看见了她,那时她大约三岁,蹲在斋宫西边的小路上捡树上掉落的"小灯笼"。那儿有几棵大梨树,春天开一簇簇细小而稠密的黄花,花落了便结出无数如同三片叶子合抱的小灯笼,小灯笼先是绿色,继而转白,再变黄,成熟了掉落得满地都是。小灯笼精巧得令人爱惜,成年人也不免捡了一个还要捡一个。小姑娘咿咿呀呀地跟自己说着话,一边捡小灯笼;她的嗓音很好,不是她那个年龄所常有的那般尖细,而是很圆润甚或是厚重,也许是因为那个下午园子里太安静了。我奇怪这么小的孩子怎么一个人跑来这园子里?我问她住在哪儿?她随便指一下,就喊她的哥哥,沿墙根一带的茂草之中便站起一个七八岁的男孩,朝我望望,看我不像坏人便对他的妹妹说:"我在这儿呢",又伏下身去,他在捉什么虫子。他捉到螳螂,蚂蚱,知了和蜻蜓,来取悦他的妹妹。有那么两三年,我经常在那几棵大梨树下见到他们,兄妹俩总是在一起玩,玩得和睦融洽,都渐渐长大了些。之后有很多年没见到他们。我想他们都在学校里吧,小姑娘也到了上学的年龄,必是告别了孩提时光,没有很多机会来这儿玩了。这事很正常,没理由太搁在心上,若不是有一年我又在园中见到他们,肯定就会慢慢把他们忘记。

那是个礼拜日的上午。那是个晴朗而令人心碎的上午,时隔多年,我竟发现那个漂亮的小姑娘原来是个弱智的孩子。我摇着车到那几棵大梨树下去,恰又是遍地落满了小灯笼的季节;当时我正为一篇小说的结尾所苦,既不知为什么要给它那样一个结尾,又不知何以忽然不想让它有那样一个结尾,于是从家里跑出来,想依靠着园中的镇静,看看是否应该把那篇小说放弃。我刚刚把车停下,就见前面不远处有几个人在戏耍一个少女,作出怪样子来吓她,又喊又笑地追逐她拦截她,少女在几棵大树间惊惶地东跑西躲,却不松手揪卷在怀里的裙裾,两条腿袒露着也似毫无察觉。我看出少女的智力是有些缺陷,却还没看出她是谁。我正要驱车上前为少女解围,就见远处飞快地骑车来了个小伙子,于是那几个戏耍少女的家伙望风而逃。小伙子把自行车支在少女近旁,怒目望着那几个四散逃窜的家伙,一声不吭喘着粗气。脸色如暴雨前的天空一样一会比一会苍白。这时我认出了他们,小伙子和少女就是当年那对小兄妹。我几乎是在心里惊叫了一声,或者是哀号。世上的事常常使上帝的居心变得可疑。小伙子向他的妹妹走去。少女松开了手,裙裾随之垂落了下来,很多很多她捡的小灯笼便洒落了一地,铺散在她脚下。她仍然算得漂亮,但双眸迟滞没有光彩。她呆呆地望着那群跑散的家伙,望着极目之处的空寂,凭她的智力绝不可能把这个世界想明白吧?大树下,破碎的阳光星星点点,风把遍地的小灯笼吹得滚动,仿佛喑哑地响着无数小铃铛。哥哥把妹妹扶上自行车后座,带着她无言地回家去了。

无言是对的。要是上帝把漂亮和弱智这两样东西都给了这个小姑娘,就只有无言和回家去是对的。

谁又能把这世界想个明白呢?世上的很多事是不堪说的。你可以抱怨上帝何以要降诸多苦难给这人间,你也可以为消灭种种苦难而奋斗,并为此享有崇高与骄傲,但只要你再多想一步你就会坠入深深的迷茫了:假如世界上没有了苦难,世界还能够存在么?要是没有愚钝,机智还有什么光荣呢?要是没了丑陋,漂亮又怎么维系自己的幸运?要是没有了恶劣和卑下,善良与高尚又将如何界定自己又如何成为美德呢?要是没有了残疾,健全会否因其司空见惯而变得腻烦和乏味呢?我常梦想着在人间彻底消灭残疾,但可以相信,那时将由患病者代替残疾人去承担同样的苦难。如果能够把疾病也全数消灭,那么这份苦难又将由(比如说)相貌丑陋的人去承担了。就算我们连丑陋,连愚昧和卑鄙和一切我们所不喜欢的事物和行为,也都可以统统消灭掉,所有的人都一味健康、漂亮、聪慧、高尚,结果会怎样呢?怕是人间的剧目就全要收场了,一个失去差别的世界将是一条死水,是一块没有感觉没有肥力的沙漠。

看来差别永远是要有的。看来就只好接受苦难——人类的全部剧目需要它,存在的本身需要它。看来上帝又一次对了。

于是就有一个最令人绝望的结论等在这里:由谁去充任那些苦难的角色?又有谁去体现这世间的幸福,骄傲和快乐?只好听凭偶然,是没有道理好讲的。

就命运而言,休论公道。

那么,一切不幸命运的救赎之路在哪里呢?设若智慧的悟性可以引领我们去找到救赎之路,难道所有的人都能够获得这样的智慧和悟性吗?

我常以为是丑女造就了美人。我常以为是愚氓举出了智者。我常以为是懦夫衬照了英雄。我常以为是众生度化了佛祖。

(选自《史铁生作品全编第6卷　散文随笔》,人民文学出版社2017年版。略有改动。)

[注释]

[1] 地坛:又称方泽坛,是古都北京五坛中的第二大坛。地坛位于北京市东城区安定门外大街,占地37.4公顷。公园始建于明代嘉靖九年(1530),是明清两朝帝王祭祀"皇地祇神"的场所,也是中国现存的最大的祭地之坛。

[2] 坍圮(tān pǐ):倒塌,坍塌。

[3] 亘(gèn)古:终古,由古代到现代。

[4] 灼(zhuó)烈:鲜明而热烈。这儿形容气味浓烈。

[5] 熨帖:妥帖舒服。

[6] 猝(cù)然:陡然地,让人感到意外。

[7] 心神恍惚:恍惚,神志不清,精神不集中。形容精神不集中或神志不清楚。

[赏析]

史铁生通过"我"的独白式叙述,将自己与地坛的交往过程娓娓道来,仿佛是自我生命的回顾与反思。尽管带有深沉的痛苦,叙述却显得平静且超然,没有过多的激烈情绪,这种自省使得作品既有真实感,也带有一种淡淡的悲悯情怀。作品中通过对地坛的描写,表现了人与自然的深刻连接。地坛是一个充满历史和文化底蕴的地方,也是自然和人类历史交织的场所。在那里,史铁生感受到自然的辽阔与宁静,他与自然景象(如松树、古石、日光等)产生了深刻的共鸣,由此产生出对于生命与命运的深刻思考。

情真之美。"情者文之经"(《文心雕龙》),最动人心者莫先乎情。"夫缀文者情动而辞发,观文者披文以入情"(《文心雕龙》),本篇文章洋溢着情真之美。失去双腿的沮丧与绝望之情,母亲心系孩子的殷殷之情,失去母亲后的无限懊悔,对母亲的深深思念,对地坛公园里充满生机的各类生物的细致观察与思考等等,都真挚而动人。

细节里的美。文章里有几处细致生动的景物描写,细腻入微,生动形象,融思考于景物描写,蕴哲理于思考,极富启发意义。

语言风格优美、朴实且富有诗意,字里行间带有淡淡的忧伤与哲理之美。作者用简洁的文字营造出地坛的安静氛围,使读者仿佛置身于古老、神秘的园林之中。地坛景物的描写如树影、夕阳、古墙等,都被赋予了生命的象征意义。史铁生通过简洁的文字和含蓄的意象,创造出一种静谧、深邃的氛围,使作品具有了极强的艺术感染力。

[选评]

[1] 当代·韩少功《追忆史铁生,再读〈我与地坛〉》:"我以为1991年的小说即使只有他一篇《我与地坛》,也完全可以说是丰年。"

[2] 当代·曹文轩《曹文轩评史铁生:写作是他生存方式重要构成》:"《我与地坛》像是与整个人类精神的对话与探寻,字字句句昭示'生命偶然,但不能轻视'主题,那些同期作品也揭示了'人生是一个经受磨难的过程'。"

[作业]

[1] 找一找文章中的几处细节描写,分析其在文章中的意义。
[2] 作者对命运作了怎样的思考?

瓦尔登湖（节选）

梭 罗

[题解]

亨利·戴维·梭罗（Henry David Thoreau,1817—1862），出生于马萨诸塞州的康科德，美国作家，一位自然主义者，废奴运动支持者。毕业于哈佛大学，有政论、游记、散文等作品，散文代表作《瓦尔登湖》。

瓦尔登湖（Walden Pond），一个湖泊，位于美国马萨诸塞州康科德附近，面积约25万平方米。美国作家梭罗独居瓦尔登湖畔两年多，记录了他的见闻与思考，形成了散文集《瓦尔登湖》，表达了作者对自然、人类的思考。

湖

瓦尔登湖的景色属于卑微之列，虽然很美，却还不够宏伟壮丽，对于那些不常去游玩的人或不在湖边住的人不具有什么吸引力。但是这一个湖以深邃和清澈著称，值得详细描写。这是一个既清又深的碧潭，长半英里，周长约1又3/4英里，面积约61英亩半。它是松树和橡树林中央常年清冽的老湖，除了雨水和蒸发之外，并没有明显的出入口。四周的山峰突然地从水上拔地而起，高度达到40英尺至80英尺，但在东南面高到100英尺，而东边更高到150英尺，都位于方圆1/4英里及1/3英里的范围内。山上覆盖的全都是森林。整个我们康科德地方的水波至少呈现出两种颜色，一种是站在远处看到的，另一种更接近本来的颜色，是站在近处看见的。第一种更多地取决于光线，根据天空的颜色而变化。在夏季晴朗的天气里，从稍远的地方望去，水呈现出蔚蓝色，特别在水波荡漾的时候，但从很远的地方望去，却是一片深蓝。在暴风雨的天气里，水有时呈现出深石板色。然而据说海水的颜色有时是蓝色的，有时又是绿色的，尽管天气却没有发生任何可感知的变化。

当白雪覆盖这一片风景时,我看到我们这里的水系中,水和冰几乎都是碧绿色的。有人认为,蓝色"乃是纯净的水的颜色,无论水是液态还是固态"。可是,直接从船上俯瞰近处的湖水,水的颜色又非常之不同。甚至从同一个视点看过去,瓦尔登湖是一会儿是蓝色,一会儿是绿色。湖横亘于天地之间,所以这两种颜色兼而有之。从山顶上眺望,它倒映出天空的颜色,可是走近了看,在你能看到近岸的细砂的地方,湖水却是淡黄色,接着便呈现出淡绿色,然后逐渐地加深起来,直到湖的中间部分全部呈现出单一的深绿色。在某种光线的照射下,即便是从山顶上望去,靠近湖岸的呈现出的碧绿水色也是生动异常。有人说,这是绿原的反射;可是在铁路轨道这儿的黄沙地带的衬托下,也同样是碧绿的,而且,在春天,树叶还没有展开的时候亦是如此,湖水的颜色也许是太空中的蔚蓝和黄沙经过调和以后的效果。这是它的湖水虹膜的颜色。正是在这一个地方,春天一来,湖底反射上来的太阳的热量让冰雪开始增温,这里首先溶解成一条狭窄的河道的样子,湖中央的冻冰仍未化开。在晴朗的天气里,像这里其他的河湖激湍地流动时,波平面正好和天空形成 90 度直角的反射,或者因为太多的光线混合在湖水中,从较远处望去,湖水呈现出比天空更蓝的颜色;而在这种时候,我泛舟湖上,四处眺望倒影反射,我发现了一种无可比拟、难以描述的淡蓝色,像波纹丝绸或闪光丝绸以及青锋宝剑让人产生的联想,比天空本身还更接近天蓝色,它和波光另一面原来的深绿色轮番地闪现,那深绿色与之相比似乎显得更浑浊。

这是一个透明的蓝中带绿的颜色,在我的印象中,它仿佛是冬天里太阳落山之前,云缝隙中露出的一角晴天。可是你用玻璃杯举起一杯水拿到亮处看,它却如同装了一杯空气一样毫无颜色。众所周知,一大块厚玻璃板便呈现了微绿的颜色,据制造玻璃的人说,那是因为玻璃"体积"的关系,而很小一块同样的玻璃就不会有颜色。瓦尔登湖需要有多少的水量才能泛出这样的绿色呢,我从来都没有验证过。这里的水色在我们直接朝下望着时候看到的是黑色,或深棕色,一个人到河水中游泳,如同所有的湖一样,河水会给他染上一种黄颜色;但是这个湖水却是这样的清澈透明,游泳者身体呈现出大理石一样的白色,而更为奇怪的是,在这水中四肢给放大、扭曲了，呈现出一种非常夸张的形态，很值得让米开朗琪罗来做一番研究。

　　水是如此的透明，25英尺至30英尺以下的水底都可以很容易地看清楚。在湖上泛舟，你可以看到在水面许多英尺的下方有成群的鲈鱼和银鱼，大约只一英寸长，然而很容易由横行的花纹将前者区分出来，你会认为这种鱼也是为了逃离红尘，才到这里来生存的。有一次，在许多年前的一个冬天里，为了钓几条狗鱼，我在冰上挖了几个洞。上岸之后，我把一柄斧头向后扔在冰上，可是好像有什么魔鬼故意要开玩笑似的，斧头在冰上滑过了四五杆远，直接掉进了一个窟窿中，那里的水深25英尺。出于好奇，我趴在冰上往那窟窿里望，终于看到了那柄斧头，它偏在一侧，头向下直立着，斧柄竖直向上，随着湖水的荡漾轻轻摇摆；如果不是我打断它，它可能就会这样一直立下去，直到木柄腐烂为止。我用带来凿冰的凿子在斧头的正上方凿了一个洞，又用刀子割下了我看到的附近最长的一条赤杨树枝，做了一个活结的套绳，绑在树枝的一头，小心地放下去，套住了斧柄凸出的地方，然后用赤杨枝旁边的绳子一拉，这样又把那柄斧头吊上来了。

　　湖岸是由一长溜像铺路石那样的光滑的白卵石铺就的；除一两处短短的沙滩之外。湖岸陡立着，许多地方只要纵身一跃便可以跳到一个人深的水中；要不是湖水出奇的明净，你绝不可能看到这个湖的水底，只看到它在对岸又升起来。有人认为它深得没有底。它没有一处是浑浊的，漫不经心的观察者或许还会说，它里面连一根水草也没有；至于可以见到的植物，除了最近给上涨了的水淹没的，严格来说并不属于这个湖的草地以外，就是仔细观察也不会发现菖蒲和芦苇，甚至没有水莲花，不管是黄色的还是白色的，有的只是一些心形叶子和河蓼草，也许还有一两根眼子菜；然而，除了游泳者之外不可能看到它们；这些水草明亮而清澈，也像它们生长于其中的水一样。卵石伸展入水中只有一二杆远，再远点，水底已是纯净的细沙，只有最深的部分通常有一点沉积物，或许是多少个秋天以来，落叶被刮到湖上腐朽以后形成的；另外还有一些光亮的绿色水苔，甚至在深冬时节也会随着铁锚而被拔上来。

我们还有另一个这样的湖，白湖，位于偏西两英里半处的九亩角那里；在以这里为中心的方圆12英里的半径之内，虽然还有许多的湖沼是我熟悉的，我却找不出第三个湖有这样纯洁得如泉水般的特性。大约历来有许多民族都饮用过这湖水，赞美它并测量过它的深度，而后他们渐渐地都消逝了，湖水却依然像当初那样澄清、碧绿。没有一个春天间断过！说不定远在亚当和夏娃被逐出伊甸乐园的那个春天的早晨，瓦尔登湖就已经存在了，甚至在那个时候，伴随着轻雾和一阵阵的南风，一阵柔和的春雨飘洒下来，湖面荡起了层层涟漪，数不清的野鸭和天鹅在湖上游弋，它们对被逐出乐园这回事一无所知，这片纯粹的湖水足够让他们心满意足啦。甚至就在那时，它已经开始涨潮，落潮，让水色纯清，还染上了它现在所有的色泽，并且得到了天堂的特许，成为了世界上独一无二的瓦尔登湖，它是天上露珠的蒸馏器。谁知道在多少篇已被人忘记的民族文学中，这个湖曾被誉为灵感之泉呢？而在黄金时代里，又有多少山林水泽的精灵曾在这里居住？这是在康科德的冠冕上的一颗明珠。

然而，也许第一批来到这个湖边的人留下过他们的一些足迹。我曾经很惊异地发现，沿湖周边，甚至在一片被砍伐了浓密的森林的岸上，在一条绕湖一匝狭窄的小径上，这些足迹一会儿上升，一忽儿下降，一会儿靠近湖，一忽儿又远离了，它大概和生活于此的人类同样悠久，是土著的猎者用脚步走出来的，现在这片土地上世世代代的居住者仍然不知不觉地用脚踩踏着。冬天站在湖中央看得更加清楚，特别在下了一阵小雪之后，山路看上去就成了一条连绵起伏的波浪线，没有被败草和枯枝掩蔽，许多地方在1/4英里以外还能看得十分清楚，但在夏天里，便是走近去看，也是看不出来。似乎是雪花用清晰的白色的浮雕又重新把它刻印出来了。将来有一天，人们会在这里建造一些别墅，装饰的庭院或许还能保留它的一些残迹。

湖水时涨时落，但是否有规律，又遵循怎样的周期，没人知道，虽然有不少人照常要不懂装懂。通常情况下冬天的水位要高些，夏天的低些，但水位与天气的潮湿干燥却没有关系。我还记得与我住在湖畔时相比，何时水低了一两英尺，何时又至少涨高了5英尺。有一个狭长的沙洲延伸到湖中,它的一侧是深水,距离主岸大约6杆,那大约是1942年,我曾在沙洲上煮开过一锅杂烩,可是一连25年都无法再去那里煮东西了;另一方面,当我告诉我的朋友们说,几年之后,我会经常在森林中的那个僻静的山坳里垂钓,在距离他们现在看得见的湖岸约15杆的地方驾一叶扁舟,现在那里早已成为一片草地了,他们听后常常露出不相信的神情。可是,这两年来湖的水位一直在涨高,现在,1852年的夏天,比我在那儿居住的时候已经高出5英尺,与30年前的高度相当,又可以在那片草地上垂钓了。从表面上看,水位已涨了六七英尺,但是实际上只有很少的水量从周围的山上流下来,湖水涨溢一定是由于影响它深处的泉源造成的。同一个夏天,湖水又开始下降了。值得注意的是,不管这种涨落有否周期,却需要好几年的时间才能够完成。我曾观察到一次涨和两次部分地退,我估计在12或15年后,水位又要降落到我曾经见过的地方。位于偏东一英里的弗林特湖有泉水注入和流出,是激荡涨落的,而其间一些较小的湖沼都与瓦尔登湖同升降,最近也涨到了它们的最高的水位。根据我的观察所及,白湖的情况也是如此。

瓦尔登湖这种间隔很久的涨落至少有这样一个用途:湖水保持在最高的水位一年左右,尽管对沿湖步行造成一些困难,但自从上次涨水以来,沿湖生长的灌木和苍松、白桦、桤木、白杨等树木都给冲刷掉了,所以等到水位下降时,就留下一片干净的湖岸;与其他的湖沼和每天水位涨落的河流不同,它的湖岸在水位最低时反而最干净。在我屋边的湖岸上,一排15英尺高的油松被水淹死了,仿佛被杠杆掀倒了似的,这样阻止了湖岸被它们侵占;那树木的大小正好说明了上次水位上涨到这个高度迄今有了多少年。湖用这样的涨落方式维护着它拥有湖岸的权利,这样一来,湖岸被刮干净了,树木不能凭着所有权来侵占它。湖用舌头这样舔着,胡子便生长不出来。湖不时地要舔舔它的嘴唇。当湖水涨得最高时,桤木、柳树和枫树从它们淹在水里的树干四周伸出来大量纤维质的红根须,长达数英尺,最高距地面有三四英尺,想试图通过这样来保存自己。我还发现了那些在岸边高处的乌饭树,它通常是不结果实的,但在这种情况下却长出了许多。

有些人对湖岸为什么会铺砌得这样整齐而百思不得其解。我的老乡们都听到过一个传说,最年长的人告诉我这是在他们年轻的时候听来的:在古时候,正当印第安人在一个小山上举行狂欢庆典,山峰高耸入云,就像瓦尔登湖现在这样深深嵌入地下,据说他们说了许多亵渎神的语言。正当他们这样狂欢的时候,山体摇晃起来,大地突然间沉下去,只留下了一个名叫瓦尔登的老妇人逃掉了,从此这湖便用她的名字来命名。据推测,在山体滑坡时,这些圆石滚了下来,变成了现在的湖岸。但无论如何,可以确定的是,以前这里没有湖,现在却有了一个;这一个印第安传说跟我前面提到过的那一位古代移居者的描述是毫无冲突的,那位移居者十分清楚地记得,当他带着一根魔杖初来乍到时,他看到一种稀薄的雾气从草地上升起,那根魔杖就一直指向下面,于是他决定在这里挖一口井。至于那些石子,很多人认为它们不可能起源于波浪排挤山体;但据我观察,四周的山上有很多同样的石子,人们不得不在最靠近湖的铁路两侧用石头筑起墙垣;而且在湖岸越陡峭的地方,石子越多。所以,不幸的是,这对于我不再是神秘而不可思议了。我猜出了铺砌的人。如果这个湖名不是源自英国地名——例如,萨福隆瓦尔登——那么,我想瓦尔登湖原来的名字可能是叫作"围而得"湖。

这个湖是我的一口现成的井。一年有 4 个月湖水都是冰冷的,正如它永远纯净;我认为,这时候它就算不是乡镇上最好的水,至少也不比其他任何地方的水差。在冬天里,露天的水总比那些保暖的泉水和井水来得更冷。从下午 5 点直到第二天即 1846 年 3 月 6 日正午,在我待着的房间内,寒暑表温度上升至华氏 65 度,这某方面是因为太阳照在我的屋顶上,而放在这房子里的湖水,温度只 42 度,比起从村中最冷的一口井里当场汲取的井水还低了一度。同一天内,沸泉瓦尔登湖西面的一道泉水。温度是 45 度,那是我测试过的在各种水中最最温暖的了,然而到了夏天沸泉的水又成了最寒冷的水——当浅层表露的水并没有混杂在其中时。在夏天里,瓦尔登湖也不同于一般暴露在阳光底下的水那么温暖,那是因为它的水很深。在最炎热的天气里,我时常汲一桶水放在地窖里面。水一到夜间变凉了,就一整天都清凉,不过有时我也用附近的一处泉水。湖水过了一个星期的时间还像刚汲出来的一样好,并且没有抽水机的味道。谁要在夏天到湖边去露营一星期,只要在营帐的阴凉处几英尺深的地方埋下一桶水,他就不需要依赖藏冰这种奢侈品了。

在瓦尔登湖中曾捉到过狗鱼,有一条重 7 磅,还有一条狗鱼用非常快的速度把绕线轮上的钓丝拉走了,渔夫因为没有看到它,保守估计它有 8 磅重;此外,还捉到过鲈鱼和大头鱼,有的重两磅以上,还有银鱼和鳊鱼才对。

这些鱼都非常结实,重量比仅从体积上看起来要重得多。银鱼、大头鱼,还有鲈鱼,在这个湖中的所有的水族,确实都比一般的河里和多数的湖沼中的鱼类更加清洁、漂亮、结实,因为这里的湖水更纯净,这些鱼可以很容易地被区别出来。也许,鱼类学家可以用它们培育出一些新品种来。这里还有干净的青蛙和乌龟,少数的贻贝;麝香鼠和貂鼠也在湖的周围留下过它们的足迹;偶尔还有泥海龟旅行经过此地。有时,当我早晨把我的船推离湖岸时,会把一只夜里躲在船底下的大甲鱼给搅动得不得安生。春秋两季,野鸭和天鹅常来,白腹燕子整个夏天都在铺满石头的湖岸摇摇摆摆。我有时惊起了湖面一只坐在白松枝头上的鱼鹰。但我怀疑这里曾经有海鸥飞过,就像它们曾飞到过费尔港那样。湖至多每年允许来一只潜水鸟。常到湖这里来的飞禽走兽现在已全都在这里了。

在风平浪静的天气里,在靠近东边的水岸附近,水深 8 英尺或 10 英尺的地方,坐在船上或在湖的其他地方,你可以看到水底有一堆堆圆形的东西,高约 1 英尺,直径约 6 英尺,堆的是比鸡蛋略小一点的一些圆石,圆石周围则全是黄沙。起初,你会猜测这些圆石是否那些印第安人为了某种目的而在冰上堆积起来的,等到冰融化后它们就沉到湖底了;但是,那石头堆砌得还是太规则化了,而且有些圆石像是刚刚砌成的。它们和河流中见到那些很相似。但这里既没有胭脂鱼,又没有八目鳗,我不知道它是哪一些鱼堆起来的。也许它是银鱼的巢穴。这给湖底带来了一种神秘的愉悦感。

湖岸极不规则,毫无单调之感。在我的记忆中,西岸多是犬牙交错的深水湾,北岸更为陡峭,而那美丽的呈扇贝形的南岸,一个岬角接着另一个岬角,使人感到岬角之间一定还有人迹未到的小湾。湖水边缘是挺拔的群山,从湖中心望去,那些森林的背景格外悦目,别具一格。因为倒映在湖水中的森林不仅形成了最美的前景,而且那弯弯曲曲的湖岸,恰给森林形成了一道最自然而又最愉悦的边界线。这儿完全没有生硬的或者缺陷的感觉,不像斧头砍伐出一个林中空地,或者在湖边垦殖出来的耕地。树木都有充分的空间在湖边扩展,每一棵树都把强有力的枝条伸向这个方向。大自然在这编织了一幅很自然的织锦,视线可以从沿岸最低的矮树一直延伸到最高的树木上去。这里看不到多少人工的痕迹。湖水像一千年前那样冲洗着湖岸。

湖是风景中最美、最富有表情的姿容。它是大地的眼睛;观看它的人也可以衡量出自己天性的深度。湖边的树木是眼睛边上细长的睫毛,而四周青翠蓊郁的群山和山崖则是眼睛上浓密突出的眉毛。

在9月一个平静的下午,站在湖东端的平坦的沙滩上,薄雾使对岸的岸线一片模糊,那使我对"玻璃似的湖面"这句话的意思有所了解。当你倒转身子看湖时,湖像一条穿过山谷的最精细的薄纱,在远处松林的衬托下闪闪发光,把大气的一层和另一层分隔开了。你会觉得你可以从湖底下走到对面的山上去,而身体不会被弄湿,那些从水面掠过的燕子也可以在湖面上停留。的确,有时它们潜入到水平线以下,似乎是被迷惑了,继而便醒悟过来。当你从湖上向西望去的时候,你必须要用两手来保护你的眼睛,以免受到太阳光线和从水面上反射过来太阳光线的照射,两者同样刺眼;如果,这时你能够在这两种太阳光之间严格地审视湖面,它确实是"波平如镜"了,其时有一些在水面上滑行的水黾等距离地分散在整个湖面上,在阳光照耀下,它们在湖上发出了能想象得到的最精美的闪光来,或许,还有一只鸭子在整理它自己的羽毛,还有就是我已经说过的,一只燕子低掠过水面,似乎要碰到了水。或者,在远处,有一条鱼在距离水面大约三四英尺的空中画出一个圆弧来,它跃起时像一道闪光,落入水中时又一道闪光,有时,展现出整个银色的圆弧;但这里或那里,湖面有时会漂着一枝蓟草,惹得鱼儿向它一跃,水上便又激起水涡。

这像是融化了的玻璃已经冷却下来,但是还没有完全凝结,而其中连少数微粒也非常纯洁、美丽，像玻璃中的细眼。你还时常还能够发现一片更平滑、颜色更深的水，好像有一张看不见的蜘蛛网把它同其余的隔开似的，成了躺在湖面休息的水妖的栅栏。从山顶俯瞰，你几乎能看到任何地方跃起的鱼；在这样平滑的湖面上，任何一条小狗鱼或银鱼在捕捉一个虫子时，便会破坏全湖的平静的。这么简简单单的一件事，却可以显现得如此精巧，真是奇妙——这水族界的谋杀案会暴露出来——我站在远远的高处，看到了那水的扩展出来的圆涡，它们的直径有五六杆长。甚至你还可以看到水蜻不停地在平滑的水面滑了 1/4 英里；它们在水面上微微地犁出了一条皱痕，分出两条界线，其间有着很明显的漪澜；而水黾在水面上滑行时却不留下显明的可见痕迹。在湖水激荡的时候，便看不到水黾和水蜻了，只在风平浪静的时候，它们才离开它们的安居之所，探险似的从湖岸的一面开始，用一次又一次的短距离滑行冲刺，直到它们滑过全湖。

这真是一件让人愉快的事。在秋天一个晴朗的天气中，你充分地享受了太阳的温暖，坐在这样一个高高的树桩上俯瞰湖的全景，欣赏那一圈圈的水涡，那些圆涡一刻不停地映现在天空和树木的倒影中间的水面上，除非有这些水涡，否则是看不到水面的。在这样一片广阔的水面上，即便是有一点儿扰动，也立刻柔和平息下来，复归于平静，就好像晃动一瓶水时，那些颤动的水波向岸边扩散，之后立刻又平静下来了。一条鱼跃出水面，一个虫子掉落到湖上，都这样用一个个圆涡，用美丽的线条来表达，仿佛那是湖中泉水经常的喷涌，是它生命的轻轻的搏动，它的胸膛的呼吸起伏。到底是欢乐的颤抖，还是痛苦的战栗都难以分辨。湖的现象是多么的和平啊！人类的工作又像在春天里一样地发光了。是啊，每一片树叶、一条枝丫、一个石子和一张蜘蛛网都在下午茶时闪耀发光，一如它们在春天的早晨披上露水时那样。每一次划桨或每一只虫子的动作都能发出一道闪光来，船桨激水，又能引出多么美好的回音啊！

在这样的一个日子里，9 月或者 10 月，瓦尔登湖是一面十全十美的林中明镜，它四面用石子镶边，在我看来，它们珍贵如同稀世奇珍。没有什么能像这一个躺在大地表面的湖沼这样美，这样纯洁，同时又这样大。水天一色！它不需要一个围栏。民族来去更迭都不能玷污它。这一面明镜，石子不能打碎它，它的水银永远不能磨损，它的外表的装饰，大自然不断地加以修补；任何风暴，任何尘垢，都不能使它常新的表面黯淡无光——这一面镜子，任何不洁的东西如果落在它表面，都会马上沉淀，太阳用雾蒙蒙的刷子常常拂拭它——这是光的拭尘布，在这面镜子上呵气，也留不下一点痕迹，它会把呵气生发到空中成了云，飘浮在镜面之上，又反映在湖水的怀中。

这片湖水也显示着空中精灵的影子。它不断从上空接受新的生命和新的动作。湖就其本性来说是大地和天空之间的媒介物。在大地上，只有草木是如波浪般起伏的，但是湖水本身就能随风荡漾。我可以从一线波纹或一片闪光上，看到微风从湖面掠过。我们能俯视湖面，真是妙不可言。也许我们还能像这样俯瞰天空的表面，并留意看看是不是有一种更精妙的精灵从它上面掠过。

到了 10 月份下旬，水黾和水蜢终于销声匿迹了，这时严霜已经到来了；然后到了 11 月，在一个好天气里，通常也看不见任何东西在水面上激起涟漪。11 月的一个下午，一连下了几天的暴雨终于平息下来了，但天空仍然是阴沉沉，雾蒙蒙的，我注意到湖水是出奇的平静，因此简直就分辨不出它的表面来了，虽然它不再反映出 10 月份的鲜明色彩，却反映出了四周小山 11 月份的沉郁颜色。尽管我尽可能地轻轻地泛舟湖上，但船尾激起的微波还一直扩展到我的视野之外，湖上的倒影被揉起一道道棱线。可是，当我望向水面，我远远地看到有一处处微弱的闪光，仿佛一些躲过了严霜的水黾又在那里集合了，或许是湖的平面太平静了，因此不知不觉在水面觉察到水底涌起的泉源。我轻轻地划桨到了其中的一处地方，才惊奇地发现四周有成千上万的小鲈鱼，都只 5 英寸长；绿水中现出浓艳的青铜色，它们在那里嬉戏着，经常浮到水面上来，在水面激起一些小小的水涡，有时还在上面留一些小小的水泡。在这样纯净透明的、似乎无底的、倒映着云彩的水中，我仿佛坐了气球飘浮在空中，鲈鱼的游泳给我的一种盘旋、飞翔的印象，仿佛它们是密密麻麻的一群飞鸟，就在我所在的高度上左右萦绕；它们的鳍像帆一样饱满地扬起。在这个湖中有许多这样的水族,显然它们要在冬天降下冰幕、遮去它们的天光之前,好好地把这个短暂的季节享受一番。有时候那被它们激荡的水波,好像有一阵微风吹过,或者像有一阵温和的小雨点落下。

等到我漫不经心地向它们靠近,把它们吓得惊慌失措,尾巴横扫,哗啦一响,激起一阵水花,好像有人用一根蓬松的树枝抽打水面似的,它们立刻都躲到深水底下去了。后来,风吹得紧了,雾也变得浓重,水波开始拍岸,鲈鱼比以前跳跃得更高,半条甚至已跃出水面,成百个黑点,都有3英寸长,都露在湖面上。有一年,一直到12月5日,我还看到湖面上有些水涡,我以为一场大雨即将到来,空中弥漫着雾,我急急忙忙地坐在划桨的座位上,向家中划去。虽然我并不觉得有雨点打在我的面颊上,但是雨点似乎已经越来越大了,其时我已经做好全身湿透的准备。可是突然间,水涡全部消失了,原来这都是鲈鱼搅出来的,我的桨声终于把它们吓退到深水中去,我看到它们成群结队逐渐退隐。这天下午我全身一直是干燥的。

一个老头儿,大约在60年前常来湖边,当时周围的森林浓荫蔽日。他告诉我,在他那个时代,他有时看见湖上全是鸭子和别的水禽,还有许多老鹰在上空盘旋。他是到这里来钓鱼的,用的是他在岸上找到的一条古老的独木舟。这是两根白松,把中间挖空后用钉子钉在一起做成的,两端都削成四方形。独木舟很粗糙,不过用了很多年,直到全部浸满了水,也许已沉到湖底去了。他不知道这船是属于谁的;或可以说是属于湖的。他常常用一条条山核桃树皮缚在一起做成锚索。另外一个老人,是一个陶器工,在革命以前住在湖边,有一次告诉过他,在湖底下有一只大铁箱,并声称还曾亲眼看到过。这个铁箱有时候会漂到岸上来,可是等你走近它的时候,它就又回到深水,销声匿迹了。听到那有关独木舟的那些话,我感到十分有趣,这条独木舟取代了另外一条印第安独木舟,用的是同样的材料,可是造得雅致得多。原先大概是岸上的一棵树,后来似乎倒在湖中,在那儿漂荡了一个世代,成为了这个湖上再适当不过的游船。我记得我第一次往一片湖水的深处凝望时,模模糊糊看到有很多大树干沉在湖底,可能是以前让大风给摧折的,或者便是经砍伐之后便停放在冰上没有运走，因为那时候木料的价格相当便宜；可是如今，这些树干大部分都不见了。

  我初次泛舟瓦尔登湖上时，它的四周完全给浓密而高大的松树和橡树围绕着，在一些小湾中，葡萄藤爬过了湖边的树，形成一个个凉亭，船只可以从下面通过。构成湖岸的那些山太陡峭，山上的树木又非常高，所以从西端往下望，这里宛若一个圆形剧场，水上可以演出一些舞台剧。我年轻的时候就曾在那儿消磨时光，在湖上随着微风飘荡。我先把船划到湖心，而后仰面靠在座位上，在一个夏天的上午，半梦半醒，直到船撞在沙滩上把我惊醒，我这才欠起身来，看看命运把我推送到哪一个岸边来了；那些日子里，无所事事是最诱惑人的事业，它的产量也是最丰富的。许多个上午我都是这样偷闲地度过了。我宁愿把一天之中最宝贵的时光这样挥霍掉；因为我是富有的，虽然这话与金钱无关，我却富有阳光灿烂的时光以及夏令的日子，我任意地挥霍；我并没有把更多的时光浪费在工场中或教师的讲台上，对此我丝毫不感到后悔。但是自从我离开这湖岸之后，砍伐木材的人开始在这里滥砍滥伐起来了。从此要有许多年人们都不可能在林间的小路上徜徉了，不可能从森林中窥见湖水了。我的缪斯女神如果沉默不语，那也是情有可原的。当鸟儿栖息的林木已被砍伐，你怎能希望它们歌唱呢？

  如今，湖底的树干，古老的独木舟，还有四周黑黝黝的林木，都消失了，村民对这个湖在什么地方一无所知，他们不是跑到这湖上来游泳或喝水，而是想用一根管子来把这些湖水引到村中去给他们洗碗洗碟子！——他们想靠转动一个开关，拔起一个塞子就得到瓦尔登的湖水！这恶魔似的铁马，那刺耳欲聋的嘶叫声音已经让全乡镇都听得到了，它已经用肮脏的脚步把沸泉的水弄脏了，正是它把瓦尔登湖岸上的树木吞噬个精光；这特洛伊木马，肚子里藏着一千个人，全是那些唯利是图的希腊人引进来的！去哪里找这个国家的武士穆尔大厅的穆尔人英国民谣中杀死一条龙的英雄？你何不去"深壑"与铁马交战，把复仇的投枪刺入这傲慢无礼的瘟神的肋骨之间？

  然而，据我们知道的一些角色中，也许只有瓦尔登湖是最经得起考验的,同时也是最持久保存它的纯洁。许多人曾经被譬喻为瓦尔登湖,但只有少数几个人能当之无愧。虽然伐木的人先后把湖岸这一片和那一片的林木砍光了,爱尔兰人也已经在湖边建造起了他们的猪圈,铁路线已经侵入了它的边界,卖冰的人已从湖面取过一次冰,湖本身依然没有变化,还是我在年轻时代所见的那片湖水;变化的是我。它虽然有那么多的涟漪,却并没有留下一条永久的皱纹。它青春永驻,我还可以站在那儿看到一只飞燕猛然扑下,从水面衔走一条小虫,和从前一样。今晚,这感情又来萦绕着我,仿佛20多年来我几乎并没有天天见到它一样——啊,这是瓦尔登,还是我许多年之前发现的那个林中湖泊;就在这儿,去年冬天被砍伐了一片森林,而另一座林子又开始在湖边依旧欣欣向荣地生长;同样的思潮,跟当初一样又涌上了湖面;还是同样幸福欢乐的流水,内在的喜悦,创造者的喜悦,是的,对我来说可能也是如此。这湖肯定是一个勇敢者的杰作,在它身上毫无一丝一毫的虚伪!他用手将这一泓湖水围了起来,在自己的思想中使其深化、澄清,并在他的遗嘱中,把它传给了康科德。我从它的湖面上又看到了同样的倒影,我几乎要说,瓦尔登湖,是你吗?

  这不是我的梦,
  去装饰一行诗;
  再没有别的地方,
  比瓦尔登湖能让我更接近上帝与天堂。
  我是它的圆石的湖岸,
  是拂过湖面的风;
  在我的掌心,
  是它的水,它的沙;
  而它的最深邃胜地,
  高卧于我的思想中。
  ……

[赏析]

  本文表达了与大自然亲密相处的欢欣,生命在大自然中的舒展。作者首先描绘了湖的颜色之美,从不同的角度看它,呈现出不同的颜色,一会儿是碧绿,一会儿是蓝色,一会儿是淡黄色,有时浅绿,有时深绿。接着写湖水之清澈、透明,"25 英尺至 30 英尺以下的水底都可以很容易地看清楚",作者的斧头掉进了 25 英尺深的水里依然清晰可见。还写到湖水的潮涨潮落,美丽的湖岸,湖水的美丽传说等。字里行间透露出对大自然的热爱之情,与大自然和谐共处的宁静与欢欣。

梭罗在《瓦尔登湖》中不仅表达了对自然美的热爱,还体现出保护自然的意识。这种对自然的敬畏与保护,与"天人合一"所提倡的"尊重天地,敬畏自然"密切相关。他提到人类的行为不应破坏生态系统,而应保持生态的平衡。梭罗的环境意识也是现代生态思想的雏形,提醒人们珍视自然资源、维护生态完整。这种呼吁不仅关乎人类的生存,也涉及人类与自然之间更广泛的精神联系,是对"天人合一"思想的现代化诠释。

语言纯净生动。写湖水之透明,用"天上露珠的蒸馏器""康科德的冠冕上的一颗明珠"等作比,清新而形象。

《瓦尔登湖》以第一人称的独白形式展开,融入了大量梭罗的哲学思考。这也是本篇作品的显著特色。

[选评]

[1] 美国·爱默生:"我们都记得亨利·梭罗是位天才,性格突出,是我们农夫眼中最有技艺的测量师,而且确实比他们更熟悉森林、草地和树木,但更为熟悉的是本国一位为数不多的优秀作家,而且我深信,他的声誉还没有达到他应该达到的一半。"

[2] 美国·E. B. 怀特:"《瓦尔登湖》是最早一盘充满维生素的菜肴之一。"

[3] 当代·邱勇(清华大学校长):"《瓦尔登湖》是一本使人内心安静的书。"

[作业]

[1] 谈谈瓦尔登湖的颜色有怎样的变化。

[2] 简要分析文章语言的风格。

老人与海(节选)

海明威

[题解]

欧内斯特·米勒·海明威(Ernest Miller Hemingway,1899—1961),出生于美国伊利诺伊州芝加哥市,美国作家,对美国文学影响深远。主要作品有《太阳照常升起》《永别了,武器》《丧钟为谁而鸣》《老人与海》等。

《老人与海》是美国作家海明威的中篇小说,出版于1952年,1953年获得普利策奖,1954年获得诺贝尔文学奖。这篇小说取材一个真实的故事,书中的主人公是海明威在古巴认识的一个渔夫。海,是神秘而又充满威力的大自然的象征,是人类永远无法真正把控的对象。海明威通过一个以捕鱼为生的老人与海之间的故事,揭示了人与大自然之间的关系。人类是大自然的守护者,也是大自然的对抗者。最终,人与自然之间的关系是和谐共生。

一

他是个独自在湾流[1]中一条小船上钓鱼的老人,至今已去了八十四天,一条鱼也没逮住。头四十天里,有个男孩子跟他在一起。可是,过了四十天还没捉到一条鱼,孩子的父母对他说,老人如今准是十足地"倒了血霉",这就是说,倒霉到了极点,于是孩子听从了他们的吩咐,上了另外一条船,头一个礼拜就捕到了三条好鱼。孩子看见老人每天回来时船总是空的,感到很难受,他总是走下岸去,帮老人拿卷起的钓索,或者鱼钩和鱼叉,还有绕在桅杆上的帆。帆上用面粉袋片打了些补丁,收拢后看来像是一面标志着永远失败的旗子。

老人消瘦而憔悴,脖颈上有些很深的皱纹。腮帮上有些褐斑,那是太阳在热带海面上反射的光线所引起的良性皮肤癌变。褐斑从他脸的两侧一直蔓延下去,他的双手常用绳索拉大鱼,留下了刻得很深的伤疤。但是这些伤疤中没有一块是新的。它们像无鱼可打的沙漠中被侵蚀的地方一般古老。他身上的一切都显得古老,除了那双眼睛,它们像海水一般蓝,是愉快而不肯认输的。

"圣地亚哥,"他们俩从小船停泊的地方爬上岸时,孩子对他说,"我又能陪你出海了。我家挣到了一点儿钱。"

老人教会了这孩子捕鱼,孩子爱他。

"不,"老人说,"你遇上了一条交好运的船。跟他们待下去吧。"

"不过你该记得,你有一回八十七天钓不到一条鱼,跟着有三个礼拜,我们每天都逮住了大鱼。"

"我记得,"老人说,"我知道你不是因为没把握才离开我的。"

"是爸爸叫我走的。我是孩子,不能不听从他。"

"我明白,"老人说,"这是理该如此的。"

"他没多大的信心。"

"是啊,"老人说,"可是我们有。可不是吗?"

"对,"孩子说,"我请你到露台饭店去喝杯啤酒,然后一起把打鱼的家什带回去。"

"那敢情好,"老人说,"都是打鱼人嘛。"

他们坐在饭店的露台上,不少渔夫拿老人开玩笑,老人并不生气。另外一些上了些年纪的渔夫望着他,感到难受。不过他们并不流露出来,只是斯文地谈起海流,谈起他们把钓索送到海面下有多深,天气一贯多么好,谈起他们的见闻。当天打鱼得手的渔夫都已回来,把大马林鱼剖开,整片儿排在两块木板上,每块木板的一端由两个人抬着,摇摇晃晃地送到收鱼站,在那里等冷藏车来把它们运往哈瓦那的市场。逮到鲨鱼的人们已把它们送到海湾另一边的鲨鱼加工厂去,吊在复合滑车上,除去肝脏,割掉鱼鳍,剥去外皮,把鱼肉切成一条条,以备腌制。

刮东风的时候,鲨鱼加工厂隔着海湾送来一股气味;但今天只有淡淡的一丝,因为风转向了北方,后来逐渐平息了。

饭店露台上可人心意、阳光明媚。

"圣地亚哥。"孩子说。

"哦。"老人说。他正握着酒杯,思量好多年前的事儿。

"要我去弄点沙丁鱼来给你明天用吗?"

"不。打棒球去吧。我划船还行,罗赫略会给我撒网的。"

"我很想去。即使不能陪你钓鱼,我也很想给你多少做点事。"

"你请我喝了杯啤酒,"老人说,"你已经是个大人啦。"

"你头一回带我上船,我有多大?"

"五岁,那天我把一条鲜蹦活跳的鱼拖上船去,它差一点把船撞得粉碎,你也差一点给送了命。还记得吗?"

"我记得鱼尾巴砰砰地拍打着,船上的座板给打断了,还有棍子打鱼的声音。我记得你把我朝船头猛推,那儿搁着湿漉漉的钓索卷儿,我感到整条船在颤抖,听到你啪啪地用棍子打鱼的声音,像有砍一棵树,还记得我浑身上下都是甜丝丝的血腥味儿。"

"你当真记得那回事儿,还是我不久前刚跟你说过?"

"打从我们头一回一起出海时起,什么事儿我都记得清清楚楚。"

老人用他那双常遭日晒而目光坚定的眼睛爱怜地望着他。

"如果你是我自己的小子,我准会带你出去闯一下,"他说,"可你是你爸爸和你妈妈的小子,你搭的又是一条交上了好运的船。"

"我去弄沙丁鱼来好吗?我还知道上哪儿去弄四条鱼饵来。"

"我今天还有自个儿剩下的。我把它们放在匣子里腌了。"

"让我给你弄四条新鲜的来吧。"

"一条。"老人说。他的希望和信心从没消失过。现在可又像微风初起时那么清新了。

"两条。"孩子说。

"就两条吧。"老人同意了,"你不是去偷的吧?"

"我愿意去偷,"孩子说,"不过这些是买来的。"

"谢谢你了。"老人说。他心地单纯,不去捉摸自己什么时候达到这样谦卑的地步。可是他知道这时正达到了这地步,知道这并不丢脸,所以也无损于真正的自尊心。

"看这海流,明儿会是个好日子。"他说。

"你打算上哪儿?"孩子问。

"驶到远方,等转了风才回来。我想天亮前就出发。"

"我要想法叫船主人也驶到远方,"孩子说,"这样,如果你确实钓到了大鱼,我们可以赶去帮你的忙。"

"他可不会愿意驶到很远的地方。"

"是啊,"孩子说。"不过我会看见一些他看不见的东西,比如说有只鸟儿在空中盘旋,我就会叫他赶去追鲯鳅的。"

"他眼睛这么不行吗?"

"简直是个瞎子。"

"这可怪了,"老人说,"他从没捕过海龟。这玩意才伤眼睛哪。"

"你可在莫斯基托海岸外捕了好多年海龟,你的眼力还是挺好的嘛。"

"我是个不同寻常的老头儿。"

"不过你现在还有力气对付一条真正大的鱼吗?"

"我想还有。再说有不少窍门可用呢。"

"我们把家什拿回家去吧,"孩子说,"这样我可以拿了渔网去逮沙丁鱼。"

他们从船上拿起打鱼的家什。老人把桅杆扛上肩头,孩子拿着内放编得很紧密的褐色钓索卷儿的木箱、鱼钩和带杆子的鱼叉。盛鱼饵的匣子给藏在小船的船艄下面,那儿还有那根在大鱼被拖到船边时用来收服它们的棍子,谁也不会来偷老人的东西,不过还是把桅杆和那些粗钓索带回家去的好,因为露水对这些东西不利,再说,尽管老人深信当地不会有人来偷他的东西,但他认为,把一把鱼钩和一支鱼叉留在船上实在是不必要的引诱。

他们顺着大路一起走到老人的窝棚,从敞开的门走进去。

二

他不多久就睡熟了,梦见小时候见到的非洲,长长的金色海滩和白色海滩,白得刺眼,还有高耸的海岬和褐色的大山。他如今每天夜里都神游那道海岸,在梦中听见拍岸海浪的隆隆声,看见土人驾船穿浪而行。他睡着时闻到甲板上柏油和填絮的气味,还闻到早晨陆地上刮来的微风带来的非洲气息。

通常一闻到陆地上刮来的微风,他就醒来,穿上衣服去叫醒那男孩。然而今夜陆地上刮来的微风的气息来得很早,他在梦中知道时间尚早,就继续把梦做下去,看见群岛间那些白色浪峰从海面上升起,随后梦见了加那利群岛的各个港湾和锚泊地。

他不再梦见风暴,不再梦见妇女们,不再梦见发生过的大事,不再梦见大鱼,不再梦见打架,不再梦见角力,不再梦见他的妻子。他如今只梦见某些地方和海滩上的狮子。它们在暮色中像小猫一般嬉耍着,他爱它们,如同爱这男孩一样。他从没梦见过这男孩。他就这么醒过来,望望敞开的门外边的月亮,摊开长裤穿上。他在窝棚外撒了尿,然后顺着大路走去叫醒男孩。他被清晨的寒气弄得直哆嗦。但他知道哆嗦了一阵后会感到暖和,要不了多久就要去划船了。

男孩住的那所房子的门没有上锁,他推开门,光着脚悄悄走进去。男孩在外间一张帆布床上熟睡着,老人靠着外面射进来的残月的光线,清楚地看见他。他轻轻握住男孩的一只脚,直到男孩醒来,转过脸来对他望着。老人点点头,男孩从床边椅子上拿起他的长裤,坐在床沿上穿裤子。

老人走出门去,男孩跟在他背后。他还是昏昏欲睡,老人伸出胳臂搂住他的肩膀说:"对不起。"

"哪里,"男孩说,"男子汉就该这么干。"

他们顺着大路朝老人的窝棚走去,一路上,有些光着脚的男人在黑暗中走动,扛着他们船上的桅杆。

他们走进老人的窝棚,男孩拿起装在篮子里的钓索卷儿,还有鱼叉和鱼钩,老人把绕着帆的桅杆扛在肩上。

"我们把家什放在船里,然后喝一点吧。"

他们在一家清早就营业的供应渔夫的小吃馆里,喝着盛在炼乳听里的咖啡。

"你睡得怎么样,老大爷?"男孩问。他如今清醒过来了,尽管要他完全摆脱睡魔还不大容易。

"睡得很好,马诺林,"老人说,"我感到今天挺有把握。"

"我也这样,"男孩说,"现在我该去拿你我用的沙丁鱼,还有给你的新鲜鱼饵。那条船上的家什总是他自己拿的。他从来不要别人帮他拿东西。"

"我们可不同,"老人说,"你还只五岁时我就让你帮忙拿东西来着。"

"我记得,"男孩说,"我马上回来。再要杯咖啡吧。我们在这儿可以挂账。"

他走了,光着脚在珊瑚石砌的走道上向保藏鱼饵的冷藏所走去。

老人慢腾腾地喝着咖啡。这是他今儿一整天的饮食,他知道应该把它喝了。好久以来,吃饭使他感到厌烦,因此从来不带午饭。他在小帆船的船头上放着一瓶水,一整天只需要这个就够了。

男孩这时带着沙丁鱼和两份包在报纸里的鱼饵回来了,他们就顺着小径走向小帆船,感到脚下的沙地里嵌着鹅卵石,他们抬起小帆船,让它溜进水里。

"祝你好运,老大爷。"

"祝你好运。"老人说。他把桨上的绳圈套在桨座的钉子上,身子朝前冲,抵消桨片在水中所遇到的阻力,在黑暗中动手划出港去。其他那些海滩上也有其他船只在出海,老人听到他们的桨落水和划动的声音,尽管此刻月亮已掉到了山背后,他还看不清他们。

偶尔有条船上有人在说话。但是除了桨声外,大多数船只都寂静无声。它们一出港口就分散开来,每一条驶向指望能找到鱼的那片海面。老人知道自己要驶向远方,所以把陆地的气息抛在后方,划进海洋上清晨的清新气息中。他划到海里的某一片水域,看见果囊马尾藻闪出的磷光,渔夫们管这片水域叫"大井",因为那儿水深突然达到七百英寸,海流冲击在海底深渊的峭壁上,激起了旋涡,种种鱼儿都聚集在那儿。这里集中着海虾和可作鱼饵的小鱼,在那些深不可测的水底洞穴里,有时还有成群的柔鱼,它们在夜间浮到紧靠海面的地方,所有在那儿漫游的鱼类都拿它们当食物。

老人在黑暗中感觉到早晨在来临,他划着划着,听见飞鱼出水时的颤抖声，还有它们在黑暗中凌空飞走时挺直的翅膀所发出的咝咝声。他非常喜爱飞鱼，因为它们是他在海洋上的主要朋友。他替鸟儿伤心，尤其是那些柔弱的黑色小燕鸥，它们始终在飞翔，在找食，但几乎从没找到过，于是他想，鸟儿的生活过得比我们的还要艰难，除了那些猛禽和强有力的大鸟。既然海洋这样残暴，为什么像这些海燕那样的鸟儿生来就如此柔弱和纤巧？海洋是仁慈并十分美丽的。然而她能变得这样残暴，又是来得这样突然，而这些飞翔的鸟儿，从空中落下觅食，发出细微的哀鸣，却生来就柔弱得不适宜在海上生活。

他每想到海洋，老是称她为 la mar，这是人们对海洋抱着好感时用西班牙语对她的称呼。有时候，对海洋抱着好感的人们也说她的坏话，不过说起来总是拿她当女性看待的。有些较年轻的渔夫，用浮标当钓索上的浮子，并且在把鲨鱼肝卖了好多钱后置备了汽艇，都管海洋叫 elmar，这是表示男性的说法。他们提起她时，拿她当作一个竞争者或一个去处，甚至当作一个敌人。可是这老人总是拿海洋当作女性，她给人或者不愿给人莫大的恩惠，如果她干出了任性或缺德的事儿来，那是因为她由不得自己。月亮对她起着影响，如同对一个女人那样，他想。

他平稳地划着，对他说来并不费劲，因为他好好保持在自己的最高速度以内，而且除了水流偶尔打个旋儿以外，海面是平坦无浪的。他正让海流帮他干三分之一的活儿，这时天渐渐亮了，他发现自己已经划到比预期此刻能达到的地方更远了。

我在这海底的深渊上转悠了一个礼拜，可是一无作为。他想。今天，我要找到那些鲣鱼和长鳍金枪鱼群在什么地方，说不定会有条大鱼跟它们在一起。

不等天色大亮，他就放出一个个鱼饵，让船随着海流漂去。有个鱼饵下沉到四十英寸的深处。第二个在七十五英寸的深处，第三个和第四个分别在一百英寸和一百二十五英寸深的蓝色海水中。每个由新鲜沙丁鱼做的鱼饵都是头朝下的，钓钩的钩身穿进小鱼的身子，给扎好，缝牢，因此钓钩的所有突出部分，弯钩和尖端，都给包在鱼肉里。每条沙丁鱼都用钓钩穿过双眼，这样鱼的身子在突出的钢钩上构成了半个环形。钓钩上就没有哪一部分不会叫一条大鱼觉得喷香而美味的。

男孩给了他两条新鲜的小金枪鱼,或者叫作长鳍金枪鱼,它们正像铅锤般挂在那两根最深的钓索上,在另外两根上,他挂上一条蓝色大鱼和一条黄色金银鱼,它们已被使用过,但依然完好,而且还有出色的沙丁鱼给它们添上香味和吸引力。每根钓索都像一支大铅笔那么粗,一端给缠在一根青皮钓竿上,这样,只要鱼在鱼饵上一拉或一碰,就能使钓竿下垂,而每根钓索有两个四十英寸长的卷儿,它们可以牢系在其他备用的卷儿上,这一来,如果用得着的话,一条鱼可以拉出三百多英寸长的钓索。

这时老人察看着那三根挑出在小帆船一边的钓竿有没有动静,一边缓缓地划着,使钓索保持上下笔直,停留在适当的水底深处。天相当亮了,太阳随时会升起来。

淡淡的太阳从海上升起,老人看见其他的船只,低低地挨着水面,离海岸不远,和海流的方向垂直地展开着。跟着太阳越发明亮了,耀眼的阳光射在水面上,随后太阳从地平线上完全升起,平坦的海面把阳光反射到他眼睛里,使眼睛剧烈地刺痛,因此他不朝太阳看,顾自划着。他俯视水中,注视着那几根一直下垂到黑魆魆[2]的深水里的钓索。他把钓索垂得比任何人更直,这样,在黑魆魆的湾流深处的几个不同的深度,都会有一个鱼饵刚好在他所指望的地方等待着在那儿游动的鱼来吃。别的渔夫让钓索随着海流漂动,有时候钓索在六十英寸的深处,他们却自以为在一百英寸的深处呢。

不过,他想,我总是把它们精确地放在适当的地方的。问题只在于我的运气就此不好了。可是谁说得准呢?说不定今天就转运。每一天都是一个新的日子。走运当然更好。不过我情愿做到分毫不差。这样,运气来的时候,你就有所准备了。

两小时过去了,太阳如今相应地升得更高了,他朝东望时不再感到那么刺眼了。眼前只看得见三条船,它们显得特别低矮,远在近岸的海面上。

我这一辈子,初升的太阳老是刺痛我的眼睛,他想。然而眼睛还是好好的。傍晚时分,我可以直望着太阳,不会有眼前发黑的感觉。阳光的力量在傍晚要强一些。不过在早上它叫人感到眼痛。

就在这时,他看见一只黑色的长翅膀军舰鸟在他前方的天空中盘旋飞翔。它倏地斜着后掠的双翅俯冲,然后又盘旋起来。

"它逮住什么东西了,"老人说出声来,"它不光是找找罢了。"

他慢慢划着,直朝鸟儿盘旋的地方划去。他并不着急,让那些钓索保持着上下笔直的位置。不过他还是挨近了一点儿海流,这样,他依然在用正确的方式捕鱼,尽管他的速度要比他不打算利用鸟儿来指路时来得快。

军舰鸟在空中飞得高些了,又盘旋起来,双翅纹丝不动。它随即猛然俯冲下来,老人看见飞鱼从海里跃出,在海面上拼命地掠去。

"鲯鳅。"[3]老人说出声来,"大鲯鳅。"

他把双桨从桨架上取下,从船头下面拿出一根细钓丝。钓丝上系着一段铁丝导线和一只中号钓钩,他拿一条沙丁鱼挂在上面。他把钓丝从船舷放下水去,将上端紧系在船艄一只拳头螺栓上。跟着他在另一根钓丝上安上鱼饵,把它盘绕着搁在船头的阴影里。他又划起船来,注视着那只此刻正在水面上低低地飞掠的长翅膀黑鸟。

他看着看着,那鸟儿又朝下冲,为了俯冲,把翅膀朝后掠,然后猛地展开,追踪着飞鱼,可是没有成效。老人看见那些大鲯鳅追随在脱逃的鱼后面,把海面弄得微微隆起。鲯鳅在飞掠的鱼下面破水而行,只等飞鱼一掉下,就飞快地钻进水里。这群鲯鳅真大啊,他想。它们分布得很广,飞鱼很少脱逃的机会。那只鸟可没有成功的机会。飞鱼对它来说个头太大了,而且又飞得太快。

他看着飞鱼一再地从海里冒出来,看着那只鸟儿的一无效果的行动。那群鱼从我附近逃走啦,他想。它们逃得太快,游得太远啦。不过说不定我能逮住一条掉队的,说不定我想望的大鱼就在它们周围转悠着。我的大鱼总该在某处地方啊。

陆地上空的云块这时像山冈般耸立着,海岸只剩下一长条绿色的线,背后是些灰青色的小山。海水此刻呈深蓝色,深得简直发紫了。他仔细俯视着海水,只见深蓝色的水中穿梭地闪出点点红色的浮游生物,阳光这时在水中变幻出奇异的光彩。他注视着那几根钓索,看见它们一直朝下没入水中看不见的地方,他很高兴看到这么多浮游生物,因为这说明有鱼。太阳此刻升得更高了,阳光在水中变幻出奇异的光彩,说明天气晴朗,而陆地上空的云块的形状也说明了这一点。可是那只鸟儿这时几乎看不见了,水面上没什么东西,只有几摊被太阳晒得发白的黄色马尾藻和一只紧靠着船舷浮动的僧帽水母,它那胶质的浮囊呈紫色,具有一定的外形,闪现出虹彩。它倒向一边,然后竖直了身子。它像个大气泡般高高兴兴地浮动着,那些厉害的紫色长触须在水中拖在身后,长达一码。

(节选自《老人与海》,人民文学出版社2013年版。略有改动。)

[注释]

[1]湾流:指墨西哥湾暖流,向东穿过美国佛罗里达州南端和古巴之间的佛罗里达海峡,沿着北美东海岸向东北流动。这股暖流温度比两旁的海水高几度,呈深蓝色,非常壮观,为鱼类群集的地方。本书主人公为古巴首都哈瓦那附近小海港的渔夫,经常驶进湾流捕鱼。

[2]魆(xū):极暗。

[3]鲯鳅:海洋鱼类之一,身体延长而侧扁,前部高大,向后逐渐变细。

[赏析]

《老人与海》主要表达了人与自然之间的关系,自然是人类的家园,但有时候自然又是无情的,带给人类很多灾难,但是,人类没有屈服。人类在与自然的抗衡中认识到自然是人类家园,最终人类与自然是一种和解。书中的主人公圣地亚哥正是这种精神的象征。

桑提亚哥与大海及其中的生物有一种深厚的情感联系。在出海捕鱼时,他把自己视为大海的一部分,称海洋为"la mar"(西班牙语中带有女性温柔之意的"海"),表现出对海洋的亲密感和敬畏感。他不是将自然视作敌人,而是将自己视为自然的一员,与大海中的生物平等相处。这与"天人合一"中的共生观念非常契合。即便在与马林鱼的较量中,他内心仍充满敬意,称它为"兄弟",视其为值得尊重的对手。这种人与自然的共生、尊重与平等,正是"天人合一"理念的一种体现。

在《老人与海》中,桑提亚哥在与马林鱼的长时间搏斗中表现出了身体和意志的高度统一。尽管肉体上极度疲惫,但他的内心始终坚定,表现出强烈的意志力和精神上的宁静。他耐心地忍受疼痛与饥饿,不断调整自己,与马林鱼进行长时间的周旋。这种高度的自我控制和对身体的掌控,使他达到了超越个人痛苦的状态,进入了身心合一的境界。正是这种超越精神,使他与自然达到了某种和谐与平衡,这种和谐正是"天人合一"所追求的目标。

象征性是本文的重要特色。大海、大马林鱼、圣地亚哥构成了作品的整体象征性,揭示了人与自然的关系。

[选评]

[1]美国·福克纳:"时间会显示,这是我们当中任何一个人(我指的是他和我的同时代人)所能写出的最最优秀的单篇作品。"

[2]瑞典·霍尔斯陶穆(瑞典文学院院士):"《老人与海》是一部异常有力、无比简洁的作品,具有一种无可抗拒的美。"

[3]当代·王文《浅议〈老人与海〉的象征意义》:"《老人与海》通过对圣地亚哥这个人物的描写,赞扬了具有顽强意志力、不屈服于失败的人类。"

[4]当代·王小波(赵洪恩主编《品味人生》):"《老人与海》讲了一个老渔夫的故事,但是在这个故事里却揭示了人类共同的命运。我佩服老人的勇气,佩服他不屈不挠的斗争精神,也佩服海明威。"

[作业]

[1]分析这句话,说说自己的见解:"一个人可以被毁灭,但不能被打败。"
[2]分析海明威作品中的硬汉形象。

专题四

旷达人生

《说文解字·日部》曰："旷,明也。"段玉裁《说文解字注》曰："广大之明也。会意兼形声字也。引伸为虚空之称。"达,《古代汉语词典》释为"通",引申为"舒畅",又引申为"豁达,心胸开阔"。"旷"与"达"组合,并不构成并列,而是条件结果关系。"达"由"旷"而来,由广大的光明而来,"此光明"不是太阳的光芒,而是内心的理性之光或智慧之光,它照亮自我,照亮外在,方有豁达开阔的心境。

　　但关键是,此光明由何而来？欲知此,首先要问的是,阻碍我们"豁达"的是什么？孔子云："其未得之也,患得之。既得之,患失之。苟患失之,无所不至矣。"(《论语·阳货》)这句话也适用于我们普通人。老子亦云："得之若惊,失之若惊,是为宠辱若惊。"(《老子》十三章)阻碍我们豁达的是我们以自我为中心、以世俗价值为参照的得失之心。故唯有超越狭隘之我、超越世俗视野,抛却得失之心,才可能拥有豁达的心境,而智慧之光正是破除我们"营营之心"的一把宝剑。

　　此慧光来自"不惑",来自对自我及自我追求的坚定信仰。孔子十五志于学,四十不惑,为社会理想而奋斗,自知、知时、知命,故能困于陈蔡而弦歌不止；庄子追求心灵的绝对自由,与天地精神相往来,故不为生死所困；陶渊明认清自我本性与社会时势,故能宁归田园而固穷；王维追求了悟空性,风花雪月,无不禅声,故不为富贵所拘而大隐于朝廷……

　　此慧光亦来自"阅历"(尤其是苦难阅历)与"时间"。苦难有可能吞噬人,但也有可能让人逐渐繁华落尽而见真淳。经历了"乌台诗案"磨难的苏轼,在黄州时期写了最有名的"一蓑烟雨任平生",我们往往赞其旷达,但他实际上是有情绪的。他晚年的"九死南荒吾不恨,兹游奇绝冠平生",视苦难为奇游,才是真旷达,这是年龄、磨难磨出来的。当然,也有人天性清爽,一切云淡风轻。这是禀赋,可遇而不可求。

　　晚唐司空图《二十四诗品》写"旷达"云："生者百岁,相去几何。欢乐苦短,忧愁实多。何如尊酒,日往烟萝。花覆茅檐,疏雨相过。倒酒既尽,杖藜行过。孰不有古,南山峨峨。"似乎旷达总是与田园山水遁世隐者相关。这其实只是旷达者的一种外相。汪曾祺笔下的闹市闲民,就是个活庄子；余华《活着》中一生苦难的福贵,倒透出了生命的光明与豁朗。旷达,似乎与学识无关、与身份无关、与阶层无关,其外相可能不同,但无得失之心则一。

　　当"旷达"用来形容人生时,那就不仅是一种胸襟,也是一种对人对事的持续行动。由于人的思想与行动常常不能同步,故想拥有"旷达的人生",并非易事。旷达人生,一定是不断修行历练的人生。

《孔子家语》二则

[题解]

《孔子家语》又名《孔氏家语》，或简称《家语》，儒家类著作，是一部记录孔子及孔门弟子思想言行的著作，其记载内容比其他研究孔子的资料更为完整，包括孔子世系、从政、周游、入周考察、问礼老子、与国君问对、与弟子问答、七十二弟子事迹等内容，以及关于礼乐制度、历史自然的论述等，不仅展现出孔子政治家、思想家、教育家、博物学家的精神风貌，也映衬出先秦儒家的整体形象。今传本《孔子家语》共四十四篇，魏王肃（195—256）注。过去多认为是伪书，随着近代简帛文献的出土证明，确信为先秦旧籍，其真实性与文献价值越来越为学术界所重视。

孔子困厄陈、蔡而弦歌不衰，但其弟子子路、子贡都对其"道"产生了动摇。子路怀疑孔子自身仁德、智慧不足，故遭遇此困境；子贡则认为孔子的"道"至大，但曲高和寡，故不为世所容，建议孔子自降标准。唯有颜回对老师的"道"与德、义毫不怀疑，认为孔子的不遇罪在统治者而非孔子自身。

一

楚昭王[1]聘孔子，孔子往拜礼焉，路出于陈、蔡[2]。

陈、蔡大夫相与谋曰："孔子圣贤，其所刺讥皆中诸侯之病。若用于楚，则陈、蔡危矣。"遂使徒兵距[3]孔子。

孔子不得行，绝粮七日，外无所通，藜羹[4]不充，从者皆病。孔子愈慷慨讲诵，弦歌不衰[5]。乃召子路而问焉，曰："《诗》[6]云：'匪兕匪虎[7]，率彼旷野[8]。'吾道非乎，奚为至于此？"

子路愠，作色而对曰："君子无所困。意者夫子未仁与？人之弗吾信也[9]；意者夫子未智与？人之弗吾行也[10]。且由也昔者闻诸夫子：'为善者天报之以福，为不善者天报之以祸。'今夫子积德怀义，行之久矣，奚居之穷也？"

子曰:"由未之识也,吾语汝。汝以仁者为必信也,则伯夷、叔齐不饿死首阳[11];汝以智者为必用也,则王子比干不见剖心[12];汝以忠者为必报也,则关龙逢[13]不见刑;汝以谏者为必听也,则伍子胥不见杀[14]。夫遇不遇者,时也;贤不肖者,才也。君子博学深谋而不遇时者,众矣,何独丘哉?且芝兰生于深林,不以无人而不芳;君子修道立德,不为穷困而败节。为之者,人也;生死者,命也。是以晋重耳[15]之有霸心,生于曹卫[16];越王勾践[17]之有霸心,生于会稽[18]。故居下而无忧者,则思不远;处身而常逸者,则志不广。庸知其终始乎?"

子路出,召子贡,告如子路。子贡曰:"夫子之道至大,故天下莫能容夫子,夫子盍少贬焉?"

子曰:"赐,良农能稼,不必能穑[19];良工能巧,不能为顺[20];君子能修其道,纲而纪之[21],不必其能容。今不修其道而求其容,赐,尔志不广矣,思不远矣。"

子贡出,颜回入,问亦如之。颜回曰:"夫子之道至大,天下莫能容。虽然,夫子推而行之,世不我用,有国者之丑也,夫子何病焉?不容,然后见君子。"

孔子欣然叹曰:"有是哉,颜氏之子!吾亦使尔多财,吾为尔宰[22]。"

二

子路问于孔子曰:"君子亦有忧乎?"

子曰:"无也。君子之修行也,其未得之,则乐其意[23];既得之,又乐其治[24]。是以有终身之乐,无一日之忧。小人则不然,其未得也,患弗得之;既得之,又恐失之。是以有终身之忧,无一日之乐也。"

[注释]

[1] 楚昭王:楚平王之子,名壬,谥昭。

[2] 陈、蔡:春秋时诸侯国名。

[3] 徒兵:步兵。距:同"拒",阻拦。

[4] 藜羹:菜汤。此指粗劣的食物。

[5] 弦歌：以琴瑟伴奏而歌。不衰：不停止。

[6] 诗：指《诗经·小雅·何草不黄》。

[7] 匪兕匪虎：不是野牛不是老虎。

[8] 率彼旷野：来到旷野。率，沿着。王注："率，循也。言非兕虎而循旷野。"循即沿着的意思。

[9] 意者夫子未仁与？人之弗吾信也：王注："言人不使通行而困穷者，岂以吾未智也。"意，想来。

[10] 意者夫子未智与？人之弗吾行也：王注："言人不使通行而困穷者，岂以吾未智也。"

[11] 伯夷、叔齐不饿死首阳：伯夷、叔齐为商朝孤竹国国君的两个儿子，二人都不愿继承王位，先后逃到周国。周武王伐纣灭商，二人耻食周粟，逃到首阳山，采薇而食，饿死山中。

[12] 王子比干不见剖心：比干为殷纣王叔父，他见纣王淫乱，犯颜劝谏，纣怒，剖其心而死。不见，不被。

[13] 关龙逢：关龙逢为夏朝的贤臣，夏桀无道，他极力劝谏，被桀杀害。

[14] 伍子胥：春秋时楚国人，名员。父兄均被楚平王杀害，他逃到吴国。与孙武共佐吴王阖闾伐楚，五战攻入郢都，掘楚平王墓，鞭尸三百。吴王夫差打败越国，越王勾践请和，夫差允诺。伍子胥劝谏不听，被迫自杀。见杀：被杀。

[15] 重耳：春秋时晋献公次子，即春秋五霸的晋文公。

[16] 生于曹卫：王注："重耳，晋文公也。为公子时，出奔，困于曹卫。"生，指困于曹卫而后生，即重新兴盛。

[17] 越王勾践：春秋时越王，也作句践。他被吴王夫差打败后，困于会稽，屈膝求和。其后卧薪尝胆，发愤图强，经过十年，终于灭掉吴国。

[18] 生于会稽：王注："言越王之有霸心，乃坐困于会稽之时也。"

[19] 良农能稼，不必能穑：王注："种之为稼，敛之为穑。言良农能善种之，未必能敛获之也。"穑，收获。

[20] 良工能巧，不能为顺：王注："言良工能巧，不能每顺人意也。"

[21] 纲而纪之：抓住关键来治理。

[22] 宰：王注："宰，主财者也。为汝主财，言志同也。"

[23] 乐其意：为有这种想法而高兴。

[24] 乐其治：为成功而高兴。

[赏析]

陈蔡绝粮,是孔子和弟子们周游列国途中经历最险恶的一次。这不只是一次生命的险遇,也是一次信仰的考验。困厄中,孔子"愈慷慨讲诵,弦歌不衰",可见其对理想的坚定信念及知天命的乐观精神。孔子"三十而立,四十而不惑,五十而知天命"(《论语·为政》),其由博学践行而来的独立思想与人格及任重道远的志士之心,使他不为纷扰外境所困扰,故能"无终食之间违仁,造次必于是,颠沛必如是"(《论语·里仁》),"饭疏食,饮水,曲肱而枕之,乐亦在其中矣"(《论语·述而》)。所以当子路问孔子"君子亦有忧乎",孔子言"无也"。其从容旷达的行为背后正是他"知者不惑,仁者不忧,勇者不惧"(《论语·子罕》)的道德境界。

子路认为"君子无所困",这种对"君子"类似神化的思想反映出他对"道"理解的偏差。孔子曾言"由也升堂矣,未入于室也"(《论语·先进》),诚然如是。人的成功固然需要德、才,但德、才并非唯一条件。作为时、空中的人,必然还要受到时、势的制约,面对不顺的时、势,关键是能否坚守初心,保持正确的知见与光明的心境。子贡虽认为孔子之"道""至大",但其为迎合世俗而屈身降志的认识亦未为正途。子路、子贡在面对外在困境时,其于孔子及其学说的信仰都受到了冲击,唯有颜回真正理解了孔子与其"道","一箪食,一瓢饮,在陋巷,人不堪其忧,回也不改其乐"(《论语·雍也》),此不为外物所役的强大的心之力量,就来源于他对孔子之道的坚信与践行。

"陈蔡绝粮"的经历引发了孔子弟子对"道"与人生穷困、显达的深入思考,在今天依然有启发意义。"君子固穷,小人穷斯滥矣"(《论语·卫灵公》),能在追求理想的人生困境中依然保持旷达、乐观的心胸,必定对自己的理想追求有着坚定的、不惑的信心,而唯有所求理想超越了世俗狭隘的名闻利养,超越了为物质所困的个体小我,此理想追求才能给人以更高远、强大的精神力量,而唯有对社会历史、宇宙自然的领悟,方有知天命的从容不迫、娴雅旷达。

[选评]

[1]《孟子·尽心下》:"孟子曰:君子之厄于陈蔡之间,无上下之交也。"

[2] 当代·钱穆《论语新解》:"子路愠见:此有两解:一是心中愠意见于颜面;一是心怀愠意而来见孔子。子路之愠,盖愠于君子而竟有道穷之,更愠于如孔子之道而竟亦有穷时。此天意之不可测,子路尚未能进于孔子知命之学,故愠。"

[作业]

[1] "夫遇不遇者,时也",你怎么看"遇"与"时"的关系?

[2] 针对子路"君子亦有忧乎"的问题,你将如何作答?

《庄子》五则

[题解]

庄子(前369—约前286),名周,战国时期宋国蒙(一说为今河南商丘民权县,一说为山东东明,一说为安徽省亳州市蒙城县)人。战国中期思想家、哲学家、文学家,道家学派代表人物,与老子并称"老庄"。

庄子在本体论和宇宙论上继承了老子的思想,认为"道"是天地万物的根源,但其言"道"与老子的"道"在内涵上已有很大的不同。一是老子的"道",本体论和宇宙论的意味较浓重,而庄子则将它转化为心灵的境界;二是老子特别强调"道"的"反"的规律,强调"道"的无为、不争、柔弱、处后、谦下等特性以及这些特性在社会活动中的策略性意义,而庄子则全然扬弃了这些概念和策略,他不谈治道,但求与天地精神相往来的超越的精神境界。

一

惠子谓庄子曰:"吾有大树,人谓之樗[1]。其大本拥肿[2]而不中绳墨,其小枝卷曲而不中规矩,立之途,匠者不顾。今子之言大而无用,众所同去[3]也。"庄子曰:"子独不见狸狌[4]乎?卑身而伏,以候敖者[5];东西跳梁[6],不辟[7]高下;中于机辟[8],死于罔罟[9]。今夫斄牛[10],其大若垂天之云。此能为大矣,而不能执鼠。今子有大树,患其无用,何不树之于无何有之乡,广莫之野,彷徨[11]乎无为其侧,逍遥[12]乎寝卧其下。不夭斤斧,物无害者,无所可用,安所困苦哉!"(《庄子·逍遥游》节选)

二

昔者[13]庄周梦为胡蝶,栩栩[14]然胡蝶也,自喻适志与[15]!不知周也。俄然觉,则蘧蘧然[16]周也。不知周之梦为胡蝶与,胡蝶之梦为周与?周与胡蝶,则必有分矣。此之谓"物化"[17]。(《庄子·齐物论》节选)

三

秋水时至,百川灌河,泾流[18]之大,两涘渚崖[19]之间,不辩牛马[20]。于是焉河伯[21]欣然自喜,以天下之美为尽在己;顺流而东行,至于北海,东面而视,不见水端。于是焉河伯始旋[22]其面目,望洋向若[23]而叹曰:"野语[24]有之,曰'闻道百以为莫己若[25]者',我之谓也。且夫我尝闻少仲尼之闻而轻伯夷之义者[26],始吾弗信;今我睹子之难穷[27]也,吾非至于子之门,则殆矣,吾长见笑于大方之家[28]。"

北海若曰:"井鼃[29]不可以语于海者,拘于虚[30]也;夏虫[31]不可以语于冰者,笃[32]于时也;曲士不可以语于道者,束于教[33]也。今尔出于崖涘[34],观于大海,乃知尔丑[35],尔将可与语大理[36]矣。天下之水,莫大于海,万川归之,不知何时止而不盈;尾闾[37]泄之,不知何时已而不虚[38];春秋不变,水旱不知。此其过江河之流,不可为量数。而吾未尝以此自多者,自以比[39]形于天地而受气于阴阳,吾在天地之间,犹小石小木之在大山也,方[40]存乎见少,又奚以自多!计四海之在天地之间也,不似礨空[41]之在大泽乎?计中国之在海内,不似稊米之在大仓乎[42]?号物之数谓之万,人处一焉;人卒[43]九州,谷食之所生[44],舟车之所通[45],人处一焉,此其比万物也,不似毫末[46]之在于马体乎?五帝之所运[47],三王[48]之所争,仁人之所忧,任士[49]之所劳,尽此矣。伯夷辞之以为名,仲尼语之以为博,此其自多也,不似尔向之自多于水乎?"(《庄子·秋水》节选)

四

庄子将死,弟子欲厚葬之。庄子曰:"吾以天地为棺椁,以日月为连璧,星辰为珠玑,万物为赍送[50]。吾葬具岂不备邪?何以加此!"

弟子曰:"吾恐乌鸢之食夫子也。"

庄子曰:"在上为乌鸢食,在下为蝼蚁食,夺彼与此,何其偏也!"

以不平平[51],其平也不平;以不征征,其征也不征。明者唯为之使[52],神者征之。夫明之不胜神也久矣,而愚者恃其所见入于人,其功外[53]也,不亦悲乎!(《庄子·列御寇》节选)

五

庄子妻死,惠子[54]吊之,庄子则方箕踞[55]鼓盆[56]而歌。惠子曰:"与人[57]居,长子[58]、老、身死,不哭亦足矣,又鼓盆而歌,不亦甚乎!"庄子曰:"不然。是其始死也,我独何能无概[59]!然察其始而本无生;非徒无生[60]也,而本无形[61];非徒无形也,而本无气。杂乎芒芴[62]之间,变而有气,气变而有形,形变而有生。今又变而之死,是相与为春秋冬夏四时行也。人且偃然寝于巨室[63],是我噭噭[64]然随而哭之,自以为不通乎命[65],故止也。"(《庄子·至乐》节选)

[注释]

[1] 樗(chū):落叶乔木,木材皮粗质劣。
[2] 拥肿:木瘤盘结。
[3] 去:抛弃。
[4] 狸狌(shēng):"狸",即猫。"狌",同鼬,即鼬鼠,俗名黄鼠狼。
[5] 敖(áo)者:指鸡、鼠之类。
[6] 跳梁:蒋锡昌言:此言狸狌东西跳跃,夺取鸡、鼠之类也。
[7] 不辟:"辟",同"避"。
[8] 机辟:捕兽器。
[9] 罔罟(gǔ):罔,通"网"。罟,网的统称。
[10] 斄(lí)牛:牦牛,体大不灵活。
[11] 彷徨:徘徊,游衍自得。
[12] 逍遥:优游自在。
[13] 昔者:犹"夕者"。王叔岷先生说:"昔者,犹夜者。古谓夜为昔。"
[14] 栩栩:翩翩。形容蝴蝶飞舞的样子。
[15] 自喻适志与:"喻",同"愉"。"适志",快意。
[16] 蘧蘧然:僵直之貌,或僵卧之貌。
[17] 物化:万物的转化。
[18] 泾(jīng)流:直涌的水流。
[19] 两涘(sì):两岸。涘,河岸。渚(zhǔ)崖:小洲的边沿。渚,水中的小块

陆地。

[20] 不辩牛马:形容河面阔大,两岸景物模糊不清。辩,通"辨"。

[21] 河伯:黄河之神。

[22] 旋:改变。

[23] 望洋:联绵词,远视的样子。若:海神,即下文的"北海若"。

[24] 野语:俗语。

[25] 莫己若:即莫若己,没有谁比得上自己。下文的"我之谓也",即谓我也。

[26] 尝闻:曾听说。少:以……为少,贬低。仲尼:即孔子,字仲尼。伯夷:孤竹君之子,他不受君位,不食周粟,饿死在首阳山。一般认为他很有节义。

[27] 子:您。本指北海若,这里借指大海。穷:尽。

[28] 长:长久地。见:被。大方之家:指得大道的人。方,道。

[29] 鼃(wā):同"蛙",两栖动物。

[30] 虚:通"墟",指所居之处。

[31] 夏虫:夏生夏死的昆虫。

[32] 笃(dǔ):专守。可引申为拘限。

[33] 教:指不合大道的俗教、俗学。

[34] 崖涘:代指黄河。

[35] 丑:指思想境界的浅陋。

[36] 大理:大道。

[37] 尾闾:指大海的排水处。

[38] 已:止。虚:指水尽。

[39] 比:借为"庇",寄托。

[40] 方:正。

[41] 礨(lěi)空:石块的小孔穴。

[42] 稊(tí):一种形似稗的草,果实像小米,故称稊米。大仓:大谷仓。大,通"太"。

[43] 卒:借为"萃",聚集。

[44] 所生:生长的地方。

[45] 所通:通行的地方。

[46] 毫末:毫毛的末梢,形容其微不足道。

[47] 五帝:指黄帝、颛顼、帝喾、唐尧、虞舜。所运:五帝所运筹的。

[48] 三王:泛指夏、商、周三代的帝王。

[49] 任士：指以救世为己任的贤能之士。

[50] 赍(jī)送：赠物。本或作"济"。

[51] 以不平平：以不平的方式来平等各物。

[52] 明者唯为之使：自炫已明的被人支使。成玄英说："自炫其明，为物驱使。"

[53] 外：犹"疏"。外、疏互文。

[54] 惠子：惠施。与庄子同时，曾为梁惠王相，他和庄子既是论敌又是朋友。

[55] 方：正在。箕踞：蹲坐，如簸箕形状。

[56] 盆：瓦缶，古时乐器。

[57] 人：指庄子之妻。

[58] 长子：养育子孙。

[59] 概：即"慨"，感触哀伤。

[60] 生：生命。

[61] 形：形骸。

[62] 芒芴：读同"恍惚"。

[63] 偃然：安静地。巨室：天地之间。

[64] 噭噭：哭喊声。

[65] 不通乎命：不懂得生命的运行规律。

[赏析]

《逍遥游》篇，其主旨是说一个人当挣脱功名利禄、权势尊位的束缚，达于无我、无名、无功之境，方臻于优游自在、无挂无碍的绝对自由的"逍遥"境界。"逍遥"，指人超越世俗观念及其价值的限制而达到的最大的精神自由。"游"，更重要的是指精神之游，有时这种精神之游与形体的自然之游是重合的，比如濠梁之乐。

首章起笔描绘一个广大无穷的世界；次写"小知不及大知"，点出"小大之辩"；接着写无功、无名及破除自我中心，而与天地精神往来。第二章借"让天下"写去名去功，借"肩吾问连叔"一段写至人无己的精神境界。篇末借惠施与庄子的对话，说到用大与"无用之用"的意义。庄子所谓的"无用"，是针对世俗价值标准而言的，其所谓"逍遥游"，正是要突破世俗小我的局限而追求宇宙之我的实现，故其"无用"，恰是对世俗追求的否定，而世俗之"无用"正是"道"之"大用"。

《齐物论》篇，其主旨是肯定一切人与物的独特意义内容及价值。在齐物的世界中，万事万物是千姿百态的，但彼此之间并不孤立，而是相互含摄、会通的。庄子提倡齐一万事万物,在他看来,世间万物都是平等的,人与动物是无差别的,正确与错误是无差别的,一切事物都是这样。本篇表现的是庄子对世俗的否定,和对无差别的自由境界的向往。庄子认为,要达到无差别的精神自由之境,就必须超脱世俗观念的束缚,忘掉物我之别,忘掉是非之辩。《齐物论》共有七个主要寓言,分别是南郭子綦隐机而坐、狙公赋芧、尧问于舜、啮缺问于王倪、瞿鹊子问于长梧子、罔两问景及庄周梦蝶。"庄周梦蝶","不知周之梦为胡蝶与,胡蝶之梦为周与",庄周与蝴蝶的界限消除了,人与外物的对立消解了,人与物合一,个体生命与宇宙生命会通,此即达于宇宙之境的逍遥游。

《秋水》篇,其旨在讨论价值判断的无穷相对性。本篇以河伯与海若的对话为主要内容,河伯与海若共七问七答。第一番问答,写河伯的自以为多和海若的未尝自多,由海若描述海的大与天地的无穷,舒展思想的视野。第二番对话,述时空的无穷性与事物变化的不定性,指出认知与确切判断的不易。第三番对话,指出宇宙间有许多事物是"言之所不能论,意之所不能察致"的。第四番对话,进一步申论大小贵贱的无常性。第五番对话,论述要突破主观的局限性与执着性,以开敞的心灵观照万物。第六番对话,指出认识"道",就是认识自然的规律,认识自然的规律,便可明了事物变化的真相。第七番对话,指出顺真性,便是自然("天"),违逆常性便是妄为("人")。

《列御寇》篇,"列御寇",即列子,取篇首三字为篇名。全篇由许多小故事夹着议论组合而成。内容很杂,其间也无内在联系,不过从主要段落看,主要是阐述忘我的思想,人生在世不应炫耀于外,不应求仕求禄,不应追求智巧,不应贪功图报。庄子面对肉体的死亡,无惧无畏,坦然从容,其"以天地为棺椁,以日月为连璧,星辰为珠玑,万物为赍送",不只是批判了儒家崇尚厚葬的思想,更体现了他生死为一的生死观,体现了他返璞归真,不为世相所累,来于自然、复归自然的光风霁月的旷达境界。

《至乐》篇,讨论人生快乐和生死态度的问题。"至乐",至极的快乐。取首句中二字为篇名。"至乐"不是世俗所追求的厚味、美服、好色、音声等养形之具,也不是来自于富贵、长寿、权力所带来的虚幻荣光。"至乐"是人超越了世俗的人间社会,透破了权势尊位、功名利禄,破除成心,达到心灵的虚静和恬淡,与自然亲近无间,顺应阴阳六气之辨,臻于精神的自由境界。而正因为知道真正的快乐为何,故以"道"之眼观,生与死,都是"道"的运行,"生也死之徒,死也生之始"(《知北游》),生死相续相生而为一,故能通达而不为世俗的死亡观念所束缚,无悲无惧,顺应自然。庄子生死如一的观念,并不是对生命的轻视,与今天的轻生自杀绝非同一概念。轻生者,往往觉其生之痛苦,不堪现实压力而选择结束自我的生命,这正是为世俗观念束缚而不能超越世俗小我的结果,而庄子,其实正是要以其对宇宙精神的超越追求,来帮助我们摆脱、化解人间的困苦。由此角度言,庄子旷达的生死观至今仍有其积极的启发意义。

[选评]

[1] 当代·陈鼓应《庄子今注今译》:"《齐物论》篇尾便是一则家喻户晓的'庄周梦蝶'的寓言。这则寓言,正是呼应开篇首段主旨'吾丧我'的。从'吾丧我'到'物化',首尾呼应:'丧我'是破除成心,破除我执,'吾'('真宰''真君')是将自己从封闭心灵中提升出来而以开放的心灵('以明之心')与宇宙万物会通的大我。《庄子》谈'我',不同的语境有不同的意涵,有时指自我中心的个体,有时指社会关系中的存在,有时指参与宇宙大化的我,'庄周梦蝶'承接开篇'吾丧我'之旨,写个体生命在人间世上的适意活动及其'翛然而往,翛然而来'(《大宗师》)融合于宇宙大化流行之中('此谓之物化')。"

[2] 当代·徐复观《中国艺术精神》:"庄周梦为蝴蝶而自己觉得很快意的关键,实际是在'不知周也'一语之上。若庄周梦为蝴蝶而仍然知道自己本来是庄周,则必生计较、计议之心,便很难'自喻适志'。因为'不知周',所以当下的蝴蝶,即是他的一切,别无可资计较计议的前境后境,自亦无所用其计较计议之心,这便会使他'自喻适志与'。这是佛家的真境现前,前后际断的意境。前引的《郭注》'忘先后之所接',正是此义。若梦蝴蝶而仍记得自己是庄周,这是由认识作用而来的时间上的连续。一般的认识过程,常是把认识的对象镶入时间连续之中及空间关系之内,去加以考察。惟有物化后的孤立的知觉,把自己与对象都从时间与空间中切断了,自己与对象自然会冥合而成为主客合一。既然是一,则此外再无所有,所以一即是一切。一即是一切,则一即是圆满具足,便会'自喻适志'。主客冥合为一而自喻适志,此时与环境、与世界,得到大融合,得到大自由,此即庄子之所谓'和',所谓'游'。"

[3] 当代·陈鼓应《庄子浅说》:"庄子认为人的生命是由于气之聚,人的死亡是由于气之散,他这番道理,姑且不论其真实程度,就以他对生死的态度来说,便远在常人之上。他摆脱了鬼神对于人类生死命运的摆布,只把生死视为一种自然的现象;认为生死的过程不过是像四时的运行一样。面对战国中叶以来攻战不息,充满血腥和杀戮的社会现实,庄周在感受到生命脆弱的同时,借助对自然之道的体悟完成了对生死问题的独特解答。如果破除了人类自我中心论的魔障,人其实与万物一样,无所谓贵贱,都要经历生命的过程。人之生也,为气之所聚,人之死也,复归于自然。故生也何欢,死又何哀?"

[4] 唐代·成玄英《庄子疏》:"庄子知生死之不二,达哀乐之为一,是以妻亡不

哭,鼓盆而歌,垂脚箕踞,敖然自乐。"

[1] 如何理解《逍遥游》篇末关于"用"与"无用"的论说?

[2] 庄子的生死观有什么现实意义?

归田赋

张 衡

[题解]

张衡(78—139),字平子,南阳(今河南南阳市)人,我国东汉时期伟大的天文学家、数学家、发明家、地理学家、制图学家、文学家、学者。

张衡的文学作品主要是辞赋和诗。他的散体大赋以《西京赋》《东京赋》最为有名。这两篇赋合称为"二京赋";他的《归田赋》开创了魏晋小赋的先河,对魏晋抒情赋的发展有重要影响;他创作的《四愁诗》对后世七言诗的形成具有重要意义。

《归田赋》作于汉顺帝永和三年(138)。由于深感朝政日非,豪强肆虐,纲纪全失,自己既俟河清乎未期,又无明略以佐时,由此决心"超尘埃以遐逝,与世事乎长辞",以归隐田园表示与黑暗政治的决绝。

游都邑以永久[1],无明略[2]以佐时;徒临川以羡鱼[3],俟河清乎未期[4]。感蔡子之慷慨[5],从唐生以决疑[6]。谅天道之微昧[7],追渔父以同嬉[8]。超埃尘以遐逝[9],与世事乎长辞[10]。

于是仲春令月[11],时和气清,原隰郁茂[12],百草滋荣。王雎[13]鼓翼,鸧鹒[14]哀鸣;交颈颉颃[15],关关嘤嘤。于焉逍遥[16],聊以娱情。

尔乃龙吟方泽[17],虎啸山丘。仰飞纤缴[18],俯钓长流。触矢而毙,贪饵吞钩;落云间之逸禽[19],悬渊沉之鲨鳢[20]。

于时曜灵俄景[21],系以望舒[22]。极般游[23]之至乐,虽日夕而忘劬[24]。感老氏之遗诫[25],将回驾乎蓬庐。弹五弦之妙指[26],咏周、孔之图书[27]。挥翰墨以奋藻[28],陈三皇之轨模[29]。苟纵心于物外,安知荣辱之所如[30]?

[注释]

[1]游:在外做官。都邑:指东汉京都洛阳。永:长。久:滞。言久滞留于京都。

安帝时,张衡被召至京师,任郎中之职,后历任太史令、公车司马令等。

　　[2] 明略:高明谋略。这句意思说自己无明略以匡佐君主。此句为谦辞,也反映出张衡不得志的心情,"归田"想法由此而产生。

　　[3] 徒临川以羡鱼:表明自己空有佐时的愿望。临川:临河。《淮南子·说林训》曰:"临川流而羡鱼,不如归家织网。"徒:空,徒然。羡:愿。

　　[4] 俟:等待。河清:相传黄河一千年清一次,黄河水清是政治清明的标志。此句意思为等待政治清明未可预期。

　　[5] 蔡子:蔡泽,战国时燕国游士。先游于诸侯,不为诸侯所用,后入秦,代范雎为相。慷慨:壮士不得志于心。

　　[6] 唐生:唐举,战国时魏人,善相面。决疑:请人看相以决断对前途命运的疑惑。蔡泽游学诸侯,未发迹时,曾请唐举看相,得到启发,遂发愤入秦,建立了功业。

　　[7] 谅:确实。微昧:幽隐。

　　[8] 渔父:宋洪兴祖《楚辞补注》引王逸《渔父章句序》:"渔父避世隐身,钓鱼江滨,欣然而乐。"嬉:乐。此句表明自己将与渔父嬉于川泽。

　　[9] 超埃尘:即游于尘埃之外。尘埃,比喻纷浊的事务。遐逝:远去。

　　[10] 长辞:永别。由于政治昏乱,世路艰难,自己与时代不合,产生了归田隐居的念头。

　　[11] 仲春令月:春季的第二个月,即农历二月。令月:美好的月份。

　　[12] 原:宽阔平坦之地。隰(xí):低湿之地。郁茂:草木繁盛。

　　[13] 王雎:鸟名,即雎鸠。

　　[14] 鸧鹒(cāng gēng):鸟名,同"仓庚",即黄鹂。

　　[15] 颉颃(xié háng):鸟上下盘旋飞翔貌。

　　[16] 于焉:在这里。逍遥:安闲自得。

　　[17] 尔乃:于是乎。方泽:大泽。这两句言自己从容吟啸于山泽间,类乎龙之在泽,虎之在山,十分畅适。

　　[18] 纤缴(zhuó):指箭。纤:细。缴:射鸟时系在箭上的丝绳。

　　[19] 逸禽:云间高飞的鸟。

　　[20] 鲨鲦(shā liú):一种小鱼,常伏在水底沙上。

　　[21] 曜灵:日。俄:斜。景:同"影"。

　　[22] 系:继。望舒:神话传说中为月亮驾车的仙人,这里代指月亮。

　　[23] 般(pán)游:游乐。般:通"盘"。

　　[24] 虽:虽然。劬(qú):劳苦。

［25］感老氏之遗诫：指《老子》十二章："驰骋畋猎，令人心发狂。"

［26］五弦：五弦琴。指：通"旨"，意趣。

［27］周、孔之图书：周公、孔子著述的典籍。此句写其读书自娱。

［28］翰：毛笔。藻：辞藻。

［29］陈：陈述。轨模：法则。

［30］如：往，到。以上两句说自己纵情物外，脱略形迹，不在乎荣辱得失所带来的结果。

[赏析]

这篇赋在文学史上具有重要地位。它开创了山水田园题材，描述归田隐居之渔钓、盘游、弹琴、读书等生活，以表达作者对抗黑暗现实的愿望和情趣，对后世陶渊明的《归去来辞》，唐代王维、孟浩然的田园诗等创作，都有直接影响，此类题材的书写也成为我国古典文学创作史上的一大类别。同时，它也是汉代第一篇比较成熟的骈体赋。

该赋篇幅短小，情景交融，语言清新自然，寥寥几笔，勾勒出一派欣欣向荣的自然风貌，既表达了对归田生活的向往，也暗寓了对官场龌龊的厌恶。文中多用人们熟悉的历史典故，词句短小、内涵量大，亦不晦涩难懂，故雅致精炼、平易清新，与作品所展示的环境、心境浑然一体。该赋还用了一些叠韵、重复、双关等修辞方法，如"关关嘤嘤""交颈颉颃"，形象描绘了田园隐居的乐趣，带有鲜明的道家色彩。

《后汉书》张衡本传不载其归田事，故赋中所述田居游览弋钓等，为想象之词。

[选评]

［1］李善注《文选》："《归田赋》者，张衡仕不得志，欲归于田，因作此赋。"

［2］袁行霈《中国文学史》：纵观张衡的述志赋，《思玄赋》和《归田赋》尽管表现手法有别，但其精神实质是一致的。赋中写游仙，写归田，这些描写都是用以排遣精神上的苦闷，并不是真的以隐逸为归宿。赋家身在仕途，但却蔑弃功名，不为官场的钩心斗角所困扰，而是向往闲逸，追求人身的自由，这就是《思玄赋》和《归田赋》共同的心理根源。

[作业]

[1] 比较此赋与陶渊明《归去来兮辞》的异同。

[2] 文中言,"追渔父以同嬉"。"渔父",在中国古代文学史上是一个特别的符号,请结合其他诗文谈谈你的看法。

《世说新语》四则

刘义庆

[题解]

《世说新语》又名《世说》,文言志人小说集,南朝宋临川王刘义庆撰,梁刘孝标注,全书分德行、言语、政事、文学等三十六门。《世说新语》的内容主要是记录魏晋名士的逸闻轶事和玄虚清谈,可以说是一部魏晋风流的故事集,从而也起到了名士"教科书"的作用。冯友兰认为,风流是一种人格美,构成真风流有四个条件——玄心、洞见、妙赏、深情,这也是魏晋风流的重要内涵。这里节选《雅量第六》中的四则。雅量,谓度量宏阔,风仪伟长也。

一

嵇中散临刑东市[1],神气不变。索琴弹之,奏广陵散[2]。曲终曰:"袁孝尼尝请学此散,吾靳固不与,广陵散于今绝矣!"《晋阳秋》曰:"初,康与东平吕安亲善。安嫡兄逊,淫安妻徐氏,安欲告逊,遣妻,以咨于康,康喻而抑之。逊内不自安,阴告安挝母,表求徙边。安当徙,诉自理,辞引康。"《文士传》曰:"吕安罹事,康诣狱以明之。钟会庭论康曰:'今皇道开明,四海风靡,边鄙无诡随[3]之民,街巷无异口之议。而康上不臣天子,下不事王侯,轻时傲世,不为物用,无益于今,有败于俗。昔太公诛华士[4],孔子戮少正卯,以其负才、乱群、惑众也。今不诛康,无以清洁王道。'于是录康闭狱。临死,而兄弟亲族咸与共别。康颜色不变,问其兄曰:"向以琴来不邪?"兄曰:"以来。"康取调之,为《太平引》。曲成,叹曰:"《太平引》于今绝也!"太学生三千人上书,请以为师,不许。文王亦寻悔焉。王隐《晋书》曰:"康之下狱,太学生数千人请之。于时豪俊皆随康入狱,悉解喻,一时散遣。康竟与安同诛。"(《雅量》第2)

二

郗太傅在京口,遣门生与王丞相书,求女婿。丞相语郗信:"君往东厢,任意选之。"门生归,白郗曰:"王家诸郎,亦皆可嘉,闻来觅婿,咸自矜持;唯有一郎,在东床上坦腹卧,如不闻。"郗公云:"正此好!"访之,乃是逸少,因嫁女与焉。王氏谱曰:"逸少,羲之小字。羲之妻,太傅郗鉴女,名璿,字子房。"(《雅量》第19)

三

谢太傅盘桓东山时,与孙兴公诸人泛海戏[5]。《中兴书》曰:"安,元居会稽,与支道林、王羲之、许询共游处,出则渔弋山水,入则谈说属文,未尝有处世意也。"风起浪涌,孙、王诸人色并遽,便唱使还。太傅神情方王,吟啸不言。舟人以公貌闲意说,犹去不止。既风转急、浪猛,诸人皆喧动不坐。公徐云:"如此,将无[6]归!"众人即承响而回。于是审其量,足以镇安朝野。(《雅量》第28)

四

谢公与人围棋,俄而谢玄淮上信至。看书竟,默然无言,徐向局[7]。客问淮上利害,答曰:"小儿辈大破贼。"意色举止,不异于常[8]。《续晋阳秋》曰:"初,苻坚南寇,京师大震。谢安无惧色,方命驾出墅,与兄子玄围棋。夜还乃处分,少日皆办。破贼又无喜容。其高量如此。"《谢车骑传》曰:"氐贼苻坚,倾国大出,众号百万。朝廷遣诸军距之,凡八万。坚进屯寿阳,玄为前锋都督,与从弟琰等选精锐决战。射伤坚,俘获数万计,得伪辇及云母车,宝器山积,锦罽万端,牛、马、驴、骡驼十万头匹。"(《雅量》第35)

[注释]

[1] 东市:洛阳牛马市也。
[2]《御览》五七九引《灵异志》:嵇中散神情高迈,任心游憩,尝行西南出,去洛数

十里,有亭名华阳,投宿,夜了无人,独在亭中。此亭由来杀人,宿者多凶。至一更中,操琴先作诸弄,而闻空中称善声。中散抚琴而呼之曰:"君何以不来?"此人便去云:"身是古人,幽没于此数千年矣。闻君弹琴,音曲清和,故来听耳;而就终残毁,不宜以接侍君子。"向夜,仿佛渐见以手持其头,遂与中散共论声音,其辞清辨。谓中散:"君试过琴。"于是中散以琴授之。既弹,悉作众曲,亦不出常,唯广陵散绝伦。中散才从受之,半夕,悉得。与中散誓:"不得教他人,又不得言其姓也。"

[3]《诗·大雅·民劳》:"无纵诡随,以谨无良。"《毛传》:"诡随,诡人之善,随人之恶者。"

[4] 韩非《外储说》:太公望东封于齐,齐东海上有居士曰狂矞(yù)、华士昆弟二人者,立议曰:"吾不臣天子,不友诸侯,耕作而食之,掘井而饮之,吾无求于人也。无上之名,无君之禄,不事仕而事力。"太公望至于营丘,使吏执而杀之,以为首诛。

[5] 戏:指清谈。

[6] 将无:发语词,与"得无"意近,皆表示测度而意思偏于肯定之词语。但将无除用于事实测度外,又可用于委婉之提议。

[7] 向局:向棋局也。

[8]《晋书·谢安传》:得驿书,还内,过户限,心喜甚,不觉屐齿之折。其矫情镇物如此。与《世说》稍异。

[赏析]

江户诗僧大沼枕山云:"一种风流吾最爱,六朝人物晚唐诗。"六朝风流,是文化史上绽放的光耀千秋的生命之花;而集中展现六朝人物风流的,则莫过于《世说新语》,鲁迅视之为"名士底教科书"。冯友兰认为"风流是名士的主要表现",但名士有真有假,"王孝伯言,名士不必须奇才,但使常得无事,痛饮酒,熟读《离骚》,便可称名士"(《世说新语·任诞》),这是假名士。而真名士呢?冯友兰言,真风流的人,必有玄心、洞见、妙赏、深情。这四者是四而实一。这里看"玄心"。何谓"玄心"?玄心是玄远之心,是超越之心,表现于外,思想上颖悟,性格上旷达、真率,行为上追求脱俗。汤用彤先生言:魏晋名士宅心玄远,重神理而遗形骸,以神形分殊为立足点。学贵自然,行尚放达,一切学行均由此演出。虽然各人求高远超脱之行径有所不同,而忘筌之致,名士间实际上没有差别。这是与两汉重视儒家修齐治平之传统思想不同的人生追求,是在魏晋玄学的大背景下出现的。魏晋玄学,是中国魏晋时期出现的一种崇尚老庄的思潮。汉末天下大乱,正统的儒家信仰出现严重的危机,当时士人注重《老子》《庄子》《周易》等"三玄",探索万物根源、本体等玄远问题,对宇宙、社会、人生进行哲学反思,重新寻找精神家园。魏晋玄学改变了士大夫的人生追求和生活时尚、价值观念,魏晋风度作为当时的士族意识形态的一种人格表现,成为当时的审美理想。"魏晋名士的人生观之核心思想与其形上学一样,都是依靠言意之辨而得以建立的。名士们多主得意忘形骸,或虽在朝市而不经世务,或遁迹山林、远离尘世,或驱驰以为达,或佯狂以自适。"而《世说新语·雅量》所体现的,若王羲之闻贵府择婿而如不闻,本乎真心,直心而为;若谢安醉心海上风景,而不为惊涛所动之镇定、安然,都可见其玄心、洞见。至于嵇康临刑东市,依然风神潇洒,一曲绝唱,艺术地、从容地走向死亡;谢安淝水一战而胜,奠下江左数百年和平,功不在赤壁之下,而能如此平淡,更见其深味老庄之道的超越的境界。《世说新语》篇幅短小而意蕴深厚,语言简约而滋味隽永,明人胡应麟谓:"读其语言,晋人面目气韵恍然生动,而简约玄澹,真致不穷。"(《少室山房笔丛》)本篇节选的四则可窥其这些特点。

[选评]

[1] 明·王世贞《艺苑卮言·卷八》:"每叹嵇生琴、夏侯色,令千古他人览之犹为不堪,况其身乎!与陶征士自祭、预挽皆超脱人累,默契禅宗,德蕴空解,证无生忍者。"

[2] 清·刘熙载《艺概·卷五》:"羲之之器量,见于郗公求时,东床坦腹,独若不闻,宜其书之静而多妙也;经纶见于规谢公以虚谈废务,浮文妨要,宜其书之实而求是也。"

[3] 明·陈绛《金罍子·上篇卷一三》:"安置国之成败,而耽胜负于一枰耶?曰:国之大事,安危以之。喜惧情也,讵能免此?安特不色焉耳,心固以为秦、晋之不敌,犹邹拒楚也。苻坚拥百万貔虎,咆哮而来,将以气吞江左。当是时,晋之所托重而倚存者惟安,彼其冥测天时,明察人事,以为果无足秦虞也。而小国当锐师,弱王御骄士兵,骤其气则战必衰,人生其心,则变必作。故特示之整,以外降敌,气与之暇,以内镇物,情期其算耳。夫此一棋也,当局者昏,而傍观者了,非以傍观者立乎胜负之外,而无以与耶?安盖以棋当局,而以国傍观,故其区画精,其指伪当,临大变而不摄,履成功而不居也。"

[4] 当代·李泽厚《美的历程》:"《世说新语》津津有味地论述着那么多的神情笑貌、传闻逸事,其中并不都是功臣名将们的赫赫战功或忠臣义士的烈烈操守,相反,更多的倒是手执拂尘,口吐玄言,扪虱而谈,辩才无碍。重点展示的是内在的智慧,高超

的精神,脱俗的言行,漂亮的风貌;而所谓漂亮,就是以美如自然景物的外观,体现出人的内在智慧和品格。"

[作业]

［1］为何郗太傅认为王逸少是心中佳婿?

［2］由嵇康、谢安的故事,谈谈你对名士风流的理解。

形影神三首（其三）

陶渊明

[题解]

陶渊明（约365—427），名潜，字元亮，别号五柳先生，私谥靖节，世称靖节先生，东晋末到刘宋初杰出的诗人、辞赋家、散文家。

《形影神三首》是陶渊明创作的一组五言诗。"形""影""神"分别指人之形体、身影、精神。逯钦立认为，此诗作于晋义熙九年（413），主旨是反对违反自然的宗教迷信，乃针对当时庐山释慧远的《形尽神不灭论》而发，亦涉及道教徒的"长生久视"说。慧远作《形尽神不灭论》《万佛影铭》，以形影神三者宣扬佛教迷信，陶则反其意而用之。

神释

大钧无私力[1]，万理自森著[2]。
人为三才[3]中，岂不以我故[4]。
与君[5]虽异物，生而相依附。
结托[6]既喜同，安得[7]不相语。
三皇大圣人[8]，今复在何处？
彭祖爱永年[9]，欲留[10]不得住。
老少同一死，贤愚无复数[11]。
日醉或能忘[12]，将非促龄具[13]？
立善常所欣，谁当为汝誉[14]？
甚念[15]伤吾生，正宜委运[16]去。
纵浪大化[17]中，不喜亦不惧。
应尽便须尽，无[18]复独多虑。

[注释]

[1] 大钧:指天地造化。无私力:谓造化之力没有偏爱。

[2] 万理:万事万物。森著:众类林立。

[3] 三才:指天、地、人。

[4] 以:因为。我:神自谓。故:缘故。

[5] 君:你们,指形和影。

[6] 结托:结交依托,谓相互依托,共同生存。

[7] 安得:怎能。

[8] 三皇:指古代传说中的三个帝王,说法不一,通常称伏羲、燧人、神农为三皇。

[9] 彭祖:古代传说中的长寿者,生于夏代,经殷至周,活了八百岁。爱:当是"受"字之讹,谓彭祖享受了八百岁高龄。永年:长寿。

[10] 留:留在人间,不死。

[11] 复:再。数:气数,即命运。这两句是说,寿长、寿短同是一死,贤人、愚人也并无两种定数。

[12] 日:每天。忘:指忘记对死亡的担忧。

[13] 将非:岂非。促龄:促使人寿短。具:器,指酒。

[14] 当:会,该。为汝誉:称赞你。

[15] 甚念:过多地考虑。

[16] 委运:随顺自然,听凭天命。

[17] 纵浪:放浪,即自由自在,无拘无束。大化:指自然的变化。

[18] 无:同"毋",不要。

[赏析]

陶渊明《形影神三首》,第一首《形赠影》,写形对影的赠言:人的形体无法像天地、山川之形可以永存,亦不能像草木虽枯犹能再生,人生如寄,应当及时饮酒行乐。第二首《影答形》,写影对形的回答:生命永存既不可能,神仙世界亦无路可通。既然仙界之路不通,生命无法永存,不如通过"立善"留名以不朽。第三首《神释》,写神针对形、影的苦衷和不同观点,为其解惑:人生苦短,汲汲追求肉体的长生,或企图通过立善扬名赢得身后名,都是无谓的幻想,而过分担忧生死反而会伤害生命,对生命都是一种伤害。不如顺应自然,以达观的态度视之,不喜亦无惧。形、影、神可视为陶渊明自身矛盾的三个方面,三者的对话反映了他人生观里的冲突和调和。全诗用了寓言的形式,以形、影、神三者之间的相互问答来展开论述,可谓奇思异想,富有生动活泼的意趣;从语言角度言,全诗生动亲切,如谈家常。

[选评]

[1] 宋·罗大经《鹤林玉露》:"陶渊明《神释形影》诗曰:'大钧无私力,万理自森著。人为三才中,岂不以我故。'我,神自谓也。人与天地并立,而为三才,以此心之神也;若块然血肉,岂足以并天地哉!末云:'纵浪大化中,不喜亦不惧,应尽便须尽,无复独多虑。'乃是不以死生祸福动其心,泰然委顺养神之道也。渊明可谓知道之士矣。"

[2] 清·方东树《昭昧詹言》:"《形影神》三诗,用《庄子》之理,见人生贤愚、贵贱、穷通、寿夭、莫非天定,人当委运任化,无为欣戚喜惧于其中,以作庸人无益之扰,即有意于醉酒立善,皆非达道之然。"

[3] 当代·袁行霈《陶渊明集笺注》:"'形'羡慕天地山川之不化,痛感人生之无常,欲藉饮酒以愉悦,在魏晋士人中此想法颇为普遍。'影'主张立善求名以求不朽,代表名教之要求。'神'以自然化迁之理破除'形''影'之惑,不以早终为苦,亦不以长寿为乐,不以名尽为苦,亦不以留有遗爱为乐,此所谓'纵浪大化中,不喜亦不惧'。此三诗设为形、影、神三者之对话,分别代表三种人生观,亦可视为渊明自己思想中互相矛盾之三方面。《形影神》可谓渊明解剖自己思想并求得解决之记录。此诗设为形影神三者之对答,别具一格。"

[作业]

[1] 谈谈你对"纵浪大化中,不喜亦不惧。应尽便须尽,无复独多虑"的理解。
[2] 谈谈此诗与你所学陶渊明《归园田居》"少无适俗韵"篇的异同。

临江仙[1]（二首）

苏　轼

[题解]

苏轼（1037—1101），字子瞻，号东坡居士，世称苏东坡。眉州眉山（今四川省眉山市）人，北宋文学家，书法家、画家，历史治水名人。与父苏洵、弟苏辙三人并称"三苏"。

《临江仙·送钱穆父》作于宋哲宗元祐六年（1091）三月上旬，苏轼时任杭州知州。钱穆父即钱勰，苏轼友人。元祐三年（1088）九月，钱穆父因坐奏开封府狱空不实，出知越州（今浙江绍兴市）；元祐五年（1090）十月，徙知瀛州（治所在今河北河间），次年春启行，途经杭州，苏轼以此词赠行。

《临江仙·夜饮东坡醒复醉》作于元丰六年（1083）四月，是时苏轼谪居黄州。宋神宗元丰三年（1080），苏轼因乌台诗案，谪贬黄州（今湖北黄冈），住在城南长江边上的临皋亭。后来，又在不远处开垦了一片荒地，种上庄稼树木，名之曰东坡，自号东坡居士。还在这里筑屋名雪堂。

临江仙·送钱穆父

一别都门三改火[2]，天涯踏尽红尘[3]。依然一笑作春温[4]。无波真古井，有节是秋筠。[5]

惆怅孤帆连夜发，送行淡月微云。尊前不用翠眉颦[6]。人生如逆旅，我亦是行人。[7]

临江仙·夜饮东坡醒复醉

夜饮东坡[8]醒复醉，归来仿佛三更。家童鼻息已雷鸣。敲门都不应，倚杖听江声[9]。

长恨此身非我有，何时忘却营营[10]？夜阑风静縠纹平。小舟从此逝，江海寄余生。[11]

[注释]

[1] 临江仙:唐教坊曲名,后用作词牌名。

[2] 都门:指汴京。改火:古代钻木取火,四季换用不同木材,称为"改火",这里指年度的更替。一改火指一年。

[3] 红尘:人世。

[4] 春温:如春天般温暖。

[5] 无波真古井,有节是秋筠:谓穆父不为陟黜沉浮而忧喜,心境平静无波澜如古井之水,有节概如秋筠。

[6] 翠眉颦:不必为伤别而蹙眉。

[7] 逆旅:客舍。行人:此指人生如旅途中的过客。

[8] 东坡:在湖北省黄冈市东。苏轼谪贬黄州时,友人马正卿助其垦辟的游息之所,筑雪堂五间。

[9] 听江声:苏轼寓居临皋,在湖北黄县南长江边,故能听长江涛声。

[10] 长恨此身非我有,何时忘却营营:此言在仕宦中,拘于外物,而身不由己也。营营:纷扰貌。

[11] 小舟从此逝,江海寄余生:谓弃官归隐,浪迹江湖。

[赏析]

《临江仙·送钱穆父》的上片写与友人久别重逢。"一别都门三改火",元祐初年(1086),苏轼、钱穆父同时在朝;元祐三年(1088),穆父出知越州,苏轼曾赋诗赠别;此次杭州重聚,已是别后第三年。"天涯踏尽红尘",三年来,穆父由京城而出知越州,又徙知瀛州。"依然一笑作春温",分别虽久,情谊弥坚,相见欢笑,一似春风入怀。"无波真古井,有节是秋筠",借白居易《赠元稹》"无波古井水,有节秋竹竿"句,赞美朋友以道自守的耿介风节。词的下片写月夜送别。穆父所去的瀛州为僻郡,繁华不如越州,更不如开封府。特别是在熙宁年间,瀛州先是遭受旱灾,赤地千里,五谷不收;接着又连发地震,倾墙摧栋,遍地洪流。百姓南来逃荒,到元祐年间仍未恢复元气。穆父由知开封府徙越州,复徙瀛州,每下愈况,内心郁郁寡欢。"人生如逆旅,我亦是行人",以无限豁达劝慰朋友。此词趣、理、情、景俱佳,四者融为一体,极富韵味。

《临江仙·夜饮东坡醒复醉》记叙深秋之夜词人在东坡雪堂开怀畅饮,醉后返归临皋的情景与感悟。上片写其纵情豪饮醉眼蒙眬,半夜归来,敲门不应而倚杖听江声的潇洒风神。下片"长恨此身非我有",化用《庄子·知北游》"汝身非汝有也"句。"何时忘却营营",化用《庄子·庚桑楚》"全汝形,抱汝生,无使汝思虑营营"句。这两句颇富哲理的议论,饱含着词人切身的感受与深沉的情感。"夜阑风静縠纹平",既是实景,又是心境,写出诗人对于所经受的政治迫害的超脱、恬淡。"小舟从此逝,江海寄余生",以飘逸浪漫的笔调写出了自己不为世事萦怀、任意东西的自由、旷达的心境。

[选评]

[1] 近代·俞陛云《唐五代两宋词选释》:"因送友而言我亦逆旅中行人之一,语极旷达。""前首因送友而言我亦逆旅中行人之一,语极旷达。次首方写江上夜归情景,忽欲扁舟入海,此老胸次,时有绝尘霞举之思。《临江仙》调凡十二首,此二首最为高朗。"

[2] 宋·叶梦得《避暑录话·卷二》:"子瞻在黄州,病赤眼,逾月不愈,或疑有他疾,过客遂传以为死矣。有语范景文于许昌者,景文绝不置疑,即举袂大恸,召子弟景仁当遣人赒其家。子弟徐言:'此传闻未审得实否?若果其安否得实,吊之未晚。'乃走仆以往,子瞻哑然大笑。故后量移汝州谢表有云:'疾病连年,人皆相传为已死。'未几,复与客饮江上,夜归,江面际天,风露浩然,有当其意,乃作歌词,所谓'夜阑风静縠纹平,小舟从此逝,江海寄余生'者,与客大歌数过而散。翌日喧传子瞻夜作此词,挂冠服江边,挐舟长啸去矣。郡守徐君猷闻之,惊且惧,以为州失罪人,急命驾往谒,则子瞻鼻鼾如雷犹未兴。然此语卒传至京师,虽裕陵(神宗)亦闻而疑之。"

[作业]

[1] "人生如逆旅,我亦是行人",此句颇为人乐道,它有什么意味?
[2] 如何理解"长恨此身非我有,何时忘却营营"一句?

八十述怀

季羡林

[题解]

季羡林(1911—2009),山东省聊城市临清人,字希逋,又字齐奘,国际著名东方学"大师"、语言学家、文学家、"国"学家、"佛"学家、史学家、教育家和社会活动家。早年留学国外,通英文、德文、梵文、巴利文,能阅俄文、法文,尤精于吐火罗文(当代世界上分布区域最广的语系印欧语系中的一种独立语言),是世界上仅有的精于此语言的学者之一。其著作汇编成《季羡林文集》,共24卷。季先生的散文独成风格,具有浓厚的学术底蕴、人生体验与生命情趣,其特点在"真"与"朴"。说其"真",因为它们真实呈现了他近九十年坎坷、曲折、追求、奋斗的人生历程;说其"实",因为他的散文朴实无华、小中见大。

我从来没有想到,我能活到八十岁;如今竟然活到了八十岁,然而又一点也没有八十岁的感觉。岂非咄咄怪事!

我向无大志,包括自己活的年龄在内。我的父母都没有活过五十;因此,我自己的原定计划是活到五十。这样已经超过了父母,很不错了。不知怎么一来,宛如一场春梦,我活到了五十岁。那里正值所谓三年困难时期,我流年不利,颇挨了一阵子饿。但是,我是曾经沧海难为水,在第二次世界大战时,我正在德国,我经受了而今难以想象的饥饿的考验,以致失去了饱的感觉。我们那一点灾害,同德国比起来,真如小巫见大巫;我从而顺利地渡过了那一场灾害,而且我当时的精神面貌是我一生最好的时期,一点苦也没有感觉到,于不知不觉中冲破了我原定的年龄计划,渡过了五十岁大关。

五十一过,又仿佛一场春梦似的,一下子就到了古稀之年,不容我反思,不容我踟蹰。其间跨越了一个十年浩劫。我当然是在劫难逃,被送进牛棚。我现在不知道应当感谢哪一路神灵:佛祖、上帝、安拉;由于一个万分偶然的机缘,我没有走上绝路,活下来了。活下来了,我不但没有感到特别高兴,反而时有悔愧之感在咬我的心。活下来了,也许还是有点好处的。我一生写作翻译的高潮,恰恰出现在这期间。原因并不神秘:我获得了余裕和时间。在浩劫期间,我被打得一佛出世,二佛升天。后来不打不骂了,我却变成了不可接触者。在很长时间内,我被分配挖大粪,看门房,守电话,发信件。没有以前的会议,没有以前的发言。没有人敢来找我,很少有人有勇气同我谈上几句话。一两年内,没收到一封信。我服从任何人的调遣与指挥,只敢规规矩矩,不敢乱说乱动。然而我的脑筋还在,我的思想还在,我的感情还在,我的理智还在。我不甘心成为行尸走肉,我必须干点事情。二百多万字的印度大史诗《罗摩衍那》,就是在这时候译完的。雪夜闭门写禁文,自谓此乐不减羲皇上人。

又仿佛是一场缥缈的春梦,一下子就活到了今天,行年八十矣,是古人称之为耄耋之年了。倒退二三十年,我这个在寿命上胸无大志的人,偶尔也想到耄耋之年的情况:手拄拐杖,白须飘胸,步履维艰,老态龙钟。自谓这种事情与自己无关,所以想得不深也不多。哪里知道,自己今天就到了这个年龄了。今天是新年元旦,从夜里零时起,自己已是不折不扣的八十老翁了。然而这老景却真如古人诗中所说的青霭入看无,我看不到什么老景。看一看自己的身体,平平常常,同过去一样,看一看周围的环境,平平常常,同过去一样。金色的朝阳从窗子里流了进来,平平常常,同过去一样。楼前的白杨,确实粗了一点,但看上去也是平平常常,同过去一样。时令正是冬天,叶子落尽了,但是我相信,它们正蜷缩在土里,做着春天的梦。水塘里的荷花只剩下残叶,留得枯荷听雨声,现在雨没有了,上面只有白皑皑的残雪。我相信,荷花们也蜷缩在淤泥中,做着春天的梦。总之,我还是我,依然故我;周围的一切也依然是过去的一切。

我是不是也在做着春天的梦呢?我想,是的。我现在也处在严寒中,我也梦着春天的到来。我相信英国诗人雪莱的两句话:既然冬天已经到了,春天还会远吗?我梦着楼前的白杨重新长出了浓密的绿叶;我梦着池塘里的荷花重新冒出了淡绿的大叶子;我梦着春天又回到了大地上。

可是我万万没有想到,八十这个数字竟有这样大的威力,一种神秘的威力。自己已经八十岁了！我吃惊地暗自思忖。它逼迫着我向前看一看，又回头看一看。向前看，灰蒙蒙的一团，路不清楚，但也不是很长。确实没有什么好看的地方。不看也罢。

而回头看呢，则在灰蒙蒙的一团中，清晰地看到了一条路，路极长，是我一步一步地走过来的，这条路的顶端是在清平县的官庄。我看到了一片灰黄的土房，中间闪着苇塘里的水光，还有我大奶奶和母亲的面影。这条路延伸出来，我看到了泉城的大明湖。这条路又延伸出去，我看到了水木清华，接着又看到德国小城哥廷根斑斓的秋色，上面飘动着我那母亲似的女房东和祖父似的老教授的面影。路陡然又从万里之外折回到神州大地，我看到了红楼，看到了燕园的湖光塔影。令人泄气而且大煞风景的是，我竟又看到了牛棚的牢头禁子那一副牛头马面似的狞恶的面孔。再看下去，路就缩住了，一直缩到我的脚下。

在这一条十分漫长的路上，我走过阳关大道，也走过独木小桥。路旁有深山大泽，也有平坡宜人；有杏花春雨，也有塞北秋风；有山重水复，也有柳暗花明；有迷途知返，也有绝处逢生。路太长了，时间太长了，影子太多了，回忆太重了。我真正感觉到，我负担不了，也忍受不了，我想摆脱掉一切，还我一个自由自在身。

回头看既然这样沉重，能不能向前看呢？我上面已经说到，向前看，路不是很长，没有什么好看的地方。我现在正像鲁迅的散文诗《过客》中的一个过客。他不知道是从什么地方走来的，终于走到了老翁和小女孩的土屋前面，讨了点水喝。老翁看他已经疲惫不堪，劝他休息一下。他说，从我还能记得的时候起，我就在这么走，要走到一个地方去，这地方就在前面。我单记得走了许多路，现在来到这里了。我接着就要走向那边去，况且还有声音常在前面催促我，叫唤我，使我息不下。那边，西边是什么地方呢？老人说：前面，是坟。小女孩说：不，不，不的。那里有许多许多野百合，野蔷薇，我常常去玩，去看他们的。

我理解这个过客的心情，我自己也是一个过客，但是却从来没有什么声音催着我走，而是同世界上任何人一样，我是非走不行的，不用催促，也是非走不行的。走到什么地方去呢？走到西边的坟那里，这是一切人的归宿。我记得屠格涅夫的一首散文诗里,也讲了这个意思。我并不怕坟,只是在走了这么长的路以后,我真想停下来休息片刻。然而我不能,不管你愿意不愿意,反正是非走不行。聊以自慰的是,我同那个老翁还不一样,有的地方颇像那个小女孩,我既看到了坟,也看到野百合和野蔷薇。

我面前还有多少路呢?我说不出,也没有仔细想过。冯友兰先生说:何止于米?相期以茶。米是八十八岁,茶是一百零八岁。我没有这样的雄心壮志,我是相期以米。这算不算是立大志呢?我是没有大志的人,我觉得这已经算是大志了。

我从前对穷通寿夭也是颇有一些想法的。十年浩劫以后,我成了陶渊明的志同道合者。他的一首诗,我很欣赏:

纵浪大化中,不喜亦不惧。应尽便须尽,无复独多虑。

我现在就是抱着这种精神,昂然走上前去。只要有可能,我一定做一些对别人有益的事,绝不想成为行尸走肉。我知道,未来的路也不会比过去的更笔直、更平坦。但是我并不恐惧。我眼前还闪动着野百合和野蔷薇的影子。

1991年1月1日

(选自《人生何处不欢喜》,青岛出版社2019年版。)

[赏析]

苏轼词"人生如逆旅,我亦是行人",季羡林言自己"正像鲁迅散文诗《过客》中的一个过客",季文与苏词于此有异世同振之感。回望过去八十年的人生路,从清平县的官庄蜿蜒曲折,国内国外,而止于现在的脚下,风光时变,一切宛如沉重的梦,不如放下。向前望,则不望也罢。当下的"我",看看身体、周围环境、照进窗户的金色阳光、楼前的白杨树,等等,一切平常。世事难得是平常,这是真正透视人间世相的智慧,不思过去,不想未来,唯有当下脚踏实地真实地面对自我。五十、古稀、八十都如春梦般飘过,"我还是我,依然故我;周围的一切也依然是过去的一切",平淡、自然,心止处,亦心安之处。"我"相信严寒中的荷花们在做着春天的梦,我也在严寒中做着春天的梦,"我"是荷花?荷花是"我"?颇有不知蝴蝶之梦为庄周,疑惑庄周之梦为蝴蝶的意味。所以,在平常里,在平淡处,也并非一潭死水,心中有荷花,有白杨,自有一片自然天地在胸中。对于年龄,没有大志,就是对长寿,并无渴望;对死亡,并无畏惧。

"纵浪大化中,不喜亦不惧。应尽便须尽,无复独多虑",随顺自然,平淡生死。死,也是平常。而老先生最可贵的并不止于此,"只要有可能,我一定做一些对别人有益的事,绝不想成为行尸走肉",即便知道人生如梦,但梦里也始终保持利他的心!文章如话家常,娓娓而谈,平淡、自然而时有幽默、洞见,启人深思。

[选评]

[1] 当代·商友敬(贾植芳主编《现代散文鉴赏辞典》):"我觉得最高明的是他想到了鲁迅《野草》中的《过客》一文。人生的确是如同'过客'一般,岁月匆匆,容不得你停步细想。但是走到哪里去呢?一个八十岁的老翁,当然会同意《过客》中的老翁所说的:'前面,是坟。'但是季先生也同时相信那位小女孩所说的:'那里有许多野百合,野蔷薇,我常常去玩,去看他们的。'他说:'我既看到了坟,也看到了野百合和野蔷薇。'""中国古人对生死的看法,大概以陶渊明为最通达。作者也引用了陶渊明《形影神》三首中的最后四句:'纵浪大化中,不喜亦不惧,应尽便须尽,无复独多虑。'投入生命的洪流之中,追求自己应该追求的一切,该结束时一切都会结束,没有必要去忧虑,而且忧虑又有什么用呢?不如不想的好。反正,'坟'是有的,'花'也是有的。'我现在就是抱着这种精神,昂然走上前去。'"

[2] 当代·王兆胜《季羡林:散文的大树四季常青》:"在一般人看来,季羡林过于平淡无奇,不论是学术人生还是散文创作都是如此。于是,谈起季羡林,人们总会拿他平凡的外表说事儿,并称扬他被误以为是清洁工这件事儿。其实,人们过于强调季羡林的平凡,但容易忽略他的神奇。

"确实,透过季羡林的文学人生可见其平淡儒雅的君子形象,这也是他与张中行的共同之处,也是当下最缺乏的精神气质。不论为人还是散文都可作如是观。这也正好符合散文的平淡自然的本性,是得道者的大道藏身。就如林语堂在《说本色之美》中所言:'文人稍有高见者,都看不起堆砌辞藻,都渐趋平淡,以平淡为文学最高佳境。'不过,林语堂接着又说:'平淡而有奇思妙想足以运用之,便成天地间至文。'将这话用在季羡林散文也同样适用,特别是在'奇思妙想'上,季羡林散文别有风采。

…………

"作为一个知识分子、专家学者,季羡林散文属于学者散文。但与一般意义上过于重视知识,特别是将知识进行罗列堆砌以及卖弄不同,他谦和、低调,甚至有点儿自我贬低。最重要的是,季羡林有一种将知识硬块冲淡的能力,从而使其散文闪烁着一种异样的美。诗意是其中最为突出的。

"季羡林散文中多理性哲思,其中既有丰富的知识,又有理性的判断,也有思想的光芒,还有智慧的闪现,特别是对于国家、民族、时代、社会、人民、人生、哲学的思考,充分体现了作为一个优秀知识分子的良知与责任担当。"

[作业]

[1] 文中引用鲁迅《过客》的故事的作用是什么?

[2] 文中引用了陶渊明的诗句,作者的八十自述里是否体现了陶诗的精神?

活着(节选)

余 华

[题解]

余华(1960—),浙江省嘉兴市海盐县人,祖籍山东高唐,中国当代作家,中国作家协会委员会委员。1983年,发表首部短篇小说《第一宿舍》。1987年,发表《十八岁出门远行》《四月三日事件》《一九八六年》等中短篇小说,确立了先锋作家的地位;同年,赴北京鲁迅文学院进修。1990年,首部长篇小说《在细雨中呼喊》出版。1992年,出版长篇小说《活着》。1995年,创作的长篇小说《许三观卖血记》在《收获》杂志发表。1998年,凭借小说《活着》获得意大利文学最高奖——格林扎纳·卡佛文学奖。

我遇到那位名叫福贵的老人时,是夏天刚刚来到的季节。那天午后,我走到了一棵有着茂盛树叶的树下,田里的棉花已被收起,几个包着头巾的女人正将棉秆拔出来,她们不时抖动着屁股摔去根须上的泥巴。我摘下草帽,从身后取过毛巾擦去脸上的汗水,身旁是一口在阳光下泛黄的池塘,我就靠着树干面对池塘坐了下来,紧接着我感到自己要睡觉了,就在青草上躺下来,把草帽盖住脸,枕着背包在树阴里闭上了眼睛。

这位比现在年轻十岁的我,躺在树叶和草丛中间,睡了两个小时。其间有几只蚂蚁爬到了我的腿上,我沉睡中的手指依然准确地将它们弹走。后来仿佛是来到了水边,一位老人撑着竹筏在远处响亮地吆喝。我从睡梦里挣脱而出,吆喝声在现实里清晰地传来,我起身后,看到近旁田里一个老人正在开导一头老牛。

犁田的老牛或许已经深感疲倦,它低头伫立在那里,后面赤裸着脊背扶犁的老人,对老牛的消极态度似乎不满,我听到他嗓音响亮地对牛说道:

"做牛耕田,做狗看家,做和尚化缘,做鸡报晓,做女人织布,哪头牛不耕田？这可是自古就有的道理，走呀，走呀。"

疲倦的老牛听到老人的吆喝后，仿佛知错般地抬起了头，拉着犁往前走去。

我看到老人的脊背和牛背一样黝黑，两个进入垂暮的生命将那块古板的田地耕得哗哗翻动，犹如水面上掀起的波浪。随后，我听到老人粗哑却令人感动的嗓音，他唱起了旧日的歌谣，先是咿呀啦呀唱出长长的引子，接着出现两句歌词——

皇帝招我做女婿，路远迢迢我不去。

因为路途遥远，不愿去做皇帝的女婿。老人的自鸣得意让我失声而笑。可能是牛放慢了脚步，老人又吆喝起来：

"二喜、有庆不要偷懒，家珍、凤霞耕得好，苦根也行啊。"

一头牛竟会有这么多名字？我好奇地走到田边，问走近的老人：

"这牛有多少名字？"

老人扶住犁站下来，他将我上下打量一番后问：

"你是城里人吧？"

"是的。"我点点头。

老人得意起来，"我一眼就看出来了。"

我说："这牛究竟有多少名字？"

老人回答："这牛叫福贵，就一个名字。"

"可你刚才叫了几个名字。"

"噢——"老人高兴地笑起来，他神秘地向我招招手，当我凑过去时，他欲说又止，他看到牛正抬着头，就训斥它：

"你别偷听，把头低下。"

牛果然低下了头，这时老人悄声对我说：

"我怕它知道只有自己在耕田，就多叫出几个名字去骗它，它听到还有别的牛也在耕田，就不会不高兴，耕田也就起劲啦。"

老人黝黑的脸在阳光里笑得十分生动，脸上的皱纹欢乐地游动着，里面镶满了泥土，就如布满田间的小道。

这位老人后来和我一起坐在了那棵茂盛的树下，在那个充满阳光的下午,他向我讲述了自己。

……

家珍是在中午死的。我收工回家,她眼睛睁了睁,我凑过去没听到她说话,就到灶间给她熬了碗粥。等我将粥端过去在床前坐下时,闭着眼睛的家珍突然捏住了我的手,我想不到她还会有这么大的力气,心里吃了一惊,悄悄抽了抽,抽不出来,我赶紧把粥放在一把凳子上,腾出手摸摸她的额头,还暖和着,我才有些放心。家珍像是睡着一样,脸看上去安安静静的,一点都看不出难受来。谁知没一会,家珍捏住我的手凉了,我去摸她的手臂,她的手臂是一截一截地凉下去,那时候她的两条腿也凉了,她全身都凉了,只有胸口还有一块地方暖和着,我的手贴在家珍胸口上,胸口的热气像是从我手指缝里一点一点漏了出来。她捏住我的手后来一松,就瘫在了我的胳膊上。

"家珍死得很好。"福贵说。那个时候下午即将过去了,在田里干活的人开始三三两两走上田埂,太阳挂在西边的天空上,不再那么耀眼,变成了通红一轮,涂在一片红光闪闪的云层上。

福贵微笑地看着我,西落的阳光照在他脸上,显得格外精神。他说:

"家珍死得很好,死得平平安安、干干净净,死后一点是非都没留下,不像村里有些女人,死了还有人说闲话。"

坐在我对面的这位老人,用这样的语气谈论着十多年前死去的妻子,使我内心涌上一股难言的温情,仿佛是一片青草在风中摇曳,我看到宁静在遥远处波动。

四周的人离开后的田野,呈现了舒展的姿态,看上去是那么的广阔,无边无际,在夕阳之中如同水一样泛出片片光芒。福贵的两只手搁在自己腿上,眼睛眯缝着看我,他还没有站起来的意思,我知道他的讲述还没有结束。我心想趁他站起来之前,让他把一切都说完吧。我就问:

"苦根现在有多大了?"

福贵的眼睛里流出了奇妙的神色,我分不清是悲凉,还是欣慰。他的目光从我头发上飘过去,往远处看了看,然后说:

"要是按年头算,苦根今年该有十七岁了。"

家珍死后,我就只有二喜和苦根了。二喜花钱请人做了个背篓,苦根便整天在他爹背脊上了,二喜干活时也就更累,他干搬运活,拉满满一车货物,还得背着苦根,呼哧呼哧的气都快喘不过来了。身上还背着个包裹,里面塞着苦根的尿布,有时天气阴沉,尿布没干,又没换的,只好在板车上绑三根竹竿,两根竖着,一根横着,上面晾着尿布。城里的人见了都笑他,和二喜一起干活的伙伴都知道他苦,见到有人笑话二喜,就骂道:

"你他娘的再笑?再笑就让你哭。"

苦根在背篓里一哭,二喜听哭声就知道是饿了,还是撒尿了,他对我说:

"哭的声音长是饿了,哭的声音短是屁股那地方难受了。"

也真是,苦根拉屎撒尿后哭起来嗯嗯的,起先还觉得他是在笑。这么小的人就知道哭得不一样。那是心疼他爹,一下子就告诉他爹他想干什么,二喜也用不着来回折腾了。苦根饿了,二喜就放下板车去找正在奶孩子的女人,递上一毛钱轻声说:

"求你喂他几口。"

二喜不像别人家孩子的爹,是看着孩子长大。二喜觉得苦根背在身上又沉了一些,他就知道苦根又大了一些。做爹的心里自然高兴,他对我说:

"苦根又沉了。"

我进城去看他们,常看到二喜拉着板车,汗淋淋地走在街上,苦根在他的背篓里小脑袋吊在外面一摇一摇的。我看二喜太累,劝他把苦根给我,带到乡下去。二喜不答应,他说:

"爹,我离不了苦根。"

好在苦根很快大起来,苦根能走路了,二喜也轻松了一些,他装卸时让苦根在一旁玩,拉起板车就把苦根放到车上。苦根大一些后也知道我是谁了,他常常听到二喜叫我爹,便记住了。我每次进城去看他们,坐在板车里的苦根一看到我,马上尖声叫起来,他朝二喜喊:

"爹,你爹来了。"

这孩子还在他爹背篓里时,就会骂人了,生气时小嘴巴噼噼啪啪,脸

蛋涨得通红,谁也不知道他在说些什么,只看到唾沫从他嘴里飞出来,只有二喜知道,二喜告诉我:

"他在骂人呢。"

苦根会走路会说几句话后,就更精了,一看到别的孩子手里有什么好玩的,嘻嘻笑着拼命招手,说:

"来,来,来。"

别的孩子走到他跟前,他伸手便要去抢人家手里的东西,人家不给他,他就翻脸,气冲冲地赶人家走,说:

"走,走,走。"

没了凤霞,二喜是再也没有回过魂来,他本来说话不多,凤霞一死,他话就更少了,人家说什么,他嗯一下算是也说了,只有见到我才多说几句。苦根成了我们的命根子,他越往大里长,便越像凤霞,越是像凤霞,也就越让我们看了心里难受。二喜有时看着看着眼泪就掉了出来,我这个做丈人的便劝他:

"凤霞死了也有些日子了,能忘就忘掉她吧。"

那时苦根有三岁了,这孩子坐在凳子上摇晃着两条腿,正使劲在听我们说话,眼睛睁得很圆。二喜歪着脑袋想什么,过了一会才说:

"我只有这点想想凤霞的福分。"

后来我要回村里去,二喜也要去干活了,我们一起走了出去。一到外面,二喜贴着墙壁走起来,歪着脑袋走得飞快,像是怕人认出他来似的,苦根被他拉着,走得跌跌撞撞,身体都斜了。我也不好说他,我知道二喜是没有了凤霞才这样的。邻居家的人见了便朝二喜喊:

"你走慢点,苦根要跌倒啦。"

二喜嗯了一下,还是飞快地往前走。苦根被他爹拉着,身体歪来歪去,眼睛却骨碌骨碌地转来转去。到了转弯的地方,我对二喜说:

"二喜,我回去啦。"

二喜这才站住,翘了翘肩膀看我。我对苦根说:

"苦根,我回去了。"

苦根朝我挥挥手尖声说:

"你走吧。"

我只要一闲下来就往城里去,我在家里待不住,苦根和二喜在城里,我总觉得城里才像是我的家,回到村里孤零零一人心里不踏实。有几次我把苦根带到村里住,苦根倒没什么,高兴得满村跑,让我帮他去捉树上的麻雀,我说我怎么捉呀,这孩子手往上指了指说:

"你爬上去。"

我说:"我会摔死的,你不要我的命了?"

他说:"我不要你的命,我要麻雀。"

苦根在村里过得挺自在,只是苦了二喜,二喜是一天不见苦根就受不了,每天干完了活,累得人都没力气了,还要走十多里路来看苦根,第二天一早起床又进城去干活了。我想想这样不是个办法,往后天黑前就把苦根送回去。家珍一死,我也就没有了牵挂,到了城里,二喜说:

"爹,你就住下吧。"

我便在城里住上几天。我要是那么住下去,二喜心里也愿意,他常说家里有三代人总比两代人好,可我不能让二喜养着,我手脚还算利索,能挣钱,我和二喜两个人挣钱,苦根的日子过起来就阔气多了。

这样的日子过到苦根四岁那年,二喜死了。二喜是被两排水泥板夹死的。干搬运这活,一不小心就磕破碰伤,可丢了命的只有二喜,徐家的人命都苦。那天二喜他们几个人往板车上装水泥板,二喜站在一排水泥板前面,吊车吊起四块水泥板,不知出了什么差错,竟然往二喜那边去了,谁都没看到二喜在里面,只听他突然大喊一声:

"苦根。"

二喜的伙伴告诉我,那一声喊把他们全吓住了,想不到二喜竟有这么大的声音,像是把胸膛都喊破了。他们看到二喜时,我的偏头女婿已经死了,身体贴在那一排水泥板上,除了脚和脑袋,身上全给挤扁了,连一根完整的骨头都找不到,血肉跟糨糊似的粘在水泥板上。他们说二喜死的时候脖子突然伸直了,嘴巴张得很大,那是在喊他的儿子。

苦根就在不远处的池塘旁,往水里扔石子,他听到爹临死前的喊叫,便扭过头去叫:

"叫我干什么?"

他等了一会,没听到爹继续喊他,便又扔起了石子。直到二喜被送到医院里,知道二喜死了,才有人去叫苦根:

"苦根,苦根,你爹死啦。"

苦根不知道死究竟是什么,他回头答应了一声:

"知道啦。"

就再没理睬人家,继续往水里扔石子。那时候我在田里,和二喜一起干活的人跑来告诉我:

"二喜快死啦,在医院里,你快去。"

我一听说二喜出事了被送到医院里,马上就哭了,我对那人喊:

"快把二喜抬出去,不能去医院。"

那人呆呆看着我,以为我疯了。我说:

"二喜一进那家医院,命就难保了。"

有庆、凤霞都死在那家医院里,没想到二喜到头来也死在了那里。你想想,我这辈子三次看到那间躺死人的小屋子,里面三次躺过我的亲人。我老了,受不住这些。去领二喜时,我一见那屋子,就摔在了地上。我是和二喜一样被抬出那家医院的。

二喜死后,我便把苦根带到村里来住了。离开城里那天,我把二喜屋里的用具给了那里的邻居,自己挑了几样轻便的带回来。我拉着苦根走时,天快黑了,邻居家的人都走过来送我,送到街口,他们说:

"以后多回来看看。"

有几个女的还哭了,她们摸着苦根说:

"这孩子真是命苦。"

苦根不喜欢她们把眼泪掉到他脸上,拉着我的手一个劲地催我:"走呀,快走呀。"

那时候天冷了,我拉着苦根在街上走,冷风呼呼地往脖子里灌,越走心里越冷,想想从前热热闹闹一家人,到现在只剩下一老一小,我心里苦得连叹息都没有了。可看看苦根,我又宽慰了,先前是没有这孩子的,有了他比什么都强,香火还会往下传,这日子还得好好过下去。

走到一家面条店的地方,苦根突然响亮地喊了一声:

"我不吃面条。"

我想着自己的心事,没留意他的话,走到了门口,苦根又喊了:"我不吃面条。"

喊完他拉住我的手不走了,我才知道他想吃面条,这孩子没爹没娘了,想吃面条总该给他吃一碗。我带他进去坐下,花了九分钱买了一小碗面,看着他哧溜哧溜地吃了下去,他吃得满头大汗,出来时舌头还在嘴唇上舔着,对我说:

"明天再来吃好吗?"

我点点头说:"好。"

走了没多远,到了一家糖果店前,苦根又拉住了我,他仰着脑袋认真地说:

"本来我还想吃糖,吃过了面条,我就不吃了。"

我知道他是在变个法子想让我给他买糖,我手摸到口袋,摸到个两分的,想了想后就去摸了个五分出来,给苦根买了五颗糖。

苦根到了家说是脚疼得厉害,他走了那么多路,走累了。我让他在床上躺下,自己去烧些热水,让他烫烫脚。烧好了水出来时,苦根睡着了,这孩子把两只脚架在墙上,睡得呼呼的。看着他这副样子,我笑了。脚疼了架在墙上舒服,苦根这么小就会自己照顾自己了。随即心里一酸,他还不知道再也见不着自己的爹了。

这天晚上我睡着后,总觉得心里闷得发慌,醒来才知道苦根的小屁股全压在我胸口上了,我把他的屁股移过去。过了没多久,我刚要入睡时,苦根的屁股一动一动又移到我胸口,我伸手一摸,才知道他尿床了,下面湿了一大块,难怪他要把屁股往我胸口上压。我想就让他压着吧。

第二天,这孩子想爹了。我在田里干活,他坐在田埂上玩,玩着玩着突然问我:

"是你送我回去?还是爹来领我?"

村里人见了他这模样,都摇着头说他可怜,有一个人对他说:

"你不回去了。"

他摇了摇脑袋,认真地说:

"要回去的。"

到了傍晚,苦根看到他爹还没有来,有些急了,小嘴巴翻上翻下把话说得飞快,我是一句也没听懂,我想着他可能是在骂人了,末了,他抬起脑袋说:

"算啦,不来接就不来接,我是小孩认不了路,你送我回去。"

我说:"你爹不会来接你,我也不能送你回去,你爹死了。"

他说:"我知道他死了,天都黑了还不来领我?"

我是那天晚上躺在被窝里告诉他死是怎么回事,我说人死了就要被埋掉,活着的人就再也见不到他了。这孩子先是害怕得哆嗦,随后想到再也见不到二喜,他呜呜地哭了,小脸蛋贴在我脖子上,热乎乎的眼泪在我胸口流,哭着哭着他睡着了。

过了两天,我想该让他看看二喜的坟了,就拉着他走到村西,告诉他,哪个坟是他外婆的,哪个是他娘的,还有他舅舅的。我还没说二喜的坟,苦根伸手指指他爹的坟哭了,他说:

"这是我爹的。"

我和苦根在一起过了半年,村里包产到户了,日子过起来也就更难。我家分到一亩半地。我没法像从前那样混在村里人中间干活,累了还能偷偷懒。现在田里的活是不停地叫唤我,我不去干,就谁也不会去替我。

年纪一大,人就不行了,腰是天天都疼,眼睛看不清东西。从前挑一担菜进城,一口气便到了城里,如今是走走歇歇,歇歇走走,天亮前两个小时我就得动身,要不去晚了菜会卖不出去,我是笨鸟先飞。这下苦了苦根,这孩子总是睡得最香的时候,被我一把拖起来,两只手抓住后面的箩筐,跟着我半开半闭着眼睛往城里走。苦根是个好孩子,到他完全醒了,看我挑着担子太沉,老是停住歇一会,他就从两只箩筐里拿出两棵菜抱到胸前,走到我前面,还时时回过头来问我:

"轻些了吗?"

我心里高兴啊,就说:

"轻多啦。"

说起来苦根才刚满五岁,他已经是我的好帮手了。我走到哪里,他就跟到哪里,和我一起干活,他连稻子都会割了。我花钱请城里的铁匠给他打了一把小镰刀,那天这孩子高兴坏了,平日里带他进城,一走过二喜家那条胡同,这孩子忽地一下蹿进去,找他的小伙伴去玩,我怎么叫他,他都不答应。那天说是给他打镰刀,他扯住我的衣服就没有放开过,和我一起在铁匠铺子前站了半晌,进来一个人,他就要指着镰刀对那人说:

"是苦根的镰刀。"

他的小伙伴找他去玩,他扭了扭头得意扬扬地说:

"我现在没工夫跟你们说话。"

镰刀打成了,苦根睡觉都想抱着,我不让,他就说放到床下面。早晨醒来第一件事便是去摸床下的镰刀。我告诉他镰刀越使越快,人越勤快就越有力气,这孩子眨着眼睛看了我很久,突然说:

"镰刀越快,我力气也就越大啦。"

苦根总还是小,割稻子自然比我慢多了,他一看到我割得快,便不高兴,朝我叫:

"福贵,你慢点。"

村里人叫我福贵,他也这么叫,也叫我外公。我指指自己割下的稻子说:"这是苦根割的。"

他便高兴地笑起来,也指指自己割下的稻子说:

"这是福贵割的。"

苦根年纪小,也就累得快,他时时跑到田埂上躺下睡一会,对我说:

"福贵,镰刀不快啦。"

他是说自己没力气了。他在田埂上躺一会,又站起来神气活现地看我割稻子,不时叫道:

"福贵,别踩着稻穗啦。"

旁边田里的人见了都笑,连队长也笑了,队长也和我一样老了,他还在当队长,他家人多,分到了五亩地,紧挨着我的地。队长说:

"这小子真他娘的能说会道。"

我说:"是凤霞不会说话欠的。"

这样的日子苦是苦，累也是累，心里可是高兴，有了苦根，人活着就有劲头。看着苦根一天一天大起来，我这个做外公的也一天比一天放心。到了傍晚，我们两个人就坐在门槛上，看着太阳落下去，田野上红红一片闪亮着，听着村里人吆喝的声音，家里养着的两只母鸡在我们面前走来走去，苦根和我亲热，两个人坐在一起，总是有说不完的话，看着两只母鸡，我常想起我爹在世时说的话，便一遍一遍去对苦根说：

"这两只鸡养大了变成鹅，鹅养大了变成羊，羊养大了又变成牛。我们啊，也就越来越有钱啦。"

苦根听后咯咯直笑，这几句话他全记住了，多次他从鸡窝里掏出鸡蛋来时，总要唱着说这几句话。

鸡蛋多了，我们就拿到城里去卖。我对苦根说：

"钱积够了我们就去买牛，你就能骑到牛背上去玩了。"

苦根一听眼睛马上亮了，他说：

"鸡就变成牛啦。"

从那时以后，苦根天天盼着买牛这天的来到，每天早晨他睁开眼睛便要问我：

"福贵，今天买牛吗？"

有时去城里卖了鸡蛋，我觉得苦根可怜，想给他买几颗糖吃吃。苦根就会说：

"买一颗就行了，我们还要买牛呢。"

一转眼苦根到了七岁，这孩子力气也大多了。这一年到了摘棉花的时候，村里的广播说第二天有大雨，我急坏了，我种的一亩半棉花已经熟了，要是雨一淋那就全完蛋。一清早我就把苦根拉到棉花地里，告诉他今天要摘完，苦根仰着脑袋说：

"福贵，我头晕。"

我说："快摘吧，摘完了你就去玩。"

苦根便摘起了棉花，摘了一阵他跑到田埂上躺下，我叫他，叫他别再躺着，苦根说：

"我头晕。"

我想就让他躺一会吧,可苦根一躺下便不起来了,我有些生气,就说:
"苦根,棉花今天不摘完,牛也买不成啦。"

苦根这才站起来,对我说:

"我头晕得厉害。"

我们一直干到中午,看看大半亩棉花摘了下来,我放心了许多,就拉着苦根回家去吃饭,一拉苦根的手,我心里一怔,赶紧去摸他的额头,苦根的额头烫得吓人。我才知道他是真病了,我真是老糊涂了,还逼着他干活。回到家里,我就让苦根躺下。村里人说生姜能治百病,我就给他熬了一碗姜汤,可是家里没有糖,想往里面撒些盐,又觉得太委屈苦根了,便到村里人家那里去要了点糖,我说:"过些日子卖了粮,我再还给你们。"那家人说:"算啦,福贵。"

让苦根喝了姜汤,我又给他熬了一碗粥,看着他吃下去。我自己也吃了饭,吃完了我还得马上下地,我对苦根说:

"你睡上一觉会好的。"

走出了屋门,我越想越心疼,便去摘了半锅新鲜的豆子,回去给苦根煮熟了,里面放上盐。把凳子搬到床前,半锅豆子放在凳子上,叫苦根吃,看到有豆子吃,苦根笑了,我走出去时听到他说:

"你怎么不吃啊?"

我是傍晚才回到屋里的,棉花一摘完,我累得人架子都要散了。从田里到家才一小段路,走到门口我的腿便哆嗦了,我进了屋叫:

"苦根,苦根。"

苦根没答应,我以为他是睡着了,到床前一看,苦根歪在床上,嘴半张着能看到里面有两颗还没嚼烂的豆子。一看那嘴,我脑袋里嗡嗡乱响了,苦根的嘴唇都青了。我使劲摇他,使劲叫他,他的身体晃来晃去,就是不答应我。我慌了,在床上坐下来想了又想,想到苦根会不会是死了,这么一想我忍不住哭了起来。我再去摇他,他还是不答应,我想他可能真是死了。我就走到屋外,看到村里一个年轻人,对他说:

"求你去看看苦根,他像是死了。"

那年轻人看了我半晌,随后拔脚便往我屋里跑。他也把苦根摇了又

摇,又将耳朵贴到苦根胸口听了很久,才说:

"听不到心跳。"

村里很多人都来了,我求他们都去看看苦根,他们都去摇摇,听听,完了对我说:

"死了。"

苦根是吃豆子撑死的,这孩子不是嘴馋,是我家太穷,村里谁家的孩子都过得比苦根好,就是豆子,苦根也是难得能吃上。我是老昏了头,给苦根煮了这么多豆子,我老得又笨又蠢,害死了苦根。

往后的日子我只能一个人过了,我总想着自己日子也不长了,谁知一过又过了这些年。我还是老样子,腰还是常常疼,眼睛还是花,我耳朵倒是很灵,村里人说话,我不看也能知道是谁在说。我是有时候想想伤心,有时候想想又很踏实,家里人全是我送的葬,全是我亲手埋的,到了有一天我腿一伸,也不用担心谁了。我也想通了,轮到自己死时,安安心心死就是,不用盼着收尸的人,村里肯定会有人来埋我的,要不我人一臭,那气味谁也受不了。我不会让别人白白埋我的,我在枕头底下压了十元钱,这十元钱我饿死也不会去动它的,村里人都知道这十元钱是给替我收尸的那个人,他们也都知道我死后是要和家珍他们埋在一起的。

这辈子想起来也是很快就过来了,过得平平常常,我爹指望我光耀祖宗,他算是看错人了,我啊,就是这样的命。年轻时靠着祖上留下的钱风光了一阵子,往后就越过越落魄了,这样反倒好,看看我身边的人,龙二和春生,他们也只是风光了一阵子,到头来命都丢了。做人还是平常点好,争这个争那个,争来争去赔了自己的命。像我这样,说起来是越混越没出息,可寿命长,我认识的人一个挨着一个死去,我还活着。

苦根死后第二年,我买牛的钱凑够了,看看自己还得活几年,我觉得牛还是要买的。牛是半个人,它能替我干活,闲下来时我也有个伴,心里闷了就和它说说话。牵着它去水边吃草,就跟拉着个孩子似的。

买牛那天,我把钱揣在怀里走着去新丰,那里是个很大的牛市场。路过邻近一个村庄时,看到晒场上围着一群人,走过去看看,就看到了这头牛,它趴在地上,歪着脑袋吧嗒吧嗒掉眼泪,旁边一个赤膊男人蹲在地上霍霍地磨着牛刀,围着的人在说牛刀从什么地方刺进去最好。我看到这头老牛哭得那么伤心,心里怪难受的。想想做牛真是可怜,累死累活替人干了一辈子,老了,力气小了,就要被人宰了吃掉。

我不忍心看它被宰掉,便离开晒场继续往新丰去。走着走着心里总放不下这头牛,它知道自己要死了,脑袋底下都有一摊眼泪了。

我越走心里越是定不下来,后来一想,干脆把它买下来。我赶紧往回走,走到晒场那里,他们已经绑住了牛脚,我挤上去对那个磨刀的男人说:

"行行好,把这头牛卖给我吧。"

赤膊男人手指试着刀锋,看了我好一会才问:

"你说什么?"

我说:"我要买这牛。"

他咧开嘴嘻嘻笑了,旁边的人也哄地笑起来。我知道他们都在笑我,我从怀里抽出钱放到他手里,说:

"你数一数。"

赤膊男人马上傻了,他把我看了又看,还搔搔脖子,问我:

"你当真要买?"

我什么话也不去说,蹲下身子把牛脚上的绳子解了,站起来后拍拍牛的脑袋,这牛还真聪明,知道自己不死了,一下子站起来,也不掉眼泪了。我拉住缰绳对那个男人说:

"你数数钱。"

那人把钱举到眼前像是看看有多厚,看完他说:

"不数了,你拉走吧。"

我便拉着牛走去,他们在后面乱哄哄地笑,我听到那个男人说:

"今天合算,今天合算。"

牛是通人性的,我拉着它往回走时,它知道是我救了它的命,身体老往我身上靠,亲热得很,我对它说:

"你呀,先别这么高兴,我拉你回去是要你干活,不是把你当爹来养着的。"

我拉着牛回到村里,村里人全围上来看热闹,他们都说我老糊涂了,

买了这么一头老牛回来,有个人说:

"福贵,我看它年纪比你爹还大。"

会看牛的告诉我,说它最多只能活两年三年的,我想两三年足够了,我自己恐怕还活不到这么久。谁知道我们都活到了今天,村里人又惊又奇,就是前两天,还有人说我们是——"两个老不死。"

牛到了家,也是我家里的成员了,该给它取个名字,想来想去还是觉得叫它福贵好。定下来叫它福贵,我左看右看都觉得它像我,心里美滋滋的,后来村里人也开始说我们两个很像,我嘿嘿笑,心想我早就知道它像我了。

福贵是好样的,有时候嘛,也要偷偷懒,可人也常常偷懒,就不要说是牛了。我知道什么时候该让它干活,什么时候该让它歇一歇,只要我累了,我知道它也累了,就让它歇一会,我歇得来精神了,那它也该干活了。

老人说着站了起来,拍拍屁股上的尘土,向池塘旁的老牛喊了一声,那牛就走过来,走到老人身旁低下了头。老人把犁扛到肩上,拉着牛的缰绳慢慢走去。

两个福贵的脚上都沾满了泥,走去时都微微晃动着身体。我听到老人对牛说:

"今天有庆、二喜耕了一亩,家珍、凤霞耕了也有七八分田,苦根还小都耕了半亩。你嘛,耕了多少我就不说了,说出来你会觉得我是要羞你。话还得说回来,你年纪大了,能耕这么些田也是尽心尽力了。"

老人和牛渐渐远去,我听到老人粗哑的令人感动的嗓音在远处传来,他的歌声在空旷的傍晚像风一样飘扬,老人唱道——

少年去游荡,中年想掘藏,老年做和尚。

炊烟在农舍的屋顶袅袅升起,在霞光四射的空中分散后消隐了。

女人吆喝孩子的声音此起彼伏,一个男人挑着粪桶从我跟前走过,扁担吱呀吱呀一路响了过去。慢慢地,田野趋向了宁静,四周出现了模糊,霞光逐渐退去。

我知道黄昏正在转瞬即逝,黑夜从天而降了。我看到广阔的土地袒露着结实的胸膛,那是召唤的姿态,就像女人召唤着她们的儿女,土地召唤着黑夜来临。

一九九二年九月三日

（节选自《活着》，作家出版社2008年版。略有改动。）

[赏析]

朱光潜《谈人生与我》一文中言："我把自己看作草木虫鱼的侪辈，草木虫鱼在和风甘露中是那样活着，在炎暑寒冬中也还是那样活着。像庄子所说，它们'诱然皆生，而不知其所以生；同焉皆得，而不知其所以得'。它们时而庆天跃渊，欣欣向荣，时而含葩敛翅，晏然蛰处，都顺着自然所赋予的那一副本性。它们决不计较生活应该是如何，决不追究生活是为着什么，也决不埋怨上天待它们特薄，把它们供人类宰割凌虐。在它们说，生活自身就是方法，生活自身也就是目的。

"从草木虫鱼的生活，我觉得一个经验。我不在生活以外别求生活方法，不在生活以外别求生活目的。世间少我一个，多我一个，或者我时而幸运，时而受灾祸侵逼，我以为这都无伤天地之和。你如果问我，人们应该如何生活才好呢？我说，就顺着自然所给的本性生活着，像草木虫鱼一样。你如果问我，人们生活在这变幻无常的世相中究竟为着什么？我说，生活就是为着生活，别无其他目的。你如果向我埋怨天公说，人生是多么苦恼呵！我说，人们并非生在这个世界来享幸福的，所以那并不算奇怪。"

朱先生的话与余华所言"人是为活着本身而活着的，而不是为了活着之外的任何事物所活着"是呼应的。主人公福贵并不能说出这样的话，但他不正是这样活着吗？某种程度上讲，富贵不也是一个庄子吗？

[选评]

[1] 当代·邓晓芒《人论三题》："余华为自己的《活着》所写的'前言'，道出了作者本人对这部小说所构思的'理路'和'概念'。他讲了很多道理，作家和现实的关系等等，最后落实到他听美国民歌《老黑奴》的感受：'家人都离他而去，而他依然友好地对待世界，没有一句抱怨的话。'所以他写了《活着》，是'写人对苦难的承受能力，对世界的乐观的态度。写作过程让我明白，人是为活着本身而活着的，而不是为活着之外的任何事物所活着'。"

[2] 当代·王干（中国作家网）："《活着》出现之前，'新写实'小说已经广为人知。

《活着》出现之后,'新写实'的模板才诞生。新写实强调写生存,注重生存的本相。《活着》是关于生存状态最零度最本真的书写,这篇小说摆脱之前主流文学话语对生存理念的影响。小说通过书写一个地主家族的衰落,叙述了一个又一个亲人死去的过程,与死亡对应的是社会生活面貌的变化风云。作品以冷静、幽默的笔法,和命运的残酷和诡谲,呈现了一个人遭遇无尽痛苦后活下去的勇气和毅力。主人公富贵,它可以作为中国普通百姓面对生存艰难的象征和缩影。这部小说在中国写实主义的维度上创造了一个零度叙述的可能空间,作家与人物的距离的隔离效果堪称典范。"

[3]《时代》周刊:"中国过去六十年所发生的一切灾难,都一一发生在福贵和他的家庭身上。接踵而至的打击或许令读者无从同情,但余华至真至诚的笔墨,已将福贵塑造成了一个存在的英雄。当这部沉重的小说结束时,活着的意志,是福贵身上唯一不能被剥夺走的东西。"

[作业]

[1] 很多人都看到了福贵的苦难及其对苦难的忍耐,你是否看到他通达的一面?

[2] 怎么理解余华"人是为活着本身而活着的,而不是为了活着之外的任何事物所活着"这句话?

文以载道 以文化人

扫码发现

课本里的文化典藏

壹 查阅字句释义
吃透文言文，字库齐全随时查。

贰 领略文学魅力
导读文学著作，感知文字的力量。

叁 细读文学经典
精要重点解说，扎实文化基础。

肆 讲解写作方法
写作指导和范例，拓宽写作思维。

[专题五]

爱情婚姻

爱情是人世间最美好的情感体验之一。不同的人对爱情有不同的理解,有的人因两情相悦、伉俪情深充分体会到了爱情的幸福与甜蜜;有的人因为爱情的分合而倍感痛苦与折磨。爱情是文学作品永恒的主题,忠贞不渝,生离死别,爱情的幸福和无奈,这些文学史上最动人的美丽篇章,打动着一代又一代人的心灵。

爱情是初见时的美好和心灵相通。纳兰性德一句"人生若只如初见"(《雨霖铃》)和李商隐的"身无彩凤双飞翼,心有灵犀一点通"(《无题》)道出了有情人初见时的美好。宝玉初见黛玉时的"这个妹妹我曾见过的"(《红楼梦》第三回)描写了宝黛初见时的灵光一闪,照亮了二人。虽是初见,却恍若旧友,气质、心灵的相通给双方带来了美好的爱情体验。

爱情是分别时无尽的思念与牵挂,是心心相印的心灵契合,是对纯洁真挚情感的坚守。"日日思君不见君,共饮长江水。"(李之仪《卜算子》)"无情不似多情苦,一寸还成千万缕。天涯地角有穷时,只有相思无尽处。"(晏殊《玉楼春》)"天不老,情难绝。心似双丝网,中有千千结。"(张先《千秋岁》)思念虽然苦涩,但只要相爱的人心在一起,也可以化为幸福的牵挂。"衣带渐宽终不悔,为伊消得人憔悴。"(柳永《蝶恋花》)"两情若是久长时,又岂在朝朝暮暮。"(秦观《鹊桥仙》)"问世间,情为何物,直教人生死相许。"(元好问《摸鱼儿》)"山无陵,江水为竭,冬雷震震夏雨雪,天地合,乃敢与君绝。"(郭茂倩编《乐府诗集》)这些爱的誓言,那么真挚热烈,让人在感动于文学表达的同时也对爱情充满了美好的期待与向往。

描写爱情的文学作品大多经过艺术加工和渲染,现实中的爱情却往往在经历了热烈的爱恋阶段后逐渐归于平淡。爱情的最终走向一般是婚姻与家庭。如果说爱情最能打动人的是它的炽烈的情感的话,那么,婚姻和家庭除了要有爱,还要有责任与付出,包括对对方的关心和包容接纳,以及互相欣赏和尊重。

家是每个人心灵栖息的港湾,也是夫妻养护情感的加油站。家的温馨随意与放松,是现代人在社会上打拼的目的,也是疲惫后最终的栖息所。

最后要说的一点是,无论是爱情中还是婚姻中,男女双方都需要共同成长,共同面对世界的风风雨雨,只有这样,爱情才能够持久。"你有你的铜枝铁干,像刀,像剑,也像戟;我有我红硕的花朵,像沉重的叹息,又像英勇的火炬。我们分担寒潮、风雷、霹雳;我们共享雾霭、流岚、虹霓。仿佛永远分离,却又终身相依。"(舒婷《致橡树》)《伤逝》里的子君本是一个勇敢的女性,冲破了封建家长的阻挠与涓生相爱,但是因为婚后子君一味沉湎于与涓生的小家庭的柴米油盐,不再有新的追求,忽视了爱情必须时时更新、生长、创造,很快他们的爱情就消失了,他们冲破封建牢笼建立起来的家庭也不复存在了。

"执子之手,与子偕老。"(《诗经·邶风》)愿天下有情人皆成眷属。愿每个人都能得到一份共同成长的爱情,一个幸福的婚姻和家庭。

上　邪

[题解]

《乐府诗集》是上古至唐、五代的乐府诗歌总集,成书于北宋时期。全书共一百卷,以辑录汉魏至唐的乐府诗为主。根据音乐性质的不同,所集作品分为郊庙歌辞、燕射歌辞、鼓吹曲辞、横吹曲辞、相和歌辞、清商曲辞、舞曲歌辞、琴曲歌辞、杂曲歌辞、近代曲辞、杂歌谣辞、新乐府辞等十二大类。每一类有总序,每一曲有题解,对乐曲的起源、性质、演唱配器等均有详尽说明。其中还保存了不少已失传著作的内容。

本篇属于《乐府诗集·鼓吹曲辞》。这是一首情歌,是主人公自誓之词:海枯石烂,爱情仍然坚贞不变。

上邪[1]！我欲与君相知[2],长命无绝衰[3]。山无陵[4],江水为竭,冬雷震震[5]夏雨[6]雪,天地合,乃敢与君绝。[7]

[注释]

[1] 上:指天。邪(yé):读为"耶",语气词。这句是说:"天哪!"
[2] 相知:相亲相爱。
[3] 命:令、使。这句是说,使爱情永不衰绝。
[4] 陵:指山峰。这句的意思是,高山变平地。
[5] 震震:雷声。
[6] 雨(yù):动词,落的意思。
[7] 以上五句都是假设情状。意思是说,除非发生了这类不可能发生的事,我才敢和你断绝爱情。

[赏析]

与文人诗词喜欢描写少女初恋时的羞涩情态相反,在民歌中最常见的是以少男少女自述的口吻来表现他们对于幸福爱情的勇敢、大胆的追求。这首诗属于汉代乐府民歌中的《鼓吹曲辞》，是一位心直口快的北方姑娘向其倾心相爱的男子表达爱情。由于这位姑娘表达爱的方式特别出奇，表达爱的誓词特别热烈，致使千载之下，这位姑娘的神情声口仍能活脱脱地从纸上传达出来，令人身临其境。

首句"上邪"是指天为誓。古人敬天畏命，非不得已，不会轻动天的威权。现在这位姑娘开口便言天，可想见她神情庄重，有异常重要的话要说。果然，姑娘终于把珍藏在自己内心几次想说而又苦于没有机会说的秘密吐出来了："我欲与君相知，长命无绝衰。"相知就是相爱，相好。姑娘经过自己的精心选择，认为这位男子确实值得相爱。"长命无绝衰"是说两人的命运永生永世联结在一起，两人的爱情永生永世不会衰退。前一句是表白爱情的态度，后一句是进一层表白爱情的坚贞。爱情，只有与坚贞联系在一起的时候，才是无比纯洁美好的。姑娘当然懂得这一点，因此她要进一步表明心迹。不过，她不愿再从正面直说，而是通过出人意料的逆向想象，从反面设誓。她先举出了五件非常之事作为设誓的前提"山无陵，江水为竭"，是说世上最永久的存在物发生了巨变；"冬雷震震夏雨雪"，是说自然界最永恒的规律发生了怪变；"天地合"是说整个宇宙发生了毁灭性的灾变，然后吐出了"乃敢与君绝"五个字。由于这五个字有五件非常之事作为支撑点，因此字字千钧，不同凡响；又由于设誓的前提没有一个会出现，因此"乃敢与君绝"的结果也就无从说起了。

这首古诗对后世的影响很大。敦煌曲子词中的《菩萨蛮》在思想内容和艺术表现手法上明显受到它的启发："枕前发尽千般愿，要休且待青山烂。水面上秤锤浮，直待黄河彻底枯。白日参辰现，北斗回南面，休即未能休，且待三更见日头。"不仅对坚贞专一的爱情幸福的追求如出一辙，并且连续运用多种不可能来说明一种不可能的艺术构思也是完全相同的。

[选评]

[1] 清·张玉縠《古诗赏析》："首三，正说，意言已尽；后五，反面竭力申说。如此，然后敢绝，是终不可绝也。迭用五事，两就地维说，两就天时说，直说到天地混合，一气赶落，不见堆垛，局奇笔横。"

[作业]

[1] 结合《有所思》(有所思，乃在大海南)，分析女主人公对爱情的态度。

〔2〕以作品中列举的五种难以出现的现象来表现对爱情的坚贞不渝,这种手法在文学史上并不鲜见,试举出几个类似例子来分析这样写的好处。

白 头 吟

[题解]

本篇属于《乐府诗集·相和歌辞·楚调曲》,写被遗弃的女子向用情不专的男子表示决绝。《西京杂记》认为此乃卓文君为司马相如另娶茂陵女而作,似属附会。

皑如山上雪,皎若云间月。
闻君有两意[1],故来相决[2]绝。
今日斗酒会,明旦沟水头。
躞蹀[3]御沟上,沟水东西流[4]。
凄凄复凄凄,嫁娶不须啼。
愿得一人心,白头不相离。
竹竿何袅袅,鱼尾何簁簁[5]。
男儿重意气,何用钱刀为[6]!

[注释]

[1] 两意:就是二心,指情变。
[2] 决:别。
[3] 躞蹀(xiè dié):行貌。
[4] 东西流:即东流。东西是偏义复词,此处偏用东字的意义。
[5] 簁簁(shāi):形容鱼尾像濡湿的羽毛。
[6] 钱刀:古时的钱有铸成马刀形的,叫作刀钱。所以钱又称钱刀。

[赏析]

本篇是一首对爱情的赞歌,塑造了一个忠于爱情、坚强勇敢的女性形象。全诗两

句一节,共分四个层次。开头两句以雪、月起兴,选取明亮高洁的意象委婉地表达出自己对丈夫纯洁深厚的情谊。但是,当女子发觉丈夫的心已不在自己身上之后,便做出了"故来相决绝"的选择,这是一种对爱情忠贞纯洁的捍卫,作者不允许自己的爱情被污染。"有两意",既与首二句"雪""月"相关,构成转折,又与下文"一心人"相反,形成对比,前后照应自然,而谴责之意亦彰,揭示出全诗的决绝之旨。

第二层"今日"四句写变心的丈夫如今功成名就,在官场与名利场中运筹帷幄谈笑风生,而作者回忆起种种甜蜜的往事,觉得一切都像流水一样消逝,两个人也如这流水一般各奔东西,分道扬镳了。

第三层"凄凄"四句忽一笔宕开,言一般女子出嫁,总是悲伤地啼哭,其实大可不必;只要嫁得一个情意专一的男子,白头偕老,永不分离,就算很幸福了。言外之意,夫君变心,自己今日遭到遗弃才最凄惨悲伤,这是初嫁女子无法体会到的痛苦。作者泛言他人而暗含自己,辞意婉约而又见顿挫,也直抒胸臆地写出了自己对于美好爱情的向往。

结尾四句为第四层,复用两喻。以鱼竿的柔长轻盈摆动和鱼尾的滋润鲜活来写男女相爱的幸福。说明爱情双方应该情投意合,不应该以金钱关系作为爱情的依靠。

这首诗塑造了一个个性刚烈的女子形象,她对于爱情忠贞不移,重情重义,即使丈夫不忠也没有哭哭啼啼委曲求全,展示出了她坚强的一面,她用理智捍卫了自己的尊严和爱情的纯洁,这样一个感情纯洁忠贞、自尊自爱的女性形象即使在今天也具有启发意义。

[选评]

[1] 清·王尧衢《古唐诗合解》:"如雪之洁,如月之明,喻昔日信誓之明也。"

[2] 清·朱嘉徵《乐府广序》:"何以得鱼?须芳其饵。若一心人意气自合,何须芳饵为!"

[作业]

[1] 分析《白头吟》这首诗的艺术风格。
[2] 分析诗中女主人公形象及其现代借鉴意义。

长干行[1]（其一）

李　白

李白(701—762)，字太白，号青莲居士，又号"谪仙人"，唐代伟大的浪漫主义诗人，后人誉为"诗仙"，与杜甫并称为"李杜"。李白生性豪迈自信，傲岸不羁，形成了其雄奇豪放、瑰玮绚烂的诗风，是盛唐精神的突出体现。

李白诗以抒情为主，表现出蔑视权贵的傲岸精神，对人民疾苦表示同情，又善于描绘自然景色，表达对祖国山河的热爱。李白的许多诗反映了唐代妇女的生活状况，《长干行二首》是其中的优秀作品。全诗以一位居住在长干里的商人妻子自述的口吻，描写了她与丈夫从两小无猜、青梅竹马到结为夫妻后情感的变化，塑造了一个感情真挚纯洁的少妇形象，具有动人的艺术魅力。

　　妾发初覆额，折花门前剧[2]。
　　郎骑竹马来，绕床[3]弄青梅。
　　同居长干里，两小无嫌猜。
　　十四为君妇，羞颜未尝开。
　　低头向暗壁，千唤不一回。
　　十五始展眉，愿同尘与灰[4]。
　　常存抱柱信，岂上望夫台[5]。
　　十六君远行，瞿塘滟滪堆[6]。
　　五月不可触，猿声天上哀。
　　门前迟行迹，一一生绿苔。
　　苔深不能扫，落叶秋风早。
　　八月蝴蝶来[7]，双飞西园草。
　　感此伤妾心，坐愁红颜老。
　　早晚下三巴[8]，预将书报家。

相迎不道远,直至长风沙[9]。

[注释]

[1] 长干行:属乐府《杂曲歌辞》调名。长干里:地名,在今南京市,唐时为船民集居之地,故《长干曲》多抒发船家女子的感情。

[2] 剧:嬉戏玩耍。

[3] 床:井栏,后院水井的围栏。

[4] 尘与灰:形容两人不能分开。

[5] 抱柱信:出自《庄子·盗跖》,写尾生与一女子相约于桥下,女子未到而突然涨水,尾生守信而不肯离去,抱着柱子被水淹死。望夫台:本为地名,后来成为表达对爱人深切思念和忠诚等待的爱情象征和经典意象。

[6] 滟(yàn)滪(yù)堆:三峡之一瞿塘峡峡口的一块大礁石,农历五月涨水没礁,船只易触礁翻沉。

[7] 蝴蝶来:一作"蝴蝶黄"。清王琦《李太白文集注》云:"杨升庵谓蝴蝶或白或黑,或五彩皆具,唯黄色一种至秋乃多,盖感金气也,引太白'八月蝴蝶黄'一句,以为深中物理,而评今本'来'字为浅。琦谓:以文义论字,终以'来'字为长。"故作"黄"字亦有道理。

[8] 早晚:多早晚,犹何时。三巴:地名,即巴郡、巴东、巴西。在今四川东部地区。

[9] 长风沙:地名,在今安徽省安庆市的长江边上,距南京约700里。

[赏析]

本篇为爱情叙事诗,熔叙事、写景、抒情于一炉,形象鲜明饱满,格调既明快活泼,又委婉含蓄,深沉绵邈,韵味悠长。全诗最突出的特点是运用典型概括手法,精心选取女主人公不同生活阶段的场景,组成一幅幅鲜明生动的画面,通过对环境气氛的渲染,展现了不同时期主人公的性格特点。开头六句,活脱一组民间孩童嬉戏的风情画卷,通过描写儿童的游戏玩耍,刻画了一对活泼可爱、天真无邪的儿童形象,"两小无猜""青梅竹马"也成了描写美好爱情的著名成语。"十四为君妇"以下八句,以细腻生动的心理描写勾画出了新娘出嫁后的心理变化历程,几乎是女主人公的一部性格发展史。接下来浓墨重彩地描写了闺中少妇的离别愁绪,与前面的风格形成鲜明对比。

"门前迟行迹"以下八句,通过节气变化和不同景物的描写,将一个忠于爱情、坚贞专一的少妇对丈夫的挚爱和思念形象生动地表达出来。最后两句则透露了李白特有的浪漫主义色彩。整首诗叙事完整,人物刻画鲜明饱满,显示了李白爱情叙事诗的完整性和独创性。

[选评]

[1] 清·黄周星《唐诗快》:虽是儿女子喁喁,却原带英雄之气,自与他人闺怨不同。

[2] 清·爱新觉罗·弘历《唐宋诗醇》:儿女子情事,直从胸臆间流出,萦迂回折,一往情深。尝爱司空图所云"道不自器,与之圆方"为探得委曲之妙,此篇庶几近之。

[作业]

[1] 分析这首诗里的环境描写对刻画人物所起的作用。
[2] 再选取几首爱情叙事诗进行阅读分析,体会爱情叙事诗与以抒情为主的爱情诗的异同。

鹊 桥 仙

秦 观

[题解]

秦观(1049—1100)字太虚,又字少游,别号邗沟居士,世称淮海先生。北宋高邮(今江苏)人,官至太学博士,国史馆编修。绍圣初(1094),坐元祐党籍,累遭贬谪。徽宗即位,始得北归,途中病逝于滕州。秦观少从苏轼游,与黄庭坚、张耒、晁补之并称为"苏门四学士",其词作以婉约派风格著称,语言优美,情感细腻,深受后世喜爱。

秦观《鹊桥仙》一词以中国传统文化中七夕节牛郎织女的传说为背景,通过词人独特的艺术手法,将这个古老的神话故事转化为一首充满浪漫气息和深刻哲理的词作。秦观巧妙地将天上的星宿与人间的相思之情相结合,通过细腻的笔触描绘了牛郎织女一年一度的相会,以及随之而来的别离。这种对爱情忠贞不渝的颂扬,以及对爱情本质的深刻洞察,使得《鹊桥仙》超越了一般的爱情词,成为一首具有普遍意义的经典文学作品。

纤云弄巧[1],飞星传恨[2],银汉[3]迢迢暗度。金风玉露[4]一相逢,便胜却人间无数。

柔情似水[5],佳期如梦[6],忍顾鹊桥归路[7]。两情若是久长时[8],又岂在朝朝暮暮[9]。

[注释]

[1] 纤云弄巧:形容云彩变化多端,如同在展示它的巧妙。
[2] 飞星传恨:流星如同传递着牛郎织女之间的相思之苦。
[3] 银汉:银河。
[4] 金风玉露:指秋天的风和露水,形容相会时的美好环境。
[5] 柔情似水:形容情感温柔而深沉。

[6] 佳期如梦:美好的时光如同梦境一般短暂。

[7] 忍顾鹊桥归路:不忍心回顾分别时的鹊桥。

[8] 两情若是久长时:如果两个人的感情能够长久。

[9] 朝朝暮暮:指每天每夜,形容时刻在一起。

[赏析]

秦观的《鹊桥仙》以其独特的艺术魅力和深刻的情感内涵,在中国古典诗词中占有重要地位。词中首先通过"纤云弄巧,飞星传恨"的描绘,营造出一个既美丽浪漫又充满深情哀愁的星空,为牛郎织女的七夕相会增添了一层神秘的色彩。而"金风玉露一相逢,便胜却人间无数"则表达了一种超越物质和世俗的纯粹爱情,即使是短暂的相聚,也胜过人间无数的虚情假意。

最为人称道的是词的结尾,"两情若是久长时,又岂在朝朝暮暮",这不仅是对牛郎织女爱情的颂扬,更是一种对爱情本质的深刻认识。它告诉我们,真正的爱情不在于表面的频繁相见与长相厮守,而在于心灵的息息相通与彼此的精神慰藉。这种对爱情的理解,超越了时空的限制,具有普遍的意义,使得这首词不仅在文学上,也在人们的情感世界中产生了深远的影响。

这首词的语言清新脱俗,情感真挚而深沉,通过对比天上的星宿与人间的情感,展现了作者对美好爱情的无限向往和对人生哲理的深刻思考。秦观以其精湛的艺术手法,将一个传统的题材提升到了一个新的艺术高度,使《鹊桥仙》成为一首流传千古的名篇,"两情若是久长时,又岂在朝朝暮暮"也成为人们对理想爱情的美好期许。

[选评]

[1] 清·黄苏《蓼园词选》:"七夕歌以双星会少别多为恨,少游此词谓两情若是久长,不在朝朝暮暮,所谓化臭腐为神奇。凡咏古题,须独出新裁,此固一定之论。少游以坐党(籍)被谪,思君臣际会之难,因托双星以写意;而慕君之念,惋恻缠绵,令人意远矣。"

[2] 近代·俞陛云《唐五代两宋词选释》:"夏闰庵云:'七夕词最难作,宋人赋此者,佳作极少,惟少游一词可观,晏小山《蝶恋花》赋七夕尤佳。'"

[作业]

[1] 结合文学史上对七夕牛郎织女爱情故事的吟咏,分析这首词中表达出的爱情观有何不同。

[2] 分析词中如何紧扣七夕鹊桥相会的故事来抒发人间真挚感情的。

牡丹亭·惊梦

汤显祖

[题解]

汤显祖(1550—1616),明代中期著名剧作家,字义仍,号若士,又号清远道人,别号玉茗堂主人。《牡丹亭》是汤显祖的代表作,改编自明人小说《杜丽娘慕色还魂》,创作于明朝万历年间,全名《牡丹亭还魂记》,也称《还魂梦》或《牡丹亭梦》。它与《紫钗记》《邯郸记》和《南柯记》,合称"临川四梦"。其中,《牡丹亭》是汤显祖最得意、影响最大的一部,描写了南安太守杜宝家的千金小姐杜丽娘对梦中书生柳梦梅倾心相爱,竟因思念感怀伤情而死,死后魂魄仍寻找现实中的爱人,与柳梦梅相遇,人鬼相恋,最后起死回生,终与柳梦梅永结同心的故事,表达了对男女至情的礼赞和挣脱封建思想束缚的愿望。

《牡丹亭》共55出,其中《惊梦》一出以其文辞华美、情韵生动而流传广泛,甚至成为《牡丹亭》乃至中国古典戏曲的代表。《惊梦》详细描写了杜丽娘到后花园踏春,触景生情,因乏后倒头睡在床上。不一会儿见一书生拿着柳条来请她作诗,接着又将她抱至牡丹亭成就了云雨之欢。待她一觉醒来,方知南柯一梦,留下了无限惆怅。

【绕池游】〔旦[1]上〕梦回莺啭,乱煞年光遍[2]。人立小庭深院。〔贴[3]〕炷[4]尽沉烟,抛残绣线,恁今春关情似去年[5]?

〔乌夜啼〕"〔旦〕晓来望断梅关[6],宿妆残。〔贴〕你侧着宜春髻子[7]恰凭阑。〔旦〕剪不断,理还乱,闷无端。〔贴〕已分付催花莺燕借春看。"〔旦〕春香,可曾叫人扫除花径?〔贴〕分付了。〔旦〕取镜台衣服来。〔贴取镜台衣服上〕"云髻罢梳还对镜,罗衣欲换更添香。"镜台衣服在此。

【步步娇】〔旦〕袅晴丝[8]吹来闲庭院,摇漾春如线。停半晌、整花钿。没揣菱花[9],偷人半面,迤逗的彩云偏[10]。〔行介〕步香闺怎便把全身现!

〔贴〕今日穿插的好。

【醉扶归】〔旦〕你道翠生生出落的裙衫儿茜[11],艳晶晶花簪八宝填,可知我常一生儿爱好是天然[12]。恰三春[13]好处无人见。不堤防沉鱼落雁鸟惊諠,则怕的羞花闭月花愁颤。

〔贴〕早茶时了,请行。〔行介〕你看:"画廊金粉半零星,池馆苍苔一片青。踏草怕泥新绣袜,惜花疼煞小金铃[14]。"〔旦〕不到园林,怎知春色如许!

【皂罗袍】原来姹紫嫣红开遍,似这般都付与断井颓垣。良辰美景奈何天,赏心乐事谁家院[15]?恁般景致,我老爷和奶奶再不提起。〔合〕朝飞暮卷,云霞翠轩;雨丝风片,烟波画船——锦屏人[16]忒看的这韶光贱!

〔贴〕是花都放了,那牡丹还早。

【好姐姐】〔旦〕遍青山啼红了杜鹃,荼蘼[17]外烟丝醉软。春香啊,牡丹虽好,他春归怎占的先!〔贴〕成对儿莺燕呵。〔合〕闲凝眄,生生燕语明如翦,呖呖莺歌溜的圆。

〔旦〕去罢。〔贴〕这园子委是观之不足也。〔旦〕提他怎的!〔行介〕

【隔尾】观之不足由他缱,便赏遍了十二亭台是枉然。到不如兴尽回家闲过遣。

〔作到介〕〔贴〕开我西阁门,展我东阁床。瓶插映山紫[18],炉添沉水香。小姐,你歇息片时,俺瞧老夫人去也。〔下〕〔旦叹介〕默地游春转,小试宜春面[19]。春呵,得和你两留连,春去如何遣?咳,恁般天气,好困人也。春香那里?〔作左右瞧介〕〔又低首沉吟介〕天呵,春色恼人,信有之乎!常观诗词乐府,古之女子,因春感情,遇秋成恨,诚不谬矣。吾今年已二八,未逢折桂之夫;忽慕春情,怎得蟾宫之客?昔日韩夫人得遇于郎[20],张生偶逢崔氏[21],曾有《题红记》、《崔徽传》二书。此佳人才子,前以密约偷期[22],后皆得成秦晋。〔长叹介〕吾生于宦族,长在名门。年已及笄,不得早成佳配,诚为虚度青春,光阴如过隙耳。〔泪介〕可惜妾身颜色如花,岂料命如一叶乎!

【山坡羊】没乱里[23]春情难遣,蓦地里怀人幽怨。则为俺生小婵娟[24],拣名门一例、一例里神仙眷。甚良缘,把青春抛的远!俺的睡情谁见?则索[25]因循腼腆。想幽梦谁边,和春光暗流转?迁延[26],这衷怀那处言!淹煎,泼残生[27],除问天!身子困乏了,且自隐几[28]而眠。〔睡介〕

〔梦生介〕〔生持柳枝上〕莺逢日暖歌声滑,人遇风情笑口开。一径落花随水入,今朝阮肇到天台[29]。小生顺路儿跟着杜小姐回来,怎生不见?〔回看介〕呀,小姐,小姐!〔旦作惊起介〕〔相见介〕〔生〕小生那一处不寻访小姐来,却在这裏!〔旦作斜视不语介〕〔生〕恰好花园内,折取垂柳半枝。姐姐,你既淹通书史,可作诗以赏此柳枝乎?〔旦作惊喜,欲言又止介〕〔背想〕这生素昧平生,何因到此?〔生笑介〕小姐,咱爱杀你哩!

【山桃红】则为你如花美眷,似水流年,是答儿[30]闲寻遍。在幽闺自怜。小姐,和你那答儿讲话去。〔旦作含笑不行〕〔生作牵衣介〕〔旦低问〕那边去?〔生〕转过这芍药栏前,紧靠着湖山石边。〔旦低问〕秀才,去怎的?〔生低答〕和你把领扣松,衣带宽,袖梢儿搵着牙儿苫也,则待你忍耐温存一晌眠。〔旦作羞〕〔生前抱〕〔旦推介〕〔合〕是那处曾相见,相看俨然,早难道这好处相逢无一言?〔生强抱旦下〕〔末扮花神束发冠,红衣插花上〕催花御史[31]惜花天,检点春工又一年。蘸[32]客伤心红雨下,勾人悬梦彩云边。吾乃掌管南安府后花园花神是也。因杜知府小姐丽娘,与柳梦梅秀才,后日有姻缘之分。杜小姐游春感伤,致使柳秀才入梦。咱花神专掌惜玉怜香,竟来保护他,要他云雨十分欢幸也。

……

【山桃红】〔生、旦携手上〕〔生〕这一霎天留人便,草藉花眠。小姐可好?〔旦低头介〕〔生〕则把云鬟点,红松翠偏。小姐休忘了呵,见了你紧相偎,慢厮连,恨不得肉儿般团成片也,逗的个日下胭脂雨上鲜。〔旦〕秀才,你可去呵?〔合〕是那处曾相见,相看俨然,早难道这好处相逢无一言?

[注释]

[1] 旦:指杜丽娘。

[2] 乱煞年光遍:缭乱的春光到处都是。

[3] 贴:即"贴旦",指在正旦之外再贴一个次要的旦角,本文指杜丽娘的丫鬟春香。

[4] 炷(zhù):烧;沉烟:沉香燃烧的烟,这里指沉香,一种名贵的香料。

[5] 恁(rèn):为什么;似:深似。为什么今年的春情,比去年来得更浓呢?

[6] 梅关：即大庾岭，又称"梅岭"，因遍植梅树而得名，在广东和江西交界处。在宋代，蔡挺曾在这里设置关卡。这里是虚指。

[7] 宜春髻子：相传在立春那天，妇女剪彩色丝绸成燕子形，戴在髻子上，上贴宜春二字。

[8] 晴丝：虫类所吐的丝缕，也即后文所说的"烟丝"，常在空中飘游，在春天晴朗的日子最容易看见。

[9] 没揣：没想到；菱花：镜子的代称，古时用铜镜，背面所铸花纹一般为菱花，因此称菱花镜。

[10] 迤逗的彩云偏：迤（yǐ）逗，挑逗，引惹；彩云，美丽的发式。大意是想不到镜子偷偷地照见了她，害得她羞答答地把发式也弄歪了。

[11] 翠生生：颜色鲜艳；出落的，衬托出；茜（qiàn），鲜明。

[12] 爱好：爱美；天然：天性使然。

[13] 三春：孟春、仲春、季春，泛指春天。这里比喻自己的美丽。

[14] 惜花疼煞小金铃：据《开元天宝遗事》记载："天宝初，宁王……于后园中纫红丝为绳，密缀金铃，系于花梢之上。每有鸟鹊翔集，则令园吏掣铃索以惊之。盖惜花之故也。"意为惜花常掣铃，连小金铃也被拉得疼煞了。

[15] 良辰美景奈何天，赏心乐事谁家院：出自谢灵运《拟魏太子邺中集序》："天下良辰美景、赏心乐事，四者难并。"谁家：哪一家。

[16] 锦屏人：深闺中人。忒（tè）：太，过于；韶光：春光。

[17] 荼蘼（tú mí）：一种蔷薇科的花，有很多藤蔓，一丝一丝的，爬在架子上，开成一大片。

[18] 映山紫：杜鹃花的一种。

[19] 宜春面：指新妆，参看注释[6]。

[20] 韩夫人得遇于郎：唐人传奇故事：唐僖宗时，宫女韩氏以红叶题诗，从御沟中流出宫外，被书生于佑拾获。于佑也以红叶题诗，投入御池中，巧为韩氏拾得，后来两人结为夫妇。

[21] 张生偶逢崔氏：张生和崔莺莺的爱情故事。下文说的《崔徽传》是另外一个故事，写妓女崔徽和裴敬中恋爱故事。疑是《莺莺传》或《西厢记》的笔误。

[22] 偷期：幽会。

[23] 没乱里：形容心绪很乱。

[24] 生小婵娟：从小美丽。

[25] 则索：只得。索，要、须。

[26] 迁延：徘徊，停留不前。

[27] 淹煎：受煎熬，遭折磨；泼残生，苦命儿。泼：表示厌恶。

[28] 隐几：靠着几案。

[29] 今朝阮肇到天台：指见到爱人。汉代刘晨、阮肇共入天台山采药，遇两丽质仙女，被邀至家中，并招为婿。

[30] 是答儿：到处。是：凡。下文，那答儿：那边。

[31] 催花御史：唐穆宗时宫中置惜花御史，料理盛开的鲜花。这里借为催花御史。

[32] 蘸：指红雨（落花）沾在人的身上。

[赏析]

《牡丹亭》以强烈追求个性解放的进步思想，抨击了封建道学的理念束缚，表达了汤显祖"生者可以死，死可以生"的重情思想。其中《惊梦》是《牡丹亭》中最精彩的一折，低回婉转地描写出了杜丽娘自伤自怜自怨自艾的情绪。深婉缠绵，清丽悠远，可谓顽艳哀感，曲折动人。

开篇【绕池游】曲交代了人物、时间、地点、景物以及人物的心情及全剧的主要基调。"剪不断，理还乱，闷无端"描写了杜丽娘的心情，"小庭深院"充分说明了杜丽娘常年禁锢在深闺中，生活单调无味，后紧跟"炷尽沉烟，抛残绣线"则说明她慵懒无聊的状态，而"恁今春关情似去年"暗示全剧的主要基调，隐隐约约透露出她对春光的向往，以及摆脱束缚的愿望。

【步步娇】曲描写了无限美好的春光。值得注意的是，作者并没有选择常见的桃红柳绿，而是选择了"晴丝"这一既与当时春天情景相一致，又含有双关的意象。"晴丝"与"情思"谐音，杜丽娘没有从春天姹紫嫣红的绚丽起笔，而是注意到了不起眼的"晴丝"，这也从侧面表现出她心思的细腻与生活情感的寂寞，情景融合巧妙且含蓄。

【醉扶归】曲是杜丽娘对自己美丽容貌的集中描写。春香从外在的衣着和头饰赞美杜丽娘，而杜丽娘却道："可知我一生儿爱好是天然"，可见春香并不理解杜丽娘，后又描写了杜丽娘对自己美丽的欣赏，用美丽的春天自喻，为后文伤春埋下伏笔，"伤春"即"伤己"。杜丽娘自我评价和他人评价的反差使其内心造成落差，从而产生孤独之感，与上文"剪不断，理还乱，闷无端"照应。

【皂罗袍】一曲向来被认为是《牡丹亭》全剧的精华之处，许多语句至今流传不衰。尤其是"良辰美景奈何天，赏心乐事谁家院！"一句是杜丽娘心情的集中体现，即使看到了美好的春光,可是由于缺少知音,这些美景带给她的却是"断井颓垣"的衰败之感。由于幽居深闺,这"朝飞暮卷,云霞翠轩;雨丝风片,烟波画船"的美丽景致只能勾起她对自己虽然青春美丽却无良人的哀叹。以"乐景"写"哀情",表现了杜丽娘的苦闷和渴望打破束缚的急切愿望。

【好姐姐】一曲里提到了三种花:"杜鹃""荼蘼""牡丹"。"杜鹃"历来作为悲剧的象征,剧中又化用"杜鹃啼血"这个典故,更增凄凉,"荼蘼"是晚春开花。此曲借用这三种花表达情感,突出牡丹未开和荼蘼赶不上春的悲凉,渲染了杜丽娘的幽怨和伤感。

【隔尾】写春香无法理解杜丽娘,更添杜丽娘的孤独。又借韩氏与于佑的故事、张生与崔莺莺的故事表达杜丽娘对爱情的渴望,哀怨自己如花美眷却无人怜惜。

【山坡羊】详细描写了杜丽娘和柳梦梅在梦中幽会的详细过程。情窦初开的少女与年轻俊美的书生产生了爱情,其中还有花神的话语,增添了故事的浪漫色彩。而最后杜丽娘醒来却发现是南柯一梦,伤心不已,最终导致她在对自由和爱情的渴望中日渐衰弱,含恨而终,埋骨幽泉。

《牡丹亭》讲述了一个因感梦而死又因情死而复生的浪漫的爱情故事,塑造了杜丽娘这一至情至性的大胆追求自由爱情的女性形象,反映了封建社会青年男女争取自由幸福爱情和对个性解放的追求。

《牡丹亭》最突出的特色是其鲜明的浪漫主义特色。杜丽娘经历了现实、梦幻与幽冥三个境界,赋予"情"以超越生死的力量,具有震撼人心的艺术魅力。剧中的曲文,表现了作者在艺术语言上的成就,语言清丽流畅,富有文采。

[选评]

[1] 明·王思任《批点玉茗堂牡丹亭词叙》:"(汤显祖)自谓一生'四梦',得意处惟在《牡丹》情深一叙,读未三行,人已魂销肌栗;而安顿出字,亦自确妙不易。其款置数人,笑者真笑,笑即有声;啼者真啼,啼即有泪;叹者真叹,叹即有气。"

[2] 清·钱谦益《尔雅》:"牡丹亭者,可谓艳而宜嘉之妙作也。"

[作业]

[1] 结合明代中后期社会思潮,分析《惊梦》一出中杜丽娘的"情"及其个体意识的觉醒情况。

[2] 背诵【绕池游】【皂罗袍】两支曲子。

金缕曲·亡妇忌日有感

纳兰性德

[题解]

纳兰性德(1655—1685),满洲人,字容若,号楞伽山人,清代最著名词人之一,康熙时期权臣大学士明珠长子。作为康熙皇帝一等御前侍卫,纳兰性德以英俊威武的武官身份参与风流斯文的诗文之事。随皇帝南巡北狩,游历四方,奉命参与重要的战略侦察,随皇上唱和诗词,年少英才,文采风流,前途无量。但他虽"身在高门广厦,常有山泽鱼鸟之思"。尤其是妻子卢氏的去世给纳兰性德造成极大痛苦,从此"悼亡之吟不少,知己之恨尤深"。沉重的精神打击使他在以后的悼亡诗词中一再流露出哀婉凄楚的不尽相思之情和怅然若失的怀念心绪。他诗文均很出色,尤以词作杰出,著称于世。词集有《侧帽集》《饮水词》《纳兰词》等。传世的《纳兰词》在当时社会上就享有盛誉,被文人、学士等高度评价,成为那个时代词坛的杰出代表。

康熙十六年(1677)农历五月三十日,纳兰性德妻子卢氏不幸去世,这首《金缕曲·亡妇忌日有感》词即作于康熙十九年(1680)五月三十日,即卢氏亡故三周年祭日之际。这首悼亡词,通过叙写妻子去世后自己深切的怀念与悲痛之情,表达了作者对亡妻的哀悼和无尽的悲凉。词中情感真挚,语言平实而哀婉凄恻,展现了纳兰性德独特的创作风格和动人心魄的艺术魅力。

金缕曲[1]·亡妇忌日有感

此恨何时已。滴空阶、寒更雨歇,葬花天气[2]。三载悠悠魂梦杳,是梦久应醒矣。料也觉、人间无味。不及夜台[3]尘土隔,冷清清、一片埋愁地。钗钿约[4],竟抛弃。

重泉[5]若有双鱼[6]寄。好知他、年来苦乐,与谁相倚。我自终宵成转侧,忍听湘弦[7]重理?待结个、他生知己。还怕两人俱薄命,再缘悭[8]、剩月零风[9]里。清泪尽,纸灰起。

[注释]

[1] 金缕曲:词牌名。又名《贺新郎》《乳燕飞》,亦作曲牌名。一百十六字,前后片各六仄韵。

[2] 葬花天气:指春末落花时节,大致是农历五月,这里既表时令,又暗喻妻子之亡如花之凋谢。如今的葬花天气,三年前正是葬人天气。

[3] 夜台:指坟墓。

[4] 钗钿约:钗钿即"金钗""钿合",女子饰物。这里指爱人间的盟誓。

[5] 重泉:即"黄泉""九泉",指生死两隔。

[6] 双鱼:书信,典出古乐府诗《饮马长城窟行》中的"客从远方来,遗我双鲤鱼,呼儿烹鲤鱼,中有尺素书。"

[7] 湘弦:即湘灵鼓瑟之弦。传说舜之妃子溺湘水而亡,后为水神,古代诗词中常用琴瑟代指夫妻,这里指纳兰不忍再弹奏那哀怨凄婉的琴弦,否则会勾起悼亡的哀思。

[8] 缘悭(qiān):指缘分浅薄。

[9] 剩月零风:孤苦清冷的岁月。

[赏析]

纳兰性德妻子卢氏成亲三年即早逝,此后,纳兰创作了四十多首怀念妻子的悼亡词,皆血泪交溢,语痴入骨。本篇所选《金缕曲·亡妇忌日有感》是其中的代表作,尤称绝唱。

该词上片叙天人永隔之恨,起笔一句"此恨何时已"奠定全词基调,以痛彻骨髓的语调直接抒发恩爱夫妻生离死别的无穷憾恨,可谓触目惊心。接下来从空阶滴雨、仲夏葬花写来,引起伤春之感和悼亡之思。虽然三年过去了,但沉重的哀思仍然无时无刻不在缠绕着词人,使他无法释怀,他在想妻子为何不顾两人当年白头偕老的誓约狠心舍自己而去。

三年的时间足以让作者清醒地意识到,今生与妻子已是天人两隔。故下片抒发思念亡妻之情,设想九泉之下妻子会寄来书信,这样就能了解她死后的苦乐和生活状况。词人想象与亡妻约定来生,又怕悲剧重演,可见词人内心郁结的苦闷和哀入骨髓的愁思。全词以"清泪尽，纸灰起"之景作结，整个天地间都是浓得化不开的相思悼念之情，令人不忍卒读。

全词虚实相间，实景与虚拟、所见与所思糅合为一，历历往事与冥冥玄想密合无间。回环往复，一波三折，一唱三叹。纳兰用情至深，这大概也是他英年早逝的一个原因吧。

[选评]

[1] 近代·王国维《人间词话》："纳兰容若以自然之眼观物，以自然之舌言情。此由初入中原，未染汉人风气，故能真切如此。北宋以来，一人而已。"

[2] 唐圭璋《纳兰容若评传》："柔肠九转，凄然欲绝。"

[作业]

[1] 纳兰性德擅长以景传情，在本文中就出现了"雨""月""花"等意象，请分析这些意象在本文起到的作用，并结合《沁园春》中的两首悼亡诗进行赏析。

[2] 纳兰性德在本首悼亡诗里有事、有物、有情，是不加掩饰直抒己怀的情感之作，但他的诗并非都是如此细腻直接的表达，《长相思·山一程》便是与其相反的例子，无一写思乡，却处处都是相思，请针对这二者的不同，结合纳兰性德的生平经历进行对比。

宝黛初会

曹雪芹

[题解]

曹雪芹(约1715—约1763),名霑,字梦阮,号雪芹,又号芹溪、芹圃,江宁织造曹寅之孙,曹颙之子(一说曹頫之子)。曹雪芹早年在南京江宁织造府亲历了一段锦衣纨绔、富贵风流的生活。曾祖父曹玺任江宁织造;曾祖母孙氏做过康熙帝的保姆;祖父曹寅做过康熙帝的伴读和御前侍卫,后任江宁织造,兼任两淮巡盐监察御史,极受康熙宠信。雍正六年,曹家获罪被抄家,曹家从此败落。经历了生活中的重大转折,曹雪芹深感世态炎凉,对封建社会有了更清醒、更深刻的认识。最终创作出了不朽之作《红楼梦》。

《红楼梦》是四大古典名著之一,代表了中国古典小说的最高成就。小说以宝黛爱情悲剧为主线,以贾、林争取爱情自由、婚姻自主和个性解放的思想同封建制度、封建礼教之间的矛盾为线索,以贾、林最后对封建制度和封建礼教的彻底背叛和爱情的悲剧结局而告终。《红楼梦》第三回的精华在于以林黛玉的视角描写了荣国府这个钟鸣鼎食之家的奢侈富贵的生活,同时也细致描写了宝黛初见时的美好,为两人爱情的展开铺垫了一个美丽的开始。人生若只如初见。黛玉初见宝玉的反应是:"黛玉一见,便吃一大惊,心下想道:'好生奇怪,倒像在那里见过一般,何等眼熟到如此!'"宝玉初见黛玉的反应是:"宝玉看罢,因笑道:'这个妹妹我曾见过的。'"这种气质、心灵的相通,使双方都有一种似曾相识的感觉,也照应了小说开头所讲的木石前盟。宝黛爱情正是在这种背景下展开的。

且说黛玉自那日弃舟登岸时,便有荣国府打发了轿子并拉行李的车辆久候了。这林黛玉常听得母亲说过,他外祖母家与别家不同。他近日所见的这几个三等仆妇,吃穿用度,已是不凡了,何况今至其家。因此步步留心,时时在意,不肯轻易多说一句话,多行一步路,惟恐被人耻笑了他去。

自上了轿,进入城中,从纱窗向外瞧了一瞧,其街市之繁华,人烟之阜盛,自与别处不同。又行了半日,忽见街北蹲着两个大石狮子,三间兽头大门,门前列坐着十来个华冠丽服之人。正门却不开,只有东西两角门有人出入。正门之上有一匾,匾上大书"敕造宁国府"五个大字。黛玉想道:"这必是外祖之长房了。"想着,又往西行,不多远,照样也是三间大门,方是荣国府了。却不进正门,只进了西边角门。那轿夫抬进去,走了一射之地,将转弯时,便歇下退出去了。后面的婆子们已都下了轿,赶上前来。另换了三四个衣帽周全十七八岁的小厮上来,复抬起轿子。众婆子步下围随至一垂花门[1]前落下。众小厮退出,众婆子上来打起轿帘,扶黛玉下轿。林黛玉扶着婆子的手,进了垂花门,两边是抄手游廊[2],当中是穿堂[3],当地放着一个紫檀架子大理石的大插屏。转过插屏,小小的三间厅,厅后就是后面的正房大院。正面五间上房,皆雕梁画栋,两边穿山游廊厢房,挂着各色鹦鹉、画眉等鸟雀。台矶之上,坐着几个穿红着绿的丫头,一见他们来了,便忙都笑迎上来,说:"刚才老太太还念呢,可巧就来了。"于是三四人争着打起帘笼,一面听得人回话:"林姑娘到了。"

黛玉方进入房时,只见两个人搀着一位鬓发如银的老母迎上来,黛玉便知是他外祖母。方欲拜见时,早被他外祖母一把搂入怀中,心肝儿肉叫着大哭起来。当下地下侍立之人,无不掩面涕泣,黛玉也哭个不住。一时众人慢慢解劝住了,黛玉方拜见了外祖母。——此即冷子兴所云之史氏太君,贾赦贾政之母也。当下贾母一一指与黛玉:"这是你大舅母;这是你二舅母;这是你先珠大哥的媳妇珠大嫂子。"黛玉一一拜见过。贾母又说:"请姑娘们来。今日远客才来,可以不必上学去了。"众人答应了一声,便去了两个。

不一时,只见三个奶嬷嬷并五六个丫鬟,簇拥着三个姊妹来了。第一个肌肤微丰,合中身材,腮凝新荔,鼻腻鹅脂,温柔沉默,观之可亲。第二个削肩细腰,长挑身材,鸭蛋脸面,俊眼修眉,顾盼神飞,文彩精华,见之忘俗。第三个身量未足,形容尚小。其钗环裙袄,三人皆是一样的妆饰。黛玉忙起身迎上来见礼,互相厮认过,大家归了坐。丫鬟们斟上茶来。不过说些黛玉之母如何得病,如何请医服药,如何送死发丧。不免贾母又伤感起来，因说："我这些儿女，所疼者独有你母，今日一旦先舍我而去，连面也不能一见，今见了你，我怎不伤心！"说着，搂了黛玉在怀，又呜咽起来。众人忙都宽慰解释，方略略止住。

众人见黛玉年貌虽小，其举止言谈不俗，身体面庞虽怯弱不胜，却有一段自然的风流态度，便知他有不足之症。因问："常服何药，如何不急为疗治？"黛玉道："我自来是如此，从会吃饮食时便吃药，到今日未断，请了多少名医修方配药，皆不见效。那一年我三岁时，听得说来了一个癞头和尚，说要化我去出家，我父母固是不从。他又说：'既舍不得他，只怕他的病一生也不能好的了。若要好时，除非从此以后总不许见哭声；除了父母之外，凡有外姓亲友之人，一概不见，方可平安了此一世。'疯疯癫癫，说了这些不经之谈，也没人理他。如今还是吃人参养荣丸。"贾母道："正好，我这里正配丸药呢。叫他们多配一料就是了。"

一语未了，只听后院中有人笑声，说："我来迟了，不曾迎接远客！"黛玉纳罕道："这些人个个皆敛声屏气，恭肃严整如此，这来者系谁，这样放诞无礼？"心下想时，只见一群媳妇丫鬟围拥着一个人从后房门进来。这个人打扮与众姑娘不同：彩绣辉煌，恍若神妃仙子。头上戴着金丝八宝攒珠髻，绾着朝阳五凤挂珠钗；项上戴着赤金盘螭璎珞圈；裙边系着豆绿宫绦双衡比目玫瑰佩；身上穿着缕金百蝶穿花大红洋缎窄裉袄，外罩五彩刻丝石青银鼠褂；下着翡翠撒花洋绉裙。一双丹凤三角眼，两弯柳叶吊梢眉，身量苗条，体格风骚。粉面含春威不露，丹唇未启笑先闻。黛玉连忙起身接见。贾母笑道："你不认得他，他是我们这里有名的一个泼皮破落户儿，南省俗谓作'辣子'，你只叫他'凤辣子'就是了。"

黛玉正不知以何称呼，只见众姊妹都忙告诉他道："这是琏嫂子。"黛玉虽不识，也曾听见母亲说过，大舅贾赦之子贾琏，娶的就是二舅母王氏之内侄女，自幼假充男儿教养的，学名王熙凤。黛玉忙陪笑见礼，以"嫂"呼之。

这熙凤携着黛玉的手，上下细细打谅了一回，仍送至贾母身边坐下，因笑道："天下真有这样标致的人物，我今儿才算见了！况且这通身的气派，竟不像老祖宗的外孙女儿，竟是个嫡亲的孙女，怨不得老祖宗天天口头心头一时不忘。只可怜我这妹妹这样命苦,怎么姑妈偏就去世了!"说着,便用帕拭泪。贾母笑道:"我才好了,你倒来招我。你妹妹远路才来,身子又弱,也才劝住了,快再休提前话。"这熙凤听了,忙转悲为喜道:"正是呢!我一见了妹妹,一心都在他身上了,又是喜欢,又是伤心,竟忘记了老祖宗。该打,该打!"又忙携黛玉之手,问:"妹妹几岁了?可也上过学?现吃什么药?在这里不要想家,想要什么吃的、什么玩的,只管告诉我;丫头老婆们不好了,也只管告诉我。"一面又问婆子们:"林姑娘的行李东西可搬进来了?带了几个人来?你们赶早打扫两间下房,让他们去歇歇。"

说话时,已摆了茶果上来。熙凤亲为捧茶捧果。又见二舅母问他:"月钱放过了不曾?"熙凤道:"月钱已放完了。才刚带着人到后楼上找缎子,找了这半日,也并没有见昨日太太说的那样的,想是太太记错了?"王夫人道:"有没有,什么要紧。"因又说道:"该随手拿出两个来给你这妹妹去裁衣裳的,等晚上想着叫人再去拿罢,可别忘了。"熙凤道:"这倒是我先料着了,知道妹妹不过这两日到的,我已预备下了,等太太回去过了目好送来。"王夫人一笑,点头不语。

当下茶果已撤,贾母命两个老嬷嬷带了黛玉去见两个母舅。时贾赦之妻邢氏忙亦起身,笑回道:"我带了外甥女过去,倒也便宜。"贾母笑道:"正是呢,你也去罢,不必过来了。"邢夫人答应了一声"是"字,遂带了黛玉与王夫人作辞。大家送至穿堂前。

出了垂花门,早有众小厮们拉过一辆翠幄青绸车,邢夫人携了黛玉,坐在上面,众婆子们放下车帘,方命小厮们抬起,拉至宽处,方驾上驯骡,亦出了西角门,往东过荣府正门,便入一黑油大门中,至仪门[4]前方下来。众小厮退出,方打起车帘,邢夫人搀着黛玉的手,进入院中。黛玉度其房屋院宇,必是荣府中花园隔断过来的。进入三层仪门,果见正房厢庑游廊,悉皆小巧别致,不似方才那边轩峻壮丽;且院中随处之树木山石皆在。一时进入正室,早有许多盛妆丽服之姬妾丫鬟迎着,邢夫人让黛玉坐了,一面命人到外面书房去请贾赦。一时人来回话说:"老爷说了:'连日身上不好,见了姑娘彼此倒伤心,暂且不忍相见。劝姑娘不要伤心想家,跟着老太太和舅母,即同家里一样。姊妹们虽拙,大家一处伴着,亦可以解些烦闷。或有委屈之处,只管说得,不要外道才是。'"黛玉忙站起来,一一听了。再坐一刻,便告辞。

邢夫人苦留吃过晚饭去,黛玉笑回道:"舅母爱惜赐饭,原不应辞,只是还要过去拜见二舅舅,恐领了赐迟去不恭,异日再领,未为不可。望舅母容谅。"邢夫人听说,笑道:"这倒是了。"遂令两三个嬷嬷用方才的车好生送了姑娘过去。于是黛玉告辞。邢夫人送至仪门前,又嘱咐了众人几句,眼看着车去了方回来。

一时黛玉进了荣府,下了车。众嬷嬷引着,便往东转弯,穿过一个东西的穿堂,向南大厅之后,仪门内大院落,上面五间大正房,两边厢房鹿顶耳房钻山[5],四通八达,轩昂壮丽,比贾母处不同。黛玉便知这方是正经正内室,一条大甬路,直接出大门的。进入堂屋中,抬头迎面先看见一个赤金九龙青地大匾,匾上写着斗大的三个大字,是"荣禧堂",后有一行小字:"某年月日,书赐荣国公贾源",又有"万几宸翰之宝"。大紫檀雕螭案上,设着三尺来高青绿古铜鼎,悬着待漏[6]随朝墨龙大画,一边是金蜼彝,一边是玻璃盒[7]。地下两溜十六张楠木交椅,又有一副对联,乃乌木联牌,镶着錾银的字迹,道是:

座上珠玑昭日月,堂前黼黻焕烟霞。[8]

下面一行小字,道是:"同乡世教弟勋袭东安郡王穆莳拜手书。"

原来王夫人时常居坐宴息,亦不在这正室,只在这正室东边的三间耳房内。于是老嬷嬷引黛玉进东房门来。临窗大炕上铺着猩红洋罽[9],正面设着大红金钱蟒靠背,石青金钱蟒引枕,秋香色[10]金钱蟒大条褥。两边设一对梅花式洋漆小几。左边几上文王鼎匙箸香盒;右边几上汝窑美人觚[11]——觚内插着时鲜花卉,并茗碗痰盒等物。地下面西一溜四张椅上,都搭着银红撒花椅搭,底下四副脚踏。椅之两边,也有一对高几,几上茗碗瓶花俱备。其余陈设,自不必细说。

老嬷嬷们让黛玉炕上坐,炕沿上却有两个锦褥对设,黛玉度其位次,便不上炕,只向东边椅子上坐了。本房内的丫鬟忙捧上茶来。黛玉一面吃茶,一面打谅这些丫鬟们,妆饰衣裙,举止行动,果亦与别家不同。茶未吃了,只见一个穿红绫袄青缎掐牙背心的丫鬟走来笑说道:"太太说,请林姑娘到那边坐罢。"老嬷嬷听了,于是又引黛玉出来,到了东廊三间小正房内。

正房炕上横设一张炕桌,桌上磊[12]着书籍茶具,靠东壁面西设着半旧的青缎靠背引枕。王夫人却坐在西边下首,亦是半旧的青缎靠背坐褥。见黛玉来了,便往东让。黛玉心中料定这是贾政之位。因见挨炕一溜三张椅子上,也搭着半旧的弹墨椅袱,黛玉便向椅上坐了。王夫人再四携他上炕,他方挨王夫人坐了。王夫人因说:"你舅舅今日斋戒去了,再见罢。只是有一句话嘱咐你:你三个姊妹倒都极好,以后一处念书认字学针线,或是偶一顽笑,都有尽让的。但我不放心的最是一件:我有一个孽根祸胎,是家里的'混世魔王',今日因庙里还愿去了,尚未回来,晚间你看见便知了。你只以后不要睬他,你这些姊妹都不敢沾惹他的。"

黛玉亦常听得母亲说过,二舅母生的有个表兄,乃衔玉而诞,顽劣异常,极恶读书,最喜在内帏厮混;外祖母又极溺爱,无人敢管。今见王夫人如此说,便知说的是这表兄了。因陪笑道:"舅母说的,可是衔玉所生的这位哥哥?在家时亦曾听见母亲常说,这位哥哥比我大一岁,小名就唤宝玉,虽极憨顽,说在姊妹情中极好的。况我来了,自然只和姊妹同处,兄弟们自是别院另室的,岂得去沾惹之理?"王夫人笑道:"你不知道原故:他与别人不同,自幼因老太太疼爱,原系同姊妹们一处娇养惯了的。若姊妹们有日不理他,他倒还安静些,纵然他没趣,不过出了二门,背地里拿着他两个小幺儿出气,咕唧一会子就完了。若这一日姊妹们和他多说一句话,他心里一乐,便生出多少事来。所以嘱咐你别睬他。他嘴里一时甜言蜜语,一时有天无日,一时又疯疯傻傻,只休信他。"

黛玉一一的都答应着。只见一个丫鬟来回:"老太太那里传晚饭了。"王夫人忙携黛玉从后房门由后廊往西,出了角门,是一条南北宽夹道。南边是倒座三间小小的抱厦[13]厅,北边立着一个粉油大影壁,后有一半大门,小小一所房室。王夫人笑指向黛玉道:"这是你凤姐姐的屋子,回来你好往这里找他来,少什么东西,你只管和他说就是了。"这院门上也有四五个才总角[14]的小厮,都垂手侍立。王夫人遂携黛玉穿过一个东西穿堂,便是贾母的后院了。

于是,进入后房门,已有多人在此伺候,见王夫人来了,方安设桌椅。贾珠之妻李氏捧饭,熙凤安箸,王夫人进羹。贾母正面榻上独坐,两边四张空椅,熙凤忙拉了黛玉在左边第一张椅上坐了,黛玉十分推让。贾母笑道:"你舅母你嫂子们不在这里吃饭。你是客,原应如此坐的。"黛玉方告了座,坐了。贾母命王夫人坐了。迎春姊妹三个告了座方上来。迎春便坐右手第一,探春左第二,惜春坐右第二。旁边丫鬟执着拂尘、漱盂、巾帕。李、凤二人立于案旁布让[15]。外间伺候之媳妇丫鬟虽多,却连一声咳嗽不闻。

寂然饭毕,各有丫鬟用小茶盘捧上茶来。当日林如海教女以惜福养身,云饭后务待饭粒咽尽,过一时再吃茶,方不伤脾胃。今黛玉见了这里许多事情不合家中之式,不得不随的,少不得一一改过来,因而接了茶。早见人又捧过漱盂来,黛玉也照样漱了口。盥手毕,又捧上茶来,这方是吃的茶。贾母便说:"你们去罢,让我们自在说话儿。"王夫人听了,忙起身,又说了两句闲话,方引凤、李二人去了。贾母因问黛玉念何书。黛玉道:"只刚念了《四书》。"黛玉又问姊妹们读何书。贾母道:"读的是什么书,不过是认得两个字,不是睁眼的瞎子罢了!"

一语未了,只听外面一阵脚步响,丫鬟进来笑道:"宝玉来了!"黛玉心中正疑惑着:"这个宝玉,不知是怎生个惫懒人物,懵懂顽童?——倒不见那蠢物也罢了。"心中想着,忽见丫鬟话未报完,已进来了一位年轻的公子:

> 头上戴着束发嵌宝紫金冠,齐眉勒着二龙抢珠金抹额;穿一件二色金百蝶穿花大红箭袖,束着五彩丝攒花结长穗宫绦,外罩石青起花八团倭缎排穗褂;登着青缎粉底小朝靴。面若中秋之月,色如春晓之花,鬓若刀裁,眉如墨画,面如桃瓣,目若秋波。虽怒时而若笑,即瞋视而有情。项上金螭璎珞,又有一根五色丝绦,系着一块美玉。

黛玉一见,便吃一大惊,心下想道:"好生奇怪,倒像在那里见过一般,何等眼熟到如此!"只见这宝玉向贾母请了安,贾母便命:"去见你娘来。"宝玉即转身去了。一时回来,再看,已换了冠带:头上周围一转的短发,都结成小辫,红丝结束,共攒至顶中胎发,总编一根大辫,黑亮如漆,从顶至梢,一串四颗大珠,用金八宝坠角;身上穿着银红撒花半旧大袄,仍旧带着项圈、宝玉、寄名锁[16]、护身符等物;下面半露松花撒花绫裤腿,锦边弹墨袜,厚底大红鞋。越显得面如敷粉,唇若施脂;转盼多情,语言常笑。天然一段风骚,全在眉梢;平生万种情思,悉堆眼角。看其外貌最是极好,却难知其底细。后人有《西江月》二词,批宝玉极恰,其词曰:

  无故寻愁觅恨,有时似傻如狂。纵然生得好皮囊,腹内原来草莽。
  潦倒不通世务,愚顽怕读文章。行为偏僻性乖张,那管世人诽谤!

  富贵不知乐业,贫穷难耐凄凉。可怜辜负好韶光,于国于家无望。
  天下无能第一,古今不肖无双。寄言纨绔与膏粱:莫效此儿形状!

  贾母因笑道:"外客未见,就脱了衣裳,还不去见你妹妹!"宝玉早已看见多了一个姊妹,便料定是林姑妈之女,忙来作揖。厮见毕归坐,细看形容,与众各别:

  两弯似蹙非蹙罥烟眉,一双似泣非泣含露目。态生两靥之愁,娇袭一身之病。泪光点点,娇喘微微。闲静时如姣花照水,行动处似弱柳扶风。心较比干多一窍,病如西子胜三分。

  宝玉看罢,因笑道:"这个妹妹我曾见过的。"贾母笑道:"可又是胡说,你又何曾见过他?"宝玉笑道:"虽然未曾见过他,然我看着面善,心里就算是旧相识,今日只作远别重逢,亦未为不可。"贾母笑道:"更好,更好,若如此,更相和睦了。"宝玉便走近黛玉身边坐下,又细细打量一番,因问:"妹妹可曾读书?"黛玉道:"不曾读,只上了一年学,些须认得几个字。"宝玉又道:"妹妹尊名是那两个字?"黛玉便说了名。宝玉又问表字。黛玉道:"无字。"宝玉笑道:"我送妹妹一妙字,莫若'颦颦'二字极妙。"探春便问何出。宝玉道:"《古今人物通考》上说:'西方有石名黛,可代画眉之墨。'况这林妹妹眉尖若蹙,用取这两个字,岂不两妙!"探春笑道:"只恐又是你的杜撰。"宝玉笑道:"除《四书》外,杜撰的太多,偏只我是杜撰不成?"又问黛玉:"可也有玉没有?"众人不解其语,黛玉便忖度着因他有玉,故问我有也无,因答道:"我没有那个。想来那玉是一件罕物,岂能人人有的。"

  宝玉听了,登时发作起痴狂病来,摘下那玉,就狠命摔去,骂道:"什么罕物，连人之高低不择，还说'通灵'不'通灵'呢！我也不要这劳什子了！"吓的众人一拥争去拾玉。贾母急的搂了宝玉道："孽障！你生气，要打骂人容易，何苦摔那命根子！"宝玉满面泪痕泣道："家里姐姐妹妹都没有，单我有，我说没趣；如今来了这么一个神仙似的妹妹也没有，可知这不是个好东西。"贾母忙哄他道："你这妹妹原有这个来的，因你姑妈去世时，舍不得你妹妹，无法处，遂将他的玉带了去了：一则全殉葬之礼，尽你妹妹之孝心；二则你姑妈之灵，亦可权作见了女儿之意。因此他只说没有这个，不便自己夸张之意。你如今怎比得他？还不好生慎重带上，仔细你娘知道了。"说着，便向丫鬟手中接来，亲与他带上。宝玉听如此说，想一想大有情理，也就不生别论了。

当下，奶娘来请问黛玉之房舍。贾母说："今将宝玉挪出来，同我在套间暖阁[17]儿里，把你林姑娘暂安置碧纱橱里[18]。等过了残冬，春天再与他们收拾房屋，另作一番安置罢。"宝玉道："好祖宗，我就在碧纱厨外的床上很妥当，何必又出来闹的老祖宗不得安静。"贾母想了一想说："也罢哩。"每人一个奶娘并一个丫头照管，余者在外间上夜听唤。一面早有熙凤命人送了一顶藕合色花帐，并几件锦被缎褥之类。

黛玉只带了两个人来：一个是自幼奶娘王嬷嬷，一个是十岁的小丫头，亦是自幼随身的，名唤作雪雁。贾母见雪雁甚小，一团孩气，王嬷嬷又极老，料黛玉皆不遂心省力的，便将自己身边的一个二等丫头，名唤鹦哥者与了黛玉。外亦如迎春等例，每人除自幼乳母外，另有四个教引嬷嬷，除贴身掌管钗钏盥沐两个丫鬟外，另有五六个洒扫房屋来往使役的小丫鬟。当下，王嬷嬷与鹦哥陪侍黛玉在碧纱橱内。宝玉之乳母李嬷嬷，并大丫鬟名唤袭人者，陪侍在外面大床上。

原来这袭人亦是贾母之婢，本名珍珠。贾母因溺爱宝玉，生恐宝玉之婢无竭力尽忠之人，素喜袭人心地纯良，克尽职任，遂与了宝玉。宝玉因知他本姓花，又曾见旧人诗句上有"花气袭人"之句，遂回明贾母，更名袭人。这袭人亦有些痴处：服侍贾母时，心中眼中只有一个贾母；如今服侍宝玉，心中眼中又只有一个宝玉。只因宝玉性情乖僻，每每规谏宝玉不听，心中着实忧郁。

是晚,宝玉李嬷嬷已睡了,他见里面黛玉和鹦哥犹未安息,他自卸了妆,悄悄进来,笑问:"姑娘怎么还不安息?"黛玉忙让:"姐姐请坐。"袭人在床沿上坐了。鹦哥笑道:"林姑娘正在这里伤心,自己淌眼抹泪的说:'今儿才来,就惹出你家哥儿的狂病,倘或摔坏了那玉,岂不是因我之过!'因此便伤心,我好容易劝好了。"袭人道:"姑娘快休如此,将来只怕比这个更奇怪的笑话儿还有呢!若为他这种行止,你多心伤感,只怕你伤感不了呢。快别多心!"黛玉道:"姐姐们说的,我记着就是了。究竟那玉不知是怎么个来历?上面还有字迹?"袭人道:"连一家子也不知来历,上头还有现成的眼儿,听得说,落草时是从他口里掏出来的。等我拿来你看便知。"黛玉忙止道:"罢了,此刻夜深,明日再看也不迟。"大家又叙了一回,方才安歇。

(选自《红楼梦》第三回《贾雨村夤缘复旧职　林黛玉抛父进京都》,人民文学出版社1982年版。)

[注释]

[1] 垂花门:旧家宅院,进入大门之后,内院院门例有雕刻的垂花,倒悬于门额两侧,门上面盖有宫殿式的小屋顶,称为垂花门。

[2] 抄手游廊:院门内两侧环抱的走廊。

[3] 穿堂:坐落在前后两个院落之间的可以穿行的厅堂。

[4] 仪门:明清官署,邸宅大门的第二重正门。

[5] 鹿顶:东西房和南北房连接转角的地方。耳房:正房或厢房两侧连着的小房间,言其在门内左右如两耳然。钻山:打通山墙,与相邻的房子或游廊相接。

[6] 待漏:百官清晨入朝,等待朝拜天子,谓之"待漏"。漏:古代计时器。

[7] 盒:盛酒器。

[8] 珠玑:珍珠,兼喻诗文之美。黼黻(fǔ fú):古代官僚贵族礼服上绣的花纹。这副对联形容座中人和堂上客的衣饰华贵,佩戴的珠玉日日月月般光彩照人,衣服的图饰如烟霞般绚丽夺目。

[9] 猩红洋罽(jì):大红色的毛织毯子。

[10] 秋香色:浅黄绿色。

[11] 美人觚(gū):宋代河南汝州窑烧制的一种仿古瓷器。觚:古代一种盛酒器,长身细腰,形如美人。

[12] 磊(luò)：叠放。

[13] 倒座：是与正房相对、朝向相反的房子。抱厦厅：回绕堂屋后面的侧室。

[14] 总角：古时儿童束发为两结，向上分开，形状如角，故称总角。

[15] 布让：宴席间向客人敬菜、劝餐。

[16] 寄名锁：旧时怕小孩夭亡，在神或僧、道前寄名为弟子，再用锁形饰物挂在项间，表示借神的命令锁住。

[17] 套间：与正房相连的两侧的房间，也指相连的屋子的里间。暖阁：指在套间内再隔断成为小房间，内设炕褥，两边安有隔扇，上边有一横眉，形成床帐的样子，称暖阁儿。

[18] 碧纱橱：又称隔扇门、格门。清代建筑内檐装修中室内隔断的一种。这里的"碧纱橱里"是指以碧纱橱隔开的里间。

[赏析]

这一回主要讲林黛玉进贾府，借黛玉之眼看宁、荣二府的富丽堂皇，以及贾府一干女眷粉墨出场。小说的整个故事就是在这一背景下展开的，其中浓墨重彩描写了宝黛初见。为写二人见面，曹雪芹前面已经做了多重铺垫。在宝黛二人，是初次见面。在我们读者，早已有心理铺垫。在太虚幻境，曹雪芹对他们的前身今生已经有所交代，神瑛侍者即将携带那块无材补天的顽石降临姑苏温柔富贵之乡，钟鸣鼎食之家。而神瑛侍者浇灌的那株绛珠草也已在警幻处备案，随后降生。灵河岸上三生石畔，宝黛未入人间，即已是故交。这可视为宝黛第一次出场。之后，从仙界回到人间，贾雨村在乡野酒肆，邂逅冷子兴，在现世引出宝玉、黛玉。宝玉种种怪异乖张之言行，已广为流传，引人侧目。此时黛玉却平淡无奇，只是家族衰败，人丁不旺，生母新丧，个人体弱。这视为宝黛第二次出场。宝黛未正面出场前，已有两次出现。脂砚斋将其手法比作绘画中的"多重皴染法"。皴法是画山石的技法。皴即皱纹，说明石头表面皱纹多。皴法多以淡墨和干墨来表现山石表面粗糙不平的脉络纹理和明暗向背。皴染是运用水分较少的一种染法，有时接近皴，单独用的时候，可以代替皴。常常把皴和染连在一起用，称为"千皴万染"，用来比喻叙事的简略，轻轻一笔。脂砚斋在《红楼梦》第二回前评中说："故借用冷子兴一人略出其文，使阅者心中已有一荣府隐隐在心。然后用黛玉宝钗等两次皴染，耀然于心中眼中矣。"（庚辰本二回）而后，黛玉入荣府，正式登场，引出贾母、凤姐和宝玉三个重量级人物，还有迎春、探春、惜春三姐妹，邢、王二夫人，以及袭人，都只稍稍露面而已，贾赦、贾政只是留了话，没有露面。

《红楼梦》鸿篇巨制,主要人物依次亮相,此时曹雪芹依然是"收"着写的,写王夫人如何介绍宝玉,再三提及其顽劣痴狂,引黛玉想象。黛玉投奔荣府,本已小心谨慎,"不敢多说一句话,不敢多走一步路",此时更加戒备。而所谓"收",是为了更好地"放"。宝玉至晚间登场,进来给贾母请安,转身又出去给王夫人请安,此时黛玉已仔细观察了宝玉,而宝玉还没有关注黛玉。黛玉心中正疑惑着,忽见丫鬟话未报完,已进来了一位年轻的公子:"……面若中秋之月,色如春晓之花。鬓若刀裁,眉如墨画,面如桃瓣,目若秋波。虽怒时而若笑,即瞋视而有情。项上金螭璎珞,又有一根五色丝绦,系着一块美玉。"黛玉一见,便吃一大惊,心下想道:"好生奇怪,倒像在那里见过一般,何等眼熟到如此!"宝玉向王夫人请安回来,黛玉再看,已换了冠带,"越显得面如敷粉,唇若施脂,转盼多情,语言常笑。天然一段风骚,全在眉梢,平生万种情思,悉堆眼角。"再次回到贾母处,经贾母提醒,宝玉才对黛玉全神贯注:"细看形容,与众各别:两弯似蹙非蹙笼烟眉,一双似喜非喜含露目。态生两靥之愁,娇袭一身之病。泪光点点,娇喘微微。闲静时如姣花照水,行动处似弱柳扶风。心较比干多一窍,病如西子胜三分。宝玉看罢,因笑道:'这个妹妹我曾见过的。'"一个一见"眼熟",一个"这个妹妹我曾见过的",初见时灵光一闪,照亮了二人,写得如此美好。既有前世缘分羁绊,又是今生还泪而来,二人感受,岂是他人所知。是梦?是幻?是欢喜?是悲伤?曹雪芹煞费苦心,铺垫熏染,渐次呈现,步步惊心,才有这似梦如幻之美丽画卷。

[选评]

[1] 近代·王国维《人间词话》:"客观之诗人,不可不多阅世。阅世愈深,则材料愈丰富,愈变化,《水浒传》《红楼梦》之作者是也。"

[2] 启功《启功给你讲红楼》:"在封建家庭或亲友中间,与长辈说话,自有一定'分寸'。答话站起身来,回答或禀告时都称'回话'。否定长辈的意见时,不得提出正面否定,须先摆出客观事实,等待长辈自行取消前议。作者这里给黛玉安排的辞令,真是'丝丝入扣'。"

[作业]

[1] 比较分析《林黛玉进贾府》中贾府主要人物出场的不同方式和特点。

[2] 小说分三次完成对林黛玉的肖像描写有何好处?作者采用切换视角的方法来描写林黛玉,为什么不同的人看到的形象不一样?

伤　　逝
——涓生的日记

鲁　迅

[题解]

鲁迅(1881—1936),曾用名周樟寿,后改名周树人,字豫山,后改豫才,浙江绍兴人。著名文学家、思想家、民主战士,五四新文化运动的重要参与者,中国现代文学的奠基人。"鲁迅"是他1918年发表《狂人日记》时所用笔名,也是他影响最为广泛的笔名。

《伤逝》选自鲁迅短篇小说集《彷徨》,是他唯一一篇以爱情为主题的小说,讲述了两个青年知识分子大胆冲破封建礼教束缚走到一起但他们的爱情最终却消亡在日常的柴米油盐中的悲剧,是对五四时期婚姻自由、个性解放的沉痛反思。小说以第一人称的手记叙事方式,直接展示男主人公涓生一段爱情的迷恋与迷失,不仅让人有身临其境的亲切自然感,还让人对主人公内心深沉的悲情与悲思有强烈共鸣感。

如果我能够,我要写下我的悔恨和悲哀,为子君,为自己。

会馆[1]里的被遗忘在偏僻里的破屋是这样地寂静和空虚。时光过得真快,我爱子君,仗着她逃出这寂静和空虚,已经满一年了。事情又这么不凑巧,我重来时,偏偏空着的又只有这一间屋。依然是这样的破窗,这样的窗外的半枯的槐树和老紫藤,这样的窗前的方桌,这样的败壁,这样的靠壁的板床。深夜中独自躺在床上,就如我未曾和子君同居以前一般,过去一年中的时光全被消灭,全未有过,我并没有曾经从这破屋子搬出,在吉兆胡同创立了满怀希望的小小的家庭。

不但如此。在一年之前,这寂静和空虚是并不这样的,常常含着期待;期待子君的到来。在久待的焦躁中,一听到皮鞋的高底尖触着砖路的清响,是怎样地使我骤然生动起来呵! 于是就看见带着笑涡的苍白的圆脸,苍白的瘦的臂膊,布的有条纹的衫子,玄色的裙。她又带了窗外的半枯的槐树的新叶来，使我看见，还有挂在铁似的老干上的一房一房的紫白的藤花。

然而现在呢，只有寂静和空虚依旧，子君却决不再来了，而且永远，永远地！……

子君不在我这破屋里时，我什么也看不见。在百无聊赖中，随手抓过一本书来，科学也好，文学也好，横竖什么都一样；看下去，看下去，忽而自己觉得，已经翻了十多页了，但是毫不记得书上所说的事。只是耳朵却分外地灵，仿佛听到大门外一切往来的履声，从中便有子君的，而且橐橐地逐渐临近，——但是，往往又逐渐渺茫，终于消失在别的步声的杂沓中了。我憎恶那不像子君鞋声的穿布底鞋的长班[2]的儿子，我憎恶那太像子君鞋声的常常穿着新皮鞋的邻院的搽雪花膏的小东西！

莫非她翻了车么？莫非她被电车撞伤了么？……

我便要取了帽子去看她，然而她的胞叔就曾经当面骂过我。

蓦然，她的鞋声近来了，一步响于一步，迎出去时，却已经走过紫藤棚下，脸上带着微笑的酒窝。她在她叔子的家里大约并未受气；我的心宁帖了，默默地相视片时之后，破屋里便渐渐充满了我的语声，谈家庭专制，谈打破旧习惯，谈男女平等，谈伊孛生，谈泰戈尔，谈雪莱[3]……她总是微笑点头，两眼里弥漫着稚气的好奇的光泽。壁上就钉着一张铜板的雪莱半身像，是从杂志上裁下来的，是他的最美的一张像。当我指给她看时，她却只草草一看，便低了头，似乎不好意思了。这些地方，子君就大概还未脱尽旧思想的束缚，——我后来也想，倒不如换一张雪莱淹死在海里的记念像或是伊孛生的罢；但也终于没有换，现在是连这一张也不知那里去了。

"我是我自己的，他们谁也没有干涉我的权利！"

这是我们交际了半年，又谈起她在这里的胞叔和在家的父亲时，她默想了一会之后，分明地，坚决地，沉静地说了出来的话。其时是我已经说尽了我的意见，我的身世，我的缺点，很少隐瞒；她也完全了解的了。这几句话很震动了我的灵魂，此后许多天还在耳中发响，而且说不出的狂喜，知道中国女性，并不如厌世家所说那样的无法可施，在不远的将来，便要看见辉煌的曙色的。

送她出门,照例是相离十多步远;照例是那鲇鱼须的老东西的脸又紧帖在脏的窗玻璃上了,连鼻尖都挤成一个小平面;到外院,照例又是明晃晃的玻璃窗里的那小东西的脸,加厚的雪花膏。她目不邪视地骄傲地走了,没有看见;我骄傲地回来。

"我是我自己的,他们谁也没有干涉我的权利!"这彻底的思想就在她的脑里,比我还透澈,坚强得多。半瓶雪花膏和鼻尖的小平面,于她能算什么东西呢?

我已经记不清那时怎样地将我的纯真热烈的爱表示给她。岂但现在,那时的事后便已模胡,夜间回想,早只剩了一些断片了;同居以后一两月,便连这些断片也化作无可追踪的梦影。我只记得那时以前的十几天,曾经很仔细地研究过表示的态度,排列过措辞的先后,以及倘或遭了拒绝以后的情形。可是临时似乎都无用,在慌张中,身不由己地竟用了在电影上见过的方法了。后来一想到,就使我很愧恧,但在记忆上却偏只有这一点永远留遗,至今还如暗室的孤灯一般,照见我含泪握着她的手,一条腿跪了下去……

不但我自己的,便是子君的言语举动,我那时就没有看得分明;仅知道她已经允许我了。但也还仿佛记得她脸色变成青白,后来又渐渐转作绯红,——没有见过,也没有再见的绯红;孩子似的眼里射出悲喜,但是夹着惊疑的光,虽然力避我的视线,张皇地似乎要破窗飞去。然而我知道她已经允许我了,没有知道她怎样说或是没有说。

她却是什么都记得:我的言辞,竟至于读熟了的一般,能够滔滔背诵;我的举动,就如有一张我所看不见的影片挂在眼下,叙述得如生,很细微,自然连那使我不愿再想的浅薄的电影的一闪。夜阑人静,是相对温习的时候了,我常是被质问,被考验,并且被命复述当时的言语,然而常须由她补足,由她纠正,像一个丁等的学生。

这温习后来也渐渐稀疏起来。但我只要看见她两眼注视空中,出神似的凝想着,于是神色越加柔和,笑窝也深下去,便知道她又在自修旧课了,只是我很怕她看到我那可笑的电影的一闪。但我又知道,她一定要看见,而且也非看不可的。

然而她并不觉得可笑。即使我自己以为可笑,甚而至于可鄙的,她也毫不以为可笑。这事我知道得很清楚,因为她爱我,是这样地热烈,这样地纯真。

去年的暮春是最为幸福,也是最为忙碌的时光。我的心平静下去了,但又有别一部分和身体一同忙碌起来。我们这时才在路上同行,也到过几回公园,最多的是寻住所。我觉得在路上时时遇到探索,讥笑,猥亵和轻蔑的眼光,一不小心,便使我的全身有些瑟缩,只得即刻提起我的骄傲和反抗来支持。她却是大无畏的,对于这些全不关心,只是镇静地缓缓前行,坦然如入无人之境。

寻住所实在不是容易事,大半是被托辞拒绝,小半是我们以为不相宜。起先我们选择得很苛酷,——也非苛酷,因为看去大抵不像是我们的安身之所;后来,便只要他们能相容了。看了二十多处,这才得到可以暂且敷衍的处所,是吉兆胡同一所小屋里的两间南屋;主人是一个小官,然而倒是明白人,自住着正屋和厢房。他只有夫人和一个不到周岁的女孩子,雇一个乡下的女工,只要孩子不啼哭,是极其安闲幽静的。

我们的家具很简单,但已经用去了我的筹来的款子的大半;子君还卖掉了她唯一的金戒指和耳环。我拦阻她,还是定要卖,我也就不再坚持下去了;我知道不给她加入一点股分去,她是住不舒服的。

和她的叔子,她早经闹开,至于使他气愤到不再认她做侄女;我也陆续和几个自以为忠告,其实是替我胆怯,或者竟是嫉妒的朋友绝了交。然而这倒很清静。每日办公散后,虽然已近黄昏,车夫又一定走得这样慢,但究竟还有二人相对的时候。我们先是沉默的相视,接着是放怀而亲密的交谈,后来又是沉默。大家低头沉思着,却并未想着什么事。我也渐渐清醒地读遍了她的身体,她的灵魂,不过三星期,我似乎于她已经更加了解,揭去许多先前以为了解而现在看来却是隔膜,即所谓真的隔膜了。

子君也逐日活泼起来。但她并不爱花,我在庙会[4]时买来的两盆小草花,四天不浇,枯死在壁角了,我又没有照顾一切的闲暇。然而她爱动物,也许是从官太太那里传染的罢,不一月,我们的眷属便骤然加得很多,四只小油鸡,在小院子里和房主人的十多只在一同走。但她们却认识鸡的相貌,各知道那一只是自家的。还有一只花白的叭儿狗,从庙会买来,记得似乎原有名字,子君却给它另起了一个,叫作阿随。我就叫它阿随,但我不喜欢这名字。

这是真的,爱情必须时时更新,生长,创造。我和子君说起这,她也领会地点点头。

唉唉,那是怎样的宁静而幸福的夜呵!

安宁和幸福是要凝固的,永久是这样的安宁和幸福。我们在会馆里时,还偶有议论的冲突和意思的误会,自从到吉兆胡同以来,连这一点也没有了;我们只在灯下对坐的怀旧谭中,回味那时冲突以后的和解的重生一般的乐趣。

子君竟胖了起来,脸色也红活了;可惜的是忙。管了家务便连谈天的工夫也没有,何况读书和散步。我们常说,我们总还得雇一个女工。

这就使我也一样地不快活,傍晚回来,常见她包藏着不快活的颜色,尤其使我不乐的是她要装作勉强的笑容。幸而探听出来了,也还是和那小官太太的暗斗,导火线便是两家的小油鸡。但又何必硬不告诉我呢?人总该有一个独立的家庭。这样的处所,是不能居住的。

我的路也铸定了,每星期中的六天,是由家到局,又由局到家。在局里便坐在办公桌前钞,钞,钞些公文和信件;在家里是和她相对或帮她生白炉子,煮饭,蒸馒头。我的学会了煮饭,就在这时候。

但我的食品却比在会馆里时好得多了。做菜虽不是子君的特长,然而她于此却倾注着全力;对于她的日夜的操心,使我也不能不一同操心,来算作分甘共苦。况且她又这样地终日汗流满面,短发都粘在脑额上;两只手又只是这样地粗糙起来。

况且还要饲阿随,饲油鸡,……都是非她不可的工作。

我曾经忠告她:我不吃,倒也罢了;却万不可这样地操劳。她只看了我一眼,不开口,神色却似乎有点凄然;我也只好不开口。然而她还是这样地操劳。

我所预期的打击果然到来。双十节的前一晚,我呆坐着,她在洗碗。

听到打门声,我去开门时,是局里的信差,交给我一张油印的纸条。我就有些料到了,到灯下去一看,果然,印着的就是:

奉

局长谕史涓生着毋庸到局办事

秘书处启　十月九号

这在会馆里时,我就早已料到了;那雪花膏便是局长的儿子的赌友,一定要去添些谣言,设法报告的。到现在才发生效验,已经要算是很晚的了。其实这在我不能算是一个打击,因为我早就决定,可以给别人去钞写,或者教读,或者虽然费力,也还可以译点书,况且《自由之友》的总编辑便是见过几次的熟人,两月前还通过信。但我的心却跳跃着。那么一个无畏的子君也变了色,尤其使我痛心;她近来似乎也较为怯弱了。

"那算什么。哼,我们干新的。我们……"她说。

她的话没有说完;不知怎地,那声音在我听去却只是浮浮的;灯光也觉得格外黯淡。人们真是可笑的动物,一点极微末的小事情,便会受着很深的影响。我们先是默默地相视,逐渐商量起来,终于决定将现有的钱竭力节省,一面登"小广告"去寻求钞写和教读,一面写信给《自由之友》的总编辑,说明我目下的遭遇,请他收用我的译本,给我帮一点艰辛时候的忙。

"说做,就做罢!来开一条新的路!"

我立刻转身向了书案,推开盛香油的瓶子和醋碟,子君便送过那黯淡的灯来。我先拟广告;其次是选定可译的书,迁移以来未曾翻阅过,每本的头上都满漫着灰尘了;最后才写信。

我很费踌躇,不知道怎样措辞好,当停笔凝思的时候,转眼去一瞥她的脸,在昏暗的灯光下,又很见得凄然。我真不料这样微细的小事情,竟会给坚决的,无畏的子君以这么显著的变化。她近来实在变得很怯弱了,但也并不是今夜才开始的。我的心因此更缭乱,忽然有安宁的生活的影像——会馆里的破屋的寂静,在眼前一闪,刚刚想定睛凝视,却又看见了昏暗的灯光。

许久之后,信也写成了,是一封颇长的信;很觉得疲劳,仿佛近来自己也较为怯弱了。于是我们决定,广告和发信,就在明日一同实行。大家不约而同地伸直了腰肢,在无言中,似乎又都感到彼此的坚忍崛强的精神,还看见从新萌芽起来的将来的希望。

外来的打击其实倒是振作了我们的新精神。局里的生活,原如鸟贩子手里的禽鸟一般,仅有一点小米维系残生,决不会肥胖;日子一久,只落得麻痹了翅子,即使放出笼外,早已不能奋飞。现在总算脱出这牢笼了,我从此要在新的开阔的天空中翱翔,趁我还未忘却了我的翅子的扇动。

小广告是一时自然不会发生效力的;但译书也不是容易事,先前看过,以为已经懂得的,一动手,却疑难百出了,进行得很慢。然而我决计努力地做,一本半新的字典,不到半月,边上便有了一大片乌黑的指痕,这就证明着我的工作的切实。《自由之友》的总编辑曾经说过,他的刊物是决不会埋没好稿子的。

可惜的是我没有一间静室,子君又没有先前那么幽静,善于体帖了,屋子里总是散乱着碗碟,弥漫着煤烟,使人不能安心做事,但是这自然还只能怨我自己无力置一间书斋。然而又加以阿随,加以油鸡们。加以油鸡们又大起来了,更容易成为两家争吵的引线。

加以每日的"川流不息"的吃饭;子君的功业,仿佛就完全建立在这吃饭中。吃了筹钱,筹来吃饭,还要喂阿随,饲油鸡;她似乎将先前所知道的全都忘掉了,也不想到我的构思就常常为了这催促吃饭而打断。即使在坐中给看一点怒色,她总是不改变,仍然毫无感触似的大嚼起来。

使她明白了我的作工不能受规定的吃饭的束缚,就费去五星期。她明白之后,大约很不高兴罢,可是没有说。我的工作果然从此较为迅速地进行,不久就共译了五万言,只要润色一回,便可以和做好的两篇小品,一同寄给《自由之友》去。只是吃饭却依然给我苦恼。菜冷,是无妨的,然而竟不够;有时连饭也不够,虽然我因为终日坐在家里用脑,饭量已经比先前要减少得多。这是先去喂了阿随了,有时还并那近来连自己也轻易不吃的羊肉。她说,阿随实在瘦得太可怜,房东太太还因此嗤笑我们了,她受不住这样的奚落。

于是吃我残饭的便只有油鸡们。这是我积久才看出来的,但同时也如赫胥黎[5]的论定"人类在宇宙间的位置"一般,自觉了我在这里的位置:

不过是叭儿狗和油鸡之间。

后来,经多次的抗争和催逼,油鸡们也逐渐成为肴馔,我们和阿随都享用了十多日的鲜肥;可是其实都很瘦,因为它们早已每日只能得到几粒高粱了。从此便清静得多。只有子君很颓唐,似乎常觉得凄苦和无聊,至于不大愿意开口。我想,人是多么容易改变呵!

但是阿随也将留不住了。我们已经不能再希望从什么地方会有来信,子君也早没有一点食物可以引它打拱或直立起来。冬季又逼近得这么快,火炉就要成为很大的问题;它的食量,在我们其实早是一个极易觉得的很重的负担。于是连它也留不住了。

倘使插了草标[6]到庙市去出卖,也许能得几文钱罢,然而我们都不能,也不愿这样做。终于是用包袱蒙着头,由我带到西郊去放掉了,还要追上来,便推在一个并不很深的土坑里。

我一回寓,觉得又清静得多多了;但子君的凄惨的神色,却使我很吃惊。那是没有见过的神色,自然是为阿随。但又何至于此呢?我还没有说起推在土坑里的事。

到夜间,在她的凄惨的神色中,加上冰冷的分子了。

"奇怪。——子君,你怎么今天这样儿了?"我忍不住问。

"什么?"她连看也不看我。

"你的脸色……"

"没有什么,——什么也没有。"

我终于从她言动上看出,她大概已经认定我是一个忍心的人。其实,我一个人,是容易生活的,虽然因为骄傲,向来不与世交来往,迁居以后,也疏远了所有旧识的人,然而只要能远走高飞,生路还宽广得很。现在忍受着这生活压迫的苦痛,大半倒是为她,便是放掉阿随,也何尝不如此。但子君的识见却似乎只是浅薄起来,竟至于连这一点也想不到了。

我拣了一个机会,将这些道理暗示她;她领会似的点头。然而看她后来的情形,她是没有懂,或者是并不相信的。

天气的冷和神情的冷,逼迫我不能在家庭中安身。但是,往那里去呢?大道上,公园里,虽然没有冰冷的神情,冷风究竟也刺得人皮肤欲裂。

我终于在通俗图书馆里觅得了我的天堂。

那里无须买票;阅书室里又装着两个铁火炉。纵使不过是烧着不死不活的煤的火炉,但单是看见装着它,精神上也就总觉得有些温暖。书却无可看:旧的陈腐,新的是几乎没有的。好在我到那里去也并非为看书。另外时常还有几个人,多则十余人,都是单薄衣裳,正如我,各人看各人的书,作为取暖的口实。这于我尤为合式。道路上容易遇见熟人,得到轻蔑的一瞥,但此地却决无那样的横祸,因为他们是永远围在别的铁炉旁,或者靠在自家的白炉边的。

那里虽然没有书给我看,却还有安闲容得我想。待到孤身枯坐,回忆从前,这才觉得大半年来,只为了爱,——盲目的爱,——而将别的人生的要义全盘疏忽了。第一,便是生活。人必生活着,爱才有所附丽。世界上并非没有为了奋斗者而开的活路;我也还未忘却翅子的扇动,虽然比先前已经颓唐得多……

屋子和读者渐渐消失了,我看见怒涛中的渔夫,战壕中的兵士,摩托车[7]中的贵人,洋场上的投机家,深山密林中的豪杰,讲台上的教授,昏夜的运动者和深夜的偷儿……子君,——不在近旁。她的勇气都失掉了,只为着阿随悲愤,为着做饭出神;然而奇怪的是倒也并不怎样瘦损……

冷了起来,火炉里的不死不活的几片硬煤,也终于烧尽了,已是闭馆的时候。又须回到吉兆胡同,领略冰冷的颜色去了。近来也间或遇到温暖的神情,但这却反而增加我的苦痛。记得有一夜,子君的眼里忽而又发出久已不见的稚气的光来,笑着和我谈到还在会馆时候的情形,时时又很带些恐怖的神色。我知道我近来的超过她的冷漠,已经引起她的忧疑来,只得也勉力谈笑,想给她一点慰藉。然而我的笑貌一上脸,我的话一出口,却即刻变为空虚,这空虚又即刻发生反响,回向我的耳目里,给我一个难堪的恶毒的冷嘲。

子君似乎也觉得的,从此便失掉了她往常的麻木似的镇静,虽然竭力掩饰,总还是时时露出忧疑的神色来,但对我却温和得多了。

我要明告她,但我还没有敢,当决心要说的时候,看见她孩子一般的眼色,就使我只得暂且改作勉强的欢容。但是这又即刻来冷嘲我,并使我失却那冷漠的镇静。她从此又开始了往事的温习和新的考验,逼我做出许多虚伪的温存的答案来,将温存示给她,虚伪的草稿便写在自己的心上。我的心渐被这些草稿填满了,常觉得难于呼吸。我在苦恼中常常想,说真实自然须有极大的勇气的;假如没有这勇气,而苟安于虚伪,那也便是不能开辟新的生路的人。不独不是这个,连这人也未尝有!子君有怨色,在早晨,极冷的早晨,这是从未见过的,但也许是从我看来的怨色。我那时冷冷地气愤和暗笑了;她所磨练的思想和豁达无畏的言论,到底也还是一个空虚,而对于这空虚却并未自觉。她早已什么书也不看,已不知道人的生活的第一着是求生,向着这求生的道路,是必须携手同行,或奋身孤往的了,倘使只知道捶着一个人的衣角,那便是虽战士也难于战斗,只得一同灭亡。

我觉得新的希望就只在我们的分离;她应该决然舍去,——我也突然想到她的死,然而立刻自责,忏悔了。幸而是早晨,时间正多,我可以说我的真实。我们的新的道路的开辟,便在这一遭。

我和她闲谈,故意地引起我们的往事,提到文艺,于是涉及外国的文人,文人的作品:《诺拉》,《海的女人》[8]。称扬诺拉的果决……也还是去年在会馆的破屋里讲过的那些话,但现在已经变成空虚,从我的嘴传入自己的耳中,时时疑心有一个隐形的坏孩子,在背后恶意地刻毒地学舌。

她还是点头答应着倾听,后来沉默了。我也就断续地说完了我的话,连余音都消失在虚空中了。

"是的。"她又沉默了一会,说,"但是,……涓生,我觉得你近来很两样了。可是的?你,——你老实告诉我。"

我觉得这似乎给了我当头一击,但也立即定了神,说出我的意见和主张来:新的路的开辟,新的生活的再造,为的是免得一同灭亡。

临末,我用了十分的决心,加上这几句话:

"……况且你已经可以无须顾虑,勇往直前了。你要我老实说;是的,人是不该虚伪的。我老实说罢:因为,因为我已经不爱你了!但这于你倒好得多,因为你更可以毫无挂念地做事……"

我同时预期着大的变故的到来,然而只有沉默。她脸色陡然变成灰黄,死了似的;瞬间便又苏生,眼里也发了稚气的闪闪的光泽。这眼光射向四处,正如孩子在饥渴中寻求着慈爱的母亲,但只在空中寻求,恐怖地回避着我的眼。

我不能看下去了,幸而是早晨,我冒着寒风径奔通俗图书馆。

在那里看见《自由之友》,我的小品文都登出了。这使我一惊,仿佛得了一点生气。我想,生活的路还很多,——但是,现在这样也还是不行的。

我开始去访问久已不相闻问的熟人,但这也不过一两次;他们的屋子自然是暖和的,我在骨髓中却觉得寒冽。夜间,便蜷伏在比冰还冷的冷屋中。

冰的针刺着我的灵魂,使我永远苦于麻木的疼痛。生活的路还很多,我也还没有忘却翅子的扇动,我想。——我突然想到她的死,然而立刻自责,忏悔了。

在通俗图书馆里往往瞥见一闪的光明,新的生路横在前面。她勇猛地觉悟了,毅然走出这冰冷的家,而且,——毫无怨恨的神色。我便轻如行云,漂浮空际,上有蔚蓝的天,下是深山大海,广厦高楼,战场,摩托车,洋场,公馆,晴明的闹市,黑暗的夜……

而且,真的,我豫感得这新生面便要来到了。

我们总算度过了极难忍受的冬天,这北京的冬天;就如蜻蜓落在恶作剧的坏孩子的手里一般,被系着细线,尽情玩弄,虐待,虽然幸而没有送掉性命,结果也还是躺在地上,只争着一个迟早之间。

写给《自由之友》的总编辑已经有三封信,这才得到回信,信封里只有两张书券[9]:两角的和三角的。我却单是催,就用了九分的邮票,一天的饥饿,又都白挨给于己一无所得的空虚了。

然而觉得要来的事,却终于来到了。

这是冬春之交的事,风已没有这么冷,我也更久地在外面徘徊;待到回家,大概已经昏黑。就在这样一个昏黑的晚上,我照常没精打采地回来,一看见寓所的门,也照常更加丧气,使脚步放得更缓。但终于走进自己的屋子里了,没有灯火;摸火柴点起来时,是异样的寂寞和空虚!

正在错愕中,官太太便到窗外来叫我出去。

"今天子君的父亲来到这里,将她接回去了。"她很简单地说。

这似乎又不是意料中的事,我便如脑后受了一击,无言地站着。

"她去了么?"过了些时,我只问出这样一句话。

"她去了。"

"她,——她可说什么?"

"没说什么。单是托我见你回来时告诉你,说她去了。"

我不信;但是屋子里是异样的寂寞和空虚。我遍看各处,寻觅子君;只见几件破旧而黯淡的家具,都显得极其清疏,在证明着它们毫无隐匿一人一物的能力。我转念寻信或她留下的字迹,也没有;只是盐和干辣椒,面粉,半株白菜,却聚集在一处了,旁边还有几十枚铜元。这是我们两人生活材料的全副,现在她就郑重地将这留给我一个人,在不言中,教我借此去维持较久的生活。

我似乎被周围所排挤,奔到院子中间,有昏黑在我的周围;正屋的纸窗上映出明亮的灯光,他们正在逗着孩子玩笑。我的心也沉静下来,觉得在沉重的迫压中,渐渐隐约地现出脱走的路径:深山大泽,洋场,电灯下的盛筵,壕沟,最黑最黑的深夜,利刃的一击,毫无声响的脚步⋯⋯

心地有些轻松,舒展了,想到旅费,并且嘘一口气。

躺着,在合着的眼前经过的豫想的前途,不到半夜已经现尽;暗中忽然仿佛看见一堆食物,这之后,便浮出一个子君的灰黄的脸来,睁了孩子气的眼睛,恳托似的看着我。我一定神,什么也没有了。

但我的心却又觉得沉重。我为什么偏不忍耐几天,要这样急急地告诉她真话的呢?现在她知道,她以后所有的只是她父亲——儿女的债主——的烈日一般的严威和旁人的赛过冰霜的冷眼。此外便是虚空。负着虚空的重担,在严威和冷眼中走着所谓人生的路,这是怎么可怕的事呵!而况这路的尽头,又不过是——连墓碑也没有的坟墓。

我不应该将真实说给子君,我们相爱过,我应该永久奉献她我的说谎。如果真实可以宝贵,这在子君就不该是一个沉重的空虚。谎语当然也是一个空虚,然而临末,至多也不过这样地沉重。

我以为将真实说给子君,她便可以毫无顾虑,坚决地毅然前行,一如我们将要同居时那样。但这恐怕是我错误了。她当时的勇敢和无畏是因为爱。

我没有负着虚伪的重担的勇气,却将真实的重担卸给她了。她爱我之后,就要负了这重担,在严威和冷眼中走着所谓人生的路。

我想到她的死……我看见我是一个卑怯者,应该被摈于强有力的人们,无论是真实者,虚伪者。然而她却自始至终,还希望我维持较久的生活……

我要离开吉兆胡同,在这里是异样的空虚和寂寞。我想,只要离开这里,子君便如还在我的身边;至少,也如还在城中,有一天,将要出乎意表地访我,像住在会馆时候似的。

然而一切请托和书信,都是一无反响;我不得已,只好访问一个久不问候的世交去了。他是我伯父的幼年的同窗,以正经出名的拔贡[10],寓京很久,交游也广阔的。

大概因为衣服的破旧罢,一登门便很遭门房的白眼。好容易才相见,也还相识,但是很冷落。我们的往事,他全都知道了。

"自然,你也不能在这里了,"他听了我托他在别处觅事之后,冷冷地说,"但那里去呢?很难。——你那,什么呢,你的朋友罢,子君,你可知道,她死了。"我惊得没有话。

"真的?"我终于不自觉地问。

"哈哈。自然真的。我家的王升的家,就和她家同村。"

"但是,——不知道是怎么死的?"

"谁知道呢。总之是死了就是了。"

我已经忘却了怎样辞别他,回到自己的寓所。我知道他是不说谎话的;子君总不会再来的了,像去年那样。她虽是想在严威和冷眼中负着虚空的重担来走所谓人生的路,也已经不能。她的命运,已经决定她在我所给与的真实——无爱的人间死灭了!

自然,我不能在这里了;但是,"那里去呢?"

四围是广大的空虚,还有死的寂静。死于无爱的人们的眼前的黑暗,我仿佛一一看见,还听得一切苦闷和绝望的挣扎的声音。

我还期待着新的东西到来，无名的，意外的。但一天一天，无非是死的寂静。

我比先前已经不大出门，只坐卧在广大的空虚里，一任这死的寂静侵蚀着我的灵魂。死的寂静有时也自己战栗，自己退藏，于是在这绝续之交，便闪出无名的，意外的，新的期待。

一天是阴沉的上午，太阳还不能从云里面挣扎出来，连空气都疲乏着。耳中听到细碎的步声和咻咻的鼻息，使我睁开眼。大致一看，屋子里还是空虚；但偶然看到地面，却盘旋着一匹小小的动物，瘦弱的，半死的，满身灰土的……

我一细看，我的心就一停，接着便直跳起来。

那是阿随。它回来了。

我的离开吉兆胡同，也不单是为了房主人们和他家女工的冷眼，大半就为着这阿随。但是，"那里去呢？"新的生路自然还很多，我约略知道，也间或依稀看见，觉得就在我面前，然而我还没有知道跨进那里去的第一步的方法。

经过许多回的思量和比较，也还只有会馆是还能相容的地方。依然是这样的破屋，这样的板床，这样的半枯的槐树和紫藤，但那时使我希望，欢欣，爱，生活的，却全都逝去了，只有一个虚空，我用真实去换来的虚空存在。

新的生路还很多，我必须跨进去，因为我还活着。但我还不知道怎样跨出那第一步。有时，仿佛看见那生路就像一条灰白的长蛇，自己蜿蜒地向我奔来，我等着，等着，看看临近，但忽然便消失在黑暗里了。

初春的夜，还是那么长。长久的枯坐中记起上午在街头所见的葬式，前面是纸人纸马，后面是唱歌一般的哭声。我现在已经知道他们的聪明了，这是多么轻松简截的事。

然而子君的葬式却又在我的眼前，是独自负着虚空的重担，在灰白的长路上前行，而又即刻消失在周围的严威和冷眼里了。

我愿意真有所谓鬼魂，真有所谓地狱，那么，即使在孽风怒吼之中，我也将寻觅子君，当面说出我的悔恨和悲哀，祈求她的饶恕；否则，地狱的毒焰将围绕我,猛烈地烧尽我的悔恨和悲哀。

我将在孽风和毒焰中拥抱子君,乞她宽容,或者使她快意……

但是,这却更虚空于新的生路;现在所有的只是初春的夜,竟还是那么长。我活着,我总得向着新的生路跨出去,那第一步,——却不过是写下我的悔恨和悲哀,为子君,为自己。

我仍然只有唱歌一般的哭声,给子君送葬,葬在遗忘中。

我要遗忘;我为自己,并且要不再想到这用了遗忘给子君送葬。

我要向着新的生路跨进第一步去,我要将真实深深地藏在心的创伤中,默默地前行,用遗忘和说谎做我的前导……

一九二五年十月二十一日毕

(选自《彷徨》,人民文学出版社 2018 年版。略有改动。)

[注释]

[1] 会馆:旧时都市中同乡会或同业公会设立的馆舍,供同乡或同业旅居、聚会之用。

[2] 长班:旧时官员的随身仆人,也用来称呼一般的"听差"。

[3] 伊孛生(H. Ibsen,1828—1906)通译易卜生,挪威剧作家。泰戈尔(R. Tagore,1861—1941),印度诗人。1924 年曾来过中国。当时他的诗作译成中文的有《新月集》《飞鸟集》等。雪莱(P. B. Shelley,1792—1822),英国诗人。曾参加爱尔兰民族独立运动,因传播革命思想和争取婚姻自由屡遭迫害。后在海里覆舟淹死。他的《西风颂》《云雀颂》等著名短诗,"五四"后被介绍到中国。

[4] 庙会:又称"庙市",旧时在节日或规定的日子,设在寺庙或其附近的集市。

[5] 赫胥黎(T. Huxley,1825—1895)英国生物学家。他的《人类在宇宙间的位置》(今译《人类在自然界的位置》),是宣传达尔文的进化论的重要著作。

[6] 草标:旧时在被卖的人身或物品上插置的草秆,作为出卖的标志。

[7] 摩托车:当时对小汽车的称呼。

[8]《诺拉》:通译《娜拉》(又译作《玩偶之家》);《海的女人》:通译《海的夫人》。都是易卜生的著名剧作。

[9] 书券:购书用的代价券,可按券面金额到指定书店选购。旧时有的报刊用它代替现金支付稿酬。

[10]拔贡：清代科举考试制度：在规定的年限（原定六年，后改为十二年）选拔"文行兼优"的秀才，保送到京师，贡入国子监，称为"拔贡"。是贡生的一种。

[赏析]

涓生是一个新式青年，他经常同子君一起"谈家庭专制，谈打破旧习惯，谈男女平等，谈易卜生，谈泰戈尔，谈雪莱"。子君是一个勇敢的女性，她爱上了涓生，宣称："我是我自己的，他们谁也没有干涉我的权利！"于是，他们自由地结合了，其形式是五四时期最时髦的"同居"。为此，子君同"叔父"闹翻了，涓生同朋友绝交。他俩时时遇到"讥笑，猥亵和轻蔑的眼光"，却仍然"镇静地缓缓前行，坦然如入无人之境"。但好景不长，暮春时节结婚，不到一年，涓生宣布已不爱她，子君回到了旧家庭，在父亲那"烈日一般的威严和旁人的赛过冰霜的冷眼"中走向死亡。

他们爱情的悲剧在于，子君将爱视作生命，将自由结合视为反封建个人奋斗的终点。一旦结婚，便不再有新的追求，成了旧式的"家庭妇女"。管了家务便连谈天的工夫也没有了，何况读书和散步。她变得热衷于养鸡喂狗，与邻居争闲气，争到喂不饱人却去喂鸡喂狗的程度。感情上，子君只知道回味过去的甜蜜，却忽视了"爱情必须时时更新，生长，创造"。

存在与虚无、真实与谎言的高远的思想洞见融合着一段切实可感的爱情与婚姻的悲剧，在展示一段充满人间烟火味的爱情故事中，反思了爱情作为现实的存在和作为虚空的重担的人生意义，提出了在爱的价值中重建一种现代的文化人格及独立人格的问题，因而鲁迅这唯一的一部爱情小说便成为中国现代文学史上最深刻的爱情小说。子君和涓生的爱情悲剧给我们的启示在于，现代女性要拥有经济权，有事业可做，才能在婚姻家庭关系中与男性拥有平等的权利。子君形象的意义在于通过她的爱情悲剧，说明离开社会改革，妇女追求个人幸福的目标是难以实现的。

[选评]

[1]当代·毛旖旎《女性主义视角下对鲁迅〈伤逝〉的解读》："由子君来看中国女性的爱情和婚姻，观察中国女性的现状，可以惊奇地发现子君的处境在当代依然存在。中国社会'男尊女卑'的思想观念依然严重，女性在当今社会的处境依然尴尬。从这个角度出发，对《伤逝》中女性命运的解读对实现当代女性争取更大的自由具有重要意义。"

［2］当代·赵园《艰难的选择》："应该说，鲁迅对《伤逝》中涓生、子君的爱情婚姻悲剧的描绘正是认清自己及其现代知识分子同类被日常生活围困而不能脱离，始终无法寻求其主观意志独立存在的文化现实。"

[作业]

［1］结合《伤逝》内容，分析造成涓生与子君爱情悲剧的原因。

［2］结合《伤逝》内容，分析子君形象及其意义。

文以载道 以文化人

扫码发现

课本里的文化典藏

壹 查阅字句释义
吃透文言文，字库齐全随时查。

贰 领略文学魅力
导读文学著作，感知文字的力量。

叁 细读文学经典
精要重点解说，扎实文化基础。

肆 讲解写作方法
写作指导和范例，拓宽写作思维。

专题六

友爱亲情

人生是一场旅行，我们在这场旅行中会遇到许多人，有的只是匆匆过客，有的却能陪伴我们度过一段段难忘的时光。在这漫长的旅程中，亲情和友情如同阳光和雨露，滋润着我们心灵的土壤，带给我们幸福的滋味。

人世间的感情中，亲情与生俱来，也是最长久、最真实，最令人割舍不断的。古代很多诗人，都把他们对养育之恩的感激、对手足之情的珍惜、对故土之思的牵挂写进了诗里。"哀哀父母，生我劬劳"写出了对父母养育之情的感激，"低徊愧人子，不敢叹风尘"刻画了久别回家后母子相见时真挚而复杂的感情，"遥知兄弟登高处，遍插茱萸少一人"抒发了佳节良辰怀乡思人之感。

亲情没有隆重的形式，没有华丽的包装，它逶迤在生活的长卷中，如水一样浸满每一个空隙，无色无味，无香无影，于是也常常让我们在拥有时习以为常，在享受时无动于衷。亲情是饭桌窗前的晏晏谈笑，是柴米油盐间的琐碎细腻，大多时候并没有荡气回肠的故事或惊心动魄的诗篇，却永远如静水般缓缓流淌在我们生活的每一个角落，时时滋养温暖着我们的身体和心灵。亲情是人生中最珍贵的财富，无论我们走到哪里，亲人始终是我们最坚强的后盾。他们用无尽的关爱和包容支撑着我们追求梦想的道路，给予我们力量和信心。

友情是人生路上的一道美丽风景。《周礼·地官·大司徒》："五曰联朋友。"郑玄注："同师曰朋，同志曰友。"该书又有"掌纠万民之德，而劝之朋友"之说，郑复注："朋友，相切磋以善道也。"这是古人对"朋友"内涵的阐释和对理想社交的描绘。朋友不仅应"同志"，还应互相砥砺，如《孟子·离娄》中所说："责善，朋友之道也。"历史上，朋友间"责善"的故事很多，"相切磋以善道"的事例更是不胜枚举。三国时的吕岱哭好友徐原早亡，失"闻过"益友，唐朝诗人张籍批评好友韩愈好赌，清朝邓廷桢支持好友林则徐禁烟，都是千古美谈。

朋友如同路上的知己，陪伴我们走过欢声笑语，也陪伴我们度过泪水与挫折。真正的友谊是一种相互扶持、患难与共的情感。在我们失意时，朋友会给予我们鼓励和安慰；在我们成功时，他们会为我们欢呼喝彩。某种意义上，朋友是我们自己后天选择的亲人。而正如马克思所说，人的生活离不开友谊，但要得到真正的友谊才是不容易；友谊总需要忠诚去播种，用热情去浇灌，用原则去培养，用谅解去护理。

在人生的旅程中，我们会遇到许多亲情和友情的故事。有的让人感动，有的让人悲伤。但无论如何，这些故事都教会我们同一个道理——珍惜。珍惜与家人陪伴的日子，珍惜与朋友并肩的时光。友爱亲情可能不似爱情如浓烈的醇酒，不会让我们兴奋，却能让我们安静，给我们带来更为深沉的力量。在纷繁喧嚣的红尘世界，我们的心始终是安然、从容的。

[专题六] 友爱亲情

蓼 莪

《诗经》

[题解]

《蓼莪》出自《诗经·小雅》。《毛诗序》说:"《蓼莪》,刺幽王也。民人劳苦,孝子不得终养尔。"方玉润《诗经原始》评价此诗曰:"诗首尾各二章,前用比,后用兴;前说父母劬劳,后说人子不幸,遥遥相对。中间二章,一写无亲之苦,一写育子之艰,备极沉痛,几于一字一泪,可抵一部《孝经》读。固不必问其所作何人,所处何世,人人心中皆有一段至性至情文字在,特其人以妙笔出之,斯成为一代至文耳!"全诗六章,主要特色为赋比兴三种表现方法交替灵活使用,前后呼应,起伏跌宕,回旋往复,运转自如,具有强烈的艺术感染力。

蓼蓼者莪[1],匪莪伊蒿[2]。哀哀父母,生我劬劳。
蓼蓼者莪,匪莪伊蔚[3]。哀哀父母,生我劳瘁。
瓶之罄[4]矣,维罍之耻[5]。鲜民[6]之生,不如死之久矣!
无父何怙[7]?无母何恃?出则衔恤[8],入则靡至[9]。
父兮生我,母兮鞠[10]我。拊我畜[11]我,长我育我。
顾我复[12]我,出入腹[13]我。欲报之德,昊天罔极[14]!
南山烈烈[15],飘风发发[16]。民莫不穀[17],我独何[18]害!
南山律律[19],飘风弗弗[20]。民莫不穀,我独不卒[21]!

[注释]

[1] 蓼(lù)蓼:长而大貌。莪:义蒿,俗称抱娘蒿。李时珍《本草纲目》:"莪抱根丛生,俗谓之抱娘蒿。"

[2] 匪:非。伊:是。蒿:此指青蒿、白蒿等蒿子。

265

[3] 蔚:牡蒿,花紫赤,实像角,无子,故称牡蒿。

[4] 罄:尽,空。

[5] 罍:大肚小口酒坛。瓶罄罍耻,谓瓶小罍大,罍中物分装瓶中,瓶空无物乃罍空所致,故罍以为耻,喻民穷不能养父母乃统治者之耻。

[6] 鲜:寡。鲜民,孤子。

[7] 怙(hù):依靠。

[8] 出:出门,指离家服役。衔:含。恤:忧愁。

[9] 入:进门,指回家。至:亲人。《说文》:"亲,至也。"靡至,即没有亲人。

[10] 鞠:养。

[11] 拊:通"抚"。畜:通"慉",爱。

[12] 顾:顾念。复:返回,指不忍离去。

[13] 腹:指怀抱。

[14] 罔:无。极:边际。昊天罔极,言父母之恩如天,广大无边,不知何以为报。

[15] 烈烈:高峻险阻貌。

[16] 飘风:暴风。发发:大风呼啸声。

[17] 穀:善。此指养。

[18] 何:同"荷",蒙受。

[19] 律律:山势高耸突起貌。

[20] 弗弗:大风扬尘貌。

[21] 卒:终。此指终养父母。

[赏析]

此诗前两章以"蓼蓼者莪"起兴,诗人自恨不如抱娘蒿,而是散生的蒿、蔚,由此而联想到父母的劬劳、劳瘁,就把一个孝子不能行"孝"的悲痛之情呈现出来了。头两句以比引出,诗人见蒿与蔚,却错当莪,于是心有所动,遂以为比。莪香美可食用,并且环根丛生,故又名抱娘蒿,喻人成材且孝顺;而蒿与蔚,皆散生,蒿粗恶不可食用,蔚既不能食用又结子,故称牡蒿,蒿、蔚喻不成材且不能尽孝。诗人有感于此,借以自责不成材又不能终养尽孝。后两句承此思言及父母养大自己不易,费心劳力,吃尽苦头。

中间两章写失去双亲的痛苦和父母对孩子的深爱。第三章头两句以瓶喻父母,以罍喻子。因瓶从罍中汲水,瓶空是罍无储水可汲,所以为耻,用以比喻子无以赡养父母,没有尽到应有的孝心而感到羞耻。句中设喻是取瓶罍相资之意,非取大小之义。本章讲述自己不得终养父母的原因,将自己不能终养父母的悲恨绝望心情刻画得淋漓尽致。第四章前六句叙述父母对"我"的养育抚爱,这是把首两章说的"劬劳""劳瘁"具体化。诗人一连用了生、鞠、拊、畜、长、育、顾、复、腹九个动词和九个"我"字,语拙情真,言真意切,如哭诉一般。这一章最后两句,诗人因不得奉养父母,报大恩于万一,痛极而归咎于天,责其变化无常,夺去父母生命,致使"我"欲报不能。

后两章承第四章末二句,以南山、飙风起兴,创造了肃杀悲凉的气氛,象征自己遭遇父母双亡的剧痛与凄凉,也是诗人悲怆伤痛心情的外化。四个入声字重叠——烈烈、发发、律律、弗弗,加重了哀思,读来如呜咽一般。后两句是无可奈何的怨嗟。

赋比兴交替使用是此诗写作的一大特色。三种表现方法灵活运用,前后呼应,抒情起伏跌宕,回旋往复,传达孤子的哀伤情思,可谓珠落玉盘,运转自如,艺术感染力强烈。

[选评]

[1] 宋·朱熹《诗集传》:"言昔谓之莪,而今非莪也,特蒿而已。以比父母生我以为美材,可赖以终其身,而今乃不得其养以死。于是乃言父母生我之劬劳而重自哀伤也。"

[2] 清·沈德潜《说诗晬语》:"《鸱鸮》诗连下十'予'字,《蓼莪》诗连下九'我'字,《北山》诗连下十二'或'字。情至,不觉音之繁,辞之复也。"

[3] 清·方玉润《诗经原始》:"诗首尾各二章,前用比,后用兴;前说父母劬劳,后说人子不幸,遥遥相对。中间两章,一写无亲之苦,一写育子之艰,备极沉痛,几于一字一泪,可抵一部《孝经》读。"

[作业]

[1] 文章第四章连续用了九个动词,这九个动词的连用有什么作用? 表达了怎样的内容?

[2] 文章后两章对山和风进行了描写,这种描写的作用何在? 谈谈你的看法。

郑伯克段于鄢

《左传》

[题解]

《左传》是《春秋左氏传》的简称,亦称《左氏春秋》。旧传春秋时左丘明所撰。近人则以为非一人一时之作,于战国初编订成书。多用事实解释《春秋》,同《公羊传》《谷梁传》用义理解释有异。记事起自鲁隐公元年(前722),迄于鲁哀公二十七年(前468),并附记灭智伯之事(前454)。书中保存了大量古代史料,文字优美,记事详明,为中国古代一部史学和文学名著。

本文选自《左传·隐公元年》,所记的是郑国的一段史事。郑国的庄公担任周王朝的卿士,利用这种有利条件正处心积虑地发展势力,图谋称霸。然而,恰在此时他的家族内部却发生了一场争权夺利的尖锐斗争。

初,郑武公娶于申,曰武姜[1]。生庄公及共叔段[2]。庄公寤生[3],惊姜氏,故名曰"寤生",遂恶之。爱共叔段,欲立之。亟[4]请于武公,公弗许。及庄公即位,为之请制。公曰:"制,岩邑[5]也,虢叔死焉。他邑唯命。"请京[6]。使居之,谓之京城大[7]叔。

祭仲曰:"都城过百雉[8],国之害也。先王之制,大都不过叁国之一[9],中五之一,小九之一。今京不度[10],非制也。君将不堪。"公曰:"姜氏欲之,焉辟[11]害?"对曰:"姜氏何厌之有?不如早为之所,无使滋蔓,蔓,难图也。蔓草犹不可除,况君之宠弟乎?"公曰:"多行不义,必自毙。子姑待之!"

既而,大叔命西鄙、北鄙贰于己。公子吕[12]曰:"国不堪贰,君将若之何?欲与大叔,臣请事之;若弗与,则请除之。无生民心。"公曰:"无庸[13],将自及。"

大叔又收贰以为己邑,至于廪延。子封曰:"可矣,厚将得众。"公曰:"不义不昵[14],厚将崩。"

大叔完聚,缮甲兵,具卒乘,将袭郑。夫人将启之。公闻其期,曰:"可矣!"命子封帅车二百乘[15]以伐京。京叛大叔段。段入于鄢[16]。公伐诸鄢。五月辛丑,大叔出奔[17]共。

书[18]曰:"郑伯克段于鄢。"段不弟,故不言弟[19]。如二君,故曰克。称郑伯,讥失教也。谓之郑志[20]。不言出奔,难[21]之也。

遂寘[22]姜氏于城颍,而誓之曰:"不及黄泉,无相见也!"既而悔之。

颍考叔为颍谷封人[23]。闻之,有献于公。公赐之食,食舍[24]肉。公问之,对曰:"小人有母,皆尝小人之食矣,未尝君之羹,请以遗[25]之。"公曰:"尔有母遗,繄[26]我独无!"颍考叔曰:"敢问何谓也?"公语之故,且告之悔。对曰:"君何患焉?若阙[27]地及泉,隧而相见,其谁曰不然?"公从之。公入而赋:"大隧之中,其乐也融融。"姜出而赋:"大隧之外,其乐也泄泄[28]。"遂为母子如初。

君子曰:"颍考叔,纯孝也。爱其母,施[29]及庄公。《诗》曰:'孝子不匮,永锡尔类。'[30]其是之谓乎?"

[注释]

[1] 武姜:申国国君之女,"武"表示被郑武公所娶,"姜"表示母家申国姓姜。

[2] 庄公:公元前743年至公元前701年在位。共叔段:庄公少弟,名段。段所据城邑为庄公攻克之后被迫逃奔共国,所以被称为共叔段。

[3] 寤(wù)生:意为胎儿的脚先出产道,即难产。寤,通"牾",意为逆着。

[4] 亟(qì):屡次。

[5] 岩邑:险要的城邑。岩,险要、险峻。

[6] 京:邑名,在今河南省荥阳市东南。

[7] 大(tài):通"太"。后文例子较多,不再另注。

[8] 祭(zhài)仲:郑国大夫。雉:计算城墙墙面面积的单位,一雉为长三丈,高一丈。

[9] 叁国之一:国都的三分之一。叁,即三。国,即国都。

[10] 不度:不符合制度。

[11] 辟:同"避"。

[12] 公子吕:郑国大夫,字子封。

［13］庸：用，这里是需要。

［14］廪延：郑国的邑名，在今河南省延津县北。昵：亲近。

［15］乘(shèng)：战车。春秋时期，战车普遍应用于战争。杜预据兵法《司马法》认为，一辆战车配有四匹马、三名甲士、七十二名步卒。

［16］鄢(yān)：郑国邑名，在今河南省鄢陵县。

［17］出奔：逃亡。

［18］书：特指鲁国官修史书《春秋》。

［19］这句话是《春秋》经文的原句，见于隐公元年夏五月条下。郑伯即郑庄公，参见注②。由此以下至"难之也"为解释经文的内容。

［20］郑志：郑庄公的用意。

［21］难：责难。

［22］寘(zhì)：同"置"，安顿。

［23］颍谷：郑国的边邑，在今河南省登封市西南。封，疆界。封人，即管理疆界的官。

［24］舍(shě)：放起来。

［25］遗(wèi)：赠送。

［26］繄(yī)：句首语气词。

［27］阙(jué)：通"掘"，挖。

［28］泄泄(yì)：舒畅的样子。

［29］君子曰：《左传》作者对所记历史事件的评论。后来史书中的"论""赞"即起源于此。施(yì)：延伸，此处是推广。

［30］诗：特指《诗经》。此句引自《诗经》的《大雅·既醉》。匮(kuì)：穷尽。锡：通"赐"，给予。类：家族。

[赏析]

公元前722年，在郑国统治者内部发生了一件骨肉相残的事件，这就是《春秋》上所谓的"郑伯克段于鄢"。《公羊传》《谷梁传》都提到了这件事，发表了一些议论。但从事件的叙述、人物的刻画方面来说，《左传》的文字写得最具体精彩，脍炙人口。

历史上的封建统治者，总是把维护自己的权力放在最重要的地位，即使母子兄弟之间，也丝毫不能缓解他们之间权力之争的矛盾。从郑庄公即位到共叔段外逃，共经过了二十二个年头。这漫长的岁月，突出地表现了郑庄公蓄谋之久，甚至连他的左右大臣也察觉不出其心迹,被蒙在鼓里。当祭仲提出京的制度不合规定的时候,郑庄公却说:"姜氏要这么干,我有什么办法避免这种威胁呢?"装成无可奈何的样子。等到祭仲提醒他"蔓草犹不可除,况君之宠弟乎"时,他才说出"多行不义,必自毙,子姑待之"的话。这个"毙"字和"虢叔死焉"的"死"字是一脉相承的,即使在这一点透露之中,也遮上了一块帷幕:表明这是在自杀,而非他杀,企图逃避杀弟的罪责,可说既狠毒又狡猾。

和郑庄公的极端冷酷相比,共叔段则表现为极度狂热。这种狂热,既表现了攫取权力的野心,也表现了施展权术的低能。共叔段的步步逼近,实际上都是在步步落入郑庄公为他设下的陷阱。争权夺利,可以使人变得冷酷无情,也可以使人变得骄横狂热。从本质上来说,它们都是封建统治者罪恶本质的表现。

姜氏、共叔段母子的密谋及活动,在文章中并没有作正面描写,只是通过简要的记叙和郑庄公与祭仲、公子吕的对话表现出来。这样写不仅使文字显得十分简洁,而且突出了郑庄公在这场斗争中的主导地位。对于姜氏、共叔段的密谋活动,郑庄公了若指掌;而姜氏、共叔段对郑庄公的险恶用心及严密部署却毫无所知。妙在似明实暗,似暗实明。通过故事情节的发展,人物的对话,郑庄公这个奸雄的性格特征,栩栩如生,跃然纸上。

"遂为母子如初"的结尾,读来使人感到十分滑稽,有人称之为丑剧,亦不为过。像姜氏母子这样早已失去了普通人性的典型人物,在经过了一场你死我活的搏斗之后,能够毫无芥蒂,再叙什么天伦之乐吗?何况在郑庄公刚出生之时就埋下了怨恨的种子。"遂为母子如初"的"初"字就缺乏依据,显得勉强了。血腥的厮杀早就把统治阶级竭力宣扬的那层薄薄的"孝悌"的外衣撕得粉碎了。无怪乎史官对此事的评论也感到为难了。"孝子不匮,永锡尔类",这是作者针对颍考叔而说的。将孝道永赐予汝之族类,似乎是郑庄公受到颍考叔孝母的感染,其实不过是庄公借此就坡下驴。他之所以欣然接受颍考叔的建议"阙地及泉,隧而相见",不过是企图缝补这些破碎的外衣,在这里郑庄公又集中地表现了他的伪善,而伪善是永远和丑恶伴随在一起的。

[选评]

[1] 清·吴楚材、吴调侯《古文观止·卷一》:"郑庄志欲杀弟,祭仲、子封诸臣皆不得而知。……故虽婉言直谏,一切不听。迨后乘时迅发,并及于母。是以兵机施于骨肉,真残忍之尤。幸良心忽现,又被考叔一番救正,得母子如初。左氏以纯孝赞考叔作结,寓慨殊深。"

[2] 清·魏禧《左传经世钞·卷一》:"此篇写姜氏好恶之昏僻,叔段之贪痴,祭仲之深稳,公子吕之迫切,庄公之奸狠,考叔之敏妙,情状一一如见。"

[作业]

[1] 本文在叙事上运用了什么技巧?

[2] 本文是怎样刻画人物形象的?主要人物郑庄公、共叔段、姜氏各有哪些性格特征?

[3] 本文通过郑庄公母子、兄弟矛盾斗争的叙写反映了当时怎样的社会现实?

范　式

干　宝

[题解]

《范式》出自东晋史学家干宝著录的笔记体志怪小说集《搜神记·卷十一》。作品先写范式的重诺守信,后写范式的千里送葬,将范式与张劭这两个生死不渝的朋友之间非同寻常的友情表现得淋漓尽致。文章风格精悍古拙。因为没有等到朋友,张劭的灵柩竟不肯入墓,这一情节十分离奇,却有力地表现了友情的深厚、至死不渝。这一题材被后世许多小说、戏曲作品所选用。

汉范式[1],字巨卿,山阳金乡[2]人也,一名氾。与汝南[3]张劭为友,劭字元伯,二人并游太学[4]。后告归乡里,式谓元伯曰:"后二年当还,将过拜尊亲,见孺子[5]焉。"乃共克[6]期日。后期方至[7],元伯具以白母,请设馔[8]以候之。母曰:"二年之别,千里结言[9],尔何相信之审[10]耶?"曰:"巨卿信士,必不乖违。"母曰:"若然,当为尔酝酒。"至期果到,升堂拜饮,尽欢而别。后元伯寝疾甚笃[11],同郡郅君章、殷子征[12]晨夜省视之。元伯临终,叹曰:"恨不见我死友[13]。"子征曰:"吾与君章尽心于子,是非死友,复欲谁求?"元伯曰:"若二子者,吾生友耳。山阳范巨卿,所谓死友也。"寻[14]而卒。式忽梦见元伯,玄冕[15]乘缨,屣履[16]而呼曰:"巨卿,吾以某日死,当以尔时葬,永归黄泉。子未忘我,岂得相及[17]?"式怳然觉悟,悲叹泣下,便服朋友之服[18],投其葬日,驰往赴之。未及到而丧已发引[19]。既至圹[20],将窆[21],而柩不肯进。其母抚之曰:"元伯,岂有望耶?"遂停柩。移时,乃见素车白马,号哭而来。其母望之曰:"是必范巨卿也。"既至,叩丧言曰:"行矣元伯,死生异路,永从此辞。"会葬者千人,咸为挥涕。式因执绋[22]而引,柩于是乃前。式遂留止冢次[23],为修坟树,然后乃去。

[注释]

[1] 范式：东汉人，《后汉书·独行传》载其事。

[2] 山阳：郡名，汉置，治所在昌邑（今山东省金乡县西北）。金乡，地名，在今山东省西南部。

[3] 汝南，汉郡名，今河南省汝南县。

[4] 太学：古代朝廷在京城设置的最高学府。

[5] 孺子：小孩，指张劭的孩子。

[6] 克：限定，约定。

[7] 后期方至：约定的日子将到。

[8] 设馔（zhuàn）：安排饭食。

[9] 结言：口头订约。

[10] 审：确切。

[11] 寝疾甚笃：病情很重。

[12] 郅君章、殷子征：人名，张劭的朋友。郅君章，名恽，汝南西平（今河南西平县）人。殷子征，名真，上蔡（今河南上蔡县）人。

[13] 死友：冥冥中心灵相通的朋友。

[14] 寻：不久，一会儿。

[15] 玄冕：黑色的礼帽。

[16] 屣履：趿拉而来也。

[17] 及：赶上。

[18] "便服"一句：为朋友之丧所穿之衣服。

[19] 发引：葬礼开始。

[20] 圹（kuàng）：墓穴。

[21] 窆（biǎn）：下葬。

[22] 绋（fú）：古代出殡时拉棺材用的大绳。

[23] 冢次：墓旁。

[赏析]

文章先写范式的重诺守信，以"二年之别""千里结言"，衬托出范式"至期果到"的难能可贵。文中的范式，的确可谓一诺千金的重义守信之士。接下来写千里送葬。

张劭病危,两个朋友日夜伺候,他仍然以"恨不见我死友"为憾。这里,张劭以"生友""死友"两词划分出了境界不同的两类朋友。张劭的评价,是对未出场的友人范式的一种衬托。写完张劭的临终嘱托,作者又写到了范式的感应。这感应是两个非同寻常生死之交的最好体现。临下葬"柩不肯进",作者在这里用夸张的手法写了死者对生者的期待,催人泪下。而在范式哭奠后棺木才重新移动,更使二人生死不渝的朋友之交淋漓尽致地表现出来。由于作者的传神描述,范张之交已成为朋友交道的最高境界,成为后世文人常用的一个典故。

千里途遥,隔岁期远,心心相许,便千金一诺;死生异路,幽明永分,精诚所至,则魂灵相通。元人宫天挺有《范张鸡黍》杂剧,冯梦龙《古今小说》有《范巨卿鸡黍生死交》。小说中"众人拽棺入金井,并不能动",疑即后世葬俗中停柩待哭一事之缘起。而"白马素车",遂成为中国文学中友道之美一永恒象征。

[选评]

[1] 南朝·江淹《伤友人赋》:"仆之神交者,尝有陈郡之袁炳焉,有逸才,有妙赏。博学多闻,才明敏而识奇异。仆以为天下绝伦,黯与秋草同折,今不复见矣。既而陈书有念,横瑟无从。虽乏张、范通灵之感,庶同袪、向笃徒之哀。"

[2] 南朝·刘峻《广绝交论》:"范张款款于下泉,尹班陶陶于永夕。"

[作业]

[1] 如何理解"而柩不肯进"这一故事情节?
[2] 读完本文,如何理解范张之谊?

梦李白二首

杜　甫

[题解]

　　天宝三年(744),李杜初会于洛阳,即成为深交。乾元元年(758),李白因参加永王李的幕府而受牵连,被流放夜郎(汉代西南邻国中,夜郎国最大,国境主要在今贵州西部),次年春行至巫山遇赦放还。远在北方的杜甫只知李白流放,不知他中途遇赦,怀念老友忧思难解,积思成梦而作。

　　组诗以梦前、梦中、梦后的次序叙写。第一首写初次梦见李白时的心理,表现对老友吉凶生死的关切;第二首从梦中见到的李白形象表现诗人对故友命运的深深同情,为他平白遭遇不幸深致愤慨。上下篇分工而又合作,相关而不雷同,结构完整,情感真诚。全诗体现了李杜两人形离神合、肝胆相照、互劝互勉、至情交往的友谊。只有像杜甫这样胸襟极其广阔的伟大诗人,才能对另一伟大天才表现出如此深厚的友谊、同情,如此深刻的理解和由衷的赞颂。这两首诗是怀友寄友的千古绝唱,读来令人回肠荡气,为之泣下。

其一

死别已吞声[1],生别常恻恻[2]。
江南[3]瘴疠[4]地,逐客[5]无消息。
故人[6]入我梦,明[7]我长相忆。
恐非平生魂[8],路远不可测[9]。
魂来枫林青[10],魂返关塞黑[11]。
君今在罗网[12],何以有羽翼[13]?
落月[14]满屋梁,犹疑照颜色[15]。
水深波浪阔[16],无使蛟龙[17]得。

[注释]

[1] 吞声:泣不成声。

[2] 恻恻:惨惨不安貌。

[3] 江南:大江以南之地,包括李白系狱的浔阳(今江西九江)及流放的夜郎。

[4] 瘴疠(zhàng lì):南方湿热,多瘟疫。

[5] 逐客:被朝廷放逐之人。

[6] 故人:指李白。

[7] 明:知道。

[8] 平生魂:往日的生魂。

[9] 测:推测,明白。

[10] 枫林青:江南夜景。《楚辞·招魂》:"湛湛江水兮上有枫,魂兮归来哀江南。"

[11] 关塞黑:秦陇一带多关塞,梦中李白从秦州返回江南路过秦陇关塞,时在夜间,故曰"黑"。

[12] 罗网:法网。时杜甫以为李白在流放途中,故云。

[13] 有羽翼:喻来往自由。

[14] 落月:天晓之时。

[15] 颜色:指李白容貌。

[16] 波浪阔:喻路途艰险。

[17] 蛟龙:喻欲置李白于死地的人。

其二

浮云[1]终日行,游子[2]久不至。

三夜频梦君,情亲见君意。

告归[3]常局促[4],苦道[5]来不易。

江湖多风波,舟楫恐失坠。

出门搔白首,若负平生志。

冠盖[6]满京华[7],斯人[8]独憔悴!

孰云网恢恢[9],将老身反累[10]!

千秋万岁名,寂寞身后事。

[注释]

[1] 浮云:飘荡无定之云。
[2] 游子:指李白。
[3] 告归:辞别。
[4] 局促:不安貌,形容不愿遽然离去。
[5] 苦道:再三表示。
[6] 冠盖:冠冕和车盖,指代达官贵人。
[7] 京华:京都,京城。
[8] 斯人:此人,指李白。
[9] 网恢恢:法网,宽大貌。语出《老子》:"天网恢恢,疏而不漏。"意思是说天道无边(宽大),作恶者必受惩,无人能逃脱。
[10] 累:同"缧",被大绳捆绑。

[赏析]

这两首记梦诗,分别按梦前、梦中、梦后叙写。上篇写初次梦见李白时的心理,表现对故人吉凶生死的关切;下篇写梦中所见李白的形象,抒写对故人悲惨遭遇的同情。

"死别已吞声,生别常恻恻。"以死别衬托生别,极写李白流放绝域、久无音讯在诗人心中造成的苦痛。开头便如阴风骤起,吹来一片弥漫全诗的悲怆气氛。

"故人入我梦,明我长相忆。"写出李白幻影在梦中倏忽而现的情景,也表现了诗人乍见故人的喜悦和欣慰。但这欣喜只不过一刹那,转念之间便觉不对了,"君今在罗网,何以有羽翼?"乍见而喜,转念而疑,继而生出深深的忧虑和恐惧,诗人对自己梦幻心理的刻画,是十分细腻逼真的。

"魂来枫林青,魂返关塞黑。"梦归魂去,诗人依然思量不已。"水深波浪阔,无使蛟龙得。"这惴惴不安的祈祷,体现着诗人对故人命运的殷忧。这里用了两处有关屈原的典故。"魂来枫林青",出自《楚辞·招魂》:"湛湛江水兮上有枫,目极千里兮伤春心,魂兮归来哀江南!"旧说系宋玉为招屈原之魂而作。"蛟龙"一语见于梁吴均《续齐谐记》:东汉初年,有人在长沙见到一个自称屈原的人,听他说:"吾尝见祭甚盛,然为蛟龙所苦。"通过用典将李白与屈原联系起来,不但突出了李白命运的悲剧色彩,而且表示着杜甫对李白的称许和崇敬。

上篇所写是诗人初次梦见李白的情景,此后数夜,又连续出现类似的梦境,于是诗人又有下篇的咏叹。

"浮云终日行,游子久不至。"见浮云而念游子,是诗家比兴常例,李白也有"浮云游子意,落日故人情"(《送友人》)的诗句。魂魄频频前来探访,使诗人得以聊释愁怀。与上篇"故人入我梦,明我长相忆"互相照应,体现着两人形离神合、肝胆相照的情谊。

"告归"以下六句选取梦中魂返前的片刻,描述李白的幻影。"告归常局促,苦道来不易"写神态;"江湖多风波,舟楫恐失坠"是独白;"出门搔白首,若负平生志",通过动作、外貌揭示心理。寥寥三十字,从各个侧面刻画李白形象,其形可见,其声可闻,其情可感,枯槁惨淡之状,如在目前。"江湖"二句,意同上篇"水深波浪阔,无使蛟龙得",双关着李白魂魄来去的艰险和他现实处境的恶劣;"出门"二句则抒发了诗人"惺惺惜惺惺"的感慨。

梦中李白的幻影触动诗人发出感叹:"冠盖满京华,斯人独憔悴!孰云网恢恢?将老身反累!千秋万岁名,寂寞身后事。"高冠华盖的权贵充斥长安,唯独这样一个了不起的人物,献身无路,困顿不堪,临近晚年更被囚系放逐!生前遭遇如此,纵使身后名垂万古,人已寂寞无知,夫复何用!在这沉重的嗟叹之中,寄托着对李白的崇高评价和深厚同情,也包含着诗人自己的无限心事。

《梦李白二首》,上篇以"死别"发端,下篇以"身后"作结,形成一个首尾完整的结构;两篇之间,又处处关联呼应。但两首诗的内容和意境却颇不相同:上篇写疑幻疑真的心理,下篇写清晰真切的形象;上篇的忧惧之情专为李白而发,下篇的不平之气兼含着诗人自身的感慨。总之,两首记梦诗相关而不雷同,全为至诚至真之文字。

[选评]

[1] 明·陆时雍《唐诗镜·卷二十一》:"是魂是人,是梦是睹,都觉恍惚无定,亲情苦意,无不备极矣。"

[2] 清·仇兆鳌《杜诗详注·卷七》:"前章说梦处,多涉疑词;此章说梦处,宛如目击。形愈疏而情愈笃,千古交情,惟此为至。然非公至性,不能有此至情。非公至文,亦不能写此至性。"

[3] 清·浦起龙《读杜心解·卷一之二》:"二诗传出形离精感心事,笔笔神来。首章处处翻写。……次章,纯是迁谪之慨。为彼耶?为我耶?同声一哭。"

[作业]

　　[1] 杜甫《梦李白二首》依傍《楚辞·招魂》之典故、意象,贯注深郁的个人情感,请分析诗歌精妙的述梦艺术。

　　[2] 读完本文,你对友情有哪些新的思考?

满江红·送李正之提刑入蜀

辛弃疾

[题解]

《满江红·送李正之提刑入蜀》作于淳熙十一年(1184)辛弃疾闲居上饶家中。李正之,李大正,字正之,曾两度任江淮、荆楚、福建、广南路的提点坑冶铸钱公事(采铜铸钱),信州为当时主要产铜区,故李正之常驻信州。是年冬入蜀,改任利州路提点刑狱使,稼轩作此词送行。提刑是提点刑狱使的简称,主管一路的司法、刑狱和监察事务。

起笔缴足送行题面,"东北"一联气势磅礴,不惟文武兼领,且用事恰切,寓意深刻。下片历数入蜀景色——庐山瀑、赤壁浪、铜鞮月,以阔其心胸,壮其行色。结韵回应篇首,万里雪飘,寒梅怒放,人品、友谊、别情,一总囊入,豪迈隽永,韵味无穷。作者把对于祖国的爱和对于战斗的友谊的爱,凝结在一起而又委婉地表达了出来,所以读来感人至深。

蜀道登天[1],一杯送、绣衣[2]行客。还自叹、中年多病,不堪离别[3]。东北看惊诸葛表[4],西南更草相如檄[5]。把功名、收拾付君侯,如椽笔[6]。

儿女泪,君休滴。荆楚路[7],吾能说。要新诗准备,庐山山色。赤壁矶[8]头千古浪,铜鞮[9]陌上三更月。正梅花、万里雪深时,须相忆[10]。

[注释]

[1]"蜀道"句:李白《蜀道难》:"蜀道之难,难于上青天。"

[2]绣衣:指提点刑狱官。《汉书·百官公卿表》:"侍御史有绣衣直指,出讨奸猾,治大狱……"

[3]"还自叹"二句:已值中年,最不堪离别之苦。据《世说新语·言语篇》,谢安曾对王羲之说:"中年伤于哀乐,与亲友别,辄作数日恶。"

[4]诸葛表:诸葛亮出师北伐曹魏,曾上《出师表》给蜀汉后主以明志。

[5]相如檄:司马相如有《喻巴蜀檄》。《史记·司马相如列传》:"相如为郎数岁,会唐蒙使略通夜郎西僰中,发巴蜀吏卒千人,郡又多为发转漕万余人,用兴法诛其渠帅,巴蜀民大惊恐。上闻之,乃使相如责唐蒙,因喻告巴蜀民以非上意。"

[6]如椽笔:《晋书·王珣传》:"珣梦人以大笔如椽与之。既觉,语人云:'此当有大手笔事。'"

[7]荆楚路:今湖南、湖北一带,为李由江西入蜀必经之地,故有此及"庐山""赤壁"之说。

[8]赤壁矶:一名赤鼻矶,在今湖北黄冈西南。苏轼《念奴娇·赤壁怀古》:"大江东去,浪淘尽、千古风流人物。"

[9]铜鞮:在今湖北襄阳。唐人雍陶《送客归襄阳旧居》:"唯有白铜鞮上月,水楼闲处待君归。"

[10]"正梅花"二句:暗用古人寄梅相忆故事。杜甫《寄杨五桂州谭》:"五岭皆炎热,宜人独桂林。梅花万里外,雪片一冬深。闻此宽相忆,为邦复好音。"

[赏析]

送别词一般都从送行之地写起,本词却不然。首句化用前人诗意,直写行人所到之地,有盘空而起的意味;然后,以"一杯送"暗转到送别之地上来。接韵明写自己的不堪离别,既显出作者与朋友的深厚友谊,又暗示自己的蹉跎失志,兼人与我,一箭双雕;且更因为中年失志多病,故而尤不堪与朋友离别。但作者并没有像凡庸之辈一样,沉溺于嗟叹伤感之中,而是快笔掉转,大笔振迅,以"东北"一韵的精工对仗,写出他对朋友文韬武略、建功立业的极大希望,这里不仅对仗工整,而且用事恰切。因为诸葛亮和司马相如,是与蜀地建设关系甚大的两个历史人物。作者借他们来勖勉处在西边前线的李正之,要像诸葛亮那样坚持抗金和北伐,使东北方向的敌人闻风丧胆;要像司马相如那样安抚百姓,稳定后方,为国家强大统一做出贡献。这本是作者本人内心愿望的写照,用来寄语朋友,显得诚挚感人,表现出作者一往情深的爱国之情。他对朋友的友情是建筑在共同的事业追求之上的,境界高出凡俗。上片末韵,表明了他对朋友文才武略的推许,结得斩钉截铁,十分有力。

下片转为对朋友旅途境况的设想。换头一韵有两层意思:一遥承上片起处的送别之意,劝慰友人休为离别而悲伤;一开启下文无限风光之门。尤其一句"吾能说",将以往的作者行旅经验尽情唤起,显示出他不忘祖国山河的殷切感情。在作者心头,庐山的秀丽山色,赤壁矶上的巨浪,襄阳路上的皓月,无处不能诱发行人的诗情,到处都似在向行人邀约着新诗。作者对于祖国山河的无比热爱和对于朋友文采的含蓄赞美,尽纳其中,同时也兼有开阔朋友心胸并壮其行色之意。"要新诗"一语,语气直管到"三更月"一句,其间可谓一气直下,势若奔马。结韵回应起句的送别描写,以景结情,以万里白雪寒梅的绮丽景象寄寓彼此相思之意;同时一"须"字,也含有要朋友报平安书信的意思,关念之意,溢于言外。这一结,显得豪迈隽永,余韵悠长。

[选评]

[1] 清·陈廷焯《白雨斋词话·卷六》:"稼轩《满江红·送李正之提刑入蜀》云:'东北看惊诸葛表,西南更草相如檄。把功名、收拾付君侯、如椽笔。'又云:'赤壁矶头千古浪,铜鞮陌上三更月。正梅花、万里雪深时,须相忆。'龙吟虎啸之中,却有多少和缓。不善学之,狂呼叫嚣,流弊何极。"

[2] 清·陈廷焯《词则·放歌集·卷一》:"气魄之大,突迈东坡,古今更无敌手。想其下笔时,早已目无余子矣。龙吟虎啸。"

[作业]

[1] 清·陈廷焯《白雨斋词话》评价本词"龙吟虎啸之中,却有多少和缓。"请谈谈你对上述评论的理解。

[2] 请分析本词中运用了哪些历史典故,表现了作者怎样的感情。

祭妹文

袁 枚

[题解]

袁枚(1716—1798),清初诗人、散文家和文学批评家,字子才,号简斋,又号随园老人,浙江钱塘(杭州市)人。乾隆进士,曾任江宁知县。辞官后定居江宁(南京市)小仓山,故自号"仓山居士""随园老人"。诗文创作方面,他反对传统的儒家礼教的束缚,主张直抒性情,首创"性灵说"。他的作品大多数是抒发闲情逸致的,作品集有《小仓山房文集》《随园诗话》和笔记小说《子不语》等。袁枚自成一家,与纪昀齐名,时称"南袁北纪"。

本文是袁枚哀悼胞妹袁机的一篇祭文,着重写兄妹之间的亲密关系,选取自己所见、所闻、所梦之事,描述了妹妹短暂而不幸的一生。文章记述的虽是家庭琐事,但"如影历历",感人至深。文章既有对妹妹的哀悼与思念,也有对妹妹的怜悯与同情,亦有作者未尽职责的悔恨之情,情真意切,语出肺腑,读来哀婉真切。

乾隆丁亥[1]冬,葬三妹素文于上元之羊山[2],而奠之以文曰:

呜呼!汝生于浙而葬于斯,离吾乡七百里矣。当时虽觭梦[3]幻想,宁知此为归骨所耶?

汝以一念之贞,遇人仳离[4],致孤危托落[5]。虽命之所存,天实为之;然而累汝至此者,未尝非予之过也。予幼从先生授经,汝差肩[6]而坐,爱听古人节义事;一旦长成,遽躬蹈之。呜呼!使汝不识诗书,或未必艰贞若是。

予捉蟋蟀,汝奋臂出其间;岁寒虫僵,同临其穴[7]。今予殓汝葬汝,而当日之情形,憬然赴目。予九岁憩书斋,汝梳双髻,披单缣[8]来,温《缁衣》[9]一章。适先生奓户[10]入,闻两童子音琅琅然,不觉莞尔,连呼则则[11]。此七月望日[12]事也。汝在九原[13],当分明记之。予弱冠粤行[14],汝掎裳悲恸。逾三年,予披宫锦还家[15],汝从东厢扶案出,一家瞠视而笑,不记语从何起,大概说长安登科[16],函使[17]报信迟早云尔。凡此琐琐,虽为陈迹,然我一日未死,则一日不能忘。旧事填膺[18],思之凄梗,如影历历,逼取便逝。悔当时不将婗婉[19]情状,罗缕纪存[20]。然而汝已不在人间,则虽年光倒流,儿时可再,而亦无与为印证者矣。

汝之义绝高氏而归也,堂上阿奶[21],仗汝扶持;家中文墨,姁[22]汝办治。尝谓女流中最少明经义、谙雅故[23]者,汝嫂非不婉嫕[24],而于此微缺然。故自汝归后,虽为汝悲,实为予喜。予又长汝四岁,或人间长者先亡,可将身后托汝;而不谓汝之先予以去也。前年予病,汝终宵刺探[25],减一分则喜,增一分则忧。后虽小差[26],犹尚殗殜[27],无所娱遣,汝来床前,为说稗官野史[28]可喜可愕之事,聊资一欢。呜呼!今而后,吾将再病,教从何处呼汝耶?

汝之疾也,予信医言无害,远吊[29]扬州。汝又虑戚吾心[30],阻人走报。及至绵惙[31]已极,阿奶问:"望兄归否?"强应曰:"诺!"予已先一日梦汝来诀,心知不祥,飞舟渡江。果予以未时[32]还家,而汝以辰时[33]气绝。四支犹温,一目未瞑,盖犹忍死待予也。呜呼痛哉!早知诀汝,则予岂肯远游?即游,亦尚有几许心中言,要汝知闻,共汝筹画也!而今已矣!除吾死外,当无见期。吾又不知何日死,可以见汝;而死后之有知无知,与得见不得见,又卒难明也。然则抱此无涯之憾,天乎人乎!而竟已乎!

汝之诗,吾已付梓[34];汝之女,吾已代嫁;汝之生平,吾已作传;惟汝之窀穸[35],尚未谋耳。先茔在杭[36],江广河深,势难归葬,故请母命而宁汝于斯,便祭扫也。其旁葬汝女阿印,其下两冢,一为阿爷侍者[37]朱氏,一为阿兄[38]侍者陶氏。羊山旷渺,南望原隰[39],西望栖霞[40],风雨晨昏,羁魂[41]有伴,当不孤寂。所怜者,吾自戊寅年[42]读汝哭侄诗后,至今无男;两女牙牙,生汝死后,才周晬[43]耳。予虽亲在未敢言老,而齿危发秃,暗里自知,知在人间,尚复几日?阿品[44]远官河南,亦无子女,九族[45]无可继者。汝死我葬,我死谁埋!汝倘有灵,可能告我?

呜呼!生前既不可想,身后又不可知;哭汝既不闻汝言,奠汝又不见汝食。纸灰飞扬,朔风野大,阿兄归矣,犹屡屡回头望汝也。呜呼哀哉!呜呼哀哉!

[注释]

[1] 乾隆丁亥:乾隆三十二年(1767)。

[2] 素文:名机,字素文。上元:旧县名,在今南京。羊山:在今南京东。

[3] 觭(jī)梦:做梦。《周礼·春官·大卜》:"太卜掌三梦之法,二曰觭梦。"

[4] 仳离:指女子被遗弃而离去。《诗经·王风·中谷有蓷》:"有女仳离,条其啸矣。条其啸矣,遇人之不淑矣。"

[5] 托落:落拓。

[6] 差(cī)肩:并肩。

[7] 同临其穴:一同埋蟋蟀。

[8] 缣:一种绢。

[9] 《缁衣》:《诗经·郑风》的篇名。

[10] 扅(zhà)户:开门。

[11] 则则:同"啧啧",赞叹声。

[12] 望日:农历十五。

[13] 九原:指墓地。

[14] 弱冠:指成年。粤行:乾隆元年(1736),作者二十一岁,经广东到广西叔父袁鸿处。当时袁鸿为广西巡抚金鉷的幕客。金鉷很赏识袁枚,举荐他到北京考博学鸿词科。

[15] 披宫锦还家:袁枚于乾隆四年(1739)考中进士后还家省亲。宫锦:指宫服。

[16] 长安:汉唐都城,此代指北京。登科:即考中进士。

[17] 函使:专报录取消息的人。

[18] 膺(yīng):胸。

[19] 婴婗(yī ní):婴儿,此指儿时。

[20] 罗缕纪存:有条理地记录下来。

[21] 堂上阿奶:指袁枚母亲章氏。

[22] 眴(shùn):以目示意,此作盼望意。

[23] 谙雅故:熟悉古书古事。

[24] 婉嫕(yì):温顺和婉。

[25] 刺探:探望。

[36] 小差:病情稍好转。差:病愈。

[27] 奄殜(yè dié):病情不十分重。

[28] 稗官野史：指各种野史小说。

[29] 吊：探访古迹。

[30] 虑戚吾心：怕我担心。

[31] 绵惙(chuò)：病情加重。

[32] 未时：古人将一昼夜分十二时。未时约十三时至十五时。

[33] 辰时：上午七时至九时。

[34] 付梓：付印。梓：印书的刻板。

[35] 窀穸(zhūn xī)：墓穴。

[36] 先茔(yíng)：指祖先的坟墓。

[37] 阿爷：指袁枚父袁滨。侍者：妾。

[38] 阿兄：作者自指。

[39] 原隰(xí)：低湿的原野。

[40] 栖霞：山名，在南京东北。

[41] 羁魂：羁留他乡的魂。

[42] 戊寅年：乾隆二十三年(1758)。是年袁枚丧子，袁机有哭侄诗。

[43] 周晬(zuì)：周岁。

[44] 阿品：袁枚堂弟，名树，字东莒，当时任河南正阳县令。

[45] 九族：高祖、曾祖、祖父、父亲、自身、儿子、孙子、曾孙、玄孙，合称九族。

[赏析]

全文由八个自然段构成。基本上采用历时性结构，回忆往事由远及近，自三妹的幼年写到青年，略去不幸的出嫁，再写其离婚归家，直至病危去世。最后写三妹死后家事与安葬的情景。全文结构井然有序。大多数段落均以"汝……"句式领起，作情境转换，显得脉络清晰而层次分明。结尾借景抒情，"纸灰飞扬，朔风野大"，渲染出悲凉的气氛，正是作者内心哀伤的外现，而"阿兄归矣，犹屡屡回头望汝也"的生动细节，更留给人无限的凄凉之感。

《祭妹文》作为一篇祭文，不同于一般传记的偏重客观记叙，而是具有浓郁的主观色彩和强烈的抒情性。作者"罗缕纪存"昔日家常琐事的文字，每一停顿直抒哀悼之意，其悲痛发自至情至性，具有感人至深的力量。

另外值得一提的是，作者采用第二人称"汝"的角度书写，向三妹倾诉衷肠，仿佛三妹就在眼前，这就消除了生者与死者的界限，便于抒情，显得格外亲切感人。

[选评]

[1] 清·王文濡《清文评注读本》:"昌黎《祭十二郎文》、欧阳《泷冈阡表》,皆古今有数文字,得此乃鼎足而三。"

[2] 清·吴应和、马洵《浙西六家诗钞》引李西台语:"语语从肺腑流出,诗家讲性灵者无以过之。"

[作业]

[1] 本文可分为几个部分,是如何按时间顺序叙事的?

[2] 写袁机的不幸遭遇,主要是从哪个方面来写的,为什么要这样写?

[3] 本文是如何把抒情和叙事紧密结合起来的?

送　别

李叔同

[题解]

李叔同(1880—1942),字叔同,法号弘一,世称弘一法师。生于天津,是我国近代史上著名的艺术家、教育家、革新家。在音乐、戏剧、美术、诗词、书法等诸多领域都取得较高成就。1918年在杭州虎跑寺出家。他擅长诗词,风格恬淡自然,至善至美。今人辑有《弘一大师文集》。

好友许幻园因家道中落,准备离开上海,临走前,去跟李叔同告别。那天,上海下了很大的雪,把天地装点成白茫茫一片。李叔同忽闻门外好像有人在呼唤自己的名字,他打开门,发现正是自己的好友。许幻园声音低沉地说了一句话:"叔同兄,我破产了,咱们后会有期。"说完,就转身消失在了苍茫大雪之中。看着昔日好友渐行渐远的背影,李叔同竟无语凝噎。他独自在雪地里伫立良久,后返回屋内,伏案写下了这首《送别》。

　　长亭[1]外,古道边,
　　芳草[2]碧连天。
　　晚风拂柳笛声残,
　　夕阳山外山。
　　天之涯,地之角,
　　知交半零落[3]。
　　一瓢[4]浊酒尽[5]余欢,
　　今宵别梦寒。

[注释]

　　[1] 长亭:送别场所,象征着离别。下句中的"古道"也是常出现在离别诗词中的

场所,用以表达离愁。

[2]芳草:香草,亦用来比喻忠贞、贤德之人,来源自屈原《离骚》之"香草美人"意象。

[3]零落:这里用来形容旧时知己、好友各自天涯,难以寻觅。

[4]本句典故出自《论语·雍也篇》:"一箪食,一瓢饮,在陋巷,人不堪其忧,回也不改其乐。"现存《送别》的最早版本,李叔同的弟子丰子恺以端正小楷抄录的,是"一瓢(piáo)浊酒尽余欢"。在之后的传唱中"瓢"常被人传为"觚(gū)""壶"与"斛(hú)"。

[5]尽:完结,消解。

[赏析]

这首词写于1915年,当时作者在杭州第一师范学校任教。他借助于当时流行于日本的曲调,用古典诗词体式填写歌词,具有"学堂乐歌"的特点。送别是中国古典文学中一个常见体裁,长亭短亭、芳草离情、折柳赠别,都是古人写送别诗时常用的意象。这首歌词,诗人把这诸多意象都集成起来,沿婉约一格设色造境,柔美凄婉,散发着一股流年的淡香,别意沉沉却不消沉,深韵淡雅,回味悠长。

全词描绘了这样的场景:夕阳西下,古道驿边,芳草萋萋,一望无际,一对知己执手相看泪眼。想到从此后天涯远隔,长路漫漫,别易会难,心头涌起无限的伤感。捧起浊酒,尽兴一醉,直追古人"今宵酒醒何处"的沉醉梦别,营造了让人神伤的意境,充满了人生的悲悯和无奈。此词写的是人间的别离之情,构筑的却是人生有缘的风景,花开花谢,生死无常,何况离别?整首词弥漫着浓重的人生空幻感,深藏着出世顿悟的暗示。

《送别》这首歌所继承的就是倚曲填词的文人音乐创作传统。从选曲的角度来看,作者所选择的曲调抒情、优美,略带哀伤色彩,是适宜表达送行时依依惜别情感的。这首歌曲调来源于美国歌曲《梦见家和母亲》,在日本则被填写成歌曲《旅愁》,所表达的都是带有思念、忧郁色彩的情感类型。李叔同信手拈来,用来表达惜别情感,其实是别具匠心的选择,也遵循了曲牌、词牌选配需与情绪吻合的基本规则。从词曲结合的角度看,《送别》的音乐起伏与字调抑扬二者配合自然贴切,几乎是天衣无缝,体现出李叔同高超的创作技巧和深厚的国学功底。

[选评]

［1］当代·李满《〈送别〉：李叔同与"天涯五友"的聚散离合》："《送别》全篇，几乎每一句词都有很强的画面感，将中国古典诗词中的清词丽句与西方民谣曲调结合，达到了情趣意境出于天然而不见斧凿之痕的高度，显示了李叔同对乐曲选择的敏锐度以及驾驭中国古典诗词文化的能力。"

［2］当代·孟凡玉《论学堂乐歌与中国音乐传统——以〈送别〉为例》："《送别》和中国音乐传统结合得如此密切，虽然是一首运用了外国曲调的作品，却能够被中国民众广为接受，久唱不衰，不能不说这首歌是中国音乐传统和西方艺术结合的典范之作。"

[作业]

［1］请结合作品和旋律谈一谈词中意象的韵味。

［2］你还知道李叔同哪些作品？

儿　女

朱自清

[题解]

朱自清(1898—1948),原名自华,号实秋,后改名自清,字佩弦。原籍浙江绍兴,出生于江苏省东海县(今连云港市东海县平明镇),后随父定居扬州。中国现代散文家、诗人、学者、民主战士。1916年中学毕业后成功考入北京大学预科。1919年开始发表诗歌。1921年,加入文学研究会,成为"为人生"代表作家。1922年,与叶圣陶等创办了我国新文学史上第一个诗刊——《诗》月刊,倡导新诗。次年,发表长诗《毁灭》,引起当时诗坛广泛注意,继而写《桨声灯影里的秦淮河》,被誉为"白话美术文的模范"。1924年,诗文集《踪迹》出版。1925年,应清华大学之聘,任中文系教授。创作由诗歌转向散文,同时致力于古典文学研究。

《儿女》原载于1928年10月10日《小说月报》第19卷第10号。作者以平实又饱含深情的语言,描述关于儿女的一些琐事,比如吃饭的情景、游戏的情景等,如话家常般道来,在读者面前展现出一个平常家庭的生活情景。文章没有刻意地雕刻生活细节,也没有华丽的语言,读来真实、自然,一股浓郁的生活气息扑面而来,让读者感受到了平常欢乐的儿女情。

我现在已是五个儿女的父亲了。想起圣陶喜欢用的"蜗牛背了壳"的比喻,便觉得不自在。新近一位亲戚嘲笑我说:"要剥层皮呢!"更有些悚然[1]了。十年前刚结婚的时候,在胡适之先生的《藏晖室札记》里,见过一条,说世界上有许多伟大的人物是不结婚的;文中并引培根的话:"有妻子者,其命定矣。"当时确吃了一惊,仿佛梦醒一般;但是家里已是不由分说给娶了媳妇,又有甚么可说?现在是一个媳妇,跟着来了五个孩子;两个肩头上,加上这么重一副担子,真不知怎样走才好。"命定"是不用说了;从孩子们那一面说,他们该怎样长大,也正是可以忧虑的事。我是个彻头彻尾自私的人,做丈夫已是勉强,做父亲更是不成。自然,"子孙崇拜""儿童本位"的哲理或伦理,我也有些知道;既做着父亲,闭了眼抹杀孩子们的权利,知道是不行的。可惜这只是理论,实际上我是仍旧按照古老的传统,在野蛮地对付着,和普通的父亲一样。近来差不多是中年的人了,才渐渐觉得自己的残酷;想着孩子们受过的体罚和叱责,始终不能辩解——像抚摩着旧创痕那样,我的心酸溜溜的。有一回,读了有岛武郎《与幼小者》的译文,对了那种伟大的,沉挚的态度,我竟流下泪来了。去年父亲来信,问起阿九,那时阿九还在白马湖呢;信上说:"我没有耽误你,你也不要耽误他才好。"我为这句话哭了一场;我为什么不像父亲的仁慈?我不该忘记,父亲怎样待我们来着!人性许真是二元的,我是这样地矛盾;我的心像钟摆似的来去。

你读过鲁迅先生的《幸福的家庭》么?我的便是那一类的"幸福的家庭"!每天午饭和晚饭,就如两次潮水一般。先是孩子们你来他去地在厨房与饭间里查看,一面催我或妻发"开饭"的命令。急促繁碎的脚步,夹着笑和嚷,一阵阵袭来,直到命令发出为止。他们一递一个地跑着喊着,将命令传给厨房里用人;便立刻抢着回来搬凳子。于是这个说:"我坐这儿!"那个说:"大哥不让我!"大哥却说:"小妹打我!"我给他们调解,说好话。但是他们有时候很固执,我有时候也不耐烦,这便用着叱责了;叱责还不行,不由自主地,我的沉重的手掌便到他们身上了。于是哭的哭,坐的坐,局面才算定了。接着可又你要大碗,他要小碗,你说红筷子好,他说黑筷子好;这个要干饭,那个要稀饭,要茶要汤,要鱼要肉,要豆腐,要萝卜;你说他菜多,他说你菜好。妻是照例安慰着他们,但这显然是太迂缓了。我是个暴躁的人,怎么等得及?不用说,用老法子将他们立刻征服了;虽然有哭的,不久也就抹着泪捧起碗了。吃完了,纷纷爬下凳子,桌上是饭粒呀,汤汁呀,骨头呀,渣滓呀,加上纵横的筷子,欹斜[2]的匙子,就如一块花花绿绿的地图模型。吃饭而外,他们的大事便是游戏。游戏时,大的有大主意,小的有小主意,各自坚持不下,于是争执起来;或者大的欺负了小的,或者小的竟欺负了大的,被欺负的哭着嚷着,到我或妻的面前诉苦;我大抵仍旧要用老法子来判断的,但不理的时候也有。最为难的,是争夺玩具的时候:这一个的与那一个的是同样的东西,却偏要那一个的;

而那一个便偏不答应。在这种情形之下，不论如何，终于是非哭了不可的。这些事件自然不至于天天全有，但大致总有好些起。

我若坐在家里看书或写什么东西，管保一点钟里要分几回心，或站起来一两次的。若是雨天或礼拜日，孩子们在家的多，那么，摊开书竟看不下一行，提起笔也写不出一个字的事，也有过的。我常和妻说："我们家真是成日的千军万马呀！"有时是不但"成日"，连夜里也有兵马在进行着，在有吃乳或生病的孩子的时候！

我结婚那一年，才十九岁。二十一岁，有了阿九；二十三岁，又有了阿菜。那时我正像一匹野马，那能容忍这些累赘的鞍鞯，辔头，和缰绳？摆脱也知是不行的，但不自觉地时时在摆脱着。现在回想起来，那些日子，真苦了这两个孩子；真是难以宽宥的种种暴行呢！阿九才两岁半的样子，我们住在杭州的学校里。不知怎地，这孩子特别爱哭，又特别怕生人。一不见了母亲，或来了客，就哇哇地哭起来了。学校里住着许多人，我不能让他扰着他们，而客人也总是常有的；我懊恼极了，有一回，特地骗出了妻，关了门，将他按在地下打了一顿。这件事，妻到现在说起来，还觉得有些不忍；她说我的手太辣了，到底还是两岁半的孩子！我近年常想着那时的光景，也觉黯然。阿菜在台州，那是更小了；才过了周岁，还不大会走路。也是为了缠着母亲的缘故吧，我将她紧紧地按在墙角里，直哭喊了三四分钟；因此生了好几天病。妻说，那时真寒心呢！但我的苦痛也是真的。我曾给圣陶写信，说孩子们的折磨，实在无法奈何；有时竟觉着还是自杀的好。这虽是气愤的话，但这样的心情，确也有过的。后来孩子是多起来了，磨折也磨折得久了，少年的锋棱渐渐地钝起来了；加以增长的年岁增长了理性的裁制力，我能够忍耐了——觉得从前真是一个"不成材的父亲"，如我给另一个朋友信里所说。但我的孩子们在幼小时，确比别人的特别不安静，我至今还觉如此。我想这大约还是由于我们抚育不得法；从前只一味地责备孩子，让他们代我们负起责任，却未免是可耻的残酷了！

正面意义的"幸福"，其实也未尝没有。正如谁所说，小的总是可爱，孩子们的小模样，小心眼儿，确有些教人舍不得的。阿毛现在五个月了，你用手指去拨弄她的下巴,或向她做趣脸,她便会张开没牙的嘴格格地笑,笑得像一朵正开的花。她不愿在屋里待着;待久了,便大声儿嚷。妻常说:"姑娘又要出去溜达了。"她说她像鸟儿般,每天总得到外面溜一些时候。闰儿上个月刚过了三岁,笨得很,话还没有学好呢。他只能说三四个字的短语或句子,文法错误,发音模糊,又得费气力说出;我们老是要笑他的。他说"好"字,总变成"小"字;问他"好不好"?他便说"小",或"不小"。我们常常逗着他说这个字玩儿;他似乎有些觉得,近来偶然也能说出正确的好字了——特别在我们故意说成"小"字的时候。他有一只搪瓷碗,是一毛来钱买的;买来时,老妈子教给他,"这是一毛钱"。他便记住"一毛"两个字,管那只碗叫"一毛",有时竟省称为"毛"。这在新来的老妈子,是必需翻译了才懂的。他不好意思,或见着生客时,便咧着嘴痴笑;我们常用了土话,叫他做"呆瓜"。他是个小胖子,短短的腿,走起路来,蹒跚可笑;若快走或跑,便更"好看"了。他有时学我,将两手叠在背后,一摇一摆的;那是他自己和我们都要乐的。

他的大姊便是阿菜,已是七岁多了,在小学校里念着书。在饭桌上,一定得啰啰唆唆地报告些同学或他们父母的事情;气喘喘地说着,不管你爱听不爱听。说完了总问我:"爸爸认识么?""爸爸知道么?"妻常禁止她吃饭时说话,所以她总是问我。她的问题真多:看电影便问电影里的是不是人?是不是真人?怎么不说话?看照相也是一样。不知谁告诉她,兵是要打人的。她回来便问,兵是人么?为什么打人?近来大约听了先生的话,回来又问张作霖的兵是帮谁的?蒋介石的兵是不是帮我们的?诸如此类的问题,每天短不了,常常闹得我不知怎样答才行。她和闰儿在一处玩儿,一大一小,不很合式,老是吵着哭着。但合式的时候也有:譬如这个往床底下躲,那个便钻进去追着;这个钻出来,那个也跟着——从这个床到那个床,只听见笑着,嚷着,喘着,真如妻所说,像小狗似的。现在在京的,便只有这三个孩子;阿九和转儿是去年北来时,让母亲暂时带回扬州去了。

阿九是欢喜书的孩子。他爱看《水浒》,《西游记》,《三侠五义》,《小朋友》等;没有事便捧着书坐着或躺着看。只不欢喜《红楼梦》,说是没有味儿。是的,《红楼梦》的味儿,一个十岁的孩子,哪里能领略呢?去年我们事实上只能带两个孩子来;因为他大些,而转儿是一直跟着祖母的,便在上海将他俩丢下。我清清楚楚记得那分别的一个早上。我领着阿九从二洋泾桥的旅馆出来,送他到母亲和转儿住着的亲戚家去。妻嘱咐说:"买点吃的给他们吧。"我们走过四马路,到一家茶食铺里。阿九说要熏鱼,我给买了;又买了饼干,是给转儿的。便乘电车到海宁路。下车时,看着他的害怕与累赘,很觉恻然。到亲戚家,因为就要回旅馆收拾上船,只说了一两句话便出来;转儿望望我,没说什么,阿九是和祖母说什么去了。我回头看了他们一眼,硬着头皮走了。后来妻告诉我,阿九背地里向她说:"我知道爸爸欢喜小妹,不带我上北京去。"其实这是冤枉的。他又曾和我们说:"暑假时一定来接我啊!"我们当时答应着;但现在已是第二个暑假了,他们还在迢迢的扬州待着。他们是恨着我们呢?还是惦着我们呢?妻是一年来老放不下这两个,常常独自暗中流泪;但我有什么法子呢!想到只为"家贫成聚散"一句无名的诗,不禁有些凄然。

转儿与我较生疏些。但去年离开白马湖时,她也曾用了生硬的扬州话(那时她还没有到过扬州呢),和那特别尖的小嗓子向着我:"我要到北京去。"她晓得什么北京,只跟着大孩子们说罢了;但当时听着,现在想着的我,却真是抱歉呢。这兄妹俩离开我,原是常事,离开母亲,虽也有过一回,这回可是太长了;小小的心儿,知道是怎样忍耐那寂寞来着!

我的朋友大概都是爱孩子的。少谷有一回写信责备我,说儿女的吵闹,也是很有趣的,何至可厌到如我所说;他说他真不解。子恺为他家华瞻写的文章,真是"蔼然仁者之言"。圣陶也常常为孩子操心:小学毕业了,到什么中学好呢?——这样的话,他和我说过两三回了。我对他们只有惭愧!可是近来我也渐渐觉着自己的责任。我想,第一该将孩子们团聚起来,其次便该给他们些力量。我亲眼见过一个爱儿女的人,因为不曾好好地教育他们,便将他们荒废了。他并不是溺爱,只是没有耐心去料理他们,他们便不能成材了。我想我若照现在这样下去,孩子们也便危险了。我得计划着,让他们渐渐知道怎样去做人才行。但是要不要他们像我自己呢?这一层,我在白马湖教初中学生时,也曾从师生的立场上问过丐尊,他毫不踌躇地说:"自然啰。"近来与平伯谈起教子,他却答得妙,总不希望比自己坏啰。是的,只要不"比自己坏"就行,"像"不"像"倒是不在乎的。职业,人生观等,还是由他们自己去定的好;自己顶可贵,只要指导,帮助他们去发展自己,便是极贤明的办法。

予同说:"我们得让子女在大学毕了业,才算尽了责任。"SK 说:"不然,要看我们的经济,他们的材质与志愿;若是中学毕了业,不能或不愿升学,便去做别的事,譬如做工人吧,那也并非不行的。"自然,人的好坏与成败,也不尽靠学校教育;说是非大学毕业不可,也许只是我们的偏见。在这件事上,我现在毫不能有一定的主意;特别是这个变动不居的时代,知道将来怎样?好在孩子们还小,将来的事且等将来吧。目前所能做的,只是培养他们基本的力量——胸襟与眼光;孩子们还是孩子们,自然说不上高的远的,慢慢从近处小处下手便了。这自然也只能先按照我自己的样子,"神而明之,存乎其人"。光辉也罢,倒楣也罢,平凡也罢,让他们各尽各的力去。我只希望如我所想的,从此好好地做一回父亲,便自称心满意。——想到那狂人救救孩子的呼声,我怎敢不悚然自勉呢?

1928 年 6 月 24 日晚写毕,北京清华园。

(选自《朱自清散文》,人民文学出版社 2022 年版。略有改动。)

[注释]

[1] 悚然:形容害怕的样子。
[2] 欹(qī)斜:倾斜,歪斜。

[赏析]

朱自清的抒情散文往往具备四个特点:一是感情真挚;二是描写自然景物十分精准,对声音和色彩的感觉极为敏锐;三是善于运用赋、比、兴手法,注重起承转合,极为曲尽其意而又余韵袅袅;四是文字精美温婉,饱含诗意和生活情趣。

《儿女》一文看似闲叙家常,却又极为真切、生动。作者从琐事、小事入手,反而写出了典型性。读者也会感同身受,时常忍俊不禁,进而产生强烈的共鸣。再加上作者独具匠心的精心剪裁,便呈现出一幕幕戏剧性极强的场面,充满童真童趣。

作者在平常的语言中，蕴涵着真挚的感情。写送阿九和转儿的一段，那种伤感、愧疚的心情在字里行间流淌，使读者真切感受到一个父亲对儿女的深沉的依恋；写吃饭的情景、游戏的情景，都是信手拈来，毫无矫饰，真切地展现了一个普通家庭的真实生活情景。

文章既没有浓墨重彩，也没有刻意雕饰。作者稳静地述说自己在对待儿女问题上的心灵历程。年轻时，由于缺乏精神和物质上的准备，竟成了五个孩子的父亲。可是，自己并不懂得为父之道，总是按照古老的传统，采用粗暴的方式去对待他们。现在人到中年，方才觉得愧疚。于是，决心今后好好做父亲，让他们知道怎样做人；帮助他们发展自己，培养胸襟与眼光。

作者着力于勾勒人物。对他的五个儿女，在描写上有分有合、有繁有简、有虚有实。先用概括的描述手法，综合描摹儿女们。作者选择了进餐和游戏这两个儿童生活中最典型的环节，突出进餐的杂乱、游戏的纷争，简直惟妙惟肖，栩栩如生。读者仿佛亲临其境、亲聆其音、亲观其影，充分感受到童真童趣。

本文语言素朴、生动，极具口语化。例如，"蜗牛背了壳""要剥层皮呢"，极为通俗，也极为形象；又如，"手太辣了""真寒心呢"，话虽简短，却真切地表现出母亲怜爱儿女的心情。通篇没有斧凿之痕，也不见雕琢之迹，呈现出简洁、淡雅的自然之美。

［选评］

［1］当代·殷琦《谈〈儿女〉》："朱自清写的《儿女》显示了他诗人的气质、哲人的思考。……一篇《儿女》贵在真，小而实在。"

［2］当代·韦星《朱自清散文中的人伦之道》："朱自清写于1928年的《儿女》一文，是对父子人伦问题思考的进一步深化。笔者认为，在这篇散文中，他集中强调了为父应承担的责任以及教育的方式方法问题。"

［作业］

［1］本文和朱自清的《背影》一样，都体现了朱自清散文构思精巧、严谨和谐的结构之美。《背影》以"背影"为线索，难忘背影—描写背影—思念背影，结构严谨。试着按照上述思路分析本文的结构。

［2］朱自清的亲情散文具有温厚、朴实、自然的真情美。请比较《背影》和本文表达情感的异同。

我的遥远的清平湾(节选)

史铁生

[题解]

史铁生(1951—2010),中国作家、散文家。1951年出生于北京。1967年毕业于清华大学附属中学,1969年去延安一带插队。因双腿瘫痪于1972年回到北京。历任中国作家协会全国委员会委员,北京作家协会副主席,中国残疾人联合会副主席。代表作品有《我与地坛》《务虚笔记》《病隙碎笔》等。《我的遥远的清平湾》首刊于《青年文学》1983年第1期,获中国作家协会1983年优秀短篇小说奖。

北方的黄牛一般分为蒙古牛和华北牛。华北牛中要数秦川牛和南阳牛最好,个儿大,肩峰很高,劲儿足。华北牛和蒙古牛杂交的牛更漂亮,犄角向前弯去,顶架也厉害,而且皮实、好养。对北方的黄牛,我多少懂一点。这么说吧:现在要是有谁想买牛,我担保能给他挑头好的。看体形,看牙口,看精神儿,这谁都知道;光凭这些也许能挑到一头不坏的,可未必能挑到一头真正的好牛。关键是得看脾气,拿根鞭子,一甩,"嗖"的一声,好牛就会瞪圆了眼睛,左蹦右跳。这样的牛干起活来下死劲,走得欢。疲牛呢?听见鞭子响准是把腰往下一塌,闭一下眼睛,忍了。这样的牛,别要。我插队的时候喂过两年牛,那是在陕北的一个小山村儿——清平湾。

我们那个地方虽然也还算是黄土高原,却只有黄土,见不到真正的平坦的塬地了。由于洪水年年吞噬,塬地总在塌方,顺着沟、渠、小河,流进了黄河。从洛川再往北,全是一座座黄的山峁或一道道黄的山梁,绵延不断。树很少,少到哪座山上有几棵什么树,老乡们都记得清清楚楚;只有打新窑或是做棺木的时候,才放倒一、两棵。碗口粗的柏树就稀罕得不得了。要是谁能做上一口薄柏木板的棺材,大伙儿就都佩服,方圆几十里内都会传开。

在山上拦牛的时候,我常想,要是那一座座黄土山都是谷堆、麦垛,山坡上的胡蒿和沟壑里的狼牙刺都是柏树林,就好了。和我一起拦牛的老汉总是"唏溜唏溜"地抽着旱烟,笑笑说:"那可就一股劲儿吃白馍馍了。老汉儿家、老婆儿家都睡一口好材。"

和我一起拦牛的老汉姓白。陕北话里,"白"发"破"的音,我们都管他叫"破老汉"。也许还因为他穷吧,英语中的"poor"就是"穷"的意思。或者还因为别的:那几颗零零碎碎的牙,那几根稀稀拉拉的胡子。尤其是他的嗓子——他爱唱,可嗓子像破锣。傍晚赶着牛回村的时候,最后一缕阳光照在崖畔上,红的。破老汉用镢把挑起一捆柴,扛着,一路走一路唱:"崖畔上开花崖畔上红,受苦人[1]过得好光景……"声音拉得很长,虽不洪亮,但颤巍巍的,悠扬。碰巧了,崖顶上探出两个小脑瓜,竖着耳朵听一阵,跑了:可能是狐狸,也可能是野羊。不过,要想靠打猎为生可不行,野兽很少。我们那地方突出的特点是穷,穷山穷水,"好光景"永远是"受苦人"的一种盼望。天快黑的时候,进山寻野菜的孩子们也都回村了,大的拉着小的,小的扯着更小的,每人的臂弯里都扎着个小篮儿,装的苦菜、苋菜或者小蒜、蘑菇……孩子们跟在牛群后面,"叽叽嘎嘎"地吵,争抢着把牛粪撮回窑里[2]去。

越是穷地方,农活也越重。春天播种;夏天收麦;秋天玉米、高粱、谷子都熟了,更忙;冬天打坝、修梯田,总不得闲。单说春种吧,往山上送粪全靠人挑。一担粪六七十斤,一早上就得送四五趟;挣两个工分,合六分钱。在北京,才够买两根冰棍儿的。那地方当然没有冰棍儿,在山上干活渴急了,什么水都喝。天不亮,耕地的人们就扛着木犁、赶着牛上山了。太阳出来,已经耕完了几垧地。火红的太阳把牛和人的影子长长地印在山坡上,扶犁的后面跟着撒粪的,撒粪的后头跟着点籽的,点籽的后头是打土坷垃的,一行人慢慢地、有节奏地向前移动,随着那悠长的吆牛声。吆牛声有时疲惫、凄婉;有时又欢快、诙谐,引动一片笑声。那情景几乎使我忘记自己是生活在哪个世纪,默默地想着人类遥远而漫长的历史。人类好像就是这么走过来的。

清明节的时候我病倒了,腰腿疼得厉害。那时只以为是坐骨神经痛,或是腰肌劳损,没想到会发展到现在这么严重。陕北的清明前后爱刮风,天都是黄的。太阳白蒙蒙的。窑洞的窗纸被风沙打得"唰啦啦"响。我一个人躺在土炕上……那天,队长端来了一碗白馍……

陕北的风俗,清明节家家都蒸白馍,再穷也要蒸几个。白馍被染得红红绿绿的,老乡管那叫"zi chui"。开始我们不知道是哪两个字,也不知道什么意思,跟着叫"紫锤"。后来才知道,是叫"子推",是为纪念春秋时期一个叫介子推的人的。破老汉说,那是个刚强的人,宁可被人烧死在山里,也不出去做官。我没有考证过,也不知史学家们对此作何评价。反正吃一顿白馍,清平湾的老老少少都很高兴。尤其是孩子们,头好几天就喊着要吃子推馍馍了。春秋距今两千多年了,陕北的文化很古老,就像黄河。譬如,陕北话中有好些很文的字眼:"喊"不说"喊",要说"呐喊";香菜,叫芫菜;"骗人"也不说"骗人",叫作"玄谎"……连最没文化的老婆儿也会用"酝酿"这词儿。开社员会时,黑压压坐了一窑人,小油灯冒着黑烟,四下里闪着烟袋锅的红光。支书念完了文件,喊一声:"不敢睡!大家讨论个一下!"人群中于是息了鼾声,不紧不慢地应着:"酝酿酝酿了再……"这"酝酿"二字使人想到那儿确是革命圣地,老乡们还记得当年的好作风。可在我们插队的那些年里,"酝酿"不过是一种习惯了的口头语罢了。乡亲们说"酝酿"的时候,心里也明白:球是不顶!可支书让发言,大伙总得有个说的;支书也是难,其实那些政策条文早已经定了。最后,支书再喊一声:"同意啊不?"大伙回答:"同意——"然后回窑睡觉。

那天,队长把一碗"子推"放在炕沿上,让我吃。他也坐在炕沿上,"吧嗒吧嗒"地抽烟。"子推"浮头用的是头两茬面,很白;里头都是黑面,麸子全磨了进去。队长看着我吃,不言语。临走时,他吹吹烟锅儿,说:"唉!'心儿'家不容易,离家远。""心儿"就是孩子的意思。

队里再开会时,队长提议让我喂牛。社员们都赞成。"年轻后生家,不敢让腰腿作下病,好好价把咱的牛喂上!"老老小小见了我都这么说。在那个地方,担粪、砍柴、挑水、清明磨豆腐、端午做凉粉、出麻油、打窑洞……全靠自己动手。腰腿可是劳动的本钱;唯一能够代替人力的牛简直是宝贝。老乡把喂牛这样的机要工作交给我,我心里很感动,嘴上却说不出什么。农民们不看嘴,看手。我喂十头,破老汉喂十头,在同一个饲养场上。饲养场建在村子的最高处,一片平地,两排牛棚,三眼堆放草料的破石窑。清平河水整日价"哗哗啦啦"的,水很浅,在村前拐了一个弯,形成了一个水潭。河湾的一边是石崖,另一边是一片开阔的河滩。夏天,村里的孩子们光着屁股在河滩上折腾,往水潭里"扑通扑通"地跳,有时候捉到一只鳖,又笑又嚷,闹翻了天。破老汉坐在饲养场前面的窑顶上看着,一袋接一袋地抽烟。"'心儿'家不晓得愁。"他说,然后就哑着个嗓子唱起来,"提起那家来,家有名,家住在绥德三十里铺村……"破老汉是绥德人,年轻时打短工来到清平湾,就住下了。绥德出打短工的,出石匠,出说书的,那地方更穷。

　　绥德还出吹手。农历年夕前后,坐在饲养场上,常能听到那欢乐的唢呐声。那些吹手也有从米脂、佳县来的,但多数是绥德人。他们到处串,随便站在谁家窑前就吹上一阵。如果碰巧哪家要娶媳妇,他们就被推去,"呜里哇啦"地吹一天,吃一天好饭。要是运气不好,吹完了,就只能向人家要一点吃的或钱。或多或少,家家都给,破老汉尤其给得多。他说:"谁也有难下的时候。"原先,他也干过那营生,吃是能吃饱,可是常要受冻,要是没人请,夜里就得住寒窑。"揽工人儿难,哎哟,揽工人儿难;正月里上工十月里满,受的牛马苦,吃的猪狗饭……"他唱着,给牛添草。破老汉一肚子歌。

　　小时候就知道陕北民歌。到清平湾不久,干活歇下的时候我们就请老乡唱,大伙都说破老汉爱唱,也唱得好。"老汉的日子熬煎咧,人愁了才唱得好山歌。"确实,陕北的民歌多半都有一种忧伤的调子。但是,一唱起来,人就快活了。有时候赶着牛出村,破老汉憋细了嗓子唱《走西口》:"哥哥你走西口,小妹妹也难留,手拉着哥哥的手,送哥到大门口。走路你走大路,再不要走小路,大路上人马多,来回解忧愁……"场院的婆姨、女子们嘻嘻哈哈地冲我嚷:"让老汉儿唱个《光棍哭妻》嘛,老汉儿唱得可美!"破老汉只做没听见,调子一转,唱起了《女儿嫁》:"一更里叮当响,小哥哥进了我的绣房,娘问女孩儿什么响,西北风刮得门栓响嘛哎哟……"往下的歌词就不宜言传了。我和老汉赶着牛走出很远了,还听见婆姨、女子们在场院上骂。老汉冲我眨眨眼，撅一条柳条，赶着牛，唱一路。

破老汉只带着个七八岁的小孙女过。那孩子小名儿叫"留小儿"。两口人的饭常是她做。

把牛赶到山里。正是晌午。太阳把黄土烤得发红，要冒火似的。草丛里不知名的小虫子"磁——磁——"地叫。群山也显得疲乏，无精打采地互相挨靠着。方圆十几里内只有我和破老汉，只有我们的吆牛声。哪儿有泉水，破老汉都知道；几镢头挖成一个小土坑，一会儿坑里就积起了水。细珠子似的小气泡一串串地往上冒，水很小，又凉又甜。"你看下我来，我也看下你……"老汉喝水，抹抹嘴，扯着嗓子又唱一句。不知道他又想起了什么。

夏天拦牛可不轻闲，好草都长在田边，离庄稼很近。我们东奔西跑地吆喝着，骂着。破老汉骂牛就像骂人，爹、娘、八辈祖宗，骂得那么亲热。稍不留神，哪个狡猾的家伙就会偷吃了田苗。最讨厌的是破老汉喂的那头老黑牛，称得上是"老谋深算"，它能把野草和田苗分得一清二楚。它假装吃着田边的草，慢慢接近田苗，低着头，眼睛却溜着我。我看着它的时候，田苗离它再近它也不吃，一副廉洁奉公的样儿；我刚一回头，它就趁机啃倒一棵玉米或高粱，调头便走。我识破了它的诡计，它再接近田苗时，假装不看它，等它确信无虞把舌头伸向禁区之际，我才大吼一声。老家伙趔趔趄趄地后退，既惊慌又愧悔，那样子倒有点可怜。

陕北的牛也是苦，有时候看着它们累得草也不想吃，"呼嗤呼嗤"喘粗气，身子都跟着晃，我真害怕它们趴架。尤其是当年那些牛争抢着去舔地上渗出的盐碱的时候，真觉得造物主太不公平。我几次想给它们买些盐，但自己嘴又馋，家里寄来的钱都买鸡蛋吃了。

每天晚上，我和破老汉都要在饲养场上呆到十一二点，一遍遍给牛添草。草添得要勤，每次不能太多。留小儿跟在老汉身边，寸步不离。她的小手绢里总包两块红薯或一把玉米粒。破老汉用牛吃剩下的草疙节打起一堆火，干的"噼噼啪啪"响，湿的"磁磁"冒烟。火光照亮了饲养场，照着吃草的牛，四周的山显得更高，黑魆魆的。留小儿把红薯或玉米埋在烧尽的草灰里；如果是玉米，就得用树枝拨来拨去，"啪"地一响，爆出了一个玉米花。那是山里娃最好的零嘴儿了。

留小儿没完没了地问我北京的事。"真个是在窑里看电影?""不是窑,是电影院。""前回你说是窑里。""噢,那是电视。一个方匣匣,和电影一样。"她歪着头想,大约想象不出,又问起别的。"啥时想吃肉,就吃?""嗯。""玄谎!""真的。""成天价想吃呢?""那就成天价吃。"这些话她问过好多次了,也知道我怎么回答,但还是问。"你说北京人都不爱吃白肉?"她觉得北京人不爱吃肥肉,很奇怪。她仰着小脸儿,望着天上的星星;北京的神秘,对她来说,不亚于那道银河。

"山里的娃娃什么也解不开。"破老汉说。破老汉是见过世面的,他三七年就入了党,跟队伍一直打到广州。他常常讲起广州:霓虹灯成宿地点着,广州人连蛇也吃到处是高楼,楼里有电梯……留小儿听得觉也不睡。我说:"城里人也不懂得农村的事呢。""城里人解开个狗吗?"留小儿问,"咯咯"地笑。她指的是我们刚到清平湾的时候,被狗追得满村跑。"学生价连犍牛和生牛也解不开。"留小儿说着去摸摸正在吃草的牛,一边数叨,"红犍牛、猴[3]犍牛、花生牛……爷!老黑牛怕是难活[4]下了,不肯吃!""它老了,熬[5]了。"老汉说。山里的夜晚静极了,只听得见牛吃草的"沙沙"声,蛐蛐叫,有时远处还传来狼嗥。破老汉有把破胡琴,"吱吱嘎嘎"地拉起来,唱:"一九头上才立冬,阎王领兵下河东,幽州困住杨文广,年太平,金花小姐领大兵,……"把历史唱了个颠三倒四。

留小儿最常问的还是天安门。"你常去天安门?""常去。""常能照着[6]毛主席?""哪的来,我从来没见过。""咦?!他就盛[7]在天安门上,你去了会照不着?"她大概以为毛主席总站在天安门上,像画上画的那样。有一回她扒在我耳边说:"你冬里回北京把我引上行不?"我说:"就怕你爷爷不让。""你跟他说说嘛,他可相信你说的了。盘缠我有。""你哪儿来的钱?""卖鸡蛋的钱,我爷爷不要,都给了我,让我买裯裯儿的。""多少?""五块!""不够。""嘻——我哄你,看,八块半!"她掏出个小布包,打开,有两张一块的,其余全是一毛、两毛的。那些钱大半是我买了鸡蛋给破老汉的。平时实在是饿得够呛想解解馋,也就是买几个鸡蛋。我怎么跟留小儿说呢?我真想冬天回家时把她带上。可就在那年冬天,我病厉害了。

其实，喂牛没什么难的，用破老汉的话说，只要勤谨，肯操心就行。喂牛，苦不重[8]，就是熬人，夜里得起来好几趟，一年到头睡不成个囫囵觉。冬天，半夜从热被窝里爬出来的滋味可不是好受的。尤其五更天给牛拌料，牛埋下头吃得香，我坐在牛槽边的青石板上能睡好几觉。破老汉在我耳边叨唠：黑市的粮价又涨了，合作社来了花条绒、留小儿的袄烂得露了花……我"哼哼哈哈"地应着，刚梦见全聚德的烤鸭，又忽然掉进了什刹海的冰窟窿，打了个冷颤醒了，破老汉还没唠叨完。"要不回窑睡去吧，二次料我给你拌上。"老汉说。天上划过一道亮光，是流星。月亮也躲进了山谷。星星和山峦，不知是谁望着谁，或者谁忘了谁，"这营生不是后生家做的，后生家正是好睡觉的时候。"破老汉说，然后"唉，唉——"地发着感慨。我又迷迷糊糊地入了梦乡。

（节选自《我的遥远的清平湾》，新华出版社2010年版。略有改动。）

[注释]

[1] 受苦人：庄稼人的意思。陕北方言。

[2] 窑里：家里之意。陕北方言。

[3] 猴：小。

[4] 难活：病。

[5] 熬：累。

[6] 照着：望见。

[7] 盛：住。

[8] 苦不重：活儿不重。

[赏析]

作品通过"我"在陕北农村清平湾插队落户的知识青年生活，描写了陕北人民白老汉、留小儿和亮亮妈等人淳朴、善良、勤劳、诚实而又忍耐艰辛的品格。这篇小说与其他同类知青题材小说的不同在于，它抛掉了个人的苦闷与伤感，没有展示知青的苦难，而是满怀深情地描绘了人与人之间的友爱与善良，以及坚韧不拔的毅力和顽强的生命力。

作者着力塑造了一个具有崇高灵魂的普通农民形象——白老汉。这位早年参加过革命战争的农民,在十年浩劫的贫穷时期,他仍用自己的心去温暖别人的心,用自己微弱的力量去帮助别人。他可以端出仅剩的一点干粮,给过路的瞎子吃;他可以把极其珍贵的十斤粮票,送给生病的知识青年。更可贵的是,在历史曲折行进的过程中,他不像其他乡亲,将自身命运寄托于求神拜佛,他对现实有清醒又敏锐的感知。通过这一农民形象,使我们看到了劳动人民的大智慧、广阔胸怀和强大的精神力量。

作品的字里行间洋溢着真挚的感情。无论是写人、状物、叙事,都会使你感到作者对那山、那牛、那人的一往情深。从作品中那美丽的秋色、可爱的牛群中,可以真切地感受到作者对清平湾的乡亲有着多么深沉而热烈的感情。作品的结构很有特色。它表面是由一些互不连贯的"散碎往事"连缀而成,结构上似乎不那么严谨,但作者把自己对清平湾、对乡亲的真挚感情作为贯穿作品的线索,而且用陕北民歌信天游把各个生活细节巧妙地连接起来,使作品成为一个有机整体。

[选评]

[1] 当代·陈忠实《〈我的遥远的清平湾〉悠远绵长行文干净》(凤凰网):"《我的遥远的清平湾》写的是陕北黄土地上的故事,字里行间流露悠远绵长的乡村图景,写得纯净。"

[2] 当代·王蒙《中国小说欣赏》(刘青文主编):"《我的遥远的清平湾》是诗,是涓涓的流水,是醇酒,小说在情节安排中多次融入陕北民歌,是信天游,质朴而又迷人的梦。"

[作业]

[1] 分析文中"破老汉"这一人物形象的性格特点。

[2] 史铁生说:"生与死之间有段距离,这就叫人生;怎样走过这段距离,这就叫生活。"你怎么理解这句话的含义?

我们仨(节选)

杨 绛

[题解]

杨绛(1911—2016),本名杨季康,江苏无锡人,中国现代作家、文学翻译家、外国文学研究家、中国社会科学院荣誉学部委员。

《我们仨》这本书最初是由杨绛、钱钟书和女儿钱瑗一同设想构思的,但是女儿的病情越来越严重,直到不能进食,最后离开了人世。不久,钱钟书也去世了。四年后92岁高龄的杨绛用心记述了这个家庭63年的点点滴滴,结成回忆录《我们仨》。《我们仨》平实地讲述了一家三口几十年的朴素生活。作品共分为三部分。第一部分为杨绛老年时的一个梦境,以"锺书大概是记着'我'的埋怨,叫'我'做了一个长达万里的梦"拉开全文序幕。第二部分,杨绛用梦境的形式完整地记录了这一"万里长梦",讲述了一家三口在人生最后阶段相依为命的深刻情感,回忆了女儿钱瑗、丈夫钱锺书先后离去的过程。第三部分杨绛采用回忆录的写法,从生活里的每一件小事下笔,记录了自1935年伉俪二人赴英国留学,并在牛津喜得爱女,直至1998年女儿与钱先生相继逝世,这个家庭鲜为人知的坎坷历程。

自从迁居三里河寓所,我们好像跋涉长途之后,终于有了一个家,我们可以安顿下来了。

我们两人每天在起居室静静地各据一书桌,静静地读书工作。我们工作之余,就在附近各处"探险",或在院子里来回散步。阿瑗回家,我们大家掏出一把又一把的"石子"把玩欣赏。周奶奶也身安心闲,逐渐发福。

我们仨,却不止三人。每个人摇身一变,可变成好几个人。例如阿瑗小时才五六岁的时候,我三姐就说:"你们一家呀,圆圆头最大,锺书最小。"我的姐姐妹妹都认为三姐说得对。阿瑗长大了,会照顾我,像姐姐;会陪我,像妹妹;会管我,像妈妈。阿瑗常说:"我和爸爸最'哥们',我们是妈妈的两个顽童,爸爸还不配做我的哥哥,只配做弟弟。"我又变为最大的。锺书是我们的老师。我和阿瑗都是好学生,虽然近在咫尺,我们如有问题,问一声就能解决,可是我们决不打扰他,我们都勤查字典,到无法自己解决才发问。他可高大了。但是他穿衣吃饭,都需我们母女把他当孩子般照顾,他又很弱小。

他们两个会联成一帮向我造反,例如我出国期间,他们连床都不铺,预知我将回来,赶忙整理。我回家后,阿瑗轻声嘀咕:"狗窠真舒服。"有时他们引经据典的淘气话,我一时拐不过弯,他们得意说:"妈妈有点笨哦!"我的确是最笨的一个。我和女儿也会联成一帮,笑爸爸是色盲,只识得红、绿、黑、白四种颜色。其实锺书的审美感远比我强,但他不会正确地说出什么颜色。我们会取笑锺书的种种笨拙。也有时我们夫妇联成一帮,说女儿是学究,是笨蛋,是傻瓜。

我们对女儿,实在很佩服。我说:"她像谁呀?"锺书说:"爱教书,像爷爷;刚正,像外公。"她在大会上发言,敢说自己的话,她刚做助教,因参与编《英汉小词典》,当了代表,到外地开一个极左的全国性语言学大会。有人提出凡"女"字旁的字都不能用,大群左派都响应赞成。钱瑗是最小的小鬼,她说:"那么,毛主席词'寂寞嫦娥舒广袖'怎么说呢?"这个会上被贬得一文不值的大学者如丁声树、郑易里等老先生都喜欢钱瑗。

钱瑗曾是教材评审委员会的审稿者。一次某校要找个认真的审稿者,校方把任务交给钱瑗。她像猎狗般嗅出这篇论文是抄袭。她两个指头,和锺书一模一样地摘着书页,稀里哗啦地翻书,也和锺书翻得一样快,一下子找出了抄袭的原文。

一九八七年师大外语系与英国文化委员会合作建立中英英语教学项目,钱瑗是建立这个项目的人,也是负责人。在一般学校里,外国专家往往是权威。一次师大英语系新聘的英国专家对钱瑗说,某门课他打算如此这般教。钱瑗说不行,她指示该怎么教。那位专家不服。据阿瑗形容:"他一双碧蓝的眼睛骨碌碌地看着我,像猫。"钱瑗带他到图书室去,把他该参考的书一一拿给他看。这位专家想不到师大图书馆竟有这些高深的专著。学期终了,他到我们家来,对钱瑗说:"Yuan, you worked me hard."但是他承认"得益不浅"。师大外国专家的成绩是钱瑗评定的。

我们眼看着女儿在成长，有成就，心上得意。可是我们的"尖兵"每天超负荷地工作——据学校的评价，她的工作量是百分之二百，我觉得还不止。她为了爱护学生，无限量地加重负担。例如学生的毕业论文，她常常改了又责令重做。我常问她："能偷点儿懒吗？能别这么认真吗？"她总摇头。我只能暗暗地在旁心疼。

阿瑗是我生平杰作，锺书认为"可造之材"，我公公心目中的"读书种子"。她上高中学背粪桶，大学下乡下厂，毕业后又下放四清，九蒸九焙，却始终只是一粒种子，只发了一点芽芽。做父母的，心上不能舒坦。

锺书的小说改为电视剧，他一下子变成了名人。许多人慕名从远地来，要求一睹钱锺书的风采。他不愿做动物园里的稀奇怪兽，我只好守住门为他挡客。

他每天要收到许多不相识者的信。我曾请教一位大作家对读者来信是否回复。据说他每天收到大量的信，怎能一一回复呢。但锺书每天第一件事是写回信，他称"还债"，他下笔快，一会儿就把"债"还"清"。这是他对来信者一个礼貌性的答谢。但是债总还不清。今天还了，明天又欠，这些信也引起意外的麻烦。

他并不求名，却躲不了名人的烦扰和烦恼。假如他没有名，我们该多么清静！人世间不会有小说或童话故事那样的结局："从此，他们永远快快活活地一起过日子。"

人间没有单纯的快乐。快乐总夹带着烦恼和忧虑。

人间也没有永远。我们一生坎坷，暮年才有了一个可以安顿的居处。但老病相催，我们在人生道路上已走到尽头了。

周奶奶早已因病回家。锺书于一九九四年夏住进医院。我每天去看他，为他送饭，送菜，送汤汤水水。阿瑗于一九九五年冬住进医院，在西山脚下。我每晚和她通电话，每星期去看她。但医院相见，只能匆匆一面。三人分居三处，我还能做一个联络员，经常传递消息。

一九九七年早春，阿瑗去世。一九九八年岁末，锺书去世。我们三人就此失散了。就这么轻易地失散了。"世间好物不坚牢，彩云易散琉璃脆。"现在，只剩下了我一人。

我清醒地看到以前当作"我们家"的寓所，只是旅途上的客栈而已。家在哪里，我不知道，我还在寻觅归途。

(节选自《我们仨》，人民文学出版社2020年版。略有改动。)

[赏析]

《我们仨》这部作品从女性视角出发，以平实而细腻的语言，揭示了一个善良美好的家庭世界，深刻地表达出作者对亲人的深深不舍。"我一个人回忆着我们仨"，它告诉读者生命的意义，不会因为体的生灭而有所改变，那安定于无常世事之上的温暖亲情已经把他们仨永远联结在一起，家的意义也在书中得到了尽情的阐释。

《我们仨》是杨绛先生一家的断代史，也是那个时代背景下知识分子的沉浮史。《我们仨》凸显出知识分子人格精神之美。《我们仨》中的爱国情操与传统的爱国情怀表达不同。后者往往是比较慷慨激昂、激情澎湃的。但在《我们仨》中，杨绛先生在写他们经历的那些不堪回首的往事时，并不是情绪激动地去控诉，而是用她一贯的风格，用简洁朴素的语言去描写那段生活，看起来平淡，实际比那种强烈的控诉更具张力。书中还提到钱锺书先生的治学态度，促进了文化的交流，在文学研究的方向取得了辉煌。让读者不仅能够充分体验到当代知识分子的爱国情操，更牢固树立起勇于担当、奉献报国、以学强国的崇高理念。

写作手法方面，《我们仨》全书虚实互补、虚实相生。特别是第一部分和第二部分，杨绛先生采用半梦半醒的写法，以实笔写生，以虚笔写死。寓所与驿站，古驿道和医院，虚虚实实，相互交错。而虚实交错中，更使读者亲历人世间的悲欢离合。书中使用很多象征手法，写得最多的是寒柳和秃柳，暗示死神日渐逼近，象征的是死别和永别。寒、秃二字折射出作者内心极为孤单和忧伤的悲情。古驿道是一个不可忽视的重要意象。在虚写死亡的部分中走上古驿道、古驿道上相聚、古驿道上失散，杨绛与钱锺书以及钱瑗的一切聚散都在古驿道上演绎。古驿道不仅仅如同古书中象征着离愁别绪，更是象征着人生旅程的结束。平和朴素的语言风格，哀而不伤的抒情笔调，情景交融尽显古典文化的韵味。

[选评]

[1] 当代·周国平《古驿道上的失散》："为什么是古驿道呢？因为这是一条自古以来人人要走上的驿道，在这条道上，人们为亲人送行，后亡人把先亡人送上不归路。

这条道上从来是一路号哭和泪雨,但在作者笔下没有这些。她也不去描绘催人泪下的细节或裂人肝胆的场面,她的用笔一如既往地节制,却传达了欲哭无泪的大悲恸。"

[2] 当代·温左琴《一梦已隔山河,再梦恍若隔世》:"整个故事围绕'梦'展开,整个文本就是三个梦的回环往复。无论是对故事中人物情感心理的刻画,还是对文本中出现的现实图景的描摹,都借助于'梦'。可以说,故事中'人生如梦'的惶然与文本中'梦耶非耶'的错落共同谱写出一曲对昔日岁月的追想与对眼前荒凉的逃遁。那刻骨的相思、温存的陪伴都被作者节制在简省含蓄的梦中惘然与梦后追忆中。"

[作业]

[1] 根据选文,请分别概括"我们仨"的人格魅力。

[2] 作者说,"人世间不会有小说或童话故事那样的结局",又说"人间没有单纯的快乐",你同意作者的观点吗?为什么?

[3] 杨绛先生的作品在选材和语言方面都有其独特之处。请结合文本作简要分析。

文以载道 以文化人

扫码发现

课本里的文化典藏

壹 查阅字句释义
吃透文言文，字库齐全随时查。

贰 领略文学魅力
导读文学著作，感知文字的力量。

叁 细读文学经典
精要重点解说，扎实文化基础。

肆 讲解写作方法
写作指导和范例，拓宽写作思维。

专题七

学而不厌

在中国数千年的文化长河中,"学习"一直被视为个人成长、社会进步和国家强盛的基石。从孔子"学而时习之,不亦说乎"的谆谆教诲,到现代教育家对"终身学习"理念的倡导,中国的教育思想和理念始终在不断地发展和演变。

在古代中国,学习的概念与道德修养、人伦关系紧密相连。孔子作为儒家学派的创始人,提出了"学而优则仕"的理念,认为学习不仅是个人品德修养的途径,也是实现政治抱负的手段。他强调"学而不厌,诲人不倦"的学习态度,以及"三人行,必有我师"的谦虚精神,体现了古代学者对于学习的高度重视和广泛学习的理念。随着历史的演进,汉代儒家学者进一步强调了学习的重要性。董仲舒提出的"罢黜百家,独尊儒术"虽然在一定程度上限制了学术的多样性,但也凸显了儒家学问在国家教育中的核心地位。他们通过设立太学、郡县学等教育机构,推动了儒家学问的普及和传播。到了唐宋时期,随着科举制度的兴起,学习成为改变个人命运、实现社会流动的重要途径。学者们开始注重学习的系统性和方法性,如韩愈的"师说"就强调了尊师重道、勤学苦练的重要性。同时,唐宋八大家等文学巨匠的涌现,也进一步丰富了文学和学术领域的学习内容。

进入近代以来,随着西方列强的侵略和民族危机的加深,中国学者开始反思传统的教育和学习理念。洋务运动时期,一批有识之士提出了"师夷长技以制夷"的口号,主张学习西方的科学技术和管理经验。他们建立了近代学堂、派遣留学生出国深造,为中国的现代化进程奠定了基础。戊戌变法时期,康有为、梁启超等维新派学者进一步强调了教育的重要性。他们提出了"废科举、兴学堂"的主张,推动了中国教育制度的现代化改革。同时,他们还引进了西方的教育理念和方法,如"因材施教""启发式教学"等,为中国教育的发展注入了新的活力。进入20世纪后,随着新文化运动的兴起和五四运动的爆发,中国学者开始更加深入地探讨学习的本质和价值。胡适、鲁迅等文化名人提出了"科学""民主""自由"等口号,主张以科学的态度和方法来研究和解决问题。他们强调学习的自主性、创造性和实践性,推动了中国教育理念的更新和进步。

从古今学习观的演变看,学习的形式和内容却在不断演变和发展,但学习的重要性和价值始终未变。

大　学

[题解]

《大学》作为儒家经典之一，其深厚的文化底蕴和独特的教育思想，对中国乃至东亚文化圈产生了深远的影响。这部作品以简洁的语言，阐述了儒家关于"大学之道"的理念，展现了儒家对人才培养、道德修养以及治国理政的独到见解。《大学》是一篇论述儒家修身齐家治国平天下思想的散文，原是《小戴礼记》第四十二篇，相传为春秋战国时期曾子所作，实为秦汉时儒家作品，是中国古代讨论教育理论的重要著作。经北宋程颢、程颐竭力尊崇，南宋朱熹又作《大学章句》，最终和《中庸》《论语》《孟子》并称"四书"。宋、元以后，《大学》成为学校官定的教科书和科举考试的必读书，对中国古代教育产生了极大的影响。

《大学》提出了"三纲领"（明明德、亲民、止于至善）和"八条目"（格物、致知、诚意、正心、修身、齐家、治国、平天下），为后世提供了明确的人生指导和道德准则。这些理念不仅强调了个人修养的重要性，也强调了个人与家庭、社会、国家之间的紧密联系，体现了儒家思想中"天人合一"的哲学观。《大学》在教育思想上有着独到的贡献。它强调了教育的目的不仅仅是传授知识，更重要的是培养人的道德品质和实践能力。通过"格物致知"等方法，使人们能够了解事物背后的规律和道理，从而达到修身齐家治国平天下的目标。这种教育理念对后世的教育制度和教育实践产生了深远的影响。

《大学》还展现了儒家对人性、社会以及宇宙的深刻理解。它认为人性本善，但需要后天的教育和修养来引导和发掘。同时，它也强调了社会和谐与稳定的重要性，认为只有通过个人修养和道德实践，才能实现社会的和谐与稳定。这种思想对于我们今天构建和谐社会、实现可持续发展仍然具有重要的启示意义。

　　大学[1]之道，在明明德[2]，在亲[3]民，在止于至善。知止而后有定，定而后能静，静而后能安，安而后能虑，虑而后能得[4]。物有本末，事有终始，知所先后，则近道矣。

古之欲明明德于天下者,先治其国;欲治其国者,先齐其家;欲齐其家者,先修其身;欲修其身者,先正其心;欲正其心者,先诚其意;欲诚其意者,先致其知[5];致知在格物[6],物格而后知至,知至而后意诚,意诚而后心正,心正而后身修,身修而后家齐,家齐而后国治,国治而后天下平。自天子以至于庶人,壹是皆以修身为本。其本乱而末治者[7],否矣。其所厚者薄,而其所薄者厚,未之有也。此谓知本,此谓知之至也。

所谓诚其意者,毋自欺也。如恶恶臭,如好好色,此之谓自谦。[8]故君子必慎其独也。小人闲居为不善,无所不至,见君子而后厌[9]然揜其不善而著其善。人之视己,如见其肺肝然,则何益矣!此谓诚于中,形于外,故君子必慎其独也。曾子曰:"十目所视,十手所指,其严乎!"富润屋,德润身,心广体胖[10]。故君子必诚其意。

《诗》云[11]:"瞻彼淇澳,菉竹猗猗[12]。有斐君子,如切如磋,如琢如磨。瑟兮僴兮[13],赫兮喧[14]兮。有斐君子,终不可喧兮!""如切如磋"者,道学也。"如琢如磨"者,自修也。"瑟兮僴兮"者,恂栗[15]也。"赫兮喧兮"者,威仪也。"有斐君子,终不可喧兮"者,道盛德至善,民之不能忘也。《诗》云:"於戏,前王不忘[16]!"君子贤其贤而亲其亲,小人乐其乐而利其利,此以没世不忘也。

《康诰》[17]曰:"克明德。"《大甲》曰:"顾諟天之明命[18]。"《帝典》曰:"克明峻德。"皆自明也。

汤之《盘铭》[19]曰:"苟日新,日日新,又日新。"《康诰》曰:"作新民。"《诗》曰[20]:"周虽旧邦,其命维新。"是故君子无所不用其极。

《诗》云[21]:"邦畿千里,惟民所止。"《诗》云:"缗蛮黄鸟,止于丘隅[22]。"子曰:"于止,知其所止,可以人而不如鸟乎?"《诗》云:"穆穆文王,於,缉熙敬止[23]!"为人君止于仁,为人臣止于敬,为人子止于孝,为人父止于慈,与国人交止于信。

子曰[24]:"听讼,吾犹人也。必也使无讼乎!"无情者不得尽其辞,大畏民志,此谓知本。

所谓修身在正其心者,身有所忿懥[25],则不得其正;有所恐惧,则不得其正;有所好乐,则不得其正;有所忧患,则不得其正。心不在焉,视而不见,听而不闻,食而不知其味。此谓修身在正其心。

所谓齐其家在修其身者,人之其所亲爱而辟焉[26],之其所贱恶而辟焉,之其所畏敬而辟焉,之其所哀矜而辟焉,之其所敖惰而辟焉。故好而知其恶,恶而知其美者,天下鲜矣!故谚有之曰:"人莫知其子之恶,莫知其苗之硕。"此谓身不修不可以齐其家。

所谓治国必先齐其家者,其家不可教,而能教人者无之。故君子不出家而成教于国。孝者所以事君也,弟者所以事长也,慈者所以使众也。《康诰》曰:"如保赤子。"心诚求之[27],虽不中,不远矣。未有学养子而后嫁者[28]也。一家仁,一国兴仁;一家让,一国兴让;一人贪戾,一国作乱:其机如此。此谓"一言偾[29]事,一人定国"。尧、舜率天下以仁,而民从之;桀、纣率天下以暴,而民从之。其所令反其所好,而民不从。是故君子有诸己,而后求诸人;无诸己而后非诸人。所藏乎身不恕,而能喻诸人者,未之有也。故治国在齐其家。《诗》云[30]:"桃之夭夭,其叶蓁蓁。之子于归,宜其家人。"宜其家人,而后可以教国人。《诗》云[31]:"宜兄宜弟。"宜兄宜弟,而后可以教国人。《诗》云[32]:"其仪不忒,正是四国。"其为父子、兄弟足法,而后民法之也。此谓治国在齐其家。

所谓平天下在治其国者,上老老而民兴孝,上长长而民兴弟,上恤孤而民不倍。是以君子有絜矩[33]之道也。所恶于上,毋以使下;所恶于下,毋以事上[34];所恶于前,毋以先后;所恶于后,毋以从前;所恶于右,毋以交于左;所恶于左,毋以交于右:此之谓絜矩之道。《诗》云[35]:"乐只君子,民之父母。"民之所好好之,民之所恶恶之,此之谓民之父母。《诗》云[36]:"节彼南山,维石岩岩。赫赫师尹[37],民具尔瞻。"有国者不可以不慎,辟则为天下僇[38]矣。《诗》云[39]:"殷之未丧师,克配上帝。仪监于殷,峻命不易。"道得众则得国,失众则失国。是故君子先慎乎德,有德此有人,有人此有土,有土此有财,有财此有用。德者本也,财者末也。外本内末,争民施夺,是故财聚则民散,财散则民聚。是故言悖而出者,亦悖而入;货悖而入者,亦悖而出。《康诰》曰:"惟命不于常。"道善则得之,不善则失之矣。《楚书》[40]曰:"楚国无以为宝,惟善以为宝。"舅犯[41]曰:"亡人无以为宝,仁亲以为宝。"《秦誓》[42]曰:"若有一个臣,断断[43]兮无他技,其心休休焉,其如有容焉。人之有技,若己有之;人之彦圣,其心好之,不啻若自其口出[44]。寔能容之,以能保我子孙黎民,尚亦有利哉!人之有技,媢[45]疾以恶之。人之彦圣,而违之俾不通,寔不能容,以不能保我子孙黎民,亦曰殆哉!"唯仁人放流之,迸诸四夷,不与同中国。此谓唯仁人为能爱人,能恶人。见贤而不能举,举而不能先,命[46]也;见不善而不能退,退而不能远,过也。好人之所恶,恶人之所好,是谓拂人之性,菑必逮夫身。是故君子有大道,必忠信以得之,骄泰以失之。生财有大道,生之者众,食之者寡,为之者疾,用之者舒,则财恒足矣!仁者以财发身,不仁者以身发财。未有上好仁而下不好义者也,未有好义其事不终者也,未有府库财非其财[47]者也。孟献子曰:"畜马乘[48],不察于鸡豚;伐冰之家[49],不畜牛羊,百乘之家[50],不畜聚敛之臣,与其有聚敛之臣,宁有盗臣。"此谓国不以利为利,以义为利也。长国家而务财用者,必自小人矣。彼为善之,小人之使为国家,菑害并至,虽有善者,亦无如之何矣。此谓国不以利为利,以义为利也。

[注释]

[1] 大学:博学。

[2] 明明德:明德,谓至德,是指人生之初所秉赋于天的最美善的德性,亦即所谓"人之初,性本善"的"善性"。此"明德"受后天利欲所蔽致使昏而不明,须通过学习以明之,故曰"明明德"。

[3] 亲:是"新"字之误,言既自明其德,而使人用此道以自新。

[4] 虑而后能得:能虑则择之无不精,处之无不当,而至善于是乎可得。

[5] 致其知:致知,谓致吾心之良知。良知,即孟子"是非之心人皆有之"之谓。是非之心不待虑而知,不待学而能,是故谓之良知。

[6] 格物:格,去。谓格去物欲之蔽。

[7] 本乱而末治者:修身为本,而家、国、天下则末。

[8] "如恶"至"自谦":谦,快、足。案恶恶臭而欲去之,好女色而欲得之,以求自快自足,皆人心之实情;如心实好之而口不言,就是自欺,就是不诚。此处文字省去了下面这层意思,容读者自会之。

[9] 厌:消沮闭藏之貌。

[10] 胖(pán):安舒。

[11] 《诗》云:下面的诗句引自《诗·卫风·淇澳》。

[12] 菉竹猗猗:菉,通"绿"。猗猗,美盛貌。

[13] 瑟兮僴兮:瑟,矜庄貌。僴,武毅貌。

[14] 喧:通"愃",宽心。

[15] 恂栗:恂,信实。栗,战惧。

[16] 於戏(wū hū),前王不可忘:这两句诗引自《诗·周颂·烈文》。前王,指文王、武王。

[17] 《康诰》:及下《大甲》《帝典》,皆《尚书》篇名,《帝典》即《尧典》。

[18] 顾諟天之明命:顾,念。諟,古"是"字。天之明命,犹言天命之明德。

[19] 《盘铭》:盘,沐浴之盘。铭,盘上的铭文。

[20] 《诗》曰:下面的诗句引自《诗·大雅·文王》。

[21] 《诗》云:下面两句诗句引自《诗·商颂·玄鸟》。

[22] 缗蛮黄鸟,止于丘隅:这句诗引自《诗·小雅·绵蛮》。缗,通"绵"。蛮,小鸟貌。

[23] 穆穆文王,於,缉熙敬止:这三句诗引自《诗·大雅·文王》。穆穆,敬貌。缉熙,光明。

[24] 子曰:下面的话引自《论语·颜渊》。

[25] 懥(zhì):愤怒。

[26] 人之其所亲爱而辟焉:辟,犹"偏"。自此以下的五句,谓常人之情,惟其所向而不加审,则必陷于一偏而身不修。因此修身的一个重要内容,就是要克服自身感情的偏颇情绪。

[27] 心诚求之:言爱此赤子,内心精诚求赤子之嗜欲。

[28] 未有学养子而后嫁者:此句意在说明母亲爱养其子是出于本性,不是先学会了而后出嫁生子才会抚养的,以喻君对其民亦当如此。

[29] 偾(fèn):覆败。

[30] 《诗》云:下面的诗句引自《诗·周南·桃夭》。

[31] 《诗》云:下面的诗句引自《诗·小雅·蓼萧》。

[32] 《诗》云:下面的诗句引自《诗·曹风·鸤鸠》

[33] 絜矩:絜,度。矩,量方(直角)器。

[34] "所恶"至"事上":如不欲上之无礼于我,则必以此度下之心,而亦不敢以此无礼使之;不欲下之不忠于我,则以此度上之心,而亦不敢以此不忠事之。下文义皆

仿此。

　　[35]《诗》云：下面的诗句引自《诗·小雅·南山有台》。

　　[36]《诗》云：下面的诗句引自《诗·小雅·节南山》。

　　[37]师尹：周天子的执政大臣。

　　[38]僇：通"戮"。

　　[39]《诗》云：下面的诗句引自《诗·大雅·文王》。

　　[40]《楚书》：指《国语》中的《楚语》。

　　[41]舅犯：晋臣，曾随晋公子重耳（即后来的晋文公）流亡在外十九年。

　　[42]《秦誓》：《尚书》篇名。

　　[43]断断：诚一貌。

　　[44]不啻若自其口出：这是说此人爱才之真诚，心、口一致。

　　[45]媢（mào）：妒。

　　[46]命："慢"字之误。

　　[47]财非其财：意谓不义之财，终非己有。

　　[48]畜马乘：这是指初由士而升做大夫的人。乘，谓四马，大夫方能乘坐四马拉的车。

　　[49]伐冰之家：指卿大夫以上之家，因为卿大夫以上之家办丧事时才有资格用冰寒尸以防腐。

　　[50]百乘之家：谓有采地者。

[赏析]

　　《大学》作为儒家经典之作，对于学习方面的评价是深入而全面的。从学习态度、学习方法到学习效果，它都给出了独到的见解和深刻的指导。

　　《大学》开篇即言："大学之道，在明明德，在亲民，在止于至善。"这不仅揭示了学习的目标，也隐含了对学习态度的要求。学习者应以追求至善为目标，保持对知识的敬畏和热爱，用真诚的心去探索和体验知识的奥秘。这种学习态度，强调了对学习的内在驱动力和对知识的尊重，是任何时代的学习者都应秉持的。《大学》提出了"格物致知"的学习方法，即通过观察和研究事物的本质和规律，来获得对世界的正确认识。这种学习方法强调了对知识的主动探索和深入思考，与现代教育中提倡的自主学习和探究学习不谋而合。《大学》还强调了"诚意"和"正心"在学习过程中的重要性，要求学习者保持真诚的心态和正确的态度，不受外界干扰和诱惑，专注于学习。这种对学习者心理状态的关注,对现代学生的学习方法和心态调整有着积极的启示作用。《大学》认为,学习的最终目标是实现个人修养、齐家治国平天下。这不仅仅是对知识技能的掌握,更是对品德修养的提升和社会责任的承担。在《大学》看来,学习效果的评价不应仅局限于考试成绩或技能掌握程度,而应更多地关注学习者的品德修养和社会实践能力。这种对学习效果的评价标准,对于现代教育中强调的综合素质教育和社会责任感的培养具有重要的借鉴意义。

《大学》中关于学习方面的评价对现代学生的学习和成长仍然有着深远的影响。它强调学习的重要性和价值,促使现代学生更加珍惜学习机会,树立正确的学习观念。它提出科学的学习方法和态度,为现代学生提供了宝贵的学习指导和心理支持。它关注学习效果的综合性和实践性,可促进现代教育中综合素质教育和社会责任感的培养。《大学》关于学习方面的评价具有深刻的思想内涵和实践价值,对现代学生的学习和成长具有重要的启示和指导作用。

[选评]

[1] 宋·朱熹《四书章句集注》:"孔氏之遗书,而初学入德之门也。"

[2] 唐·孔颖达《礼记正义》:"此《大学》之篇,论学成之事,能治其国,章明其德于天下,却本明德所由,先从诚意为始。"

[3] 宋·程颐《程氏易传》:"大人之学,亦为圣人之学。"

[作业]

[1] 在信息化和数字化快速发展的今天,应如何结合现代科技手段,如互联网、大数据等,来实践"格物致知"的学习方法?

[2]《大学》认为学习的最终目标是实现个人修养、齐家治国平天下。在全球化和社会多元化的背景下,如何通过学习来培养自己的全球视野和跨文化交流能力,以更好地适应社会的发展和变化?

中庸(节选)

[题解]

《中庸》是儒家经典之一,原本是《礼记》中的一篇,后来独立成书,与《大学》《论语》《孟子》并列为"四书",在儒家思想体系中占有重要地位。

《中庸》主要讲述了道德修养和人际关系的和谐之道,提出了"中庸之道"的思想。它认为人的行为应该"恪守中道,追求和谐",即不偏不倚、中正平和地处世。这种思想体现了儒家的核心价值观"仁爱",并被认为是实现"仁爱"理念的关键。

《中庸》开篇即言:"天命之谓性,率性之谓道,修道之谓教。"这一论述揭示了人性、天命、道与教化之间的内在联系,构建了"天人合一"的整体性思维框架。它强调人性源自天命,遵循天性而行即为正道,教化则是引导人依循本性、归于正道的过程。

在政治领域,《中庸》推崇中道思想,反对偏激和极端主义,倡导仁政,以实现天下为公为目标。在教育领域,它提倡以诚相待、以德施教,注重培养学生的道德素质,追求教育的全面发展。在家庭生活中,《中庸》倡导家庭成员之间的互相尊重、理解和信任,建立和谐的家庭关系。

《中庸》的思想内涵崇尚平衡、调和和中庸之道,要求人们具备高尚的品德和实践方法,从而实现知行合一的境界。它对中国传统文化、社会生活和现代社会都产生了深远的影响。在现代社会,中庸思想的应用越来越广泛,为政治家、教育者、家长等提供了有益的思想借鉴和行动指南。

子曰:"好学近乎知,力行近乎仁,知耻近乎勇。知斯三者则知所以修身,知所以修身则知所以治人,知所以治人则知所以治天下国家矣。凡为天下国家有九经,曰修身也,尊贤也,亲亲也,敬大臣也,体群臣也,子庶民也,来[1]百工也,柔远人也,怀诸侯也。修身则道立,尊贤则不惑,亲亲则诸父、昆弟不怨,敬大臣则不眩,体群臣则士之报礼重,子庶民则百姓劝,来百工则财用足,柔远人则四方归之,怀诸侯则天下畏之。齐明盛服,非礼不动,所以修身也;去谗远色,贱货而贵德,所以劝贤也;尊其位,重其禄,同其好恶,所以劝亲亲也;官盛任使[2],所以劝大臣也;忠信重禄,所以劝士也;时使薄敛,所以劝百姓也;日省月试,既廪[3]称事,所以劝百工也;送往迎来,嘉善而矜不能,所以柔远人也;继绝世,举废国,治乱持危,朝聘以时,厚往而薄来,所以怀诸侯也。凡为天下国家有九经,所以行之者一[4]也;凡事预则立,不预则废。言前定则不跲[5],事前定则不困,行前定则不疚[6],道前定则不穷。在下位不获乎上,民不可得而治矣;获乎上有道,不信乎朋友,不获乎上矣;信乎朋友有道,不顺乎亲,不信乎朋友矣;顺乎亲有道,反诸身不诚,不顺乎亲矣;诚身有道,不明乎善,不诚乎身矣。诚者,天之道也;诚之者,人之道也。诚者不勉而中,不思而得,从容中道,圣人也。诚之者,择善而固执之者也。博学之,审问之,慎思之,明辨之,笃行之。有弗学,学之弗能,弗措也;有弗问,问之弗知,弗措也;有弗思,思之弗得,弗措也;有弗辨,辨之弗明,弗措也;有弗行,行之弗笃,弗措也。人一能之,己百能之;人十能之,己千之。果能此道矣,虽愚必明,虽柔必强。"

[注释]

[1] 来:劝勉之。

[2] 官盛任使:王属官盛众,足令任使。

[3] 既廪:既,通"饩"。饩廪,谓稍食,亦即禄禀。

[4] 一:一致,一样。

[5] 跲(jiá):即"躓",绊倒。

[6] 疚:病。

[赏析]

这段话深刻阐述了修身、齐家、治国、平天下的道理,以及实现这些目标的方法和途径。

孔子认为,好学、力行、知耻是修身的关键。这三者不仅关乎个人品德的提升,更是治理天下国家的基础。通过修身,可以树立道德典范,进而影响他人,实现社会的和谐与稳定。

在治理天下国家方面,孔子提出了九项原则,即修身、尊贤、亲亲、敬大臣、体群臣、子庶民、来百工、柔远人、怀诸侯。这些原则涵盖了政治、经济、文化等多个方面,是实现国家治理的根本。

孔子还强调了"凡事预则立,不预则废"的道理。无论是说话还是做事,都需要有充分的准备和计划,才能避免困境和后悔。这种预见性和计划性,不仅适用于个人生活,更适用于国家治理和外交关系。

此外,孔子还提出了"诚"的概念,认为诚是天道和人道的交汇点。只有真诚地追求善,才能实现个人的修身和社会的进步。而要达到真诚,就需要博学、审问、慎思、明辨、笃行,不断学习和实践,不断追求更高的境界。

这段话不仅是对儒家思想的深刻阐述,更是对人生哲理的深刻洞察。它告诉我们,要实现个人的价值和社会的和谐,就需要不断提升自己的品德和能力,积极履行社会责任和义务。同时,也需要有远见卓识和计划性,不断学习和实践,才能不断前进和成长。

[选评]

[1] 春秋·孔子《论语·雍也》:"中庸之为德也,其至矣乎!民鲜久矣。"

[2] 唐·柳宗元《祭吕衡州温文》:"洎乎获友君子,乃知适于中庸,削去邪杂,显陈直正。"

[3] 宋·程颐《河南程氏遗书》:"不偏之谓中,不易之谓庸。中者,天下之正道;庸者,天下之定理。"

[作业]

[1]《中庸》中的"博学之,审问之,慎思之,明辨之,笃行之"对你的学习方法有何启示?

[2] 如何理解《中庸》中的"诚者,天之道也;诚之者,人之道也"? 如何将其应用于个人品德修养?

[3] 结合《中庸》中的"凡事预则立,不预则废"思想,谈谈如何规划自己的学业和职业生涯。

学　　记

《礼记》

[题解]

《学记》是中国古代教育史上的瑰宝，它出自《礼记》这部儒家经典之中，被誉为世界教育史上最早专门论述教育和教学问题的文献。这部著作的产生可追溯到战国晚期，由孟子的学生乐正克所著，其内容深刻、思想丰富，对中国乃至世界的教育发展产生了深远的影响。

《学记》言简意赅却系统全面地阐述了教育的目的、作用、制度、原则和方法。它强调教育的重要性，认为教育能够启迪智慧、培养品德，是立国之本、兴国之要。同时，《学记》也提出了许多具有实践意义的教学原则和方法，如教学相长、循序渐进、启发诱导等，这些原则至今仍有重要的参考价值。在《学记》中，教师的地位和作用得到了高度的重视。它赋予教师以崇高的地位，提出了严格的为师条件，如要求教师既知教之所由兴，又知教之所由废，能够善喻等。这些论述不仅体现了对教师的尊重，也体现了对教育事业的高度重视。

《学记》所提出的教育思想和教学原则，不仅在当时具有指导意义，而且在后世也得到了广泛的传承和发展。它对中国古代教育史的发展产生了深远的影响，同时也为世界教育史的发展贡献了中国智慧。

发虑宪[1]，求善良，足以謏[2]闻，不足以动众；就贤体远，足以动众，未足以化民。君子如欲化民成俗，其必由学乎。

玉不琢，不成器。人不学，不知道。是故古之王者，建国君民，教学为先。《兑命》[3]曰："念终始典于学。"其此之谓乎。

虽有嘉肴，弗食，不知其旨也；虽有至道，弗学，不知其善也。是故学然后知不足，教然后知困。知不足，然后能自反也；知困，然后能自强也。故曰：教学相长也。《兑命》曰："学学半[4]。"其此之谓乎。

古之教者，家有塾[5]，党有庠，术[6]有序，国有学。比年入学，中年考校。一年视离经辨志,三年视敬业乐群,五年视博习亲师,七年视论学取友,谓之小成;九年知类通达,强立而不反,谓之大成。夫然后足以化民易俗,近者说服,而远者怀之,此大学之道也。《记》曰:"蛾子时术[7]之。"其此之谓乎!

大学始教,皮弁祭菜[8],示敬道也。《宵雅》肄三[9],官其始也[10]。入学,鼓,箧,孙[11]其业也。夏、楚[12]二物,收其威也。未卜禘不视学[13],游其志[14]也。时观而弗语,存其心也。幼者听而弗问,学不躐等也。此七者[15],教之大伦也。《记》曰:"凡学,官先事,士先志。"其此之谓乎。

大学之教也,时教必有正业,退息必有居。学,不学操缦[16],不能安弦;不学博依[17],不能安诗;不学杂服[18],不能安礼;不兴[19]其艺,不能乐学。故君子之于学也,藏[20]焉,修焉,息焉,游焉,夫然,故安其学而亲其师,乐其友而信其道,是以虽离师辅[21]而不反。《兑命》曰:"敬,孙,务,时,敏[22],厥修乃来[23]。"其此之谓乎。

今之教者,呻其占毕[24],多其讯[25],言及于数[26],进而不顾其安[27],使人[28]不由其诚,教人不尽其材[29],其施之也悖,其求之也佛[30]。夫然,故隐其学而疾其师,苦其难而不知其益也。虽终其业,其去之必速。教之不刑[31],其此之由乎。

大学之法,禁于未发之谓"豫",当其可之谓"时",不陵节而施之谓"孙",相观而善之谓"摩"。此四者,教之所由兴也。

发然后禁,则扞格而不胜。时过然后学,则勤苦而难成。杂施而不孙,则坏乱而不修。独学而无友,则孤陋而寡闻。燕[32]朋逆其师,燕辟[33]废其学。此六者,教之所由废也。

君子既知教之所由兴,又知教之所由废,然后可以为人师也。故君子之教喻也,道而弗牵,强而弗抑,开而弗达。道而弗牵则和,强而弗抑则易,开而弗达则思。和、易[34]以思,可谓善喻矣。

学者有四失,教者必知之。人之学也,或失则多,或失则寡,或失则易,或失则止。此四者,心之莫同也。知其心,然后能救其失也。教也者,长善而救其失者也。

善歌者,使人继其声。善教者,使人继其志。其言也约而达,微而臧[35]，罕譬而喻，可谓继志矣。

君子知至学之难易，而知其美恶，然后能博喻[36]。能博喻然后能为师，能为师然后能为长，能为长然后能为君。故师也者，所以学为君也[37]。是故择师不可不慎也。《记》曰："三王四代[38]唯其师。"此之谓乎。

凡学之道，严师为难。师严然后道尊，道尊然后民知敬学。是故君之所不臣于其臣者二：当其为尸则弗臣也，当其为师则弗臣也。大学之礼，虽诏于天子，无北面，所以尊师也。

善学者，师逸而功倍，又从而庸[39]之。不善学者，师勤而功半，又从而怨之。善问者如攻坚木，先其易者后其节目，及其久也，相说以解。不善问者反此。善待问者如撞钟，叩之以小者则小鸣，叩之以大者则大鸣，待其从容然后尽其声，不善答问者反此。此皆进学之道也。

记问之学，不足以为人师，必也其听语乎，力不能问[40]然后语之；语之而不知，虽舍之可也。

良冶之子必学为裘[41]，良弓之子必学为箕[42]。始驾马者反之，车在马前[43]。君子察于此三者，可以有志于学矣。

古之学者比物丑[44]类。鼓无当于五声[45]，五声弗得不和。水无当于五色[46]，五色弗得不章。学无当于五官[47]，五官弗得不治。师无当于五服[48]，五服弗得不亲。

君子[49]曰："大德不官，大道不器，大信不约，大时不齐。察于此四者，可以有志于学矣。"

三王之祭川也，皆先河而后海，或源也，或委也[50]，此之谓务本。

[注释]

[1] 宪：法令。

[2] 谀：音义皆同于"小"。

[3] 《兑命》："兑"是"说"字之误，音 yuè。《说命》，《尚书》佚篇名，《伪古文尚书》有《说命》上、中、下三篇。

[4] 学学半：第一个"学"，音 xiào，教。谓学（教）人乃益己学之半。

[5] 家有塾：据《周礼》，百里之内，二十五家为闾，同共一巷，巷首有门，门边有

塾,谓民在家之时,朝夕出入,常受教于塾。案塾与下"庠""序""学",皆学校名。

[6] 术:是"遂"字之误。据《周礼》,五百家为党,万二千五百家为遂。党属于乡,遂则在远郊之外。

[7] 蛾子时术:蛾,即蚁。古"蛾""蚁"同音,本一字。术,是"衔"字之误。

[8] 皮弁祭菜:皮弁,谓皮弁服。祭菜,谓行释菜礼祭先圣、先师(参见《文王世子第八》第7节)。

[9] 《宵雅》肆三:宵,小。肆,习。习《小雅》之三,谓《鹿鸣》《四牡》《皇皇者华》三诗。

[10] 官其始也:此三诗皆君臣燕乐相劳苦之辞,盖以居官受任之美,诱谕其初志,故曰"官其始也"。

[11] 孙:犹恭顺。

[12] 夏、楚:夏,指榎木。榎木是槚树的一种,又叫山槚,或曰山楸。夏在这里是指用榎木做的教鞭。楚,则是指用荆条做的教鞭。

[13] 视学:谓考校优劣。

[14] 游其志:谓优游学者之志,不欲急切其成。上文说"未卜禘不视学",禘在此指夏祭(参见《王制第五》第29节)。据说入学在春季,而视学在夏禘之后,所以宽其期限,使学者不至于迫蹙。

[15] 七者:是指自"皮弁祭菜"至"听而弗问"之七事。

[16] 操缦:缦,琴弦。案操缦非乐之正,然不先学操缦,则不能练就指法。

[17] 博依:谓博通鸟兽草木天时人事之情状。依,犹譬,谓依彼以显此。

[18] 杂服:服,事。杂服,谓洒扫应对投壶沃盥等琐细之事。

[19] 兴:喜,歆。

[20] 藏:谓怀抱之。

[21] 辅:即友。

[22] 敏:疾。

[23] 厥修乃来:谓其所修之业乃来,即所学得成。

[24] 呻其占毕:呻,吟。占,视。毕,简。此谓今之为师者,不晓经义,但诈作长声吟咏之状以视篇简而已。

[25] 多其讯:讯,问难。既自不晓义理,而又不肯默然,故假作问难,做出很有见解的样子。

[26] 言及于数:谓所言不止一端。

[27] 进而不顾其安:谓只强调诵习之多,而不考虑是否理解。

[28] 使人:及下"教人",皆谓师之施教。

[29] 不尽其材:材,道。谓师有所隐,即有所保留。

[30] 佛:通"拂"。

[31] 刑:犹"成"。

[32] 燕:犹"亵"。

[33] 燕辟:燕游邪僻。

[34] 和、易:和,谓无抵触。易,谓不勤苦。

[35] 臧:善。

[36] 博喻:谓因学者之材质而告之。

[37] 故师也者,所以学为君也:师既有君德,则弟子就师可学为君之德。

[38] 三王四代:三王,谓夏商周。四代,三王再加上虞。

[39] 庸:功。

[40] 力不能问:谓学生的才力不能应对提问。

[41] 良冶之子必学为裘:谓善冶之家,其子弟见其父兄世业冶铸金铁,使之糅合以补治破器,皆令完好,故此子弟从中领会而能学为裘袍,补续兽皮,片片相合,以至完好。

[42] 良弓之子必学为箕:谓善为弓之家,使干角挠屈调和而成其弓,故其子弟亦观其父兄世业,从中领会而能学用柳条等编制成箕。冶与裘,弓与箕,其道绝不相同,而能从中领悟,这是强调学者贵在善悟,举一反三,触类而旁通。

[43] 车在马前:这是说用大马驾车在前,而将马驹系在车后,这样天天见车之行,而后用之驾车,则不复惊。

[44] 丑:犹"比"。

[45] 五声:宫、商、角、徵、羽。

[46] 五色:青、赤、黄、白、黑。

[47] 五官:泛指政府的各级官吏。

[48] 五服:谓斩衰、齐衰、大功、小功、缌麻。

[49] 君子:下脱"曰"字。

[50] 或源也,或委也:源指河,委指海。

[赏析]

《学记》关于学习的论述深邃而独到,为我们提供了宝贵的学习智慧。

《学记》这部儒家经典之作,对于学习的论述如同璀璨星辰,指引着我们前行的道路。

开篇便以"虽有嘉肴,弗食,不知其旨也;虽有至道,弗学,不知其善也"的比喻,道出了学习的真谛。食物的美味,需要品尝才能得知;道理的深奥,需要学习才能领悟。这不仅是古人对学习的朴素理解,更是对后来者学习态度的鞭策。

接着提出了"学然后知不足,教然后知困"的观点。学习使人发现自己的不足,而教学则使人感到困惑。这种困惑并非坏事,反而是推动人不断前进的动力。知不足而后能自反,知困而后能自强,这正是学习带给我们的宝贵财富。

在《学记》中,学习不仅仅是一种知识的积累,更是一种修养的提升。它要求学习者要有自主学习的意识和能力,根据自己的兴趣和需求选择学习内容和方法。同时,学习也需要与实践相结合,通过实践将所学知识转化为实际能力,为解决问题和应对挑战提供有力支持。

《学记》中关于学习的论述,让我们看到了古人对学习的深刻理解和独到见解。它告诉我们,学习不仅是一种责任和义务,更是一种追求和享受。我们应该珍惜学习的机会,不断拓宽视野、增长知识、提高能力,为未来的发展打下坚实的基础。同时,我们也要将学习与实践相结合,将所学知识运用到实际生活中去,为社会的发展和进步贡献自己的力量。

[选评]

[1] 东汉·郑玄《礼记注疏》:"《学记》者,古者大学之教书也。"

[2] 明·王阳明《传习录》:"《学记》者,古之教者之遗言也。"

[3] 清·戴震《孟子字义疏证》:"《学记》之言,皆教育之至理。"

[作业]

[1] "独学而无友,则孤陋而寡闻"这句话对你有什么启示?

[2] 如何理解并实践"善学者,师逸而功倍,又从而庸之"这句话中"善学"的理念?

诫 子 书

郑 玄

[题解]

《诫子书》又名《戒子益恩书》,是东汉经学家郑玄于公元197年写给独子郑益恩的诫子书信。全信主要回顾了作者追求学业的经历,并传授给儿子为人处世所应具备的美德。

郑玄,字康成,生于东汉末年,是北海郡高密县(今山东省高密市)的杰出儒家学者和经学大师。他的一生,是对儒家经典的深入研究和传承,为后世留下了丰富的学术遗产。

郑玄在经学领域有着卓越的贡献。他遍注儒家经典,不仅总结了前人的研究成果,更对经学进行了深入的探讨和独到的诠释。他的注释被后世广泛传颂,对于经学的发展产生了深远的影响。他特别擅长于将古文经学与今文经学相融合,打破了经学界的门户之见,推动了经学的一统。他在传承儒家文化方面也做出了巨大贡献。他注重教育,聚徒授课,弟子达数千人,培养了一大批儒学人才。他的教学方法和理念,对于后世的儒学教育产生了深远影响。他提倡的"通经致用"的思想,强调了经学的实践性和应用性,使得儒学更加贴近社会现实,更加具有生命力。郑玄还在天文学、算术等领域有着不俗的成就。他精通天文历法,对汉代的天文观测和记录进行了系统的整理和研究,为后世的天文学研究提供了宝贵的资料。同时,他也精通算术,对《九章算术》等著作进行了深入的研究和注释,对于中国古代数学的发展做出了贡献。

郑玄在经学、教育、文化传承以及天文学、算术等领域都做出了杰出的贡献。他的学术成果和人格魅力,使他成为中国古代学术史上的一位重要人物,对于中华文化的传承和发展产生了深远的影响。

吾家旧贫,不为父母昆弟所容,去厮[1]役之吏,游学周、秦之都,往来幽、并、兖、豫之域,获觐乎在位通人,处逸[2]大儒,得意者咸从捧手,有所授焉。遂博稽六艺,粗览传记,时睹秘书纬术之奥。年过四十,乃归供养,假田播殖,以娱朝夕。遇阉尹擅势,坐党禁锢,十有四年,而蒙赦令;举贤良方正有道,辟大将军三司府。公车再召,比牒并名[3],早为宰相。惟彼数公,懿德大雅,克堪王臣,故宜式序[4]。吾自忖度,无任于此,但念述先圣之元意,思整百家之不齐,亦庶几以竭吾才,故闻命罔从。而黄巾为害,萍浮南北,复归邦乡。入此岁来,已七十矣。宿素衰落,仍有失误,案之礼典,便合传家[5]。今我告尔以老,归尔以事,将闲居以安性,覃思以终业。自非拜国君之命,问族亲之忧,展敬坟墓,观省野物,胡尝扶杖出门乎!家事大小,汝一承之,咨尔茕茕一夫,曾无同生相依,其勖求君子之道,研钻勿替,敬慎威仪,以近有德[6]。显誉成于僚友,德行立于己志。若致声称,亦有荣于所生,可不深念耶!可不深念耶!吾虽无绂冕之绪,颇有让爵之高[7]。自乐以论赞之功,庶不遗后人之羞。末所愤愤者,徒以亡亲坟垄未成,所好群书率皆腐敝,不得于礼堂写定,传与其人[8]。日西方暮,其可图乎!家今差多于昔,勤力务时,无恤饥寒。菲饮食,薄衣服,节夫二者,尚令吾寡恨。若忽忘不识,亦已焉哉!

[注释]

[1] 厮:贱。
[2] 处逸:处士隐逸。
[3] 比牒:犹连牒也;并名:谓齐名也,言连牒齐名被召者并为宰相也。
[4] 式:用。序:列。
[5] 传家:家事任子孙也。《曲礼》曰:"七十老而传。"
[6] 出自《诗经·大雅·民劳》。
[7] 谓频被辟不就也。
[8] 其人:谓好学者也。前书司马迁曰"仆诚已著此书,传之其人"也。

[赏析]

《戒子益恩书》是东汉大儒郑玄晚年写给其子郑益恩的一封家书,其中不仅蕴含了郑玄对家族、后代的深厚情感,更体现了他对学习的深刻见解和殷切期望。

在信中,郑玄回顾了自己的一生,特别是他如何从一个贫寒少年成长为一代大儒的过程。他强调了学习的重要性,并用自己的经历告诉儿子,无论身处何种境遇,都应坚持不懈地学习。他年轻时去游学,往来于各地,虚心向学,博稽六艺,粗览传记,这种对知识的渴望和追求精神,是郑玄一生学术成就的基础。

郑玄提到他年过四十才回归家庭,开始耕田播种,以供养家人。但他并没有放弃学习,反而将学习视为一种娱乐和享受。这种将学习融入生活的态度,不仅体现了他对学习的热爱,也启示我们要时刻保持学习的热情和动力。

郑玄还强调了学习的方法和态度。他提到自己虽无绂冕之绪,但颇有让爵之高,自乐于论赞之功,这体现了他不追求名利,只专注于学术研究的品质。他告诫儿子要勖求君子之道,研钻勿替,敬慎威仪,以近有德,这不仅是对儿子品行的要求,也是对学习态度的期望。他要求儿子在学习的过程中要坚持不懈,勤奋钻研,同时要注重自己的品德修养,这样才能真正成为一个有德有才的君子。

郑玄在结尾部分表达了对未竟之事的遗憾,其中也包括他未能将自己所好群书写定传世。这再次体现了他对学习的重视和追求。他希望自己的学术成果能够传承下去,为后人所用,这既是他对学术的贡献,也是他对学习的最高追求。

[选评]

[1] 近代·章太炎《太炎文录》:"郑玄之《戒子益恩书》,言简意赅,足为后世家训之楷模。"

[2] 近代·王国维《观堂集林》:"郑玄之教子,以学为先,以礼为用,足见儒家教育之精神。"

[3] 现代·钱穆《中国学术思想史论丛》:"郑玄《戒子益恩书》虽为家训,实亦可见其学术思想之一斑。"

[4] 现代·余英时《士与中国文化》:"郑玄之《戒子益恩书》乃儒家教育之典范,其重视学问与品德之培养,至今仍有其现实意义。"

[作业]

[1] 郑玄在书中回顾了自己从贫寒少年到一代大儒的求学之路,面临诸多困难与挑战,但他始终坚持不懈。你学习的主要动力是什么?在面临困难和挑战时,你是如何保持对学习的坚持和热情的?

[2] 郑玄在晚年仍不放弃学习,并将学习视为一种娱乐和享受。学习如何帮助你塑造自己的品格、提升自己的能力,以及实现个人价值?在当今社会,你如何理解终身学习的理念?

进 学 解

韩 愈

[题解]

韩愈（768—824），字退之，河南河阳（今河南孟州市）人，郡望昌黎（今河北昌黎），后人也称他为"韩昌黎"。死后谥"文"，所以后人也称"韩文公"。贞元八年（792）中进士，当过观察推官、四门博士、监察御史，贞元十九年（803）因言灾情得罪上司被贬为连州阳山（今广东）县令，唐宪宗即位后任江陵府法曹参军、国子监博士，后来一直做到兵部侍郎、吏部侍郎。韩愈是当时的文坛盟主，也是中唐古文运动的领袖，提出"以文载道"的口号，并以"不平则鸣""穷苦之言易好"的说法补充载道文章缺乏真性情的缺陷，以"辞必己出"的主张提出了"自树立，不因循"的创作风格。韩愈位列"唐宋八大家"之首，被苏轼誉为"文起八代之衰"（《韩文公庙碑》）。有《昌黎先生集》四十卷及《外集》。

韩愈对教育有着深刻见解。他主张教育应该致力于培养人的品德和才能，强调教育对于国家、社会以及个人发展的重要性。韩愈认为，教育应该注重基础知识的教育，尤其是儒家经典的学习，因为这些经典蕴含着深厚的道德和智慧。他提倡"文以载道"，即文章应该承载道德教化的功能，通过教育来传承和弘扬儒家文化。在教育方法上，韩愈主张因材施教，根据学生的不同特点和兴趣进行教育。他反对死记硬背和过度追求形式的教育方式，认为教育应该注重实际效果，让学生能够真正理解和掌握知识。韩愈还强调教育应该面向全体人民，让每个人都有接受教育的机会。他主张放宽入学的等级限制，以实际才学为标准选拔人才，为社会的繁荣和发展培养更多的人才。

国子先生晨入太学[1]，招诸生立馆[2]下，诲之曰："业精于勤，荒于嬉[3]；行[4]成于思，毁于随[5]。方今圣贤[6]相逢，治具毕张[7]。拔去凶邪，登崇[8]俊良。占小善者率[9]以录，名一艺者无不庸[10]。爬罗剔抉[11]，刮垢磨光[12]。盖有幸而获选，孰云多而不扬？诸生业患不能精，无患有司[13]之不明,行患不能成,无患有司之不公。"

言未既[14],有笑于列[15]者曰:"先生欺余哉!弟子事[16]先生,于兹有年矣。先生口不绝吟于六艺之文,手不停披于百家之编[17],纪事者必提其要,纂言者必钩其玄,贪多务[18]得,细大不捐[19],焚膏油以继晷[20],恒兀兀[21]以穷年,先生之业,可谓勤矣。觝排[22]异端,攘斥佛老,补苴罅[23]漏,张皇幽眇[24],寻坠绪[25]之茫茫,独旁搜而远绍[26],障百川[27]而东之,回狂澜于既倒[28],先生之于儒,可谓有劳矣。沉浸酿郁[29],含英咀华[30],作为文章,其书满家。上规姚姒[31],浑浑无涯,周《诰》殷《盘》[32],佶屈聱牙[33],《春秋》谨严,《左氏》浮夸,《易》奇而法,《诗》正而葩[34],下逮《庄》《骚》,太史所录,子云、相如,同工异曲,先生之于文,可谓闳其中而肆[35]其外矣。少始知学,勇于敢为,长通于方[36],左右具宜,先生之于为人,可谓成[37]矣。然而公不见信于人,私不见助于友,跋前疐后[38],动辄得咎。暂为御史[39],遂窜南夷[40],三年博士[41],冗不见治[42],命与仇谋[43],取败几时。冬暖而儿号寒,年丰而妻啼饥,头童齿豁[44],竟死何裨[45]?不知虑此,而反教人为?"

先生曰:"吁,子[46]来前!夫大木为杗[47],细木为桷[48],欂栌、侏儒[49],椳、闑、扂、楔[50],各得其宜,施[51]以成室者,匠氏之工也。玉札、丹砂、赤箭、青芝[52],牛溲、马勃、败鼓之皮[53],俱收并蓄,待用无遗者,医师之良也。登[54]明选公,杂[55]进巧拙,纡余[56]为妍,卓荦[57]为杰,校短量长,惟器是适[58]者,宰相之方[59]也。昔者孟轲好辩,孔道以明,辙环天下,卒老于行。荀卿守正,大论是弘,逃谗于楚,废死兰陵[60]。是二儒者,吐辞为经,举足为法,绝类离伦[61],优入圣域,其遇于世何如也?今先生学虽勤而不由其统,言虽多而不要[62]其中,文虽奇而不济于用,行虽修而不显于众。犹且月费俸钱,岁靡廪[63]粟,子不知耕,妇不知织,乘马从[64]徒,安坐而食,踵常途之役役[65],窥[66]陈编以盗窃,然而圣主不加诛,宰臣不见斥[67],兹非其幸欤!动而得谤,名亦随之。投闲置散,乃分之宜。若夫商财贿[68]之有亡,计班资之崇庳[69],忘己量[70]之所称,指前人之瑕疵,是所谓诘匠氏之不以杙为楹[71],而訾医师以昌阳引年[72],欲进其豨苓也[73]。"

[注释]

[1] 国子先生:韩愈自称,当时他任国子博士。唐朝时,国子监是设在京都的最高学府,下面有国子学、太学等七学,各学置博士为教授官。国子学是为高级官员子弟而设的。太学:这里指国子监。唐朝国子监相当于汉朝的太学,古时对官署的称呼常有沿用前代旧称的习惯。

[2] 馆:学馆。

[3] 嬉:游戏,玩乐。

[4] 行:操行,品德。

[5] 随:因循。

[6] 圣贤:圣君和贤臣。

[7] 治具:法令。毕:完全。张:建立。

[8] 登崇:举用推尊。

[9] 占:有。率:大都。

[10] 名:占有。一艺:一技之长。庸:用。

[11] 爬罗剔抉:搜罗发掘,挑拣选择。

[12] 刮垢磨光:刮去尘垢,磨之使光。指培养人才时磨砺而使之高尚纯洁。

[13] 有司:指官吏。

[14] 既:完。

[15] 列:行列。

[16] 事:事奉。这里指学生跟老师学习。

[17] 披:翻动。编:著作。

[18] 务:追求。

[19] 捐:抛弃。

[20] 膏油:油脂;灯油。晷(guǐ):日影。

[21] 兀兀:劳苦的样子。

[22] 觝(dǐ)排:抵拒排斥。

[23] 补苴(jū):弥补。罅(xià):裂缝。

[24] 张皇:张大、光大。幽眇:精深微妙。

[25] 坠:落。绪:事业,此指儒教道统。

[26] 旁:广泛。绍:继承。

[27] 障(zhǎng):动词,防堵。百川:指百家学说。

[28] 既:已经。倒:倾泻。

[29] 酽(nóng)郁:浓厚。

[30] 含英咀华:比喻欣赏、体味或领会诗文的精华。

[31] 姚姒(sì):姚是虞姓,姒是夏姓,这里指《尚书》中的《虞书》《夏书》。

[32] 周《诰》:指《尚书》中的《大诰》《康诰》《酒诰》《召诰》《洛诰》等篇。殷《盘》:指《尚书》中的《盘庚》三篇。

[33] 佶(jí)屈聱(áo)牙:文字晦涩难解,不通顺畅达。

[34] 葩(bā):文辞华丽。

[35] 闳:通"宏",大。肆:放纵。

[36] 方:道理。

[37] 成:成熟,完备。

[38] 跋前踬(zhì)后:《诗经·豳风·狼跋》有:"狼跋其胡,载疐其尾。"是说老狼往前踩住自己颈下的肉,往后则被尾巴绊住,比喻进退困难。跋,踏。疐,绊。

[39] 御史:御史大夫。专掌监察。

[40] 南夷:南方少数民族地区。贞元十九年(803),韩愈由监察御史贬为阳山(今广东阳山)令。

[41] 三年博士:韩愈在元和年间共做了三年国子博士。

[42] 冗不见治:指在国子博士这个闲职上,政治才能得不到施展。冗,闲散。见,同"现"。

[43] 命:命运。仇:仇敌。谋:打交道。

[44] 童:山无草木。这里比喻秃顶。齿豁:牙齿脱落,露出豁口。

[45] 竟:最终。裨(bì):补益。

[46] 子:你,指弟子。

[47] 桴(máng):屋梁。

[48] 桷(jué):屋椽。

[49] 欂栌(bó lú):短柱。侏儒:短椽。

[50] 椳(wēi):门臼。闑(niè):门中间竖的短木。扂(diàn):门闩。楔(xiē):门旁竖的两根长柱。

[51] 施:用。

[52] 玉札:即地榆。丹砂:朱砂。赤箭:天麻。青芝:又名龙芝。这四种都是名贵药材。

[53] 牛溲(sōu):即车前草。马勃:又名马屁菌。败鼓之皮:破鼓的皮。这三种

都是普通药材。

[54] 登：提拔。

[55] 杂：一并。

[56] 纡余：迂回曲折。

[57] 卓荦(zhuō luò)：卓越，突出。

[58] 惟器是适：即"适器"，指根据才能来任用。

[59] 方：治术。

[60] 兰陵：在今山东苍山西南兰陵镇一带。荀卿曾为兰陵令，后被废，就死在这里。

[61] 绝类离伦：超越同类。

[62] 要(yāo)：求。

[63] 糜(mǐ)：耗费。廪(lǐn)：米仓。

[64] 从：使……跟从。

[65] 踵(zhǒng)：跟着。役役：拘谨的样子。

[66] 窥：看。

[67] 见：被。斥：指罢免官职。

[68] 财贿：财货；财物。

[69] 班资：班列资格，官品。庳(bì)：低。

[70] 量：分量，指才能的高低。

[71] 诘：责问。杙(yì)：小木桩。楹(yíng)：柱子。

[72] 訾(zǐ)：指责。昌阳：即菖蒲，据说久服可以延年益寿。引年：延长寿命。

[73] 豨(xī)苓：即猪苓，有利尿作用。

[赏析]

韩愈的《进学解》是一篇具有深刻思想内涵和文学价值的古文，是韩愈在任国子博士时所作。他三次进入国子监担任博士这一闲职，期间遭遇了不少挫折和困顿，对朝廷和社会现状深感不满。这篇文章假托向学生训话的形式，借以抒发自己怀才不遇、仕途蹭蹬的牢骚之作。全文可大致分为三大段，每一段都围绕进学的主题展开。

第一段中，韩愈以国子先生的身份，向学生解析进学的正义，陈明形势。他提出"业患不能精，无患有司之不明；行患不能成，无患有司之不公"的观点，强调学业的精进和行为的成就完全取决于个人的努力，而非外界的评价和机遇。第二段中，学生进行了辩解,他们以先生在"学""言""文""行"四个方面的努力、成就与自身遭遇对照,先扬后抑,驳斥了国子先生的结论。这一部分通过学生的反驳,展示了韩愈在学术、文学、政治等多个领域的卓越成就,同时也暗示了他在仕途上的不顺利。第三段中,国子先生再次进行自我解嘲,针对学生之意申说发挥,表明随遇而安的态度,同时对朝廷隐含讥刺。这部分内容体现了韩愈的豁达胸怀和对现实的无奈接受,也展现了他对朝廷的不满和批评。

《进学解》全文构思别出心裁,语言新颖、形象。在技巧上,韩愈吸收了辞赋体的铺叙、排偶、藻饰、用韵等形式,并加以革新改造,使得文章富于整饬之美。此外,文章中的名言"业精于勤,荒于嬉;行成于思,毁于随"更是成为激励后世的座右铭。

[1] 唐·刘禹锡《祭韩吏部文》:"当今文人,皆在韩退之之下。"

[2] 宋·苏轼《潮州韩文公庙碑》:"文起八代之衰,道济天下之溺。"

[3] 清·薛雪《一瓢诗话》:"韩昌黎学力正大,俯视群蒙;匡君之心,一饭不忘;救时之念,一刻不懈。"

[1] 在现代教育背景下,如何理解"业精于勤,荒于嬉;行成于思,毁于随"这一观点?你认为应如何平衡学习与娱乐,以及如何培养独立思考的能力?

[2] 韩愈在《进学解》中强调了"师者,所以传道受业解惑也"的教师职责。在现代教育中,你如何看待教师的角色和职责?你认为教师应如何适应现代教育的发展,以更好地履行自己的职责?

白鹿洞[1]二首(其一)

王贞白

[题解]

王贞白(875—958),字有道,号灵溪,信州永丰(今江西省上饶市广丰区)人。唐乾宁二年(895),王贞白考中进士,但由于当时考试风波,市井议论纷纷,有人举报考试存在"猫腻",朝廷于是推翻已放榜的结果,进行复试。王贞白虽最终保留进士名额,但直到七年后(902)才被授予校书郎的官职。在此期间,他曾随军出塞抵御外敌,写下了许多反映边塞生活和激励士气的佳作。

王贞白在文学上有着显著的成就,著有《灵溪集》七卷,但遗憾的是,由于年久散逸,现今《全唐诗》中仅存其诗一卷,共计73首(包括"补遗")。尽管如此,他的诗作在唐末仍然声名远扬,其文学地位在历代均获很高评价。他的名句"一寸光阴一寸金"更是广为流传,成为劝勉世人珍惜时光的佳句。

在政治上,王贞白有着鲜明的立场和决心,他天性耿直,对贪官污吏痛加斥责,对苦难的劳动人民表现出无比的同情。然而,由于大唐政治腐朽,他深感自己无力挽救日益衰败的社稷而弃官退隐。退隐后,他将自己的余生贡献给了家乡百姓,创建"山斋书舍"潜心教学,为家乡子弟传道解惑。

读书不觉已春深[2],一寸光阴一寸金。
不是道人来引笑[3],周情孔思正追寻[4]。

[注释]

[1] 白鹿洞:白鹿洞书院,位于九江庐山五老峰下,是中国古代最早建立的书院之一。诗人曾在此读书求学。

[2] 春深:春末,暮春。

[3] 引笑:逗笑,开玩笑。

[4] 周情孔思:指周公礼法、孔子儒学,诗中乃泛指经史之学。追寻:深入研究。

[赏析]

　　这首诗是唐代诗人王贞白创作的一首脍炙人口的诗作,其中"读书不觉已春深,一寸光阴一寸金"更是流传千古的名句。这首诗以读书为背景,描绘了诗人沉浸在知识的海洋中,忘却了时间的流逝。首句"读书不觉已春深",通过"不觉"二字,生动地展现了诗人全神贯注、心无旁骛的读书状态,以至于连春天的到来都没有察觉。这种忘我的境界,正是对求知若渴、勤奋好学的最佳诠释。

　　次句"一寸光阴一寸金",以极其凝练的语言,道出了时间的宝贵。诗人将光阴比作金子,强调了时间的价值和珍贵。这句话不仅是对读书时光的珍惜,更是对人生光阴的深刻感悟。它提醒我们,时间如同金子一般宝贵,一旦流逝便无法挽回,因此我们应该倍加珍惜,努力充实自己。

　　后两句"不是道人来引笑,周情孔思正追寻"则进一步揭示了诗人读书的目的和追求。诗人说,如果不是道人来逗笑打扰,他还要深入钻研周公、孔子的精义、教导。这既表现了诗人对儒家经典的热爱和尊崇,也体现了他在学问上的执着追求和不懈努力。

　　整首诗语言简练、意境深远,通过描绘诗人读书的场景和心境,传达了珍惜时光、勤奋好学的主题思想。它告诉我们,只有珍惜时间、努力学习,才能不断充实自己、提升自我。同时,这首诗也启示我们,在追求知识和学问的道路上,要保持专注和执着,不被外界干扰所动摇。

[选评]

　　[1]元·辛文房《唐才子传》:"学历精赡,笃志于诗,清润典雅,呼吸间两获科甲,自致于青云之上,文介可知矣。"

　　[2]明·李奎:"联芳李(白)杜(甫),并驾韩(愈)柳(宗元)。"

[作业]

　　[1]如何理解"读书不觉已春深,一寸光阴一寸金"所传达的时间观念?谈谈你在日常生活中是如何实践的。

　　[2]在"不是道人来引笑,周情孔思正追寻"中,王贞白表达了对学问的执着追求。你认为在现代社会,大学生应该如何平衡学业、兴趣与社交活动?

　　[3]结合王贞白的诗句,谈谈你对"终身学习"理念的理解,并规划你的未来学习计划。

柏学士[1]茅屋

杜 甫

[题解]

杜甫（712—770），字子美，自号少陵野老，祖籍襄阳（今属湖北），自其曾祖时迁居巩县（今河南巩义西南）。他是唐代著名的现实主义诗人，与李白并称"李杜"，后世尊称其为"诗圣"，其诗作被称为"诗史"。

杜甫自幼好学，知识渊博，颇有政治抱负。唐玄宗开元后期，他举进士不第，后漫游各地。在长安寓居近十年，未能有所施展，生活贫困，逐渐对当时的社会状况有较深的认识。后靠献赋才得以"待制集贤院"，先拒任河西尉，不久被改授为右卫率府兵曹（一作胄曹）参军。

安史之乱爆发后，杜甫被困长安城中半年，后逃至凤翔，被唐肃宗拜为左拾遗，世称"杜拾遗"。长安收复后，随肃宗还京，又被外放为华州司功参军。期间他创作了《登高》《春望》《北征》以及"三吏""三别"等名作。后弃官移家至成都，一度在剑南节度使严武幕中任参谋，被表授为检校工部员外郎，故世称"杜工部"。晚年携家出蜀，于大历五年（770）冬在辗转途中逝世，享年五十九岁。

杜甫善于运用各种诗歌形式，尤长于律诗，风格多样，而以沉郁为主；语言精练，具有高度的表达能力。他的诗作继承和发展了《诗经》以来注重反映社会现实的优良文学传统，成为中国古代诗歌艺术发展的又一高峰。

　　　　碧山学士焚银鱼[2]，白马却走身岩居[3]。
　　　　古人已用三冬足[4]，年少今开万卷余[5]。
　　　　晴云满户团倾盖[6]，秋水浮阶溜决渠[7]。
　　　　富贵必从勤苦得，男儿须读五车书[8]。

[注释]

[1] 柏学士：其人不详。杜甫另有七古《寄柏学士林居》。

[2]碧山,指柏学士隐居山中。碧山应该是泛指,即青山。学士,即柏学士。唐朝时学士职位一般至少为五品,六品及以下的称为直学士。银鱼,指唐朝五品以上官员佩戴的银质鱼章。

[3]白马,见《后汉书》卷27:张湛常骑白马。帝每见湛,辄言"白马生且复谏矣"。这里用来指代柏学士。身岩居,指在安史之乱中,逃到这里的山中居住。此句可以与《寄柏学士林居》的"天下学士亦奔波"参看。仇兆鳌注:银鱼见焚,白马却走,遭禄山之乱也。

[4]"足"字放到最后,是为了对仗的需要。此句顺说就是,古人已用足三冬。农历将冬天分为十月、十一月、十二月共三个月,故称"三冬"。古时人们认为冬季是用来读书的时间。用足三冬,即是用足全部时间来读书。

[5]年少,指住在这里的柏学士子侄,一说指柏学士本人。开,开卷,指读书。杜甫有诗"读书破万卷,下笔如有神"(《奉赠韦左丞丈二十二韵》)。中国古代在隋唐以前的书,主要是竹简和帛书。到了杜甫所在的时期,一般是手写的卷轴纸书。由于行格疏阔,字体又大,每卷字数并不太多。《史记》平均每卷四千字左右,《魏书》平均每卷六千余字。

[6]这句化用了北周王褒《轻举篇》的句子"俯观云似盖"。团,意为圆,在此形容"倾盖"。团作为"圆"字解,也见于其他唐诗,如白居易《放言五首·其一》"荷露虽团岂是珠",贾岛《忆江上吴处士》"蟾蜍亏复团"等。

[7]这两句描写了柏学士茅屋的外景。仇注:云如倾盖之团,言其浓。水似决渠之溜,言其急也。

[8]五车书,出自《庄子·天下》:"惠施多方,其书五车"。后喻指读书多,学问深,如唐王维《戏赠张五弟諲三首·之二》"张弟五车书,读书仍隐居"。

[赏析]

这首诗以生动的画面和深刻的哲理,展现了作者对学问与人生的独到见解。首联"碧山学士焚银鱼,白马却走身岩居",以碧山学士焚毁代表功名利禄的银鱼符,选择归隐山林,骑着白马回到岩居生活,寓意着对学问的追求高于世俗的荣华富贵。

颔联"古人已用三冬足,年少今开万卷余",通过对比古人三冬勤学苦读(古代以三冬为一年之勤读期),与当今少年已读万卷书的成就,强调了勤奋学习、积累知识的重要性。这不仅是对古人勤学的赞美,也是对年少有为者的鞭策。

颈联"晴云满户团倾盖,秋水浮阶溜决渠",以自然景象描绘出学舍环境的清幽雅致,晴云如盖,秋水潺潺,既展现了读书环境的宁静美好,也象征着学问如清泉般滋养心田,洗涤心灵。

尾联"富贵必从勤苦得,男儿须读五车书",点明主旨,强调了富贵与勤苦、学问与人生的关系。诗人认为,真正的富贵是通过勤奋努力获得的,而男儿要想成就一番事业,必须广读诗书,积累深厚的学识。这不仅是对个人的鞭策,也是对世人的警醒。

整首诗语言清新自然,意境深远,既表达了对学问的热爱与追求,也传递了勤奋努力、淡泊名利的人生哲理,具有深远的启示意义。

[选评]

[1] 宋·苏轼《东坡题跋》:"诗至于杜子美。"

[2] 现代·陈寅恪《书杜少陵〈哀王孙〉诗后》:"少陵为中国第一诗人,其被困长安时所作之诗,如《哀江头》、《哀王孙》诸诗篇,古今称其文辞之美。"

[3] 现代·闻一多《唐诗杂论》:"中国有史以来第一个大诗人,四千年文化中最庄严、最瑰丽、最永久的一道光彩。"

[作业]

[1] 这首诗中通过描绘柏学士的生活状态,传达了怎样的人生观和价值观?结合当代大学生面临的学业、就业压力,你认为这种人生观和价值观对现代大学生有何启示?

[2] 请分析"晴云满户团倾盖,秋水浮阶溜决渠"这两句诗的意象和意境,并探讨它们如何与诗歌主题相呼应,共同构成了一幅怎样的画面?这种画面在诗歌中起到了什么作用?

[3] 杜甫作为古代文人,他的求学精神和人生态度在《柏学士茅屋》中得到了充分体现。请结合现代大学生的实际情况,比较古代文人与现代大学生在求学态度、人生追求以及面临的机遇与挑战等方面的异同,并谈谈你的看法。

四时读书乐

翁 森

[题解]

翁森（生卒年不详），字秀卿，号一瓢，南宋末期至元朝初期的杰出诗人和教育家。他出生于浙江仙居县双庙乡下支村，生活在一个动荡的时代，但这也激发了他对学问和教育的热爱。

翁森学识渊博，博通经史，时人称之为"翁书厨"。南宋灭亡后，他立志不再出仕为官，而是选择隐居教授，以传承文化为己任。元至元年间，他在自己的居所崇教里（今浙江仙居县东南二十五里处）创办了安洲书院，并亲自讲学授徒。他取朱熹白鹿洞学规为训，坚持以儒术教化乡人，致力于培养品德高尚、学识渊博的人才。在他的努力下，安洲书院名声远扬，从学者先后多达八百多人，其中不乏来自邻县的学子。

翁森不仅是一位教育家，还是一位才华横溢的诗人。他的诗作《四时读书乐》等广为流传，被选编入民国时期的初中国文课本。这首诗以生动的笔触描绘了四季读书的乐趣，鼓励人们珍惜时光，勤奋读书。他的诗作不仅语言优美，而且寓意深刻，深受读者喜爱。

此外，翁森还著有《一瓢稿》等作品，可惜大部分已佚失。然而，他的诗文和教育思想却流传了下来，对后世产生了深远的影响。他提倡的乐读精神和耕读之风，在当时的社会背景下显得尤为珍贵，也为后世的教育事业树立了榜样。

总的来说，翁森是一位具有高尚情操和卓越才华的诗人和教育家。他的诗文和教育思想不仅在当时具有深远的影响，也为后世的文化传承和教育事业做出了重要贡献。

春

山光照槛水绕廊，舞雩归咏春风香。
好鸟枝头亦朋友，落花水面皆文章。
蹉跎莫遣韶光老，人生唯有读书好。
读书之乐乐何如，绿满窗前草不除。

夏

修竹压檐桑四围,小斋幽敞明朱晖。
昼长吟罢蝉鸣树,夜深烬落萤入帏。
北窗高卧羲皇侣,只因素稔读书趣。
读书之乐乐无穷,瑶琴一曲来薰风。

秋

昨夜前庭叶有声,篱豆花开蟋蟀鸣。
不觉商意满林薄,萧然万籁涵虚清。
近床赖有短檠在,对此读书功更倍。
读书之乐乐陶陶,起弄明月霜天高。

冬

木落水尽千崖枯,迥然吾亦见真吾。
坐对韦编灯动壁,高歌夜半雪压庐。
地炉茶鼎烹活火,四壁图书中有我。
读书之乐何处寻?数点梅花天地心。

[赏析]

这首诗以四季为序,分别描绘了春、夏、秋、冬四季中读书的乐趣,展现了作者在不同季节中的生活情趣和对读书的热爱。

首先,从整体结构上看,这首诗采用了四季分章的形式,每一章都紧扣季节特点,通过生动的景物描写和细腻的情感抒发,将读书的乐趣与四季的自然景观巧妙地融合在一起。这种结构不仅使得诗歌内容丰富多彩,而且增强了诗歌的层次感和节奏感。

在春季篇章中,作者以"山光照槛水绕廊,舞雩归咏春风香"开篇,描绘了一幅春意盎然的画面。接着,"好鸟枝头亦朋友,落花水面皆文章"两句,用拟人的手法将鸟儿和落花赋予了生命,使它们成为作者读书时的伴侣和灵感来源。最后,"蹉跎莫遣韶光老,人生唯有读书好"两句,点明了读书的重要性和对时光的珍惜。

夏季篇章中,作者以"修竹压檐桑四围,小斋幽敞明朱晖"描绘了小斋的清幽环境,为读书提供了良好的氛围。接着,"昼长吟罢蝉鸣树,夜深烬落萤入帏"两句,通过蝉鸣和萤火的描写,展现了夏季特有的夜晚景象,同时也暗示了作者读书的勤奋和执着。最后,"读书之乐乐无穷,瑶琴一曲来薰风"两句,以瑶琴的悠扬琴声比喻读书的乐趣无穷无尽,给人以美的享受。

秋季篇章中,作者以"昨夜前庭叶有声,篱豆花开蟋蟀鸣"开篇,描绘了秋季的萧瑟景象。接着,"不觉商意满林薄,萧然万籁涵虚清"两句,进一步渲染了秋季的宁静和清冷。然而,在这样的环境中,作者依然坚持读书,"近床赖有短檠在,对此读书功更倍"。最后,"读书之乐乐陶陶,起弄明月霜天高"两句,以明月和霜天为背景,展现了作者读书后的愉悦心情和超脱境界。

冬季篇章中,作者以"木落水尽千崖枯,迥然吾亦见真吾"开篇,描绘了冬季的荒凉和萧瑟。然而,在这样的环境中,作者却找到了真正的自我,"坐对韦编灯动壁,高歌夜半雪压庐"。最后,"地炉茶鼎烹活火,四壁图书中有我。读书之乐何处寻?数点梅花天地心"几句,以地炉、茶鼎、梅花等意象为烘托,展现了作者在寒冷冬夜中读书的乐趣和心境的宁静。

[选评]

[1] 宋·陈孚:"始闻翁子之乡学,喜而往之。"
[2] 宋·陈刚中《安洲乡学记》:"建乡学以淑教子弟。"

[作业]

[1]《四时读书乐》中如何体现翁森对读书乐趣的四季感悟?这些感悟对现代大学生的阅读体验有何启示?

[2] 翁森在诗中提到的"读书之乐乐何如"与大学生的阅读体验有何异同?

[3]《四时读书乐》中,翁森对读书环境的描绘对现代大学生有何启示?

谈 读 书

朱光潜

[题解]

朱光潜(1897—1986),字孟实,安徽省桐城县(今安徽省枞阳县)麒麟镇岱鳌村朱家老屋人,现当代著名美学家、文艺理论家、教育家、翻译家。1922年毕业于香港大学文学院。1925年留学英国爱丁堡大学,致力于文学、心理学与哲学的学习与研究,后在法国斯特拉斯堡大学获哲学博士学位。1933年回国后,历任北京大学、四川大学、武汉大学教授。1946年后一直在北京大学任教,讲授美学与西方文学。主要著作有《悲剧心理学》《文艺心理学》《西方美学史》《谈美》等。

朱光潜一生致力于美学和文艺理论的研究,他的学术探索跨越了审美心理学、审美社会学和审美哲学等多个领域。他不仅是第一个全面系统地向中国介绍西方美学的人,更在结合中国传统美学的基础上,提出了自己独特的美学见解,为中国美学研究提供了宝贵的理论资源。他翻译了近300万字的马克思主义经典著作和西方美学、文艺理论的重要作品,为东西方文化的交流做出了巨大贡献。他的翻译作品"既忠实,又传神",成为译事的典范精通并熟练驾驭多种西方语言文字,同时拥有超凡的中文表达能力,这使得他的翻译作品具有很高的学术价值和文学价值。他的美学思想以人文主义为核心,结合现代心理学,将审美同情与道德同情的质的区分作出揭示。他提倡"自由生发,自由讨论",强调文学表现人生和怡情悦性的功用,维护文学的独立自主性。他的美学思想不仅受到西方现代美学的影响,更受到中国传统美学的制约,呈现出一种独特的融合与创新。

朱光潜的教育理念主要强调顺应人爱美的天性,认为教育应启发人性中固有的求知、想好、爱美的本能。他提出教育在智育、德育、美育三方面同时发展,智育教人研究学问、求知识、寻真理;德育教人培养良善品格,学做人处世的方法和道理;美育则教人创造艺术,欣赏艺术与自然,在人生世相中寻出丰富的兴趣。这一理念旨在实现人的全面发展,使个体在真、善、美三方面得到最大限度的调和与发展。

十几年前我曾经写过一篇短文谈读书,这问题实在是谈不尽,而且这些年来我的见解也有些变迁,现在再就这问题谈一回,趁便把上次谈学问有未尽的话略加补充。

学问不只是读书,而读书究竟是学问的一个重要途径。因为学问不仅是个人的事而是全人类的事,每科学问到了现在的阶段,是全人类分途努力日积月累所得到的成就,而这成就还没有淹没,就全靠有书籍记载流传下来。书籍是过去人类的精神遗产的宝库,也可以说是人类文化学术前进轨迹上的记程碑。我们就现阶段的文化学术求前进,必定根据过去人类已得的成就做出发点。如果抹杀过去人类已得的成就,我们说不定要把出发点移回到几百年前甚至几千年前,纵然能前进,也还是开倒车落伍。读书是要清算过去人类成就的总账,把几千年的人类思想经验在短促的几十年内重温一遍,把过去无数亿万人辛苦获来的知识教训集中到读者一个人身上去受用。有了这种准备,一个人总能在学问途程上作万里长征,去发现新的世界。

历史愈前进,人类的精神遗产愈丰富,书籍愈浩繁,而读书也就愈不易。书籍固然可贵,却也是一种累赘,可以变成研究学问的障碍。它至少有两大流弊。第一,书多易使读者不专精。我国古代学者因书籍难得,皓首穷年才能治一经,书虽读得少,读一部却就是一部,口诵心惟,咀嚼得烂熟,透入身心,变成一种精神的原动力,一生受用不尽。现在书籍易得,一个青年学者就可夸口曾过目万卷,"过目"的虽多,"留心"的却少,譬如饮食,不消化的东西积得愈多,愈易酿成肠胃病,许多浮浅虚骄的习气都由耳食肤受所养成。其次,书多易使读者迷方向。任何一种学问的书籍现在都可装满一图书馆,其中真正绝对不可不读的基本著作往往不过数十部甚至于数部。许多初学者贪多而不务得,在无足轻重的书籍上浪费时间与精力,就不免把基本要籍耽搁了;比如学哲学者尽管看过无数种的哲学史和哲学概论,却没有看过一种柏拉图的《对话集》,学经济学者尽管读过无数种的教科书,却没有看过亚当·斯密的《原富》。做学问如作战,须攻坚挫锐,占住要塞。目标太多了,掩埋了坚锐所在,只东打一拳,西踢一脚,就成了"消耗战"。

读书并不在多,最重要的是选得精,读得彻底。与其读十部无关轻重的书，不如以读十部书的时间和精力去读一部真正值得读的书；与其十部书都只能泛览一遍，不如取一部书精读十遍。"好书不厌百回读，熟读深思子自知"，这两句诗值得每个读书人悬为座右铭。读书原为自己受用，多读不能算是荣誉，少读也不能算是羞耻。少读如果彻底，必能养成深思熟虑的习惯，涵泳优游，以至于变化气质；多读而不求甚解，则如驰骋十里洋场，虽珍奇满目，徒惹得心花意乱，空手而归。世间许多人读书只为装点门面，如暴发户炫耀家私，以多为贵。这在治学方面是自欺欺人，在做人方面是趣味低劣。

  读的书当分种类，一种是为获得现世界公民所必需的常识，一种是为做专门学问。为获常识起见，目前一般中学和大学初年级的课程，如果认真学习，也就很够用。所谓认真学习，熟读讲义课本并不济事，每科必须精选要籍三五种来仔细玩索一番。常识课程总共不过十数种，每种选读要籍三五种，总计应读的书也不过五十部左右。这不能算是过奢的要求。一般读书人所读过的书大半不止此数，他们不能得实益，是因为没有选择，而阅读时又只潦草滑过。

  常识不但是现世界公民所必需，就是专门学者也不能缺少它。近代科学分野严密，治一科学问者多故步自封，以专门为借口，对其他相关学问毫不过问。这对于分工研究或许是必要，而对于淹通深造却是牺牲。宇宙本为有机体，其中事理彼此息息相关，牵其一即动其余，所以研究事理的种种学问在表面上虽可分别，在实际上却不能割开。世间绝没有一科孤立绝缘的学问。比如政治学须牵涉到历史、经济、法律、哲学、心理学，以至于外交、军事等，如果一个人对于这些相关学问未曾问津，入手就要专门习政治学，愈前进必愈感困难，如老鼠钻牛角，愈钻愈窄，寻不着出路。其他学问也大抵如此，不能通就不能专，不能博就不能约。先博学而后守约，这是治任何学问所必守的程序。我们只看学术史，凡是在某一科学问上有大成就的人，都必定于许多他科学问有深广的基础。目前我国一般青年学子动辄喜言专门，以至于许多专门学者对于极基本的学科毫无常识，这种风气也许是在国外大学做博士论文的先生们所酿成的。它影响到我们的大学课程，许多学系所设的科目"专"到不近情理，在外国大学研究院里也不一定有。这好像逼吃奶的小孩去嚼肉骨,岂不是误人子弟?

有些人读书,全凭自己的兴趣:今天遇到一部有趣的书就把预拟做的事丢开,用全副精力去读它;明天遇到另一部有趣的书,仍是如此办,虽然这两书在性质上毫不相关。一年之中可以时而习天文,时而研究蜜蜂,时而读莎士比亚。在旁人认为重要而自己不感兴味的书都一概置之不理。这种读法有如打游击,亦如蜜蜂采蜜。它的好处在使读书成为乐事,对于一时兴到的著作可以深入,久而久之,可以养成一种不平凡的思路与胸襟。它的坏处在使读者泛滥而无所归宿,缺乏专门研究所必需的"经院式"的系统训练,产生畸形的发展,对于某一方面知识过于重视,对于另一方面知识可以很蒙昧。我的朋友中有专门读冷僻书籍,对于正经正史从未过问的,他在文学上虽有造就,但不能算是专门学者。如果一个人有时间与精力允许他过享乐主义的生活,不把读书当作工作而只当作消遣,这种蜜蜂采蜜式的读书法原亦未尝不可采用。但是一个人如果抱有成就一种学问的志愿,他就不能不有预定计划与系统。对于他,读书不仅是追求兴趣,尤其是一种训练,一种准备。有些有趣的书他须得牺牲,也有些初看很干燥的书他必须咬定牙关去硬啃,啃久了他自然还可以啃出滋味来。

读书必须有一个中心去维持兴趣,或是科目,或是问题。以科目为中心时,就要精选那一科要籍,一部一部地从头读到尾,以求对于该科得到一个概括的了解,作进一步作高深研究的准备。读文学作品以作家为中心,读史学作品以时代为中心,也属于这一类。以问题为中心时,心中先须有一个待研究的问题,然后采关于这问题的书籍去读,用意在搜集材料和诸家对于这问题的意见,以供自己权衡去取,推求结论。重要的书仍须全看,其余的这里看一章,那里看一节,得到所要搜集的材料就可以丢手。这是一般做研究工作者所常用的方法,对于初学不相宜。不过初学者以科目为中心时,仍可约略采取以问题为中心的微意。一书作几遍看,每一遍只着重某一方面。苏东坡与王郎书曾谈到这个方法:

少年为学者,每一书皆作数过尽之。书富如入海,百货皆有,人之精力,不能兼收并取,但得其所欲求者耳。故愿学者每一次作一意求之,如欲求古今兴亡治乱圣贤作用,但作此意求之,勿生余念。又别作一次,求事迹文物之类,亦如之。他皆仿此。若学成,八面受敌,与涉猎者不可同日而语也。

朱子尝劝他的门人采用这个方法。它是精读的一个要诀,可以养成仔细分析的习惯。举看小说为例,第一次但求故事结构,第二次但注意人物描写,第三次但求人物与故事的穿插,以至于对话、辞藻、社会背景、人生态度等等都可如此逐次研求。

读书要有中心,有中心才易有系统组织。比如看史书,假定注意的中心是教育与政治的关系,则全书中所有关于这问题的史实都被这中心联系起来,自成一个系统。以后读其他书籍如经子专集之类,自然也常遇着关于政教关系的事实与理论,它们也自然归到从前看史书时所形成的那个系统了。一个人心里可以同时有许多系统中心,如一部字典有许多"部首",每得一条新知识,就会依物以类聚的原则汇归到它的性质相近的系统里去,就如拈新字贴进字典里去,是人旁的字都归到人部,是水旁的字都归到水部。大凡零星片断的知识,不但易忘,而且无用。每次所得的新知识必须与旧有的知识联络贯串,这就是说,必须围绕一个中心归聚到一个系统里去,才会生根,才会开花结果。

记忆力有它的限度,要把读过的书所形成的知识系统,原本枝叶都放在脑里储藏起,在事实上往往不可能。如果不能储藏,过目即忘,则读亦等于不读。我们必须于脑以外另辟储藏室,把脑所储藏不尽的都移到那里去。这种储藏室在从前是笔记,在现代是卡片。记笔记和做卡片有如植物学家采集标本,须分门别类订成目录,采得一件就归入某一门某一类,时间过久了,采集的东西虽极多,却各有班位,条理井然。这是一个极合乎科学的办法,它不但可以节省脑力,储有用的材料,供将来的需要,还可以增强思想的条理化与系统化。预备做研究工作的人对于记笔记做卡片的训练,宜于早下功夫。

[赏析]

《谈读书》是一篇深入探讨读书方法、乐趣及体悟的文章。

文中朱光潜强调，学问不仅是读书，但读书是学问的一个重要途径。他通过历史的角度，指出书籍是人类文化学术的宝库和记程碑，是我们获取前人智慧和经验的重要媒介。同时，朱光潜也指出了读书的两大流弊：不专精和迷方向。他批评了当代青年学者在读书时贪多不精、泛览不深入的现象，并强调了读书应求精深而非泛泛。朱光潜还提出了读书的"分类"和"博学守约"的观点。他认为，读书应分为获得常识和做专门学问两类，并强调了常识对于现代公民和专门学者的重要性。他反对过度专业化的倾向，认为"博"是"专"的前提和基础，只有在广博的基础上才能有所专攻。文中还描述了凭兴趣读书的"游击式"或"蜜蜂采蜜式"方法，这种方法虽然能使读书成为乐事，并可能培养出不平凡的思路与胸襟，但也可能导致知识泛滥而缺乏系统性和深度。

朱光潜也提出了以中心为核心的有计划的读书方式。这种方法要求读者根据自己的兴趣和研究目标，选择一个科目或问题作为中心，围绕这个中心精选书籍，进行系统的学习和研究。他还强调了精读的重要性，并提出了"一书作几遍看，每一遍只着重某一方面"的方法。他还提到了记笔记和做卡片的方法，这些方法可以帮助读者有效地储存和管理知识，增强思想的条理化和系统化。

朱光潜在文中深刻阐述了读书的艺术，强调了系统学习与深度思考的重要性，并提倡以兴趣为导向的同时，不忘系统性和深度。他鼓励我们精读、笔记，构建完整知识体系，以实现学术与个人成长。

［选评］

［1］现代·朱自清《谈美》："孟实先生（朱光潜的字）的引读者由艺术走入人生，又将人生纳入艺术之中。这种'宏远的眼界和豁达的胸襟'，值得学者深思。"

［2］现代·叶圣陶《我与文学及其他》："给理论作详悉的疏解，得有深入的学力；把语言说得亲切有味，有见地而不是成见，有取舍而不流于固执，得有开阔的襟怀。孟实先生这些文字是深入的学力跟开阔的襟怀交织而成的。"

［3］当代·潘新和《语文：回望与沉思》："他（朱光潜）是我国现代文学、写作教育的奠基人，是最杰出的语文教育理论家（不是之一）。"

［作业］

［1］文中强调了读书的重要性和对知识的追求。在科技快速发展的今天，你的

阅读习惯和方式发生了哪些变化？这些变化是否削弱了人们对深度阅读和知识理解的追求？应如何保持对书籍的热爱和深度阅读的习惯？

[2] 文中体现了对人文精神的追求和重视。在人工智能时代，人文精神是否受到冲击？大学生应如何在学习人工智能技术的同时，保持对人文精神的关注和传承？

论书籍(节选)

蒙　田

[题解]

米歇尔·德·蒙田(Michel de Montaigne,1533—1592),法国文艺复兴时期的重要思想家、作家及怀疑论者,以《随笔集》(Essais)三卷留名后世,被誉为写随笔的巨匠。

蒙田出生于法国南部佩里戈尔地区的蒙田城堡,父亲是一位拥有贵族头衔的商人,母亲则是西班牙人的后裔。蒙田从小便接受了良好的教育,三岁起学习拉丁语,并在六岁前寄养在农村家庭,由只说拉丁语的教师教导,因此以拉丁文为母语。他在吉耶讷学院学习希腊文、法文、修辞术,并以流利的拉丁语在拉丁剧中担任主角。之后,他前往图卢兹学习法律,并在21岁时在佩里格一家法院任推事。

蒙田的职业生涯丰富多彩,他曾在波尔多最高法院任职,并结识了挚友博埃蒂。1562年,他在巴黎最高法院宣誓效忠天主教,其后还曾两度担任波尔多市市长。然而,仕途并非一帆风顺,蒙田曾两度晋谒巴黎王宫,并陪同亨利二世国王巡视,但并未能实现其政治抱负。1571年,蒙田退居蒙田堡,潜心写作,直至去世。

在人生经历方面,蒙田经历了父亲去世、子女夭折等变故,但他始终保持着对人生的敏锐观察和深刻思考。这些经历也深刻影响了他的思想和创作。

蒙田的文学成就主要体现在他的《随笔集》上。这部作品以其丰富的思想内涵和独特的文学风格而闻名于世。蒙田的随笔涉及广泛的主题,包括日常生活、传统习俗、人生哲理等。他以智者的眼光考察大千世界的众生相,反思探索人与人生,肯定人的价值和欲望,批判教会和封建制度。他的文字质朴简约,思想深邃透彻,被誉为"思想的宝库"。

在思想贡献方面,蒙田是一位坚定的怀疑论者。他对当时社会的各种观念和信仰都持怀疑态度,认为只有通过不断的思考和探索才能找到真理。他的怀疑论思想对后世产生了深远的影响,推动了人类思想的进步和发展。

我毫不怀疑,我经常谈到的一些问题,由专家来谈会谈得更好、更实在。本文纯然是我凭天性而不是凭学问而写成的,谁发觉我信口雌黄,我也不以为意;我的论点不是写给别人看的,而是写给自己看的;而我也不见得对自己的论点感到满意。谁要在此得到什么学问,那就要看鱼会不会上钩。做学问不是我的擅长。本文内都是我的奇谈怪论,我并不企图让人凭这些来认识事物,而是认识我:这些事物或许有一天会让我真正认识,也可能我以前认识过,但是当命运使我有幸接触它们的真面目时,我已记不得了。

我这人博览群书,但是阅后即忘。

所以我什么都不能保证,除了说明在此时此刻我有些什么认识。不要期望从我谈的事物中,而要从我谈事物的方式中去得到些什么。

比如说,看我的引证是否选用得当,是否说明我的意图。因为,有时由于拙于辞令,有时由于思路不清,我无法适当表达意思时就援引其他人的话了。我对引证不以数计,而以质胜。如果我以数计的话,我的引证还会多出两倍。这些引证除了极少数以外都出自古代名家,不用我介绍也当为大家所熟识。鉴于要把这些说理和新观念用于自己的文章内,跟我的说理和观念交织一起,我偶尔有意隐去被引用作者的名字,目的是要那些动辄训人的批评家不要太鲁莽,他们见到文章就攻击,特别是那些还在世的年轻作家的文章,他们像个庸人招来众人的非议,也同样像个庸人要去驳倒别人的观念和想法。我要他们错把普鲁塔克当作我来嘲笑,骂我骂到了塞涅卡身上而丢人现眼。我要把自己的弱点隐藏在这些大人物身上。

我喜欢有人知道如何在我的身上拔毛,我的意思是他会用明晰的判断力去辨别文章的力量和美。因为我缺乏记忆力,无法弄清每句话的出处而加以归类,然而我知道我的能力有限,十分清楚我的土地上开不出我发现播种在那里的绚丽花朵,自己的果园的果子也永远比不上那里的甜美。

如果我词不达意,如果我的文章虚妄矫饰,我自己没能感到或者经人指出后仍没能感到,我对这些是负有责任的。因为有些错误往往逃过我们的眼睛,但是在别人向我们指出错误后仍不能正视,这就是判断上的弊病了。学问和真理可以不与判断力一起并存在我们身上,判断力也可以不与学问和真理并存在我们身上。甚至可以说,承认自己无知,我认为是说明自己具有判断力的最磊落、最可靠的明证之一。

我安排自己的论点也是随心所欲没有章法的。随着联翩浮想堆砌而成;这些想法有时蜂拥而来,有时顺序渐进。我愿意走正常自然的步伐,尽管有点凌乱。我当时如何心情也就如何去写。所以这些情况是不容忽视的,不然在谈论时就会信口开河和不着边际。

我当然愿意对事物有一番全面的了解,但是我付不起这样昂贵的代价。我的目的是悠闲地而不是辛劳地度过余生。没有一样东西我愿意为它呕心沥血,即使做学问也不愿意,不论做学问是一桩多么光荣的事。我在书籍中寻找的也是一个岁月优游的乐趣。我若搞研究,寻找的也只是如何认识自己,如何享受人生,如何从容离世的学问:

这是我这匹淌汗的马应该朝之奔跑的目标。

——普罗佩提乌斯

阅读时遇到什么困难,我也不为它们绞尽脑汁;经过一次或两次的思考,得不到解答也就不了了之。

如果我不罢休,我会浪费我的精力和时间,因为我是冲动型的人物,一思不得其解,再思反而更加糊涂。我不是高高兴兴地就做不成事情,苦心孤诣、孜孜以求反而使我的判断不清半途而废。我的视觉模糊了,迷茫了。我必须收回视线再度对准焦点,犹如观察红布的颜色,目光必须先放在红布上面,上下左右转动,眼睛眨上好几次才能看准。

如果这本书看烦了,我丢下换上另一本,只是在无所事事而开始感到无聊的时候再来阅读。我很少阅读现代人的作品,因为我觉得古代人的作品更丰富更严峻;我也不阅读希腊人的作品,因为我对希腊文一知半解,理解不深,无从运用我的判断力。

在那些纯然是消闲的书籍中,我觉得现代人薄伽丘的《十日谈》、拉伯雷的作品,以及让·塞贡的《吻》(若可把他们归在这类的话),可以令人玩味不已。至于《高卢的阿马迪斯》和此类著作,我就是在童年也引不起兴趣。我还要不揣冒昧地说,我这颗老朽沉重的心,不但不会为亚里士多德也不会为善良的奥维德颤抖,奥维德的流畅笔法和诡谲故事从前使我入迷,如今很难叫我留恋。

我对一切事物,包括超过我的理解和不属于我涉猎范围的事物自由地表达我的意思。当我有所表示,并不是指事物本身如何,而是指本人见解如何。当我对柏拉图的《阿克西奥切斯》一书感到讨厌,认为对这样一位作家来说是一部苍白无力的作品,我也不认为我的见解必然正确,从前的人对这部作品推崇备至,我也不会蠢得去冒犯古代圣贤的评论,不如随声附和才会心安理得。我只得责怪自己的看法,否定自己的看法,只是停留在表面没法窥其奥秘,或是没有从正确角度去看待。只要不是颠三倒四、语无伦次也就不计其他了;看清了自己的弱点也直认不讳。对观念以及观念表现的现象,想到了就给予恰如其分的阐述,但是这些现象是不明显的和不完整的。伊索的大部分寓言包含几层意义和几种理解。认为寓言包含一种隐喻的人,总是选择最符合寓言的一面来进行解释;但是在大多数情况下,这只是寓言的最肤浅的表面;还有其他更生动、更主要和更内在的部分,他们不知道深入挖掘;而我做的正是这个工作。

但是沿着我的思路往下说,我一直觉得在诗歌方面,维吉尔、卢克莱修、卡图鲁斯和贺拉斯远远在众人之上;尤其维吉尔的《乔琪克》(《农事诗》),我认为是完美无缺的诗歌作品,把《乔琪克》与《埃涅阿斯记》比较很容易看出,维吉尔若有时间,可以对《埃涅阿斯记》某些章节进行精心梳理。《埃涅阿斯记》的第五卷我认为写得最成功。

卢卡努的著作也常使我爱不释手,不在于他的文笔,而在于他本身价值和评论中肯。至于好手泰伦提乌斯——他的拉丁语写得妩媚典雅——我觉得最宜于表现心灵活动和我们的风俗人情,看到我们日常的行为,时时叫我回想起他。他的书我久读不厌,也每次发现新的典雅和美。

稍后于维吉尔时代的人,抱怨说不能把维吉尔和卢克莱修相提并论。我同意这样的比较是不恰当的;但是当我读到卢克莱修最美的篇章时,不由也产生这样的想法。如果他们对这样的比较表示生气,那么现在有的人把他和亚里多德作不伦不类的比较,更不知对这些人的愚蠢看法说些什么呢?亚里士多德本人又会说什么呢?

哦！这个没有判断力、没有情趣的时代。

————卡图鲁斯

我认为把普劳图斯跟泰伦提乌斯（他很有贵族气）比较，比把卢克莱修跟维吉尔比较，更叫古人感到不平。罗马雄辩术之父西塞罗常把泰伦提乌斯挂在嘴上，说他当今独步，而罗马诗人的第一法官贺拉斯对他的朋友大加赞扬，这些促成泰伦提乌斯声名远播，受人重视。

在我们这个时代那些写喜剧的人（意大利人在这方面得心应手），抄袭泰伦提乌斯或普劳图斯剧本的三四段话就自成一个本子，经常叫我惊讶不已。他们把薄伽丘的五六个故事堆砌在一部剧本内。他们把那么多的情节组在一起，说明对自己的本子的本身价值没有信心；他们必须依靠情节来支撑。他们自己搜索枯肠，已找不出东西使我们看得入迷，至少要使我们看得有趣。这跟我说的作者泰伦提乌斯大异其趣。他的写法完美无缺，使我们不计较其内容是什么，我们自始至终被他优美动人的语言吸引；他又自始至终说得那么动听。

清澈见底如一条纯洁的大河。

————贺拉斯

我们整个心灵被语言的美陶醉，竟至忘了故事的美。

沿了这条思路我想得更远了：我看到古代杰出诗人毫不矫揉造作，不但没有西班牙人和彼特拉克信徒的那种夸大其词，也没有以后几世纪诗歌中篇篇都有的绵里藏针的刻薄话。好的评论家没有一位在这方面对古人有任何指摘。对卡图鲁斯的清真自然、隽永明丽的短诗无比欣赏，远远超过马提雅尔每首诗后的辛辣词句。出于我在上面说的同样理由，马提雅尔也这样说到自己："他不用花许多工夫；故事代替了才情。"前一类人不动声色，也不故作姿态，写出令人感动的作品，他们信手拈来都是笑料，不必要勉强自己挠痒痒。后一类人则需要添枝加叶，他们愈少才情，愈需要情节。他们骑在马上，因为他们的两腿不够有力。就像在我们的舞会上，舞艺差的教师，他们表达不出贵族的气派和典雅，就用危险的跳跃，像船夫摇摇晃晃的怪动作来引人注目。对于妇女来说也是这样，有的舞蹈身子乱颤乱动，而有的典礼性舞蹈只是轻步慢移，自然舒展，保持日常本色,前者的体态要求比后者容易得多。我也看过出色的演员穿了日常服装,保持平时姿态,全凭才能使我们得到完全的艺术享受;而那些没有达到高超修养的新手,必须脸孔抹上厚厚的粉墨,穿了奇装异服,摇头晃脑扮鬼脸,才能引人发笑。

我的这些看法在其他方面,在《埃涅阿斯记》和《愤怒的罗兰》(《疯狂的奥兰多》)的比较中,更可以得到证实。《埃涅阿斯记》展翅翱翔,稳实从容,直向一个目标飞去。而《愤怒的罗兰》内容复杂,从一件事说到另一件事,像小鸟在枝头上飞飞停停,它的翅膀只能承受短途的飞行,一段路后就要歇息,只怕乏力喘不过气来。

它只敢飞飞停停。

——维吉尔

在这类题材中,以上那些作家是我喜欢的作家。

还有另一类题材,内容有趣还有益。我在阅读中可以陶冶性情;使我获益最多的是普鲁塔克(自从他被介绍到法国以后)和塞涅卡的作品。他们两人皆有这个共同特点,很合我的脾性,我在他们书中追求的知识都是分成小段议论,就像普鲁塔克的《短文集》和塞涅卡的《道德书简》,不需要花长时间阅读(花长时间我是做不到的)。《道德书简》是塞涅卡写得最好的篇章,也是最有益的。不需要正襟危坐阅读,也随时可以放下,因为每篇之间并不连贯。这些作家在处世哲学上大部分是一致的;他们的命运也相似,出生在同一个世纪,两人都做过罗马皇帝的师傅,都出生国外和有钱有势。他们的学说是哲学的精华,写得简单明白。普鲁塔克前后一致,平稳沉着。塞涅卡心情大起大落,兴趣广泛。塞涅卡不苟言笑,提高道德去克服懦弱、畏惧心理和不良欲望;普鲁塔克好像并不把这些缺点看得那么在意,不愿郑重其事地加以防范。普鲁塔克追随柏拉图的学说,温和,适合社会生活;塞涅卡采用斯多葛和伊壁鸠鲁的观点,不切合生活实际,但是依我的看法,更适合个人修养,也更严峻。塞涅卡好像更屈从于他这个时代的那些皇帝的暴政,因为我敢肯定他谴责谋杀凯撒的壮士的事业,是在压力下做的;普鲁塔克一身无拘束。塞涅卡的文章冷嘲热讽,辛辣无比;普鲁塔克的文章言之有物。塞涅卡叫你读了热血沸腾,心潮澎湃，普鲁塔克使你心旷神怡，必有所得。前者给你开路，后者给你指引。

至于西塞罗对我的目标有帮助的，是那些以伦理哲学为主的作品。但是，恕我直言（既然已经越过礼仪界限，也就不必顾忌了），他的写作方法令我厌烦，千篇一律。因为序跋、定义、分类、词源占据了他的大部分作品。生动的精华部分都淹没在冗词滥调中。若花一个小时阅读——这对我已很长——再回想从中得到什么切实有益的东西，大部分时间是一片空白。因为他还没有触及对我有用的论点，解答使我关心的问题。我只要求做人明智，而不是博学雄辩，这些逻辑学和亚里士多德哲学的药方对我毫无用处，我要求作者一开始先谈结论，我已经听够了死亡和肉欲，不需要他们条分缕析，津津乐道。我需要他们提供坚实有力的理由，指导我事情发生时如何正视和应付。解决问题的不是微妙的语法，四平八稳的修辞文采；我要求他们的文章开门见山，而西塞罗的文章拐弯抹角，令人生厌。这类文章适宜教学、诉讼和说教，那时我们有时间打瞌睡，一刻钟以后还可以接上话头。对于不论有理无理你要争取说服的法官，对于必须说透才能明白道理的孩子和凡夫俗子，才需要这样说话。我不要人家拼命引起我的注意，像我们的传令官似的五十次对着我喊：嗨，听着！罗马人在祭礼中喊："注意啦！"而我们喊"鼓起勇气"，对我来说这是废话。我既来了则早有准备，就不需要引动食欲或添油加醋：生肉我也可以吞下去；这些虚文浮礼的作用适得其反，不但提不起反而败坏了我的胃口。

我认为柏拉图的《对话录》拖沓冗长，反使内容不显；柏拉图这样一个人，有许多更有益的话可以说，却花时间去写那些无谓的、不着边际的长篇大论，叫我感到遗憾。我这样大胆亵渎不知是否会得到时尚的宽恕？我对他的美文无法欣赏，原因也在于我的无知。

我一般要求的是用学问作为内容的书籍，不是用学问作为点缀的书籍。

我最爱读的两部书，还有大普林尼和类似的著作，都是没有什么"注意啦"的。这些书是写给心中有数的人看的，或者，就是有"注意啦"，也是言之有物，可以独立成篇。

我也喜读西塞罗的《给阿提库斯的信札》，这部书不但包括他那个时代的丰富史实,还更多地记述他的个人脾性。因为,如我在其他地方说过,我对作家的灵魂和天真的判断,历来十分好奇。通过他们传世的著作,他们在人间舞台上的表现,我们可以了解他们的作为,但是不能洞悉他们的生活习惯和为人。

我不止千百次地遗憾,布鲁图论述美德的那本书已经失传:因为从行动家那里学习理论是很有意思的。但是说教与说教者是两回事,我既喜欢在普鲁塔克写的书里,也喜欢在布鲁图写的书里去看布鲁图。我要知道布鲁图在阵前对士兵的讲话,然而更愿详细知道他大战前在营帐里对知心朋友的谈话,我要知道他在论坛和议院里的发言,更愿知道他在书房和卧室里的谈话。

至于西塞罗,我同意大家的看法,除了他学问渊博外,他的灵魂并不高尚。他是个好公民,天性随和,像他那么一个爱开玩笑的胖子,大凡都是这样。但是说实在的,他这个人贪图享受,野心虚荣;他敢于把他的诗公之于众,这是我无论如何不能原谅的;写诗拙劣算不得是一个大缺陷,但是他居然如此缺乏判断力,毫不觉察这些劣诗对他的英名有多大的损害。

至于他的辩才,那是举世无双的;我相信今后也没有人可以跟他匹敌。小西塞罗只有名字和父亲相像。他当亚细亚总司令时,一天他看到他的桌上有好几个陌生人,其中有塞斯蒂厄斯,坐在下席,那时大户人家设宴,常有人潜入坐上那个位子,小西塞罗问他的仆人这人是谁,仆人把名字告诉了他。但是小西塞罗像个心不在焉的人,忘了人家回答他的话,后来又问了两三回;那名仆人,把同样的话说上好几遍感到烦了,特别提到一件事让他好好记住那个人,他说:"他就是人家跟您说过的塞斯蒂厄斯,他认为令尊的辩才跟他相比算不了什么。"小西塞罗听了勃然大怒,下令把可怜的塞斯蒂厄斯逮住,当众痛殴了一顿,真是一个不懂礼节的主人。

就是那些认为他的辩才盖世无双的人中间,也有人不忘指出他的演说辞中的错误;像他的朋友伟大的布鲁图说的,这是"残缺不齐的"辩才。跟他同一世纪的演说家也指出,他令人费解地在每个段落末了使用长句子,还不厌其烦地频频使用这些字:"好像是"。

我喜欢句子节拍稍快,长短交替,抑扬有效。他偶尔也把音节重新随意组合,但是不多。我身边响起这个句子:"对我来说,我宁愿老了不久留而不愿意未老先衰。"

历史学家的作品我读来更加顺心;他们叙述有趣,深思熟虑,一般来说,我要了解的人物,在历史书中比在其他地方表现得更生动、更为完整,他们的性格思想粗勒细勾,各具形状;面对威胁和意外时,内心活动复杂多变。研究事件的缘由更重于研究事件的发展,着意内心更多于着意外因的传记历史学家,最符合我的兴趣,这说明为什么普鲁塔克从各方面来说是我心目中的历史学家。

我很遗憾我们没有十来个戴奥吉尼兹·莱蒂厄斯这类人物,或者他这类人物没有被更多的人接受和了解。因为我对这些人世贤哲的命运和生活感兴趣,不亚于对他们形形色色的学说和思想。

研究这类历史时,应该不加区别地翻阅各种作品,古代的,现代的,文学拙劣的,语言纯正的,都要读,从中获得作者从各种角度对待的史实。但是我觉得尤其值得我们深入研究的是凯撒,不但从历史科学来说,就是从他这个人物来说,也是一个完美的典型,超出其他人之上,包括萨卢斯特在内。

当然,我阅读凯撒时,比阅读一般人的著作怀着更多的敬意和钦慕,有时对他的行动和彪炳千古的奇迹,有时对他纯洁优美、无与伦比的文笔肃然起敬。如西塞罗说的,不但其他所有历史学家,可能还包括西塞罗本人,也难出其右。凯撒谈到他的敌人时所作的评论诚恳之极;若有什么可以批评的话,那是他除了对自己的罪恶事业和见不得人的野心文过饰非以外,就是对自己本身也讳莫如深。因为,他若只做了我们在他的书上读到的那点事情,他就不可能完成那么多的重大事件。我喜欢的历史学家,要不是非常淳朴,就是非常杰出。纯朴的历史学家决不会掺入自己的观点,只会细心把搜集的资料罗列汇总,既不选择,也不剔除,实心实意一切照收,全凭我们对事物的真相作全面的判断。这样的历史学家有善良的让·弗尔瓦萨尔,他写史时态度诚恳纯真,哪一条史料失实,只要有人指出,他毫不在乎承认和更正。他甚至把形形色色的流言蜚语,道听途说也照录不误。这是赤裸裸、不成型的历史材料,每人可以根据自己的领会各取所需。

杰出的历史学家有能力选择值得知道的事,从两份史料中辨别哪一份更为真实,从亲王所处的地位和他们的脾性,对他们的意图作出结论,并让他们说出适当的话。他们完全有理由要我们接受他们的看法,但是这只是极少数历史学家才享有的权威。在这两类历史学家之间还有人(那样的人占多数)只会给我们误事;他们什么都要给我们包办代替,他们擅自订立评论的原则,从而要历史去迁就自己的想象;因为自从评论向一边倾斜,后人叙述这段历史事实时,不可避免地受到影响。他们企图选择应该知道的事物,经常隐瞒更说明问题的某句话、某件私事;把自己不理解的事作为怪事删除,把自己无法用流畅的拉丁语或法语表达的东西也尽可能抹掉。他们尽可以大胆施展自己的雄辩和文才,他们尽可以妄下断言,但是他们也要给我们留下一些未经删节和窜改的东西,容许我们在他们之后加以评论;也就是说他们要原封不动地保留历史事实。

尤其在这几个世纪,经常是一些平庸之辈,仅仅是会舞文弄墨而被选中编写历史,仿佛我们从历史中要学的是写文章!他们也有道理,既然他们是为这件事而被雇用的,出卖的是他们的嘴皮子,主要也操心在那个方面了。所以他们在城市的十字路口听来的流言蜚语,用几句漂亮的话就可以串联成一篇美文。

好的历史书都是那些亲身指挥,或者亲身参加指挥,或者亲身参加过类似事件的人编写的。这样的历史书几乎都出自希腊人和罗马人之手。因为许多目击者编写同一个题材(就像现时代不乏有气魄有才华的人),若有失实也不会太严重,或者本来就是一件疑案。

由医生来处理战争或由小学生议论各国亲王的图谋,会叫人学到什么东西呢?

若要了解罗马人对这点如何一丝不苟,只需举出这个例子:阿西尼厄斯·波利奥发现凯撒写的历史中有些地方失实,失实的原因是凯撒不可能对自己军队的各方面都亲自过问,对记下未经核实的报告偏听偏信,或者在他外出时副官代办的事没有向他充分汇报。

从这个例子可以看出,了解真相需要慎之又慎,打听一场战斗的实况,既不能单靠指挥将士提供的信息,也不能向士兵询问发生的一切;只有按照法庭的审讯,比较证人提供的证词,要求事件的每个细节都有物证为凭。说实在的,我们对自己的事也有了解不扎实的。这点让·博丁讲得很透彻,皆与我不谋而合。

不止一次,我拿起一部书,满以为是我还未曾阅读的新版书,其实我几年以前已经仔细读过,还写满了注释和心得;为了弥补记错和健忘,最近以来又恢复了老习惯,在一部书后面(我指的是我只阅读过一次的书籍)写上阅读完毕的日期和我的一般评论,至少让我回忆得起阅读时对作者的大致想法和印象。我愿在此转述其中一些注释。

下面是我十年前在我的圭查尔迪尼的一部书内的注释(我读的书不论用什么语言写成的,我总是用自己的语言写注释):

他是一位勤奋的历史学家;依我看来,他的著作内提供他那个时代的历史真实性,是其他人不能比拟的,因为在大多数情况下,他自己就是身居前列的参与者。从表面上也看不出,他会由于仇恨、偏心或虚荣而窜改事实,他对一时的风云人物,尤其对那些提拔他和重用他的人,如克莱门特七世教皇,所作的自由评论都是可信的。他好像最愿意显山露水的部分,那是他的借题发挥和评论,其中有精彩的好文章,但是他过分耽迷于此;又因为他不愿留下什么不说,资料又那么丰富,几乎取之不尽,用之不竭,他就变得罗里啰唆,有点像多嘴的学究。我还注意到这一点,他对那么多人和事、对那么多动机和意图的评论,没有一字提到美德、宗教和良心,仿佛在世界上这些是不存在的;对于一切行动,不论外表上如何高尚,他都把原因归之于私利和恶心恶意。他评论了数不清的行动,居然没有一项行动是出于理性的道路,这是令人无法想象的。不能说普天下人人坏心坏眼,没有一个人可以洁身自好;这叫我怀疑他自己心术不正,也可能是以己之心在度他人之腹。

在菲利普·德·科明的书中,我是这样写的:

语言清丽流畅,自然稚拙;叙述朴实,作者的赤诚之心油然可见,谈到自己不尚虚华,谈到别人不偏执不嫉妒。他的演说与劝导充满激情与真诚,绝不自我陶醉,严肃庄重,显出作者是一位出自名门和有阅历的人物。

对杜·贝莱两兄弟撰写的《回忆录》写过这样的话:

阅读亲身经历者撰写的所见所闻,总是一件快事。但是不容否认的是在这两位贵族身上,缺乏古人如让·德·儒安维尔(圣路易王的侍从)、艾因哈德(查理曼大帝的枢密大臣)以及近代菲利普·德·科明,撰写同类书籍时表现得坦诚和自由。这不像是一部历史书,而是一篇弗朗索瓦一世反对查理五世皇帝的辩护词。我不愿相信他们对重要事实有什么窜改,但是经常毫无理由地偏护我们,回避对事件的评论,也删除他们的主子生活中的棘手问题。比如忘记提到德·蒙莫朗西和德·布里翁的失宠;对埃斯唐普夫人一字不提。秘事可以掩盖,但是人所共知的事,尤其这些事对公众生活产生这样大的后果,忌口不谈是不可饶恕的缺点。总之,要对弗朗索瓦一世和他的时代发生的事有一个全面的了解,不妨听我的话到其他地方去找。这部书的长处是对这些大人物亲身经历的战役和战功有特殊看法,还记载他们这个时代某些亲王私下的谈话和轶事,朗杰领主纪尧姆·杜·贝莱主持下的交易和谈判,这里面有许多事值得一读,文章也写得不俗。

(节选自《蒙田随笔全集》(全三卷),译林出版社,1999年版。略有改动。)

[赏析]

蒙田的随笔风格质朴简约,语言生动自然,没有过多的修饰和雕琢。在《论书籍》中,他以一种亲切、随意的口吻与读者交流,仿佛是在与朋友闲谈。这种风格使得读者能够轻松地进入文本,与作者产生共鸣。同时,蒙田善于运用比喻、对比等修辞手法,使得文章更加生动有趣。

在《论书籍》中,蒙田主要探讨了书籍、阅读以及自我认知这三个主题。他首先表达了自己对书籍的看法,认为书籍是认识自己和世界的工具。然而,他并不迷信书籍,而是强调阅读过程中的独立思考和判断。他提到自己虽然博览群书,但阅后即忘,因此不能保证自己的知识确切无误。这种对知识的谦逊态度和对自我认知的深刻反思,体现了蒙田作为人文主义作家的独特思想。

在谈到阅读时,蒙田强调了阅读的愉悦性和消遣性。他认为阅读应该是一种高雅的消遣方式,而不是一种沉重的负担。他不喜欢为阅读过程中的困难而绞尽脑汁,而是喜欢在阅读中寻求快乐和放松。这种对阅读的轻松态度,使得蒙田的阅读体验更加自由和愉悦。

在自我认知方面,蒙田认为阅读书籍是认识自己的一种方式。他通过引用古代名家的观点和思想,与自己的观点和经历相结合,从而更深入地认识自己。他承认自己的无知和缺陷,但并不因此而感到沮丧或自卑,而是以一种开放和包容的态度去面对它们。这种对自我认知的深刻反思和接纳,体现了蒙田作为人文主义作家的独特魅力。

《论书籍》不仅是一篇关于书籍和阅读的随笔,更是一篇关于人生哲学和自我认知的深刻探讨。蒙田在文章中表达了对人生的看法和对自我价值的思考。他认为人生应该是一种轻松愉悦的体验,而不是一种沉重的负担。他强调个人的独立思考和判断能力的重要性,认为只有通过不断地思考和探索才能找到真理和智慧。

[选评]

[1] 美·爱默生《随笔集》:"剖开这些字,会有血流出来;那是有血管的活体。"

[2] 德·尼采:"世人对生活的热情,由于这样一个人的写作而大大提高了。"

[3] 法·孟德斯鸠:"在大多数作品中,我看到了写书的人;而在这一本书中,我却看到了一个思想者。"

[作业]

[1]《论书籍》中如何看待书籍与阅读的价值?这对你的阅读习惯有何启示?

[2] 蒙田认为阅读应追求何种目的?这与你追求的阅读目的有何异同?

[3]《论书籍》中提到的"书籍的局限性"对你的启示是什么?

专题八 鉴古知今

中华文明源远流长，历久弥新，从未中断。在历史的长河中，中华文明积淀熔铸成了自身独具的历史特质。历史作为中国文化的基础，是理解中国社会发展的必由途径，也是承载民族记忆和民族精神的重要桥梁。回望历史，不仅是为了守本根，也是为了知去向，要在把握历史主轴中鉴古知今，汲取历史发展经验，继承和弘扬中华文化。

历史是一面镜子，《旧唐书·魏徵传》云："夫以铜为镜，可以正衣冠；以史为镜，可以知兴替；以人为镜，可以明得失。"龚自珍《尊史》提出"出乎史，入乎道，欲知大道，必先为史"的观点，认为要掌握社会发展的"大道"，必须研究蕴含社会发展规律的历史，特别是治国安邦的经验和教训。梁启超《中国历史研究法》指出："史何者？记述人类社会赓续活动之体相，校其总成绩，求得因果关系，以为现代一般人活动之资鉴者也。其专述中国先民之活动，供现代中国国民之资鉴者。"通过研究历史我们还可以从过去的经验中汲取教训，洞悉未来社会的发展和演变，为当下和未来的决策提供指导。

先秦时期的作品《召公谏厉王弭谤》指出"防民之口，甚于防川"；李斯《谏逐客书》以文论述秦国国君驱逐客卿的失误，以劝谏秦王收回成命；《吕氏春秋·察今》强调因时变法的重要性，指出古今时世不同，制定法令应明察当前的形势，不应该死守故法；晁错《论贵粟疏》为汉文帝谋划长治久安之道，全面论述了"贵粟"的重要性，阐述了重农贵粟的中心思想；魏徵《谏太宗十思疏》劝谏唐太宗在国泰民安之时，仍需居安思危，戒奢以俭，积其德义；杜牧《阿房宫赋》借秦建阿房宫为题材，针对当时唐代内忧外患的现实，提出历史教训；欧阳修《五代史伶官传序》把"庄宗之所以得天下，与其所以失之者"作为教训，说明"忧劳可以兴国，逸豫可以亡身"和"祸患常积于忽微，而智勇多困于所溺"的结论，告诫当时北宋王朝执政者要吸取历史教训，居安思危，防微杜渐，力戒骄侈纵欲；王安石《浪淘沙令·伊吕两衰翁》歌咏了伊尹和吕尚两人"历遍穷通"的人生经历以及他们名垂千载的历史功绩；龚自珍《尊史》提出"出乎史，入乎道，欲知大道，必先为史"的观点；余秋雨《都江堰》展示了都江堰的壮丽景观，展现了人与自然和谐共生的理念和对古代治水智慧的敬仰；等等。以上这些历史经验和历史教训，至今仍有非常重要的启示意义。

召公谏厉王弭谤

《国语》

[题解]

《召公谏厉王弭谤》出自《国语·周语上》。《国语》是分载周、鲁、齐、晋、郑、楚、吴、越八国史事的一部历史著作。司马迁《报任少卿书》曾说"左丘失明,厥有《国语》",因此后人认为这和《左传》一样都是左丘明的作品。现在一般认为这是战国初期的著作。《国语》和《左传》的记载,涉及同一个时代,有人认为两书出于一人之手;但是内容不但详略互异,有时也有矛盾,所以两书可能没有连带的关系,《国语》文章写得比较朴素、简括。

《召公谏厉王弭谤》记载了召穆公劝诫周厉王在治国中要善于纳谏的主张。周厉王使用卫巫监谤,残民以逞,杀死持反对意见者,国人"道路以目",人人自危。召公提出的"防民之口,甚于防川",形象生动,很有见地。

厉王[1]虐,国人谤王。召公[2]告王曰:"民不堪命[3]矣!"王怒,得卫巫[4],使监谤者,以告,则杀之[5]。国人莫敢言,道路以目[6]。

王喜,告召公曰:"吾能弭谤[7]矣,乃不敢言!"

召公曰:"是障之也[8]。防民之口,甚于防川。川壅而溃,伤人必多[9];民亦如之。是故为川者决之使导[10],为民者宣之使言[11]。故天子听政,使公卿至于列士献诗[12],瞽献曲[13],史献书[14],师箴[15],瞍赋[16],矇诵[17],百工[18]谏,庶人传语[19]。近臣尽规[20],亲戚补察[21],瞽、史教诲[22],耆、艾修之[23],而后王斟酌焉。是以事行而不悖[24]。民之有口也,犹土之有山川也,财用于是乎出[25]。犹其有原隰衍沃也,衣食于是乎生[26]。口之宣言也,善败于是乎兴[27]。行善而备败[28],其所以阜财用衣食者也[29]。夫民虑之于心而宣之于口,成而行之,胡可壅也[30]?若壅其口,其与能几何[31]?"

王不听。于是国[32]莫敢出言,三年乃流王于彘[33]。

[注释]

[1] 厉王:周厉王,名胡,夷王之子。公元前878年即位,在位三十七年,被放逐于彘。

[2] 召:一作"邵"。召公,即邵穆公,名虎,周之卿士。

[3] 命:指周厉王暴虐的政令。这句话大意是说,人民受不了厉王的虐政。

[4] 卫巫:卫国的巫者。

[5] "以告"两句:只要卫巫报告,厉王就把被告发的人杀掉。

[6] 道路以目:人们相遇于道路,只是彼此用眼睛看看而已。意即敢怒不敢言。

[7] 弭(mǐ)谤:消除谤言。

[8] 障:防水堤,在此作动词用。这句意思是说,这样做不过是勉强堵住人民的口罢了。

[9] "川壅而溃"两句:壅,堵塞。此言用堤来障川,则水道壅塞,一旦由壅塞而溃决泛滥,结果伤人必多。

[10] 为川者:治水的人。为,作"治"解,与下文"为民者"的"为"同义。决:排除。导:疏通。

[11] 宣之使言:治民者必宣导人民,使之尽言。宣,作"通"解,有开导之意。

[12] 列士:古代一般官员都称为士,总言之则为列士。献诗:指进献讽谏的诗。

[13] 瞽(gǔ):这里指乐师。无目曰瞽。曲:乐曲。瞽献曲,此言乐师向国王献进乐曲。古代乐官皆由盲者充任,其所献的乐曲,多采自民间,故能反映人民的意见。

[14] 史献书:史官献书于王,作为借鉴。史,史官。书,史籍。

[15] 师:乐师。箴:一种写有劝诫意义的文辞,与后世的格言相近。此言师进箴言于王,以规谏王之得失。

[16] 瞍(sǒu):盲人。无眸子曰瞍。赋:有一定音节腔调的诵读,指赋公卿列士所献的诗。

[17] 矇:也是盲人,有眸子而无所见曰矇。诵:指不配合乐曲的诵读。

[18] 百工:百官。

[19] 庶人传语:庶人即平民。平民是没有机会见到国王的,因此他们把对政事的意见间接地传达给国王知道。

[20] 近臣:王之左右。尽规:尽规谏之责。

[21] 亲戚:指与国王同宗的大臣。补:弥补王之过失。察:监督王之行为。

[22] 瞽(gǔ)、史教诲:乐师、史官用歌曲、传说对王进行教诲。

[23] 耆(qí)、艾修之：六十岁的人叫作耆，五十岁的人叫艾。耆、艾，指国内的元老。修之，就是把瞽、史的教诲加以修饰整理。

[24] 悖(bèi)：违背。事行而不悖，国王的行事因此总不至于违背情理。

[25] 这句话是说，人类的财富、用度都是由山川生产出来的。

[26] "犹其原隰(xí)"两句：其，土地。高爽而平坦的土地叫原，低下而潮湿的土地叫隰，低下而平坦的土地叫衍，有河流可资灌溉的土地叫沃。此言由于土地之有原、隰、衍、沃，人类衣食的资源总从此而生。

[27] "口之宣言也"两句：由于人们用口发表言论，国家政事的好或坏总能体现出来。

[28] 行善而备败：凡是人们认为好的就加以推行，认为坏的就加以防范。

[29] 这句紧承上句，意思是这样总能使衣食财用大大增多。阜，增多。

[30] "成而行之"两句：这两句意思说，人民所发表的言论，是考虑成熟之后，自然流露出来的，怎么能加以堵塞呢？成，成熟。行，有自然流露之意。

[31] 与：作"助"解，这句意思大致是，这有什么帮助呢？

[32] 有的版本"国"下有"人"字。

[33] 这句话是说，过了三年，就把厉王放逐到彘(zhì)去了。彘，晋地，在今山西省霍县境内。公元前842年，厉王被放逐到彘，因此召公谏弭谤之事当在公元前845年。

[赏析]

这是一篇反映古代政治劝诫的文章。文章虽然是君臣之间的对话，但观点明确、立论鲜明。文章以记言为主，以言系事，将记言和记事有机融合在一起。文章紧扣周厉王和民众的关系，交织叙述：一方面是"王虐""王怒""王喜""王不听"，一方面是民众"谤王""莫敢言""流王于彘"。两条线索互为因果，王"虐"引起民"谤"，民"谤"又引起王"怒"，王"怒"实行"弭谤"，由"弭谤"导致民"莫敢言"，民"莫敢言"而王"喜"，由王"喜"而最终被民流放。

文章叙事简明，逻辑严密，起伏照应。首先以周厉王实施"卫巫监谤"为背景，即通过巫师控制民众的言论，压制不满声音，堵塞民言。接着文章以召公谏词为重点进行详细阐释，这也体现出《国语》记言来评述人物的特点。召公劝谏善用譬喻，如将"民之口"比作"川"，"川壅而溃，伤人必多，民亦如之"，说明"防民之口"的危害；又以"山川""原隰衍沃"为比喻，说明广开言路的益处。这样正反相互对照，既生动形象、浅显明白,又具有说服力和生活哲理。文章提出的"防民之口,甚于防川"已经成为千古名句。召公对民众力量和民意的重视,至今仍具有重要的历史价值和启发意义。

从整体上看,文章具有较高的思想性和艺术性。文章要言不烦,结构谨言,人物形象饱满典型,情节紧张有致。全文通过人物对话,寥寥几百字就简洁明快地讲清了事情发生、发展、结束的经过,它们互为因果,前后衔接。文章的开头部分记叙了"王虐民怨"的情况,结尾交代了"厉王止谤"的结果,这两部分都是寥寥数语,写得简略精炼。至于召公的一番谏言,则是文章内容的重点所在,层层深入地展开论述,有忠告、有建议,详细地记述了召公对厉王的劝谏,阐明了防民之口的危害,极尽铺陈之能事,把道理讲得清清楚楚。文章一共四段内容,结构上思路清晰,由近到远,精巧稳健,尤其是第三段的内容层次感较强,文气充沛,文笔酣畅。文章语言朴素、贴切自然,文风严峻冷静,说理透辟,辞约意丰,简练而富有深意,具有较强的说服力,体现了《国语》记言简朴生动、记事高度概括的特点。文章不仅完成了历史记录,以资镜鉴,而且实现了文学叙事的价值。同时,文章中的比喻说理、类比推理、正反推理、排比句式、正意和喻意有机混融等语言技巧和艺术表达方法也值得我们学习和借鉴。

[选评]

[1] 明·张鼎《评选古文正宗》:"闻修德以弭谤,不闻使巫以监谤。至流于彘,适自祸耳。"

[2] 清·金圣叹《天下才子必读书》:"前说民谤不可防,则比之以川;后说民谤必宜敬听,则比之山川原隰,凡作两番比喻。后贤务须逐番细读之,真乃精奇无比之文,不得止作老生常诵习而已。"

[3] 清·林云铭《古文析义》:"厉王虐政之行,谤者非一人,何可尽诛?卫巫岂真能分别谤不谤者?不过借神道设教各色,偶杀一二人以示警耳。'道路以目',不敢言而敢怒也。厉王之喜,盖以民之愚,不能出其彀中,作用如此,可谓痴绝。召公所谏,语语格言,细看当分四段:第一段言止谤有有害;第二段言听政全赖民言,斟酌而行;第三段言民之有言,实人君之利;第四段言民之言,非孟浪而出,皆几经裁度,不但不可壅,实不能壅者。回抱防川之意,融成一片,警健绝伦。世人不察立言层节,辄把此等妙文一气读却,良可惜也。"

[4] 清·吴楚材、吴调侯《古文观止》:"文只是中间一段正讲,前后俱是设喻。前喻防民口有大害,后喻宣民言有大利。妙在将正意、喻意夹和成文,笔意纵横,不可见端倪。"

[作业]

[1] 请结合具体例子,谈谈你是如何理解文章中"防民之口,甚于防川"这句话的?

[2] 这篇文章主要讲了什么事情,给今人有怎样的历史启示?

谏逐客书

李 斯

[题解]

李斯(约前280—前208),战国时楚国上蔡(今属河南)人,秦政治家、文学家。初为郡小吏,后受教于荀子,入秦为吕不韦门客,后受到秦王重用。秦统一六国后,官至丞相,后遭赵高诬陷腰斩于咸阳。李斯曾著有《谏逐客书》和《仓颉篇》等著述。

《谏逐客书》是李斯写给秦王嬴政的一篇奏章。公元前237年,秦国发生了逐客事件:韩国派了水工郑国到秦国修灌溉渠,企图以此来消耗秦国国力,从而使秦国无力攻打韩国,被秦国发觉,于是秦国的元老大臣要求秦王驱逐所有的客卿,秦王接受了他们的意见,下达逐客令。李斯也在将被驱逐的客卿之中,于是写了此文来阐释驱逐客卿的失误,以劝谏秦王收回成命。秦王最后采纳了李斯的建议,取消了逐客令。

臣闻吏议逐客,窃[1]以为过矣!昔缪[2]公求士,西取由余于戎[3],东得百里奚于宛[4],迎蹇叔于宋[5],来丕豹、公孙支于晋[6]。此五子者,不产于秦,而缪公用之,并国二十,遂霸西戎。孝公用商鞅之法,移风易俗,民以殷盛,国以富彊[7],百姓乐用,诸侯亲服,获楚、魏之师,举[8]地千里,至今治彊。惠王用张仪之计,拔三川[9]之地,西并巴、蜀,北收上郡[10],南取汉中,包九夷[11],制鄢、郢[12],东据成皋[13]之险,割膏腴之壤,遂散六国之从[14],使之西面事秦,功施[15]到今。昭王得范雎,废穰侯,逐华阳[16],彊公室,杜私门,蚕食诸侯,使秦成帝业。此四君者,皆以客之功。由此观之,客何负于秦哉!向使四君却客而不内[17],疏士[18]而不用,是使国无富利之实,而秦无彊大之名也。

今陛下致昆山之玉,有随、和[19]之宝,垂明月之珠[20],服太阿[21]之剑,乘纤离[22]之马,建翠凤之旗[23],树灵鼍[24]之鼓。此数宝者,秦不生一焉,而陛下说[25]之,何也?必秦国之所生然后可,则是夜光之璧,不饰朝廷;犀象之器,不为玩好;郑、卫之女,不充后宫;而骏良駃騠[26],不实外厩,江南金锡不为用,西蜀丹青不为采[27]。所以饰后宫,充下陈[28],娱心意,说耳目者,必出于秦然后可;则是宛珠之簪,傅玑之珥[29],阿缟[30]之衣,锦绣之饰,不进于前;而随俗雅化[31],佳冶窈窕,赵女[32]不立于侧也。夫击瓮叩缶[33],弹筝搏髀[34],而歌呼呜呜[35]快耳目者,真秦之声也。郑、卫、桑间,韶、虞、武、象者,异国之乐也。今弃击瓮叩缶而就郑、卫,退弹筝而取韶、虞,若是者何也?快意当前,适观而已矣。今取人则不然。不问可否,不论曲直,非秦者去,为客者逐。然则是所重者在乎色乐珠玉,而所轻者在乎人民也。此非所以跨海内制诸侯之术也。

臣闻地广者粟多,国大者人众,兵强则士勇。是以太山不让[36]土壤,故能成其大;河海不择细流,故能就其深;王者不却众庶,故能明其德。是以地无四方,民无异国,四时充美,鬼神降福,此五帝三王之所以无敌也。今乃弃黔首以资[37]敌国,却宾客以业[38]诸侯,使天下之士,退而不敢西向,裹足不入秦,此所谓"藉寇兵而赍盗粮者"[39]也。夫物不产于秦,可宝者多;士不产于秦,而愿忠者众。今逐客以资敌国,损民以益雠[40],内自虚而外树怨于诸侯[41],求国无危,不可得也。

[注释]

[1] 窃:私下,表示自谦的意思。

[2] 缪:同"穆"。缪公,即秦穆公,是春秋时五霸之一。

[3] 由余:其先晋人,亡入戎,穆公屡次使人设法招致他归秦,以客礼待之。后秦用由余之计,开地千里,遂霸西戎。戎:中国古代西部少数民族的统称。

[4] 百里奚:本虞大夫,晋灭虞,奚被晋国俘去,作为晋献公女儿陪嫁的奴隶入秦。奚从秦国逃走至楚国,被楚国边境的人所执。秦穆公闻其贤,用五张黑羊皮从市井之中换回,并任用为相。宛(yuān):楚地,今河南省南阳市。

[5] 蹇(jiǎn)叔:百里奚对秦穆公说:"臣不及臣友蹇叔,蹇叔贤而世莫知。"于是秦穆公使人厚币迎蹇叔以为上大夫。蹇叔时游宋,故迎之于宋。

[6] 丕豹:丕郑之子,郑被杀,豹自晋奔秦,秦穆公任用为将。公孙支:又名子桑,先游晋,后归秦。

[7] 彊:今"强"字。

[8] 举:攻克,占领。

[9] 三川：本韩地，在今河南黄河以南、灵宝以东的地带。

[10] 上郡：本魏地，在今陕西省榆林。

[11] 包：这里是吞并的意思。九夷：属楚的部落。

[12] 鄢(yān)：本楚地，今湖北省宜城市。郢(yǐng)：楚地，今湖北省江陵县。

[13] 成皋(gāo)：一名虎牢，是著名军事要塞，在今河南省荥阳境内。

[14] 六国：韩、魏、燕、赵、齐、楚。从：同"纵"，合纵，东方六国结成联合战线以抵抗秦国的一种策略。

[15] 施(yì)：延续。

[16] "昭王"三句：范雎(jū)，魏人，字叔。穰(ráng)侯、华阳君，均为秦昭王母宣太后弟。穰侯等专权，范雎说秦昭王免穰侯相国，与华阳君等并逐出关。

[17] 却：拒绝。内：同"纳"。

[18] 疏士：疏远外来之士。

[19] 随：同"隋"，西周春秋时的小国名。隋珠，相传隋侯遇见一条中断的大蛇，使人以药对之，岁余，蛇衔明珠以报答，大径寸，绝白有光，因号"隋珠"。和：和氏璧。

[20] 明月之珠：夜光珠。

[21] 太阿(ē)：利剑名。

[22] 纤离：古骏马名。

[23] 翠凤之旗：以翠羽为凤形的装饰之旗。

[24] 灵鼍(tuó)：爬虫类的动物，产长江下游，今称扬子鳄，其皮可以张鼓。

[25] 说：同"悦"。

[26] 駃騠(jué tí)：良马名。

[27] 丹青：颜料。采：彩色。

[28] 下陈：后列。侍奉君主的嫔妃、宫女，处于后列。

[29] 傅：通"附"。玑：不圆的珠。珥：妇女耳饰。傅玑之珥，缀有珠子的耳饰。

[30] 阿(ē)缟：齐国东阿所产的缟。缟，白色绢。

[31] 随俗雅化：随着流行的式样打扮自己。

[32] 赵女：古代赵国以美女著名。

[33] 瓮(wèng)：一种盛水或酒等的瓦器。缶：瓦器。

[34] 搏：击。髀(bì)：大腿。

[35] 呜呜：秦地乐歌声。

[36] 太山：泰山。让：辞退、拒绝。

[37] 黔首：秦国统治者称百姓为黔首。资：资助，供给。

[38] 业:这里用作动词,成就其事业的意思。

[39] 藉:借。赍(jī):送给、给予。这句是说,把武器粮食供给寇盗。

[40] 雠:通"仇",仇敌。这句话是说,减少本国的人口而增加敌国的人力。

[41] 这句话是说,对内使自己陷于虚弱,而对外又和诸侯各国结了很多仇怨。宾客被驱逐出外,必然怨恨秦国,投奔其他诸侯后,等于派了很多仇敌到国外去反对自己。

[赏析]

文章立意高深,理足辞胜,围绕"大一统"的目标,从秦王统一天下的角度立论,正反论证,利害并举,以此说明客卿强国的重要性。文章首先叙述秦国自秦穆公、秦孝公、秦惠王、秦昭王以来,皆以客致强的历史,借百里奚、蹇叔、商鞅、张仪、范雎等在秦国发挥的重要作用,说明秦国若无客助则未必强大的道理。语意由浅入深,结合列举的史实,层层渲染,反复论证,把客卿对秦国的重要性阐述得极为透彻。

然后,作者笔锋一转,近取譬喻,以小见大,以珠玉、宝剑、女乐等为喻,进行反向推论。以虽非秦地所产却被喜爱的事实作对比,说明秦王不应重物而轻人,指出秦王驱逐客卿的错误。

接下来,作者先从正面说理,运用排比句式,以泰山、河海等为喻,强调要胸襟博大、广揽人才。通过古今对比、敌我对比,阐述了驱逐客卿有利于敌国,而不利于秦国的观点。最后,作者从利害关系上,进一步说明驱逐客卿关系到秦国的安危。文章首尾呼应,前后贯通,结构十分严谨。

[选评]

[1] 南朝·刘勰《文心雕龙·论说》:"范雎之言事,李斯之止逐客,并顺情入机,动言中务,虽批逆鳞,而功成计合,此上书之善说也。"

[2] 宋·李涂《文章精义》:"中间论物不出于秦而秦用之,独人才不出于秦而秦不用,反复议论,痛快,深得作文之法。"

[3] 明·归有光《文章指南》:"文章用意庸,易起人厌;须出人意表,方为高手。如李斯《谏逐客书》,借人扬己,以小喻大,另是一种巧思。能打破此等关窍,下笔自惊世骇俗矣。"

[4] 清·金圣叹《天下才子必读书》:"自首至尾,落落只写大意。初并无意为文。

看他起便一直径起,住便一直径住,转便径转,接便径接。后来文人无数笔法,对此一毫俱用不着,然正是后来无数笔法之祖也。"

[5] 清·吴楚材、吴调侯《古文观止》:"此先秦古书也。中间两三节,一反一覆,一起一伏,略加转换数个字,而精神愈出,意思愈明,无限曲折变态。谁谓文章之妙,不在虚字助辞乎?"

[1] 请结合文章的具体内容,分析作者为什么不直接说明秦王逐客之过。

[2] 试举例说明,作者是如何采用正反对比的方法来阐述其观点的?这样做有什么表达效果?

察 今

《吕氏春秋》

[题解]

吕不韦,阳翟(今河南省禹州市)人。生年不详,卒于公元前235年。为秦王政(即始皇帝)的相国,是当时较为杰出的政治家、思想家。门下有食客三千人。吕不韦使他们各抒所闻,共著成八览、六论、十二纪,共二十万言,号曰《吕氏春秋》,又称《吕览》。《汉书·艺文志》列入杂家类。《吕氏春秋》文章大都篇幅不长,而组织严密,运用故事来说理,颇为生动。

本篇是《吕氏春秋·慎大览第三》中的第八篇,强调因时变法的重要性,说明古今时世不同,制定法令,应该明察当前的形势,不应该死守故法。

八曰:上胡[1]不法先王之法?非不贤也,为其不可得而法。先王之法,经乎上世而来者也,人或益之,人或损之,胡可得而法[2]?虽人弗损益,犹若不可得而法。东夏之命[3],古今之法,言异而典[4]殊。故古之命多不通乎今之言者,今之法多不合乎古之法者。殊俗之民,有似于此。其所为欲同,其所为异[5]。口惽之命不愉[6],若舟车衣冠滋味声色之不同。人以自是,反以相诽[7]。天下之学者多辩,言利辞倒[8],不求其实,务以相毁,以胜为故[9]。先王之法,胡可得而法?虽可得,犹若不可法。

凡先王之法,有要于时也,时不与法俱至,法虽今而至,犹若不可法[10]。故择[11]先王之成法,而法其所以为法[12]。先王之所以为法者,何也?先王之所以为法者,人也,而己亦人也。故察己则可以知人,察今则可以知古。古今一也,人与我同耳。有道之士,贵以近知远,以今知古,以益所见,知所不见[13]。故审堂下之阴[14],而知日月之行、阴阳之变;见瓶水之冰,而知天下之寒、鱼鳖之藏也。尝一脔[15]肉,而知一镬[16]之味、一鼎之调[17]。

荆人欲袭宋,使人先表澭水[18],澭水暴益[19],荆人弗知,循表而夜涉,溺死者千有余人，军惊而坏都舍[20]。向其先表之时可导也[21]，今水已变而益多矣，荆人尚犹循表而导之，此其所以败也。今世之主，法先王之法也，有似于此。其时已与先王之法亏[22]矣，而曰"此先王之法也"而法之，以此为治，岂不悲哉！故治国无法则乱，守法而弗变则悖[23]，悖乱不可以持国。世易时移，变法宜矣。譬之若良医，病万变，药亦万变。病变而药不变，向之寿民[24]，今为殇子[25]矣。故凡举事必循法以动，变法者因时而化。若此论，则无过务[26]矣。

夫不敢议法者，众庶[27]也；以死守者，有司[28]也；因时变法者，贤主也。是故有天下七十一圣，其法皆不同；非务相反也，时势异也。故曰，良剑期乎断，不期乎镆铘[29]；良马期乎千里，不期乎骥、骜[30]。夫成功名者，此先王之千里也。楚人有涉江者，其剑自舟中坠于水，遽契其舟[31]，曰："是吾剑之所从坠。"舟止，从其所契者入水求之。舟已行矣，而剑不行。求剑若此，不亦惑乎？以此故法为其国，与此同。时已徙矣，而法不徙，以为治，岂不难哉！有过于江上者，见人方引婴儿而欲投之入江中，婴儿啼。人问其故，曰："此其父善游。"其父虽善游，其子岂遽[32]善游哉？此任物[33]亦必悖矣。荆国之为政，有似于此。

[注释]

[1] 上：指君主。胡：何。

[2] "先王之法"五句：古代圣王的法令，经历了上古时代而流传到现在，其间被人们或者增加了一些内容，或者减少了一些内容，哪里还能向它学习呢？

[3] 东夏：东夷和诸夏，即指东方少数民族和中原地区的汉民族。命：取名。这里指给同一事物所取的名称。

[4] 典：法，典章制度。

[5] "其所为"二句：意思是，人们的要求相同，但做法不同。欲，要求。

[6] 口㗋(mǐn)：犹口吻。这句话的意思是，言语不通，使人不愉快。

[7] "人以自是"二句：人们总是自以为是，而否定他人的不同意见。

[8] 言利辞倒：言辞锋利而颠倒是非。

[9] 务以相毁：致力于诽谤。以胜为故：以胜过对方为能事。故，事。

[10]"凡先王"五句:要,切合,切要。这五句意思是,先王所制定的法令,都是切合当时的情况和条件的。时代的客观情况和条件是不断发展的,不可能与当时订立的成法一起传下来。因此先王之法令虽然流传至今,仍然是不可效法的。

[11]择:通"释",放弃、丢开。

[12]法其所以为法:学习他们根据现实需要制定法令制度的做法。

[13]毕沅《吕氏春秋》校引《意林》,"以"下无"益"字。

[14]审:观察。阴:指日影。

[15]脔(luán):切成的肉块。

[16]镬(huò):古代煮食物的一种大锅子。

[17]鼎:与"镬"同义。调:调味。

[18]表:用作动词,作标志。澭(yōng)水:古水名。

[19]暴:突然。益:同"溢",水涨满。

[20]而:作"如"解。这句话是说,士兵们惊失措的喊叫声如同都市里房舍崩塌的响声一样。

[21]导:取道。这句意思是,早先当他们作标志的时候,水是可以趟过去的。

[22]亏:通"诡",异、不同。

[23]悖(bèi):乱、荒谬。

[24]寿民:长寿的人。

[25]殇(shāng)子:未成年就夭折的孩子。

[26]过务:过失之事。

[27]众庶:众人,指百姓。庶,众。

[28]有司:指官吏,职有专司,故称有司。

[29]期:期求。镆铘(mò yé):又作"莫邪",古代利剑名。这两句意思是,能割断东西的就是好剑,不一定要镆铘。下两句意思同。

[30]骥、鹜:皆千里马名。

[31]遽(jù):迅速、赶紧。契:同"锲",刻。契其舟,即在坠剑的舟旁刻上记号。

[32]遽:遂、就。

[33]任物:即任事,处理事务。

[赏析]

在先秦时期,孔、孟等儒家学派主张"法先王",倡导儒、法合流的荀子主张"法后王",法家韩非主张"尊今王"。《察今》主要体现了先秦法家的历史进化观。全文论点鲜明突出,而论述则是一步一步地展开。文章的中心论点是"因时变法",这一中心论点是通过从反面论证"先王之法不可法"中得到证明的。作者依次陈述了三点理由:第一,先王之法历代有损益,已非原样;第二,对先王之法解说不一,所谓"言异而典殊",已无法遵循;第三,"时不与法俱至",先王之法已经过时。在此基础上,文章进一步提出"弃先王之成法而法其所以为法"的正面论点,最后得出"世易时移,变法宜矣"的结论,从而阐明"因时变法"的思想。

文章在论证过程中有破有立,边破边立,破立结合,辩驳入理,立论坚强有力。"先王之成法不可法",这是破;"法其所以为法",这是立。"先王之所以为法者,何也?先王之所以为法者,人也,而己亦人也。故察己则可以知人,察今则可以知古。古今一也,人与我同耳",以己推人,以今推古,可知"先王之所以为法"是根据当时的人的各种欲求,根据当时的社会状况,而不是根据更为远古的前代先王的成法。因此,今天制订法令也就没有必要对古法亦步亦趋,而应根据当今的社会状况与人的欲求来制订新法。

为了说明中心论点,文章运用丰富多彩的寓言故事和贴切通俗的比喻来说理,如写了荆人袭宋、刻舟求剑、引婴投江三个寓言故事。三个故事均能说明察今度势、因时变法的重要性,使哲理寓于形象之中,但同时又各有侧重。荆人袭宋与刻舟求剑的故事都是说时间已经推移,情况有了变化,但仍然泥古不变,必然招致失败;引婴投江则是客观的对象已有了变化,而主观的方面仍然固执地保守着陈旧的眼光,必与客观事物格格不入。

文章不仅有对论题的精辟论证,而且有对哲理的生动阐发。"故察己则可以知人,察今则可以知古","有道之士,贵以近知远,以今知古,以所见知所不见",都具有思辨色彩,闪烁着智慧的光芒。其他一些警句,如"审堂下之阴,而知日月之行","尝一脟肉,而知一镬之味","良剑期乎断,不期乎镆铘;良马期乎千里,不期乎骥骜"等,既形象又精警,发人深省。全文结构严谨,层次清晰,语句工整,语气明快,语言简练准确。文章围绕中心反复申说,有论有断、有说理、有比方,更有寓言故事的穿插,使文章显得气势充沛,活泼有致。

[选评]

[1] 清·徐时栋《吕氏春秋杂记·序》:"于时吕不韦以相父之尊、耦国之富,招致天下豪杰士,罗古今图书,刺取众说,采精录异,勒成巨编,僭其名曰'春秋',专其号曰

'吕氏'。刘《略》班《志》品目之,以为杂家,盖精确乎不可易矣。其书瑰玮宏博,幽怪奇艳,上下巨细事理名物之故,粲然皆具。读之如身入宝藏,贪者既得,恣所欲以去,廉介之士,虽一毫无取,而不能不美其备物之富有也。"

［2］当代·郭预衡《中国散文史长编》:"《吕氏春秋》的文章在艺术上也兼采了战国以来各家文章的一些长处,很善于取譬设喻。尽管文笔平实,却也富有形象。例如《察今篇》……在这篇文章里,其论古今关系,讲'论世之事,因为之备',颇似法家之言。从文章角度看,遣词用语,也非常接近法家之言。这样的文章对后代也是有一定影响的。"

[作业]

［1］请找出文章中的寓言故事,并说明讲述这些寓言故事的目的。

［2］本文的基本观点是制定法令应当根据当今的实际情况,你是如何评价这一观点的?

论贵粟疏

晁　错

[题解]

晁错(约前200—前154)，汉颍川郡(今河南省禹州市)人。汉文帝、景帝时著名的政治家，曾学申、商刑名之学。汉文帝时官太常掌故、博士、太子家令，号为"智囊"，后迁至中大夫。关于兵事、边防等，晁错上了许多有建设性的奏章。景帝初，官至御史大夫。他极力主张提高中央权力，削减诸侯王封地，遭到王侯反对，因此被杀。晁错有文三十一篇，列入法家类，但多数已不存，现存有晁错写给皇帝的数篇奏疏，如《论贵粟疏》等。

《论贵粟疏》，是晁错上给汉文帝的奏疏，也是西汉著名的政论文。汉初，由于多年战乱和社会变动，粮食成为迫切的问题，尤其是边防上屯着许多防备匈奴的兵士，粮食和粮食的运输尤为重要。作者上此一疏的目的，在于为汉文帝谋划长治久安之道。文章全面论述了"贵粟"(重视粮食)的重要性，阐述了重农贵粟的中心思想。

圣王在上[1]，而民不冻饥者，非能耕而食之[2]，织而衣之[3]也，为开其资财之道也。故尧、禹有九年之水[4]，汤有七年之旱[5]，而国亡捐瘠者[6]，以畜[7]积多而备先具也。今海内为一，土地人民之众，不避汤、禹[8]，加以亡天灾数年之水旱，而畜积未及者，何也？地有遗利[9]，民有余力，生谷之土未尽垦，山泽之利未尽出也，游食[10]之民未尽归农也。民贫，则奸邪生。贫，生于不足；不足，生于不农；不农，则不地著[11]；不地著，则离乡轻家，民如鸟兽[12]。虽有高城深池，严法重刑，犹不能禁也。

夫寒之于衣，不待轻暖[13]；饥之于食，不待甘旨[14]。饥寒至身，不顾廉耻。人情一日不再食则饥，终岁不制衣则寒。夫腹饥不得食，肤寒不得衣，虽慈母不能保[15]其子，君安能以有其民哉？明主知其然也，故务民于农桑[16]，薄赋敛，广畜积，以实仓廪[17]，备水旱，故民可得而有也。

民者，在上所以牧[18]之，趋利如水走[19]下，四方亡择[20]也。夫珠玉金银,饥不可食,寒不可衣,然而众贵之者,以上用[21]之故也。其为物轻微易藏,在于把握[22],可以周海内[23]而亡饥寒之患。此令臣轻背其主,而民易去其乡,盗贼有所劝[24],亡逃者得轻资也。粟米布帛,生于地,长于时,聚于力[25],非可一日成也;数石[26]之重,中人弗胜[27],不为奸邪所利;一日弗得而饥寒至。是故明君贵五谷而贱金玉。

今农夫五口之家,其服役者,不下二人;其能耕者,不过百亩;百亩之收,不过百石。春耕夏耘,秋获冬藏,伐薪樵,治官府,给徭役,春不得避风尘,夏不得避暑热,秋不得避阴雨,冬不得避寒冻,四时之间,亡日休息。又私自送往迎来,吊死问疾,养孤长幼[28]在其中。勤苦如此,尚复被水旱之灾,急政暴赋[29],赋敛不时[30],朝令而暮改。当具有者,半贾而卖[31];亡者,取倍称之息[32],于是有卖田宅、鬻子孙以偿责[33]者矣。而商贾大者积贮倍息,小者坐列[34]贩卖,操其奇赢[35],日游都市,乘上之急[36],所卖必倍。故其男不耕耘,女不蚕织,衣必文采[37],食必粱[38]肉,无农夫之苦,有仟伯之得[39]。因其富厚,交通[40]王侯,力过吏势,以利相倾[41]。千里游遨,冠盖相望[42],乘坚策肥,履丝曳缟[43]。此商人所以兼并农人,农人所以流亡者也。

今法律贱商人,商人已富贵矣;尊农夫,农夫已贫贱矣!故俗之所贵[44],主之所贱也;吏之所卑[45],法之所尊也。上下相反,好恶乖迕[46],而欲国富法立,不可得也。方今之务,莫若使民务农而已矣。欲民务农,在于贵粟。贵粟之道,在于使民以粟为赏罚。今募天下入粟县官[47],得以拜爵[48],得以除罪。如此,富人有爵,农民有钱,粟有所渫[49]。夫能入粟以受爵,皆有余者也。取于有余,以供上用,则贫民之赋可损[50],所谓损有余,补不足,令出而民利者也。顺于民心,所补者三:一曰主用足,二曰民赋少,三曰劝农功[51]。今令:"民有车骑马一匹者,复卒三人[52]。"车骑者,天下武备也,故为复卒[53]。神农[54]之教曰:"有石城十仞、汤池百步、带甲百万,而亡粟,弗能守也。"以是观之,粟者,王者大用[55],政之本务。令民入粟受爵,至五大夫[56]以上,乃复一人耳,此其与骑马之功[57]相去远矣。爵者,上之所擅,出于口而亡穷[58];粟者,民之所种,生于地而不乏[59]。夫得高爵与免罪,人之所甚欲也。使天下人人粟于边,以受爵免罪,不过三岁,塞下之粟必多矣。

[注释]

[1] 圣王在上:意谓在圣明的君王统治下。

[2] 食(sì)之:给他们吃。"食"作动词用。

[3] 衣(yì)之:给他们穿。"衣"作动词用。

[4] 《尚书·尧典》和《史记·夏本纪》皆载尧时洪水滔天事。据载,尧用鲧治水,"九年而水不息,功用不成",继由禹治理,故以尧、禹并称。

[5] 汤有七年之旱:有的说是五年,有的说七年。《吕氏春秋》:"昔者汤克夏而正(君)天下,天大旱,五年不收。汤乃以身祷于桑林。"《说苑·君道》:"汤之时,大旱七年,雒坼川竭,煎沙烂石,于是使人持三足鼎祝山川。"

[6] "亡":通"无",下同。捐:弃。捐瘠(jí),饥饿而死。

[7] 畜:同"蓄"。

[8] 避:让。不避,不让,不差于。不避汤、禹,不比汤、禹的时代差。

[9] 遗:未经开发的。遗利,余利,引申为潜力。

[10] 游食:游手好闲,不从事劳动。

[11] 地著:汉代后也叫"土著",指农业人口有固定的户籍和土地。

[12] 民如鸟兽:喻人民行动如鸟兽飞走无常。

[13] 轻暖:指狐貉之裘,丝绵之衣。

[14] 甘:甜。旨:美。甘旨,指一切好吃的东西。

[15] 保:养。

[16] 务民于农桑:使百姓尽力于种田养桑。

[17] 廪(lǐn):米仓。

[18] 牧:这里指统治、管理。

[19] 走:向、往。

[20] 亡择:并不选择方向和地域。

[21] 以:因为。上:指人君。秦汉以后通常以"上"为称皇帝之术语。用:这里有重用的意思。

[22] 在于把握:拿在手中。

[23] 周海内:走遍海内之地。

[24] 劝:鼓励。

［25］聚于力：集合劳力。荀悦《汉纪·文帝纪》作"聚于市"。

［26］石：重量单位，如百二十斤为"石"。"石"也可作衡量多少之名，如以十斗为一石。数石，指若干石的粮食。

［27］中人：力量中等的人。弗：通"勿"。胜：指担负。

［28］孤：幼年无父的孩子。长幼：养育幼儿。

［29］急政：急征。征，是征收赋税。暴赋：猛烈严急地征取。

［30］赋敛不时：指征取土产不按时候。

［31］当具有者，半贾而卖：意谓当他具有这种东西的时候（如新收谷物），官府却征收别的，不得不半价而卖。

［32］亡者，取倍称之息：意谓当他缺乏此物时，官府却正要征取，又不得不借贷加倍的利息。

［33］鬻（yù）：卖。责：古"债"字。

［34］坐列：坐于列肆之中。行走曰商，坐肆曰贾。

［35］奇赢：商贾所获余物及赢利。

［36］上之急：君主所迫切需要之物。

［37］文采：华美的纺织品或衣服。

［38］粱：好粟米。

［39］仟伯：阡陌（qiān mò），田间道路。阡陌之得，是说商贾赢利可抵很多田地的收入。

［40］交通：交际。

［41］倾：凌驾压倒之意。

［42］游遨：游行各地。冠：指官服。盖：指车盖。古者仕宦才有车。这里是说商人坐着车子，穿着考究的衣服，一批批地往来于道路上。

［43］这两句承上两句而说。坚：坚固的车辆。肥：肥马。履丝：穿丝织的鞋。曳（yè）缟（gǎo）：身披绸衣。曳，拖着。缟，丝织白绢。

［44］俗之所贵：指商人。

［45］吏之所卑：指农夫。

［46］乖迕（wǔ）：互相矛盾、相违背。

［47］入粟县官：就是说缴纳粮食给国家。

［48］爵：无实职的职位。

［49］渫（xiè）：散。

［50］损：减。

[51] 功：事。劝农功，鼓励人从事农业劳动。

[52] 复：免除赋役。"复卒三人"，免除应当服兵役者三人。

[53] 为复卒：因他已经出了车骑，所以为他施行复卒的法令。

[54] 神农：传说上古时五帝之一。

[55] 用：指财物。王者大用，粮食是治理天下者需用最广的物资。

[56] 五大夫：第九等爵。

[57] 骑马之功：指出车骑的功劳。令民入粟受爵，至五大夫以上，乃复一人耳，此其与骑马之功相去远矣，意谓百姓献粮受爵封到五大夫以上，才免除一个人的兵役，这与一匹战马的功用相比差得太远了。

[58] 擅：专有。这句话的大意是，爵位只是出于皇帝之口，是用不完的。

[59] 乏：短缺。

[赏析]

文章观点明确，分析透彻，围绕"重农贵粟"这一思想主张，用层层对比分析的方法展开论证，立论精辟，说理透彻，文辞流畅，文笔犀利。

文章开篇即以古代圣王治国的方法作为铺垫，结合汉初人民的生活状况，进行古今比较，并逐一展开论述。作者以"尧舜汤"与汉初的社会情况作为对比，指出尧、禹、汤之时虽有水旱灾害，但无"捐瘠者"，而汉初土地广博、人口众多、又无连年水旱灾害，积蓄却远不如前，进而引出造成这种状况的原因，并提出一定的建议，即"务民于农桑，薄赋敛，广畜积，以实仓廪"和"贵五谷而贱金玉"。接着，作者通过"复卒"和"入粟受爵"利弊优劣的比较分析，进一步论证了"贵粟"的意义。晁错《论贵粟疏》为解决汉代粮食问题，促进农业发展，奠定了坚实的物质基础，对造就"文景之治"有较大作用。文章排比、对照和反衬相互结合，逻辑严密，层次感较强。

[选评]

[1] 清·过琪《古文评注全集》："是一篇布帛菽粟文字，不蹈奇险，不立格局，自有照应起伏，而绝无照应起伏之迹，意思详尽，气势优畅，是汉文字中不可多得者。"

[2] 清·林云铭《古文析义·初编》："农事为国本，而使民务农自是确论。且叙五谷金玉贵贱及农商苦乐处，无不曲尽。"

[3] 清·吴楚材、吴调侯《古文观止》："此篇大意只在入粟于边以富强其国，故必

使民务农。务农在贵粟,贵粟在以粟为赏罚。一意相承,似开后世卖鬻之渐。然错为足边储计,因发此论,固非泛谈。"

［4］现代·鲁迅《汉文学史纲要》:"为文皆疏直激切,尽所欲言……惟谊尤有文采,而沉实则稍逊,如其《治安策》《过秦论》,与晁错之《贤良对策》《言兵事疏》《守边劝农疏》,皆为西汉鸿文,沾溉后人,其泽甚远;然以二人之论匈奴相较,则可见贾生之言,乃颇疏阔,不能与晁错之深识为伦比矣。"

［作业］

［1］试结合文章具体的内容和背景,分析晁错的观点是在什么样的历史背景中提出来的,对当时的社会发展有什么作用。

［2］请结合文章具体内容,分析作者主要运用了哪些论证方法,这些论证方法有什么样的表达效果。

［3］晁错、贾谊是政论散文的杰出作家,请结合《论贵粟疏》和《过秦论》的具体内容,分析晁错、贾谊在写作上分别有什么特点。

谏太宗十思疏

魏 徵

[题解]

魏徵(580—643),字玄成,唐初著名政治家和历史学家。少时孤贫好学,胸怀大志,曾参加隋末瓦岗义军。唐太宗即位,拜为谏议大夫。贞观三年(629),以秘书监参与朝政,七年(633)迁侍中,后进封为郑国公。卒,谥号"文贞"。魏徵性情刚直,常以历代兴亡为鉴,劝谏太宗兼听广纳。魏徵从政期间,前后进谏达二百余事,多被采纳。太宗称其"随事谏正,多为朕失,如明镜鉴形,美恶必见"。其言论多见于唐代吴兢所撰的《贞观政要》。

《谏太宗十思疏》是魏徵于贞观十一年(637)写给唐太宗李世民的奏章。此奏章旨在劝谏太宗在国泰民安之时,仍要居安思危,戒奢以俭,积其德义。"十思"是奏章的主要内容,即十条值得深思的内容。"疏"即"奏疏",是古代臣下向君主议事进言的一种文体,属于议论文。唐太宗李世民跟随其父亲李渊反隋时作战勇敢,生活俭朴,颇有作为。627年李世民即位,改元贞观。他借鉴隋炀帝的教训,进一步保持了节俭、谨慎的作风,实行了不少有利于国计民生的政策。经过十几年的治理,经济得到发展,百姓生活也富裕起来,加上边防巩固,唐太宗逐渐骄奢忘本,大修庙宇宫殿,广求珍宝,四处巡游,劳民伤财。魏徵对此极为忧虑,他清醒地看到了繁荣昌盛的后面隐藏着危机,在贞观十一年(637)的三月到七月,"频上四疏,以陈得失",《谏太宗十思疏》就是其中第二疏,因此也称"论时政第二疏"。唐太宗看了猛然警醒,写了《答魏徵手诏》,表示从谏改过,这篇文章曾被太宗置于案头。

臣闻求木之长者,必固其根本;欲流之远者,必浚[1]其泉源;思国之安者,必积其德义。源不深而望流之远,根不固而求木之长,德不厚而思国之理,臣虽下愚[2],知其不可,而况于明哲[3]乎!人君当神器[4]之重,居域中[5]之大,将崇极天之峻,永保无疆之休[6]。不念居安思危,戒奢以俭,德不处其厚,情不胜其欲[7],斯亦伐根以求木茂,塞源而欲流长者也。

凡百元首[8]，承天景命[9]，莫不殷忧[10]而道著，功成而德衰。有善始者实繁，能克终[11]者盖寡，岂取之易而守之难乎？昔取之而有余，今守之而不足，何也？夫在殷忧，必竭诚以待下；既得志，则纵情以傲物[12]。竭诚则胡越为一体[13]，傲物则骨肉为行路[14]。虽董[15]之以严刑，震之以威怒，终苟免而不怀仁[16]，貌恭而不心服。怨不在大[17]，可畏惟人[18]，载舟覆舟[19]，所宜[20]深慎。奔车朽索[21]，其可忽[22]乎！

君人[23]者，诚能见可欲[24]则思知足以自戒，将有作[25]则思知止[26]以安人[27]，念高危[28]则思谦冲[29]而自牧[30]，惧满溢则思江海下百川[31]，乐盘游[32]则思三驱以为度[33]，忧懈怠则思慎始而敬终，虑壅蔽[34]则思虚心以纳下[35]，想谗邪[36]则思正身以黜恶[37]，恩所加则思无因喜以谬赏[38]，罚所及则思无以怒而滥刑。总此十思，弘兹九德[39]，简能[40]而任之，择善而从[41]之。则智者尽其谋，勇者竭其力，仁者播其惠[42]，信者效[43]其忠。文武争驰，君臣无事，可以尽豫游之乐，可以养松乔[44]之寿，鸣琴垂拱[45]，不言而化。何必劳神苦思，代下司职[46]，役聪明之耳目，亏无为[47]之大道哉！

[注释]

[1] 浚(jùn)：疏通。

[2] 下愚：极愚蠢的人。谦辞，用作自称。

[3] 明哲：贤明且睿智的人。

[4] 神器：指帝位、政权。古时认为"君权神授"，所以称帝位为"神器"。

[5] 域中：指天地之间。《老子》上篇曰："道大，天大，地大，王亦大。域中有四大，而王居其一焉。"

[6] 休：美善、福禄。无疆之休，指无穷无尽的美好日子。语见《尚书·大甲》。

[7] 情不胜其欲：控制不住他的欲望。

[8] 凡百：所有一切。元首：指帝王。凡百元首，即所有的帝王。

[9] 景：大。景命，上天授予王位之命。

[10] 殷：深。殷忧，深忧。

[11] 克终：善终。

[12] 傲物：骄傲自大、傲视别人。

[13] 胡越为一体：以胡越比喻关系疏远，但还可以合为一体。

[14] 骨肉：有血缘关系的人。行路：路人，比喻毫无关系的人。骨肉为行路，亲骨肉之间也会变得像陌生人一样。

[15] 董：督责。

[16] 苟：暂且。这句话的意思是，(臣民)只求苟且免于刑罚而不怀念、感激国君的仁德。

[17] 语出《尚书·康诰》："怨不在大，亦不在小。"孔颖达疏："人之怨不在事大，或由小事而起；虽由小事而起，亦不恒在事小，因小至大。"

[18] 惟：是。人：民众。可畏惟人，可怕的是百姓。

[19] 出自《荀子·王制》："君者，舟也；庶人者，水也。水则载舟，水则覆舟。"

[20] 宜：应当。

[21] 奔车朽索：用已腐朽的绳子去拉奔驰的车辆，比喻事情非常危险，需要十分警惕。《尚书·五子之歌》："懔乎若朽索之驭六马。"

[22] 忽：怠慢。

[23] 君：在这里用为动词。君人，指做民众的君主。

[24] 见可欲：见到能引起(自己)喜好的东西。

[25] 作：兴作，建筑。将有作，指将要兴建某建筑物。

[26] 知止：知道适可而止。

[27] 安人：即安民，使百姓安宁。

[28] 危：高。念高危，这里指想到帝位高高在上。

[29] 谦冲：谦虚。

[30] 自牧：自我修养。

[31] 江海下百川：指江海的地势比所有的河流都低下。

[32] 盘游：打猎取乐。

[33] 三驱：在打猎布网时只拦住三面，使被围的禽兽可以逃出去一些。度：限度。

[34] 壅(yōng)：堵塞。虑壅蔽，担心(言路)不通受蒙蔽。

[35] 纳下：听取下面的意见。

[36] 谗：说人坏话，造谣中伤。邪：行为不正。想谗邪，指考虑到谗佞奸邪。

[37] 正身：端正自己的言行。黜(chù)：罢免。恶：指奸邪之徒。

[38] 谬赏：错误的赏赐。

[39] 弘：弘扬。兹：此。九德：古代的九种美德。

［40］简：选拔。能：有才能的人。

［41］善：指品德高尚的人。从：听从，信任。

［42］播：广施。惠：仁爱，恩德。

［43］信者：忠诚的人。效：献出。

［44］松乔：赤松子和王子乔，古代传说中的仙人。

［45］垂拱：垂衣拱手。比喻无须亲自动手做事。

［46］司职：行使职权。

［47］无为：道家主张顺其自然。

[赏析]

文章观点鲜明，以"思国之安者，必积其德义"为中心展开论述。文章首先以"求木之长者，必固其根本"和"欲流之远者，必浚其泉源"为比喻，把道理说得生动形象、富有哲理，从而引出文章主题，较具说服力。然后提醒太宗要居安思危、戒奢以俭。因在"殷忧"时易"竭诚以待下"，而在"得志"时则会"纵情以傲物"，这样便有"覆舟"之危。在此基础上，魏徵进一步提出"积德义"必须"十思"。"十思"是前文提出的"思国之安者，必积其德义"的具体内容。虽然"十思"的角度不同，但都贯穿着"积其德义"的主线。这样，前文提出的问题和后面给出的建议相统一，文章前后呼应，全文形成一篇结构严谨的统一体。全篇以"思"为线索，贯穿全文，条理清晰，逻辑性较强。

从修辞上看，文章多采用比喻、排比、对仗的方法，句式工整，气理充畅。这篇奏疏以浅显的比喻衬出中心论题，起到生动、直观的效果。从形式上看，文章多用排比句式，铺排罗列，气势不凡，增强了文章的表现力。另外，文章虽然用了许多骈偶句式，却突破了骈体的束缚，骈散语句交替运用，既有骈文的整齐华美，又有散文的自然流畅，易于诵读。

[选评]

［1］清·林云铭《古文析义》："此魏公贞观十一年之疏。以'思'字作骨。意谓人君敢于纵情傲物，不积德义以致失人心者，皆坐未思耳。思曰睿睿作圣，故有十思之目。若约言之，总一居安思危而已。十三年五月，复有《十渐不克终》之疏，非魏公不敢为此言，非太宗亦不敢纳而用之。千古君臣，令人神往。文虽平实，当与三代谟、训并垂，原不待以奇幻见长也。"

[2] 清·吴楚材、吴调侯《古文观止》:"通篇只重一'思'字,却要从德义上看出。世主何尝不劳神苦思,但所思不在德义,则反不如不用思者之为得也。魏公十思之论,剀切深厚,可与三代谟、诰并传。"

[3] 清·蔡世远《古文雅正》:"贞观致治,几如三代,全是一魏文贞,由其学问充,非徒胆识过人也。读《十思》一疏,与圣贤格致省克之功何殊?其对君正直凝定,亦大有浩然之气在。《十思》以开其始,《十渐》以勖其终,魏元成其贤矣哉!"

[4] 清·李扶九、黄仁黼《古文笔法百篇》:"以文论,总冒总收,有埋伏,有发挥,有线索,反正宕跌,不使直笔,排纂雄厚,不尚单行,最合时墨;以理论,忧盛明危,善始虑终,虽古大臣谟、诰,不过如此。疏上太宗即纳,此魏公所以称贤相,而贞观之治,亦几于古也。"

[作业]

[1] 请结合文章具体内容,从论证方法、语言特点等不同角度,说明文章是如何表现中心论点的。

[2] 请结合生活实践,谈一谈"居安思危"的重要性。

阿房宫赋

杜　牧

[题解]

杜牧(803—853),字牧之,京兆万年(今陕西省西安市)人,宰相杜佑之孙,唐代文学家。太和二年(828)进士,为弘文馆校书郎,曾参沈传师江西观察使、宣歙观察使及牛僧孺淮南节度使幕府。历任监察御史,膳部、比部、司勋员外郎,黄州、池州、睦州、湖州刺史。官终中书舍人。世称杜樊川。杜牧工诗、赋及古文,后人称为"小杜",以别于杜甫。有《樊川文集》二十卷传世。

阿房宫,秦始皇所建,故址在今陕西省西安市西南阿房村。《史记·秦始皇本纪》:"三十五年(前二一二)……始皇以为咸阳人多,先王之宫廷小……乃营作朝宫渭南上林苑中。先作前殿阿房,东西五百步,南北五十丈,上可以坐万人,下可以建五丈旗。周驰为阁道,自殿下直抵南山,表南山之颠以为阙。为复道,自阿房渡渭,属之咸阳,以象天极,阁道绝汉抵营室也。阿房宫未成;成,欲更择令名名之。作宫阿房,故天下谓之阿房宫。"司马贞《索隐》:"此以其形名宫也,言其宫四阿旁广也。"四阿,指屋的四周有曲檐。我国古代宫殿建筑,多采用这种式样,故以之名宫。此文作于唐敬宗李湛宝历元年(八二五)。敬宗荒淫失德,自即位以来,广征声色,大兴土木,修建宫殿,不务政事。文章借秦建阿房宫为题材,运用赋的传统手法,铺陈排比;其用意所在,则是针对当时唐代内忧外患的现实,提出历史教训。

六王毕,四海一[1];蜀山兀,阿房出[2]。覆压三百余里,隔离天日[3]。骊山北构而西折,直走咸阳[4]。二川溶溶[5],流入宫墙。五步一楼,十步一阁;廊腰缦回[6],檐牙高啄[7];各抱地势,钩心斗角[8]。盘盘焉,囷囷焉[9],蜂房[10]水涡,矗[11]不知乎几千万落。长桥卧波,未云何龙[12]?复道行空,不霁何虹[13]?高低冥迷,不知东西[14]。歌台暖响,春光融融[15];舞殿冷袖,风雨凄凄[16]。一日之内,一宫之间,而气候不齐。

妃嫔媵嫱,王子皇孙,辞楼下殿,辇来于秦,朝歌夜弦,为秦宫人[17]。

明星荧荧,开妆镜也[18];绿云扰扰,梳晓鬟也;渭流涨腻[19],弃脂水也;烟斜雾横,焚椒兰[20]也。雷霆乍惊,宫车过也;辘辘远听[21],杳不知其所之也。一肌一容,尽态极妍[22];缦立[23]远视,而望幸[24]焉。有不见者,三十六年[25]。

燕、赵之收藏[26],韩、魏之经营[27],齐、楚之精英[28],几世几年,剽掠其人[29],倚叠如山[30];一旦不能有[31],输来其间。鼎铛玉石,金块珠砾[32],弃掷逦迤[33];秦人视之,亦不甚惜。嗟乎!一人之心[34],千万人之心也。秦爱纷奢,人亦念其家。奈何取之尽锱铢[35],用之如泥沙?使负栋之柱[36],多于南亩之农夫;架梁之椽,多于机上之工女;钉头磷磷,多于在庾[37]之粟粒;瓦缝参差,多于周身之帛缕;直栏横槛,多于九土[38]之城郭;管弦呕哑[39],多于市人之言语。使天下之人,不敢言而敢怒;独夫[40]之心,日益骄固[41]。戍卒叫,函谷举[42];楚人一炬,可怜焦土[43]!

灭六国者,六国也,非秦也。族秦[44]者,秦也,非天下也。嗟乎!使[45]六国各爱其人,则足以拒秦。使秦复爱六国之人,则递[46]三世,可至万世[47]而为君,谁得而族灭也?秦人不暇[48]自哀,而后人哀之;后人哀之而不鉴之,亦使后人而复哀后人也。

[注释]

[1]"六王毕"二句:意谓齐、楚、燕、赵、韩、魏六国相继灭亡,为秦所统一。战国时各国国君都称王,故云"六王"。毕,完结,指为秦国所灭。一,统一。

[2]"蜀山兀(wù)"二句:意思是砍尽蜀山的木材,建造阿房宫。蜀山,泛指蜀地之山。兀,山高而上平,这里形容山的光秃。

[3]"覆压"二句:在三百余里的地面上,覆压着巨大的建筑物,隐天蔽日。覆压,覆盖。隔离天日,遮蔽了天日,这是形容宫殿楼阁的高大。

[4]"骊山"二句:意思是,由骊山之北构阁道通阿房,折而向西,一直通到咸阳。骊山,在今陕西省西安市临潼区城南。

[5]二川:指渭水和樊川。溶溶:水盛貌。

[6]廊腰缦(màn)回:形容走廊曲折。走廊环绕在房屋之间,起连接房屋的作用,故曰"廊腰"。回,曲折。

[7] 檐牙高啄：突起的檐角尖耸，犹如禽鸟仰首啄物。

[8] "各抱地势"二句：指阿房宫的宫殿楼阁，因地势而建立，彼此环抱，和中心区相呼应，屋角对凑，状如相斗，配合成为一个整体。钩心，指各种建筑物都向中心区攒聚。斗角，指屋角互相对峙，状如相斗貌。

[9] 盘盘、囷(qūn)囷：屈曲回旋的样子。焉：相当于"然"，……的样子。

[10] 蜂房：形容天井之多。

[11] 矗：高高耸立的样子。

[12] "长桥"二句：阿房宫有桥，横跨渭水。古人认为云从龙，有龙必有云。未云何龙，意谓这龙并非真龙，乃是卧波的长桥。故作疑问感叹语，表示桥形似真龙的逼真。

[13] 复道：在高楼和山岩之间架起的空中通道。霁：雨止云开。句式与上句同。

[14] 冥迷：分辨不清。不知东西：使人不能分辨东西。东西，一作"西东"。

[15] "歌台"二句：歌舞盛时，宫中温暖如春。融融，和乐的样子。

[16] "舞殿"二句：歌舞歇时，宫中冷清，如风雨凄凄。

[17] 媵(yìng)：妾的一种。妃嫔媵嫱(qiáng)，统指六国王侯的宫妃。"妃嫔媵嫱"六句：谓六国灭亡，王族被俘虏，他们离开本国的楼阁宫殿，乘辇车来到秦国。其中妃嫔媵嫱，以色艺选入阿房宫，成为秦国的宫人。

[18] 明星荧荧，开妆镜也：光如明星闪亮，是宫人打开梳妆的镜子。荧荧，明亮的样子。下文紧连的四句，句式相同。

[19] 涨腻：涨起了一层脂膏。腻，指洗脸水中浮起的胭脂、香粉。

[20] 椒兰：两种香料植物，焚烧以熏衣物。

[21] 辘辘远听：车声越听越远。辘辘，车行的声音。

[22] 一肌一容，尽态极妍：任何一部分肌肤，任何一种姿容，都娇媚极了。态，指姿态的美好。妍，美丽。

[23] 缦立：舒徐地伫立而待。

[24] 望幸：盼望皇帝来临。

[25] "有不见者"二句：秦始皇在位三十六年。这里是说，幽闭在宫中的宫女，有的终身未能见到皇帝。

[26] 收藏：动词作名词，指收藏的金玉珍宝等物。

[27] 经营：动词作名词，指金玉珍宝等物。

[28] 精英：精品，也有金玉珍宝等物的意思。

[29] 剽(piāo)掠其人：从人民那里抢来。剽，抢劫，掠夺。人，民。

[30] 倚叠:积累。几世几年,剽掠其人,倚叠如山:意谓六国的财宝,都是他们的统治者一代又一代地从人民中掠夺而积累起来的。

[31] 一旦不能有:意谓一旦国破家亡,不能占用这些财宝,都送进了阿房宫。

[32] 鼎铛(chēng)玉石,金块珠砾:把宝鼎看作铁锅,把美玉看作石头,把黄金看作土块,把珍珠看作石子。鼎,古代祭祀宴宾时载牲之具。铛,平底的铁锅。砾,小石。

[33] 逦迤(lǐ yǐ):曲折连绵的样子。"鼎铛"三句:谓视贵如贱,恣意挥霍。

[34] 心:心意,意愿。

[35] 奈何:怎么,为什么。锱(zī)铢:古代重量名,一锱等于六铢,一铢约等于后来的一两的二十四分之一。锱、铢连用,极言其细微,表示极微小的数量。

[36] 负栋之柱:承担栋梁的柱子。

[37] 庾(yǔ):露天的谷仓。

[38] 九土:九州。土,"域"的借字。

[39] 管弦呕(ōu)哑(yā):形容音乐声音嘈杂。管弦,管乐和弦乐,此泛指音乐。呕哑,象声词,指声音嘈杂。

[40] 独夫:失去人心而极端孤立的统治者。这里指秦始皇。

[41] 骄固:骄纵,顽固。

[42] "戍卒叫"二句:戍卒叫,指陈胜吴广起义;函谷举,指刘邦攻破函谷关。

[43] "楚人一炬"二句:指项羽入咸阳后焚烧秦的宫殿。《史记·项羽本纪》:"项羽引兵西屠咸阳,杀秦降王子婴,烧秦宫室,火三月不灭。"

[44] 族秦:灭秦的宗族,即亡秦。

[45] 使:假使。

[46] 递:传递,这里指王位顺着次序传下去。

[47] 万世:《史记·秦始皇本纪》载,秦始皇统一六国后,曾曰:"朕为始皇帝,后世以计数,二世三世至于万世,传之无穷。"然而秦朝仅传二世便亡。

[48] 不暇:来不及,没有时间。

[赏析]

文章词采瑰奇,笔意明快而锋利,通篇以散文为赋,铺陈排比,极尽夸张形容之事,融叙事、抒情、议论为一体。文章第一段极写阿房宫的宏伟瑰丽和宫廷内的歌舞之盛。文章仅用数句就把阿房宫的规模以及可能耗费的财力和人力描绘了出来。在写了阿房宫之后,作者立刻将笔锋转向宫廷内的歌舞,用夸张的手法"歌台暖响,春光融融;舞殿冷袖,风雨凄凄。一日之内,一宫之间,而气候不齐",描写了歌舞之盛,生动而形象。

第二段和第三段,描写宫中美女和珍宝之多,讽刺秦朝统治者豪华奢侈的生活。"妃嫔媵嫱,王子皇孙",点出宫女的由来,又回应篇首"六王毕"。接着,作者连用多个排比句式,绘声绘色地描绘了她们梳妆的奢华和车马的气势。继而由人及物,写宫中的珍宝之富。通过一系列的铺陈叙写,作者暗示正是秦统治者的过度享乐造成了尖锐的社会矛盾。作者从描绘转向议论,写秦王朝荒淫奢侈,终至亡国的结果。先用"嗟乎"感叹开头,然后以"奈何"发出质问,"秦爱纷奢,人亦念其家"中"秦""人"并提,对秦统治者的残民作了有力抨击。接着又使用了六组文采富丽的排比句和对比句,把"秦"的奢靡与"人"的苦难进行对比,深刻揭露了秦统治者的穷奢极侈。正是秦的残暴统治,使得人民"不敢言而敢怒",最终激化了社会矛盾。作者通过"戍卒叫"等四个短句,点出陈涉起义、刘邦攻破函谷关和项羽焚烧秦宫殿等三件历史事实,精练地写出阿房宫化为灰烬和秦王朝覆灭的过程。

最后一段总结六国和秦朝灭亡的原因和历史教训,点明后人要引以为戒。这一段先点出六国与秦朝灭亡的原因,再以"嗟乎"抒发内心的感慨,然后明确指出六国和秦朝统治者应该有的做法。作者指出,六国和秦朝之所以灭亡,都是因为骄奢淫逸,残酷掠夺百姓,不体恤人民疾苦而造成的。最后,作者又推进一层,将笔锋委婉地转向"后人",提醒唐朝统治者要以六国和秦朝灭亡的历史为鉴戒,不要重蹈覆辙。这样结束全文,简洁有力,言有尽而意无穷,发人耳目,耐人寻味!

[选评]

[1] 宋·谢枋得《文章轨范》:"宏壮巨丽,驰骋上下,累数百言,至'楚人一炬,可怜焦土',其论盛衰之理,判于此矣。末一段尤含鉴戒,读之有余味焉。"

[2] 宋·史绳祖《学斋占毕》:"杜牧之《阿房宫赋》:'长桥卧波,未云何龙。'正本原是'云'字,后人传写讹云'未雺何龙',殊为无理。杜之意盖谓长桥之卧波上,如龙之未得云,而飞去正如蛟龙得云雨,恐终非池中物之义。若加以'雺'字,则不惟无义,兼亦错误读龙字耳。《左传》'龙见而雩'注:谓龙星也。龙星未见,则不之雩。今日未雩,则龙当未见,何形可见。龙又星名,何有于长桥之势哉!又此赋善于用事。凡作文之法,经可证史,史不可证经,前代史可证后代史,后代不可证前。如《阿房宫赋》所用事,不出于秦时,只'烟斜雾横,焚椒兰也'两句,尤不可及。六经只以椒兰为香,如

'有椒其馨,其臭如兰',有国香是也,《楚辞》亦只以椒兰为香,如'椒浆兰膏'是也。'沉檀''龙麝'等字皆出于汉,西京以后词人方引用。至唐人诗文,则盛引沉檀龙麝为香,而不及椒兰矣。牧此赋独引用椒兰,是不以秦时所无之物为香也。只如近世文人作汉宫词、婕妤怨、明妃曲,而引用'梅桩''莲步'字,尤为可笑。此皆齐末以后事,汉时宁见此而效之耶? 刘观堂可谓不善用事,为事所使,殆谓此也。"

[3] 元·祝尧《古赋辨体》:"《阿房宫赋》,赋也。前半篇造句犹是赋,后半篇议论俊发,醒人心目,自是一段好文字。赋文本体,恐不如此。以至宋朝诸人之赋,大抵皆用此格。"

[4] 清·金圣叹《天下才子必读书》:"方奇极丽,至矣尽矣,都是一篇最清出文字。文章至此,心枯血竭矣。逐字细细读之。"

[5] 清·吴楚材、吴调侯《古文观止》:"前幅极写阿房之瑰丽,不是美慕其奢华,正以见骄横敛怨之至,而民不堪命也,便伏有不爱六国之民意在,所以一炬之后,回视向来瑰丽,亦复何有? 以下固尽情痛悼之,为隋广、叔宝等人炯戒,尤有关治体。不若《上林》《子虚》,徒逢君之过也。"

[作业]

[1] 文章从哪几个方面描写阿房宫,这样的描写对表达中心思想有什么作用?
[2] 试结合文章的具体内容和表达效果,比较《过秦论》和《阿房宫赋》的异同。

五代史伶官传序

欧阳修

[题解]

欧阳修(1007—1072),字永叔,号醉翁,晚年又号六一居士,北宋文学家、史学家。宋仁宗天圣八年(1030年)进士。为谏官,正直敢言,累擢知制诰、翰林学士,历枢密副使、参知政事。迁兵部尚书,以太子少师致仕。卒谥文忠。政治上曾支持过范仲淹等的革新主张,晚年反对王安石新法,趋向保守。他是北宋文学革新运动的领袖人物,其文以韩愈为宗,倡导有内容的古文,主张明道、致用。所作多议论当世事,切中时弊。积极培养后进,对北宋文学进一步发展有巨大影响。苏轼《六一居士集序》称赞他:"论大道似韩愈,论事似陆贽,记事似司马迁,诗赋似李白"。散文说理畅达,抒情委婉,为"唐宋八大家"之一。曾与宋祁合修《新唐书》,并独撰《新五代史》。又喜收集金石文字,编为《集古录》,对宋代金石学颇有影响,现有《欧阳文忠公集》。

《五代史记》(即《新五代史》)七十四卷,欧阳修撰。《五代史伶官传序》是其中《伶官传》的序文。伶官是古代的乐官,此指供奉内廷、授有官职的伶人。《伶官传》记载了后唐庄宗宠幸的伶官景进、史彦琼、郭门高等败政乱国的史实,这篇文章是把"庄宗之所以得天下,与其所以失之者"作为教训,说明"忧劳可以兴国,逸豫可以亡身"和"祸患常积于忽微,而智勇多困于所溺"的结论,指出国家兴衰败亡不由天命而取决于人事,借以告诫当时北宋王朝执政者要吸取历史教训,居安思危,防微杜渐,力戒骄奢纵欲。

呜呼!盛衰之理,虽曰天命,岂非人事哉[1]!原庄宗[2]之所以得天下,与其所以失之者,可以知之矣。

世言晋王[3]之将终也,以三矢[4]赐庄宗,而告之曰:"梁[5],吾仇也;燕王[6],吾所立;契丹[7]与吾约为兄弟,而皆背晋以归梁。此三者,吾遗恨也。与尔三矢,尔其无忘乃父之志!"庄宗受而藏之于庙。其后用兵,则遣从事[8]以一少牢[9]告庙,请其矢,盛以锦囊,负而前驱,及凯旋而纳之[10]。

方其系燕父子以组[11]，函[12]梁君臣之首，入于太庙，还矢先王，而告以成功，其意气之盛，可谓壮哉！及仇雠[13]已灭，天下已定，一夫夜呼[14]，乱者四应[15]，仓皇东出，未及见贼而士卒离散，君臣相顾，不知所归。至于誓天断发，泣下沾襟，何其衰也！岂得之难而失之易欤[16]？抑本其成败之迹，而皆自于人欤？《书》曰："满招损，谦得益。"[17]忧劳可以兴国，逸豫[18]可以亡身，自然之理也。故方其盛也，举天下之豪杰，莫能与之争；及其衰也，数十伶人困之[19]，而身死国灭，为天下笑。

夫祸患常积于忽微[20]，而智勇多困于所溺[21]，岂独伶人也哉！作《伶官传》。

[注释]

[1]"盛衰之理"三句：古人多认为国家的盛衰是由于天命，而作者则认为主因在于人事。

[2]原：推原，追本究源。庄宗：后唐庄宗李存勖，晋王李克用之子，承继晋王之位，于923年灭后梁，建立后唐王朝。

[3]晋王：庄宗的父亲李克用。属沙陀族，本姓朱邪，事唐，赐姓李。唐末割据今山西省一带地区，封晋王。

[4]矢：箭。

[5]梁：指后梁太祖朱全忠，原是黄巢部将，叛变归唐，和李克用同为镇压起义军的强大军阀，后封为梁王。

[6]燕王：指刘仁恭、刘守光父子。刘守光囚父杀兄，自立为幽州节度留后。后被朱全忠封为燕王。

[7]契丹：即辽国，宋时北方的一个部族。

[8]从事：官名，此指属吏。

[9]少牢：古代祭品，用一猪一羊称少牢。

[10]纳之：把箭仍然藏在庙里。

[11]组：丝编的绳索。系燕父子以组，《旧五代史·唐书·庄宗纪第二》载："至晋阳，以祖系仁恭、守光，号令而入。是日，诛守光。遣大将李存霸拘送仁恭于代州，刺其心血，奠告于武皇陵，然后斩之。"

[12]函：用木匣封装。

[13] 仇雠：仇敌。

[14] 一夫：指后唐庄宗同光四年（926）发动贝州兵变的军士皇甫晖。一夫，指皇甫晖，据《旧五代史·唐纪·庄宗纪》载："贝州（治所在今河北清河县）军士皇甫晖等因夜聚蒱博不胜，遂作乱。"后来赵太、王景戡、李嗣源等相继叛变。

[15] 乱者四应：指平叛诸军相继叛乱。

[16] 岂：难道。欤：表疑问的语气助词。

[17]《书》：《尚书》。"满招损，谦得益"，孔颖达疏："自以为满，人必损之。自谦受物，人必益之。"

[18] 逸豫：安逸舒适。

[19] 数十伶人困之：据《新五代史·伶官传》记载："庄宗既好俳优，又知音，能度曲。……自其为王，至于天子，常身与俳优杂戏于庭，伶人由此用事，遂至于亡。"

[20] 忽微：形容细小之事。

[21] 所溺：指所沉溺而不能自拔的事物。

[赏析]

文章作为一篇正史的传序，文短而有力，目的在于推究史实，总结历史教训。作者开门见山，提出全文主旨"盛衰之理，虽曰天命，岂非人事哉"。然后便从"人事"下笔，叙述庄宗由盛转衰、骤兴骤亡的过程，以史实论证主旨。文章采用先扬后抑和对比论证的方法，先描述了庄宗继承父志、报仇兴国的意气之盛，再叹其得天下后贪图奢靡、宠信伶人，以致亡国亡身的形势之衰。兴与亡、盛与衰，前后对比鲜明，阐明兴亡盛衰在于"人事"的道理。然后，辅以《尚书》古训"满招损，谦得益"，由论事转入说理，得出"忧劳可以兴国，逸豫可以亡身，自然之理也"的结论，增强了文章的说服力。

全文紧扣"盛衰"二字，观点鲜明，夹叙夹议，史论结合；语言简洁明了，对比强烈，穿插使用感叹句、疑问句、骈偶句等，增强了文章的抒情性和节奏感，有一唱三叹的表达效果；文章笔触委婉曲折，语调顿挫多姿，文笔抑扬低昂，发人深省。

[选评]

[1] 清·金圣叹《天下才子必读书》："只是一低一昂法，妙于前幅，点缀又秾至。"

[2] 清·林云铭《古文析义》："此《伶人传》序也。传中所载诸伶有宠，侮弄缙绅，夷戮功臣，而景进、史彦琼、郭从谦三人为最。从谦当李嗣源反后，遂作乱，庄宗中流

矢而俎,甚为详悉。但'誓天断发,泣下沾襟'之语,不见于本传,岂当日至万胜镇,登高而叹,所传逸事耶?篇中以'盛''衰'二字作线,步步发出感慨,而归本于人事。盖以庄宗本英主,乃一旦为数十伶人所困以至灭亡者,其始以此辈不足虑,而平昔之溺情不能自克。及祸患之来,毕生智勇至此举不可用。因思千古覆辙,大抵如此,何可盛慨!其行文悲壮淋漓,可与子长、孟坚颉颃,《五代史》中有数文字也。"

[3] 清·吴楚材、吴调侯《古文观止》:"起手一提,已括全篇之意。次一段叙事,中、后只是两扬两抑。低昂反复,感慨淋漓,直可与史迁相为颉颃。"

[4] 清·蔡世远《古文雅正》:"唐庄宗自平梁以前,英雄傲俍,所向无前,一小太宗也。后来狼狈乃如是,逸豫之中人也,殆哉!世有半生勤劳得第,居官后因利心胜,逸心萌,不旋踵而凌替者多矣。况子孙以逸豫承之,有不速坏乎?成立之难如升天,覆坠之易如燎毛,正堪痛心刻骨。子长论赞文多短简,或论其一二轶事,或感慨数语;孟坚则是非不苟,直下断制语矣。自是以后,摹仿二家,确守绳墨。惟欧公论赞,忠君爱国之心形于笔墨,欲使人主有所规诫,后世有所劝惩,其文之短长不拘,因此可觇其品识。"

[作业]

[1] 请结合文章具体内容,说明作者都运用了哪些方法来突出中心论点。

[2] 请谈谈你对文章中"忧劳可以兴国,逸豫可以亡身"以及"祸患常积于忽微,而智勇多困于所溺"的理解。

浪淘沙令·伊吕两衰翁

王安石

[题解]

王安石(1021—1086),字介甫,号半山,抚州临川县(今属江西)人。北宋政治家、文学家、思想家、改革家。宋仁宗庆历二年(1042)进士。宋神宗朝两度任宰相,实行变法革新。封荆国公,晚居金陵,卒谥"文",世称王文公。王安石在文学领域卓有建树,文学上的主要成就在诗、文方面,为"唐宋八大家"之一。其诗擅长于说理与修辞,晚年诗风含蓄深沉、深婉不迫,以丰神远韵的风格在北宋诗坛自成一家,世称"王荆公体";其词虽不多而风格高峻,一洗五代绮靡旧习。著有《王临川集》《临川先生文集》《临川先生歌曲》等。

"浪淘沙令"为原唐教坊曲,即"浪淘沙",后用为词牌名。刘禹锡、白居易并作七言绝句体,五代时起始流行长短句双调小令,又名"卖花声"。五十四字,前后片各四平韵,多作激越凄壮之音。《乐章集》名"浪淘沙令",入"歇指调",前后片首句各少一字。《浪淘沙令·伊吕两衰翁》是宋代文学家王安石创作的一首咏史词。此词歌咏伊尹和吕尚"历遍穷通"的人生遭际和名垂千载的丰功伟业,并叹息君臣相遇之难,以抒发作者获得宋神宗的知遇,在政治上大展宏图的豪迈情怀。全词通篇叙史论史,布局巧妙,令人回味无穷。

伊吕[1]两衰翁[2],历遍穷通[3]。一为钓叟[4]一耕佣[5]。若使当时身不遇,老了英雄[6]。

汤武[7]偶相逢,风虎云龙[8]。兴王[9]只在谈笑中。直至如今千载后,谁与争[10]功!

[注释]

[1] 伊吕:指伊尹与吕尚。伊尹,原名挚,尹是他后来所任的官职。传说他是伊

水旁的一个弃婴,后居莘(古国名,其地在今河南开封附近)农耕。商汤娶莘氏之女,他作为陪嫁而随着归属于商。后来,他被汤王任用为执政大臣,辅佐汤灭了夏,成了商的开国功臣。吕尚,姓姜,名尚,字子牙,世称姜子牙、姜太公。传说他晚年在渭水河滨垂钓,一次恰遇周文王出猎,君臣才得遇合,后来受到重用,并襄助文王之子武王灭商,成为周王朝的开国元勋,封侯于齐。

[2]衰翁:老人。

[3]穷通:穷,处境困窘。通,处境顺利。穷通,处境困窘或者顺利显达的处境。

[4]钓叟(sǒu):钓鱼的老翁,指吕尚。

[5]耕佣:指曾为人拥耕的伊尹。

[6]老了英雄:使英雄白白老死。指伊吕二人若不遇汤文二王,也就终老山野,无所作为。

[7]汤武:商汤和周武王。汤:商汤王,是商朝的创建者。武:周武王姬发,是周朝建立者。

[8]风虎云龙:《易经》中有"云从龙,风从虎",此句将云风喻贤臣,龙虎喻贤君,意为明君与贤臣合作有如云从龙、风从虎,可建邦兴国。

[9]兴王:兴国之王,即开创基业的国君。这里指辅佐兴王。

[10]争:争论,比较。

[赏析]

这是一首咏史之作,通过巧妙的语言布局,称赞了明君善于纳贤的美德。

这首词首先歌咏了伊尹和吕尚两人"历遍穷通"的人生经历以及他们名垂千载的丰功伟业。起句"伊吕两衰翁,历遍穷通",从穷、通两个方面落笔,写伊尹、吕尚前后遭际的变化。伊尹、吕尚二人的经历并不是一帆风顺的,二者"一为钓叟一耕佣"。他们都是先穷而后通,度过了困窘之后才遇到施展抱负的机会的,所以说他们"历遍穷通"。吕尚显达的时候,年岁已老,所以称作"衰翁"。伊尹佐汤时年老与否,书无明文,词中言"两衰翁"当是连类而及。"若使"即假如,是假定的语气。当伊尹、吕尚为耕佣、钓叟之时,假如不遇商汤、周文,则英雄终将老死岩壑。伊尹、吕尚是值得庆幸的,像伊尹、吕尚这样的伟岸雄才,或许并非寥若晨星,只是不得机会与明君遇合,只好浮沉人世,抱憾终天,他们是"老了"的英雄,亦即被埋没了的英雄。

下片,"汤武偶相逢"中的"偶"已经点明了"君臣遇合"的偶然性,暗示君臣相遇之难。可是一旦"君臣遇合"能够遇合,那就会出现"风虎云龙"的局面。"风虎云龙",语出《周易·乾》:"云从龙,风从虎。"本义是说龙吟而云起,虎啸而风生,同类相感。这里用来比喻君臣之间意气相投。伊尹、吕尚有真实的本领,能够辅佐明君做出一番事业,建立丰功伟绩,这样才真正称得起是人才。"兴王"一句在全词中是很有分量的。结尾也是对这一句的引申,既呼应了前文,又是作者真挚情感的表达。作者称赞伊尹、吕尚功盖当世,至今超越千载,也没有人能够与之匹敌。

这首词语言平白如话,精练简劲,节奏明快。从词的布局和结构来看,王安石巧妙地运用了历史典故,通过叙史论史的方式,以史托今,蕴含了作者对明君的称赞之情。全词布局巧妙,匠心独具,笔墨跳动,感情真挚,豪气纵横,令人回味无穷。这首词是一首具有深刻历史内涵和个人情感色彩的咏史词。它不仅歌咏了伊尹和吕尚的丰功伟业,也反映了作者个人的人生思考。

[选评]

[1] 宋·王灼《碧鸡漫志》:"王荆公长短句不多,合绳墨处,自雍容奇特。"

[2] 明·李贽《续藏书》:"古唯汤、武庶几近之。然武未受命,非周公则无以安殷之忠臣。汤之受命也晚,非伊尹则决不能免于太甲之颠覆。"

[3] 明·黄道周《广名将传》:"太公尚父,霸王之辅。渔猎以归,修德用武。学擅阴阳,韬分龙虎。黄钺白旄,挥之如麈。伐取商残,开笃周祜。后世谈兵,宗之为祖。"

[4] 清·刘熙《艺概》:"王半山词瘦削雅素,一洗五代旧习。惟未能涉乐必笑,言哀已叹,故深情之士不无间然。"

[作业]

[1] 请分析词的上片和下片分别写了什么内容,表达了作者怎样的思想感情。

[2] 这首词叙议结合,以史托今,请结合具体诗句加以赏析。

[3] 搜集并阅读关于伊尹和吕尚的历史故事,了解他们的生平事迹和贡献。

尊　史

龚自珍

[题解]

龚自珍(1792—1841),字璱人,号定盦,浙江仁和(今杭州)人。晚年居住在昆山羽琌山馆,又号羽琌山民。清代思想家、诗人、文学家和近代改良主义的先驱者。龚自珍二十七岁中举,三十八岁中进士,官礼部主事等官职。后辞官南归,卒于丹阳云阳书院。龚自珍深于经学、小学、史地之学,是今文学派的主要人物。曾与林则徐、魏源等结"宣南诗社",讲求经世之学。主张革除弊政,抵制外国侵略。著有《定盦文集》,留存文章三百余篇,诗词近八百首,今人辑为《龚自珍全集》。

龚自珍的尊史论,实际上就是要求史家阐发今文经学中公羊家的微言大义,以表达其改革政治的主张。正如其在《上大学士书》中提出:"夫有人必有胸肝,有胸肝则必有耳目;有耳目,则必有上下百年之见闻;有见闻,则必有考订同异之事;有考订同异之事,则或胸以为是,胸以为非;有是非,则必有感慨激奋。感慨激奋而居上位,有其力,则所是者依,所非者去。感慨激奋而居下位,无其力,则探吾之是非而昌昌大言之。如此,法改胡所弊,势积胡所重,风气移易胡所惩,事例变迁胡所惧。"龚自珍认为"尊史"必先"尊心",而"尊心"又在于"善出入"。从事历史研究的人,既要能掌握和辨识材料,又要在分析之中提出论断,"倡言是非",最终目的是"入乎道"。所谓道,即治道。这种"善出入"的治史方法,在清代考据盛行的学风下有独特的见解。

　　史[1]之尊,非其职语言[2]、司谤誉[3]之谓,尊其心也。心何如而尊?善入[4]。何者善入?天下山川形势,人心风气,土所宜[5],姓所贵[6],皆知之;国之祖宗之令,下逮吏胥之所守[7],皆知之。其于言[8]礼、言兵、言政、言狱、言掌故、言文体、言人贤否[9],如其言家事,可谓入矣。又如何而尊?善出。何者善出?天下山川形势,人心风气,土所宜,姓所贵,国之祖宗之令,下逮吏胥之所守,皆有联事[10]焉,皆非所专官[11]。其于言礼、言兵、言政、言狱、言掌故、言文体、言人贤否,如优人[12]在堂下,号咷[13]舞歌,哀乐万千,堂上观者,肃然踞坐[14],眄睐而指点焉[15],可谓出矣!

不善入者,非实录[16],垣外之耳,乌能[17]治堂中之优也耶?则史之言,必有余癙[18]。不善出者,必无高情至论,优人哀乐万千,手口沸羹[19],彼岂复能自言其哀乐也耶?则史之言,必有余喘[20]。

是故欲为史,若为史之别子[21]也者,毋癙毋喘,自尊其心。心尊,则其官尊矣;心尊,则其言尊矣。官尊言尊,则其人亦尊矣!

尊之之所归宿[22]如何?曰:乃又有所大出入焉。何者大出入?曰:出乎史,入乎道[23],欲知大道,必先为史。此非我所闻,乃刘向、班固之所闻[24]。向、固有征[25]乎?我征之曰:古有柱下史老聃,卒为道家大宗[26]。我无征也欤哉?

[注释]

[1] 史:史官,史职。

[2] 职:执掌。职语言,掌握着记录言行的大权。

[3] 司:主管。谤:道人之过恶。誉:称扬人之善。

[4] 入:这里指广泛了解和熟悉自然界和社会生活的各个方面。

[5] 土所宜:土地的性质不同,对于民居以及种植的谷物也要因地制宜。《周礼·地官·大司徒》:"以土宜之法,辨十有二土之名物,以相民宅而知其利害;以阜人民,以蕃鸟兽,以毓草木,以任土事。"

[6] 姓所贵:根据各地姓族、门阀的不同,统其祖考源流,区分贵贱。

[7] 守:职守。

[8] 言:议论。

[9] 贤否(pǐ):善恶,好坏。以上数句意思是,史学家在论述礼制、军事、政事、刑法、掌故、文体以及品评人物好坏的时候。

[10] 联事:相关的联系。

[11] "皆非"句:意谓都不是史职所专管的工作。

[12] 优人:旧时对以歌舞戏谑为业的艺人的统称。

[13] 号咷(táo):大声哭泣。

[14] 踞坐:垂足而坐。

[15] 眄睐(miǎn lài):顾盼貌。以上数句意思是,史学家在论述礼制、军事、政

事、刑法、掌故、文体以及品评人物好坏时,所有的史料如同艺人在堂下歌舞,嬉笑怒骂,各不相同,而史学家作为一个堂上的观众来说,要能严肃地对待这些史料,仔细检阅,并进行辨析。

　　[16] 实录:据实记载,事无虚构。

　　[17] 乌能:何能。

　　[18] 寱:通"呓",说梦话。此句话的意思是说,史官如果不掌握并深入钻研史料,则所写的历史,一定会有许多不切实际的地方。

　　[19] 沸羹:言语嘈杂貌。

　　[20] 喘:喘息,呼吸急促。以上数句意思是说,史官如果只是堆砌史料,而不能居高临下,眄睐指点,提出论断,势必会像优人之随人哀乐,手口沸羹,呼吸急促。

　　[21] 史之别子:有别于正史的史籍。

　　[22] 归宿:指宗旨和意趣所在。

　　[23] 道:这里是比"入"和"出"更高一层的境界。

　　[24] 刘向、班固之所闻:即《汉书·艺文志》所云:"道家者流,盖出于史官,历记成败存亡祸福古今之道,然后知秉要执本,清虚以自守,卑弱以自持,此君人南面之术。"

　　[25] 征:验证。

　　[26] "古有柱"两句:柱下史,一说即御史,常立殿柱之下,故名。周朝置,秦沿置。《史记·张丞相列传》司马贞索隐:"周秦皆有柱下史,谓御史也。所掌及侍立恒在殿柱之下,故老聃为周柱下史。"老聃即老子。这两句是作者以老子为周室史官,执掌典籍,熟知古今成败治乱,卒为道家宗主,作为出史入道之证。

[赏析]

　　《尊史》一文主要论述了尊史和治史的问题。作者首先论述了史官的职务和重要作用,以及应该具备的条件,提出"尊其心"的观点。史官掌管国家的文献典籍,执行褒贬人事的职权。作者认为的"尊其心"中的"心"并非凭空产生,而是在洞察现实的基础上理性获得的。接着,作者又详细阐释了何为"善入"和"善出"。所谓"善入"就是对社会的各种情况了如指掌,如数家珍;所谓"善出"就是对社会的一切事情,虽然非常熟悉,但却皆非所专管,因此才能站得高看得远。作者认为"不善入"则"非实录",是墙外之耳,不能指点堂内之优,只能说些不切实际的梦话。"不善出"则"必无高情至论",看到堂下"优人哀乐万千,手口沸羹",眼花迷乱,怎么能"自言期哀乐"?

"史之言,必有余喘",是说不出中肯的意见的。最后,作者在"善出入"的基础上,提出"出乎史,入乎道,欲知大道,必先为史"的观点。作者重视史官的作用,强调历史的重要性,认为尊重历史是理解大道的基石。掌握世间大道,必须先研究蕴含着"大道"的历史;把握史学,才能把握社会的发展规律。作为史官,作者认为必须先要尊重自己的思想和精神。并且,史官还要能跳出纷繁的史料,能够客观地看待所要面对的事物,进入到了解历史的根本道理,而要懂得这些根本的道理,就必须首先研究史料、懂得历史。

文章阐明了"尊史"的主张,对治史提出了"善出""善入""出乎史,入乎道"的要求。作者试图通过发扬古代史官的一些本质精神,来宣扬其适应变革的现实需要,即重视现实、重视智者、重视理性。文章创作之目的始终指向"经世致用",承接载道的历史使命。文章以问答形式展开论述,文笔横霸,颇具风雷翻涌之势,行文挥洒自如,恣肆纵横。文章立意新颖,构思奇特,语言简明而富有哲理,比喻生动形象,表现力较强。作者在文章中多次使用排比和对比的手法,增强了语言的节奏感,使得内容条理清晰,易于理解。文章最后,作者通过引用刘向、班固的观点,并以古代柱下史老聃最终成为道家大宗为例,来支持和证明自己的观点,增强了文章的说服力,具有一定的文学价值和历史意义。

[选评]

[1] 近代·梁启超《清代学术概论》:"晚清思想之解放,自珍确与有功焉。光绪间所谓新学家者,大率人人皆经过崇拜龚氏之一时期。初读《定庵文集》,若受电然。"

[2] 当代·黄岳洲《中国古代文学名篇鉴赏辞典·明清近代文学卷》:"龚自珍的'尊史论',实际上就是要求史家发今文经学中公羊家的微言大义,以表达其改革政治的主张。1819年,龚自珍从当时的今文经学家刘逢禄学习《公羊春秋》,这对龚自珍的思想有一定影响。但他从刘氏那里主要接受了公羊学说中的'三世'、'三统'这一历史进化的观点,并未以自己的主要精力去阐发今文经学中的所谓'微言大义'。在清代儒学定于一尊的时代,龚自珍只是以今文经学作为外衣或论证手段,通过谈经论史来'讥切时政,诋排专制'(梁启超语),宣传变革,从而开创了近代'经世致用'之学。清代以来的'文字狱'实在使许多人吓破了胆。为身家性命计,许多知识分子不再过问政治,而是'躲起来读经,校刊古书,做一些古时的文章和当时毫无关系的文章'(鲁迅《三闲集·无声的中国》)。龚自珍的《尊史》给当时僵死寂寞的学术带来了新鲜的气息。"

[作业]

[1] 请结合文章具体内容,说明本文的中心思想。

[2] 请结合文章具体内容,谈一谈你认为一个优秀的史官,应该具备什么条件。

都江堰

余秋雨

[题解]

余秋雨,1946年生,浙江余姚人,当代文化学者、作家、理论家、文化史学家、散文家。主要作品有散文集《文化苦旅》《文明的碎片》《山居笔记》《霜冷长河》《千年一叹》《行者无疆》等,以及论著《戏剧理论史稿》《戏剧审美心理学》等。

都江堰是战国时大型水利工程,位于四川都江堰西门外玉垒山下,距今已有2250年历史,战国时代秦国蜀郡守李冰率众修建。都江堰由鱼嘴分水堤、飞沙堰溢洪道、宝瓶引水口三大主体工程组成。它建成后,使成都平原成为"水旱从人,不知饥馑"的天府之地,两千多年来一直效益卓著,至今仍发挥巨大的作用。都江堰也是当今世界年代久远、唯一留存、以无坝引水为特征的宏大水利工程。它充分利用当地西北高、东南低的地理条件,根据江河出山口处特殊的地形、水脉、水势,因势利导,无坝引水,自流灌溉,使堤防、分水、泄洪、排沙、控流相互依存,共为体系,保证了防洪、灌溉、水运和社会用水综合效益的充分发挥。散文《都江堰》是余秋雨的代表作之一,收录于作品《文化苦旅》中。文章通过作者游览都江堰的亲身经历,展现了这一古代水利工程的壮观景象,并且探讨了人与自然之间的关系。

一

我认为,中国历史上最激动人心的工程不是长城,而是都江堰。

长城当然也非常伟大,不管孟姜女们如何痛哭流涕,站远了看,这个苦难的民族竟用人力在野山荒漠间修了一条万里屏障,为我们生存的星球留下了一种人类意志力的骄傲。长城到了八达岭一带已经没有什么味道,而在甘肃、陕西、山西、内蒙古一带,劲厉的寒风在时断时续的颓壁残垣间呼啸,淡淡的夕照、荒凉的旷野溶成一气,让人全身心地投入对历史、对岁月、对民族的巨大惊悸,感觉就深厚得多了。

但是，就在秦始皇下令修长城的数十年前，四川平原上已经完成了一个了不起的工程。它的规模从表面上看远不如长城宏大，却注定要稳稳当当地造福千年。如果说，长城占据了辽阔的空间，那么，它却实实在在地占据了邈远的时间。长城的社会功用早已废弛，而它至今还在为无数民众输送汩汩清流。有了它，旱涝无常的四川平原成了天府之国，每当我们民族有了重大灾难，天府之国总是沉着地提供庇护和濡养。因此，可以毫不夸张地说，它永久性地灌溉了中华民族。

有了它，才有诸葛亮、刘备的雄才大略，才有李白、杜甫、陆游的川行华章。说得近一点，有了它，抗日战争中的中国才有一个比较安定的后方。

它的水流不像万里长城那样突兀在外，而是细细浸润、节节延伸，延伸的距离并不比长城短。长城的文明是一种僵硬的雕塑，它的文明是一种灵动的生活。长城摆出一副老资格等待人们的修缮，它却卑处一隅，像一位绝不炫耀、毫无所求的乡间母亲，只知贡献。一查履历，长城还只是它的后辈。

它，就是都江堰。

二

我去都江堰之前，以为它只是一个水利工程罢了，不会有太大的游观价值。连葛洲坝都看过了，它还能怎么样？只是要去青城山玩，得路过灌县[1]县城，它就在近旁，就乘便看一眼吧。因此，在灌县下车，心绪懒懒的，脚步散散的，在街上胡逛，一心只想看青城山。

七转八弯，从简朴的街市走进了一个草木茂盛的所在。脸面渐觉滋润，眼前愈显清朗，也没有谁指路，只向更滋润、更清朗的去处走。忽然，天地间开始有些异常，一种隐隐然的骚动，一种还不太响却一定是非常响的声音，充斥周际。如地震前兆，如海啸将临，如山崩即至，浑身起一种莫名的紧张，又紧张得急于趋附。不知是自己走去的还是被它吸去的，终于陡然一惊，我已站在伏龙观[2]前，眼前，急流浩荡，大地震颤。

即便是站在海边礁石上，也没有像这里这样强烈地领受到水的魅力。

海水是雍容大度的聚会,聚会得太多太深,茫茫一片,让人忘记它是切切实实的水,可掬可捧的水。这里的水却不同,要说多也不算太多,但股股叠叠都精神焕发,合在一起比赛着飞奔的力量,踊跃着喧嚣的生命。这种比赛又极有规矩,奔着奔着,遇到江心的分水堤,刷地一下裁割为二,直窜出去,两股水分别撞到了一道坚坝,立即乖乖地转身改向,再在另一道坚坝上撞一下,于是又根据筑坝者的指令来一番调整……也许水流对自己的驯顺有点恼怒了,突然撒起野来,猛地翻卷咆哮,但越是这样越是显现出一种更壮丽的驯顺。已经咆哮到让人心魄俱夺,也没有一滴水溅错了方位。阴气森森间,延续着一场千年的收服战。水在这里,吃够了苦头也出足了风头,就像一大拨翻越各种障碍的马拉松健儿,把最强悍的生命付之于规整,付之于企盼,付之于众目睽睽。看云看雾看日出各有胜地,要看水,万不可忘了都江堰。

三

这一切,首先要归功于遥远得看不出面影的李冰。

四川有幸,中国有幸,公元前251年出现过一项毫不惹人注目的任命:李冰任蜀郡守。

此后中国千年官场的惯例,是把一批批有所执持的学者遴选为无所专攻的官僚,而李冰,却因官位而成了一名实践科学家。这里明显地出现了两种断然不同的政治走向,在李冰看来,政治的含义是浚理,是消灾,是滋润,是濡养,它要实施的事儿,既具体又质朴。他领受了一个连孩童都能领悟的简单道理:既然四川最大的困扰是旱涝,那么四川的统治者必须成为水利学家。

前不久我曾接到一位极有作为的市长的名片,上面的头衔只印了"土木工程师",我立即追想到了李冰。

没有证据可以说明李冰的政治才能,但因有过他,中国也就有了一种冰清玉洁的政治纲领。

他是郡守,手握一把长锸[3],站在滔滔的江边,完成了一个"守"字的原始造型。那把长锸,千年来始终与金杖玉玺、铁戟钢锤反复辩论。他失败了,终究又胜利了。

他开始叫人绘制水系图谱。这图谱,可与今天的裁军数据,登月线路遥相呼应。

他当然没有在哪里学过水利。但是,以使命为学校,死钻几载,他总结出治水三字经("深淘滩,低作堰")、八字真言("遇湾截角,逢正抽心"),直到二十世纪仍是水利工程的圭臬[4]。他的这点学问,永远水汽淋漓,而后于他不知多少年的厚厚典籍,却早已风干,松脆得无法翻阅。

他没有料到,他治水的韬略很快被替代成治人的计谋;他没有料到,他想灌溉的沃土将会时时成为战场,沃土上的稻谷将有大半充作军粮。他只知道,这个人种要想不灭绝,就必须有清泉和米粮。

他大愚,又大智。他大拙,又大巧。他以田间老农的思维,进入了最澄澈的人类学的思考。

他未曾留下什么生平资料,只留下硬扎扎的水坝一座,让人们去猜想。人们到这儿一次次纳闷:这是谁呢?死于两千年前,却明明还在指挥水流。站在江心的岗亭前,"你走这边,他走那边"的吆喝声、劝诫声、慰抚声,声声入耳。没有一个人能活得这样长寿。

秦始皇筑长城的指令,雄壮、蛮横、残忍;他筑堰的指令,智慧、仁慈、透明。

有什么样的起点就会有什么样的延续。长城半是壮胆半是排场,世世代代,大体是这样。直到今天,长城还常常成为排场。都江堰一开始就清朗可鉴,结果,它的历史也总显出超乎寻常的格调。李冰在世时已考虑事业的承续,命令自己的儿子作三个石人,镇于江间,测量水位。李冰逝世四百年后,也许三个石人已经损缺,汉代水官重造高及三米的"三神石人"测量水位。这"三神石人"其中一尊即李冰雕像。这位汉代水官一定是承接了李冰的伟大精魂,竟敢于把自己尊敬的祖师,放在江中镇水测量。他懂得李冰的心意,唯有那里才是他最合适的岗位。这个设计竟然没有遭到反对而顺利实施,只能说都江堰为自己流泄出了一个独特的精神世界。

石像终于被岁月的淤泥掩埋,20世纪70年代出土时,有一尊石像头部已经残缺,手上还紧握着长锸。有人说,这是李冰的儿子。即使不是,我仍然把他看成李冰的儿子。一位现代作家见到这尊塑像怦然心动,"没淤泥而蔼然含笑,断颈项而长锸在握",作家由此而向现代官场衮衮[5]诸公诘问:活着或死了应该站在哪里?

出土的石像现正在伏龙馆里展览。人们在轰鸣如雷的水声中向他们默默祭奠。在这里,我突然产生了对中国历史的某种乐观。只要都江堰不坍,李冰的精魂就不会消散,李冰的儿子会代代繁衍。轰鸣的江水便是至圣至善的遗言。

(节选自《文化苦旅》,人民文学出版社 2012 年版。略有改动。)

[注释]

[1] 灌县:现改称都江堰市。

[2] 伏龙观:在都江堰离堆北端,系纪念性建筑。传说李冰父子治水,曾制服岷江孽龙,锁于离堆下伏龙潭中,后人立祠祭祀。北宋初,改名伏龙观。清代重修,殿宇三重,大殿内陈列李冰的石刻雕像。石像于 1974 年出土,东汉灵帝初年刻,距今一千八百余年,高 2.9 米,重约 4 吨。

[3] 锸(chā):铁锹,掘土的工具。

[4] 圭臬(guī niè):比喻准则或法度。

[5] 衮衮(gǔn gǔn):众多的样子。

[赏析]

本文是一篇文化散文,虽然有游记的内容,但作者着重从历史文化和社会文化的视角来认识山川形胜、历史遗迹和自然景观,努力挖掘其文化的深厚内涵。文章通过作者的亲身游览经历,生动描绘了都江堰的水利工程,热情赞颂了战国时期李冰父子兴修水利、为民造福的壮举,并对都江堰所包蕴的丰富文化内涵加以现代眼光的审视与评说。

文章开篇即以一句出人意料的判断,瞬间吸引了读者的注意力,也奠定了全文写景抒情的基调。文章多次使用对比手法,开头由建筑年代、规模、社会功用、文明特点等几个方面,将都江堰与长城加以对比,层层深入。作者通过对比长城与都江堰,展现了两者在时间与空间、社会功用与持续影响力等方面的差异。作者在文中通过对比手法，强调了都江堰的历史价值和现实意义。长城占据了辽阔的空间，而都江堰则实实在在地占据了邈远的时间，"有了它，旱涝无常的四川平原成了天府之国"，并且至今仍在为无数民众输送清流。

第二部分主要是对都江堰的水的描写，由远及近，由听觉而视觉，由外在感受到内心体验。既描写出了都江堰水流的壮观和非凡气势，又体现出了先人们"天人合一"的治水理念和因势利导的智慧。第二部分内容一开头的用比，即把都江堰和葛洲坝、青城山作比，看似随意，实则不然。作者采用先抑后扬的手法，从最初自己对都江堰的不以为然入手，为感受都江堰的奔涌而做出了有力的衬托和铺垫。作者善于从侧面营造气氛，采用对比、拟人、排比等修辞手法，生动地描绘都江堰壮观的水势，如"急流浩荡，大地震颤""股股叠叠都精神焕发，合在一起比赛着飞奔的力量""就像一大拨翻越各种障碍的马拉松健儿，把最强悍的生命付之于规整，付之于企盼，付之于众目睽睽"，使读者仿佛置身于浩荡水流面前，感受到了水的魅力与力量。作者对都江堰的水势作了尽情的赞扬，展现了都江堰的自然美，把景象描绘推向了极致。

第三部分承上而来，由上文的"写水"转至"写人"。作者借助现代意识穿透时间和历史，把李冰在修都江堰时体现的顽强精神与中华民族的强大生命力联系在一起。作者通过对都江堰水利工程的描绘，高度评价了李冰父子兴修水利、为民造福的举措。文章不仅描绘了都江堰的壮丽景色，还通过历史人物的审视，赋予了文章深刻的人文内涵，在散文中贯穿着对历史、文化的追溯和思考，使读者在欣赏自然景观的同时，也能感受到深厚的人文精神。

整篇文章通过对都江堰的生动描绘和对李冰父子的高度评价，展现了人与自然和谐共生的理念和对古代治水智慧的敬仰。文章不是单纯地描写自然景物，而是立足于现代，将自然景物融入历史典故，对历史人物和历史事件进行重新审视，给人以厚重感。文章运用比喻、拟人、对比、排比、叠字等多种表现手法，将叙事、描写、抒情和议论相结合，语言简练优美，文字生动、跳跃，富有概括力和表现力。文章也寄托了作者的现实关怀，通过对都江堰持续发挥作用的描述，表达了对现代社会的启示。作者以其独特的视角和深刻的思考，为读者呈现了一幅幅生动而富有内涵的画面。

[选评]

[1] 近代·钱穆《读书与游历》："四川省灌县有都江堰，可谓至今尚为世界上最伟大最奇险之一工程。抗战时，多有欧美农业水利专家来此参观。吾国人好问如此

工程当作何改进。彼辈答,如此工程,作长期研究尚了解不易,何敢遽言改进。此工程远起秦代李冰,已具有两千年以上之历史。只求国人能一游其地,即可知科学落后,是近代事,在古代固不然。尤值发人深思者,中国科学建设,不仅专着眼在民生实利上,又兼深造于艺术美学上。游人初履其地,反易忽略其对农田灌溉上之用心,而震骇于其化险为夷、巧夺天工处。而其江山之美,风景之胜,则又如天地之故意呈现其奇秘于吾人之耳目,而人类之智慧与努力,乃转隐藏而不彰。"

[2] 现代·老舍《青蓉略记》:"灌县的水利是世界闻名的……治水的诀窍只有一个字——'软'。水本力猛,遇阻则激而决溃,所以应低作堰,使之轻轻漫过,不至出险。水本急流而下,波涛汹涌,故中设鱼嘴,使分为二,以减其力;分而又分,江乃成渠,力量分散,就有益而无损了。作堰的东西只是用竹编的筐子,盛上大石卵。竹有弹性,而石卵是活动的,都可以用'四两破千斤'的劲儿对付那惊涛骇浪。用分化与软化对付无情的急流,水便老实起来,乖乖地为人们灌田了。"

[3] 现代·巴金《索桥的故事》:"我的眼光正落在'分水鱼嘴'上。我起初看不出来这个光滑的、鱼嘴般的'石头'是什么东西,后来才知道它是把岷江分为内外两条江的工程……回来的时候,我把'鱼嘴'再看了一阵。'鱼嘴'依旧摆在那里,看一百遍也看不出什么变化。可是在它上面,我好像看到了两千两百多年前人们的手和心。这个'石头'是会说话的。那许多用手建造了这个'鱼嘴'的人,虽然没有留下名字,可是留下了他们的心。"

[作业]

[1] 请结合文章具体内容,说明各个部分都是围绕着什么中心来写的?

[2] 请结合文章具体内容,谈谈本文都运用了哪些修辞手法?

[3] 文章描写了都江堰的哪些景物,叙述了与都江堰相关联的哪些历史人物和事件?

后　　记

《大学语文》课程在大学人才培养过程中具有不可替代的作用。具备较高的文学鉴赏能力和较好的语言文字应用能力，是当代大学生必须具备的母语文化修养。我们全体编写人员根据这些年来教授《大学语文》(第二批河南省通识教育示范课程)的体会、心得与反思，数易其稿，终于编成了眼前这本《大学语文》教材，是河南省高校省级教学团队"郑州轻工业大学大学语文教学团队"的教学成果。

本教材由主编王伟、海常慧组织拟订提纲和体例，具体由八个专题构成，各专题分工及编写人员如下：专题一"家国情怀"(王伟)、专题二"厚德载物"(邱洪瑞)、专题三"天人合一"(吕晓洁)、专题四"旷达人生"(王津)、专题五"爱情婚姻"(赵秀红)、专题六"友爱亲情"(马楠)、专题七"学而不厌"(海常慧)、专题八"鉴古知今"(张梦帆)。

本教材在编写过程中，得到了郑州轻工业大学教务处的大力支持；同时，还要向河南大学出版社表示真诚的感谢，感谢编校人员的辛苦工作。

我们的目标是编写一本有情怀、有特色、有趣味的《大学语文》教材，它的编写创意来源于教学，也希望这本教材能切实服务于教学、服务于广大师生。限于时间和水平，书中难免存在一些不足，欢迎各位专家、师生批评指正，我们将不断改进，使之更加完善。

编　者

2024 年 6 月 20 日